Kaleidoskop der Postmoderne: Irische Erzählliteratur
von den 70er zu den 90er Jahren

D1732376

Aspekte der englischen Geistes- und Kulturgeschichte

Aspects of English Intellectual, Cultural, and Literary History

Herausgegeben von Jürgen Klein

Ernst-Moritz-Arndt-Universität Greifswald

Band 31

PETER LANG

Frankfurt am Main · Berlin · Bern · Bruxelles · New York · Oxford · Wien

Andrea Beck

Kaleidoskop der Postmoderne: Irische Erzählliteratur von den 70er zu den 90er Jahren

"I write, therefore I am ..."

PETER LANG

Europäischer Verlag der Wissenschaften

Die Deutsche Bibliothek - CIP-Einheitsaufnahme

Beck, Andrea:

Kaleidoskop der Postmoderne : irische Erzählliteratur von den
70er zu den 90er Jahren ; "I write, therefore I am..." / Andrea
Beck. - Frankfurt am Main ; Berlin ; Bern ; Bruxelles ; New York ;
Oxford ; Wien : Lang, 2001
    (Aspekte der englischen Geistes- und Kulturgeschichte ;
    Bd. 31)
    Zugl.: Greifswald, Univ., Habil.-Schr., 2000
    ISBN 3-631-37976-5

Gedruckt auf alterungsbeständigem,
säurefreiem Papier.

9
ISSN 0724-486X
ISBN 3-631-37976-5
© Peter Lang GmbH
Europäischer Verlag der Wissenschaften
Frankfurt am Main 2001
Alle Rechte vorbehalten.

Printed in Germany 1 2 4 5 6 7

www.peterlang.de

Vorwort des Herausgebers:

Diese etablierte Buchreihe stellt ein Forum bereit zur offenen wissenschaftlichen Behandlung der Geistes- und Kulturgeschichte im Gebiet Großbritanniens: dabei können die Gegenstände ebenso mit methodisch neuen Ansätzen wie mit herkömmlichen Verfahrensweisen erforscht werden. Im letztgenannten Fall werden bislang wenig bearbeitete Themen bevorzugt.

Es sollen Arbeiten zur Intersektion der kulturellen Systeme in der britischen Gesellschaft (Kunst, Politik, Wissenschaft, Philosophie) und Arbeiten zur Transformation derselben in verschiedenen Medien in die Reihe aufgenommen werden. Doch gehört zu den Themen der Reihe auch der Komplex der Alltagswelt, wie er sich in sozialen, mentalen, wirtschaftlichen Formen und Verhaltensweisen zeigt. Arbeiten zur englischen Literatur, die in dieser Reihe erscheinen, können sowohl verschiedenen Gattungen und Epochen als auch einzelnen Werken oder Schriftstellern ebenso wie textuellen und theoretischen Strukturanalysen gewidmet sein. Auch Arbeiten mit Fragestellungen, welche die Komplexe englischer Kultur in ihren Interferenzen zur europäischen, atlantischen und postkolonialen Literatur-, Intellektual- und Mentalitätsgeschichte beleuchten, gehören in den weiteren Rahmen der ASPEKTE DER ENGLISCHEN GEISTES- UND KULTURGESCHICHTE.

Die Reihe steht für die Veröffentlichung von Dissertationen, Habilitationsschriften und anderen Monographien offen, aber auch für Tagungs- und Sammelbände. Publikationssprachen sind Deutsch und Englisch.

Ernst-Moritz-Arndt-Universität Greifswald
Jürgen Klein

Vorwort

Die vorliegende Studie ist eine überarbeitete Fassung der von der Philosophischen Fakultät der Ernst-Moritz-Arndt Universität Greifswald im Sommer 2000 angenommenen Habilitationsschrift der Verfasserin.

Mein besonderer Dank gilt Prof.Dr.Jürgen Klein, der die Arbeit mit hilfreichen Ratschlägen betreut und beurteilt hat, sowie den Professoren Christian Enzensberger und Uwe Böker, die sich ebenfalls zur Begutachtung bereit erklärten.

Die in den kursiv gedruckten Zitationen vorkommenden Unterstreichungen sind keine Hervorhebung der Autorin, sondern markieren die im Original bereits kursiv gedruckten Passagen.

INHALTSVERZEICHNIS

A Einleitung

"Irische" Prosa

Untersuchungsbereich

Studien zur irischen Prosa gibt es zuhauf. Autoren wie Moore, Joyce, Beckett haben ganze Anglistengenerationen beschäftigt. Die Auseinandersetzung mit der zeitgenössischen irischen Erzählkunst ist dagegen schon rarer - da wiederholen sich die Namen O'Brien, Banville, O'Flaherty, McGahern und einige mehr. Ein Desiderat sind Beiträge zur Untersuchung relevanter ideologischer und ästhetischer Strömungen sowie exemplarische Interpretationen von Werken der letzten zwei(einhalb) Dekaden, insbesondere solcher, die nach der Mitte der achtziger Jahre publiziert wurden.

Gegenstand der vorliegenden Studie sind daher narrative Texte der siebziger, achtziger und neunziger Jahre, wobei gelegentlich andere Genres und literarhistorische Phasen zur vergleichenden Betrachtung herangezogen werden.[1]

Was James M. Cahalan in *The Irish Novel. A Critical History* hinsichtlich des Standes der irischen Romanforschung konstatiert, ließe sich auf die der Prosa per se übertragen:

---

[1] Zur Vermittlung eines chronologischen Überblicks über die irische Literatur und Kultur seit dem siebzehnten Jahrhundert eignet sich das 1993 publizierte Werk von James Cahalan: *Modern Literature and Culture. A Chronology*, New York 1993.

Ebenso fundiert ist das literarhistorische Opus desselben Verfassers: *The Irish Novel. A Critical History*, Boston 1988.

Die Zeit seit der *Irish Renaissance*, also ab 1885, deckt das von Alexander G.Gonzalez herausgegebene Nachschlagewerk ab, in dem neben einer umfangreichen Bibliographie die Kurzbiographien, Einführungen in die Hauptwerke und die Rezeptionsgeschichte von siebzig Autoren zu finden sind (Vgl. Alexander G.Gonzalez (Hrsg.), *Modern Irish Writers. A Bio-Critical Sourcebook*, London 1997).

It is difficult to predict the future directions of the Irish novel, but not at all so to recommend new courses of action in scholarship on the subject. While one would think that Joyce scholarship at this point is practicing a critical version of the Literature of Exhaustion, it is clear that criticism on many other Irish novelists is still .. in an "infantile stage" ... Racing towards exhaustion, Joyce criticism has produced an embarrassment of riches, but scholarship on other novelists tends to limp along, merely introducing the lives and works of a few writers. Reading the existing criticism on the Irish novel might make one think that its history consists only of the works of James Joyce plus those of a handful of predecessors and successors, but .. this is far from the true story ... One clear need in future scholarship on the Irish novel is much more detailed study - biographical, textual, and critical, from a variety of perspectives ...

Criticism on the Irish novel has been largely predictable and is in need of greater variety. To a large extent, the criticism follows an imitative pattern according to which critics have served as the accomplices of their selected authors. Scholars writing about those nineteenth-century novelists who focused very directly on Irish history and society take a sociohistorical approach; Joyceans become post-structuralists when writing about Finnegans Wake, *the book that continually deconstructs itself; and so on. If the novels themselves appear to dictate critical approaches, equally if not more prevalent is the reverse pattern, with a reader's warrant determining the choice of text ...*

This brings us to a second, still greater area of need in scholarship on the Irish novel, even more pressing than studies of individual authors: much fuller examination of particular periods, subgenres, and themes involving a number of novelists (Cahalan: 1988, 304f.).[2]

Begriffsproblematik

Welche Konnotationen hat nun aber "irische" Prosa?

One of the recurrent paradoxes of Irish writing is its continuous preoccupation with the experience of discontinuity. This, in itself, would be enough to allow us to speak of the existence of a tradition, however elusive that term may be ... But, in addition, the discontinuity has been the product of unique historical circumstances, not

---

[2] Cahalan, *The Irish Novel...*, S.304f.

matched in Western Europe, resümiert Seamus Deane im Epilog seiner irischen Literaturgeschichte.

> *For three, perhaps four centuries, Irish literature has lived in the shadow of political and economic breakdowns of distressing frequency. It has lived between two languages and two cultures, it has competed with antiquarian and historical research, with political theory and clerical polemics in its attempt to identify the existence of a cultural community in which the possibility of freedom might be won. In the twentieth century in particular, these experiences, and the habituation of the Irish mind and sensibility to them, have given the literature of the country a prominence never known before ... By now, it is neither Gaelic nor Anglo-Irish writing which is central. The conciliation between the two .. is sufficiently advanced to allow the use of the phrase "Irish writing" without fear of its being recruited to any particular group or sect. That, at least, is one symptom of a fundamental and hopeful change* (Deane: 1986, 248).[3]

Auch für Robert Welch, den Autor von *Changing States. Transformations in Modern Irish Writing* ist die Spannung zwischen Kontinuität und Diskontinuität ein Hauptcharakteristikum der irischen Kultur. *Irish culture is preoccupied by continuity,* konstatiert er in *Change and Stasis in Irish Writing* (Welch: 1993, 5 u.10).[4]

> *But that does not mean that it will always be continuous. Indeed, we may suspect that if a culture is preoccupied by continuity it may have acquired a very highly developed awareness of the presence and pressure of discontinuity ... There is such a thing as Irish culture, and it realizes itself deeply (something cultures need to do, otherwise they disappear) when it can activate and be attentive to basic patterns of being. One of these is the interplay between stasis and change, something to which Irish culture has been and is highly attuned. The nineteenth century is a long period of stasis, generally speaking, but there are breakthroughs and ventures there too. Callanan, Hardiman, Ferguson, Carleton - all have something to say,*

---

[3] Vgl. Seamus Deane, *A Short History of Irish Literature,* London 1986, S.248

[4] Vgl. Robert Welch, *Changing States. Transformations in Modern Irish Writing,* London, New York 1993, S.5 u.10

Vgl. dazu Robert Welch, "Change and Stasis in Irish Linguistic and Literary Culture", in: Birgit Bramsbäck/Martin Croghan (Hrsg.), *Anglo-Irish and Irish Literature.Aspects of Language and Culture. Proceedings of the Ninth International Congress of the International Association for the Study of Anglo-Irish Literature Held at Uppsala University, 4-7 August, 1986, Volume I,* S.173-181

but it is a phase of waiting. There is a rupture, but one of the contentions advanced here is that Irish linguistic and literary culture is all the stronger for the waiting : 'still the indomitable Irishry'.

In der 1980 publizierten *Einführung in die zeitgenössische irische Literatur* diskutiert Gerd Stratmann den Begriff der *Irishness*. *Moderne irische Literatur darf, solange sie sich nur recht "irisch" gibt, hierzulande auf einiges Interesse hoffen. Freilich bleiben die Assoziationen, die solcher Irishness eine fast modische Attraktivität verleihen, zumeist vage und klischeehaft*, schreibt er in seinem Beitrag *Literarische Traditionen der Irishness: Anknüpfungen und Widersprüche* (Stratmann: 1980, 9).[5] Was die Leserschaft erwarte, reduziere sich weitgehend auf rustikale *settings*, den Typus des vitalen Anarchisten, nationale Mythen und siegesgewisses politisches Engagement - also auf Klischees eines nostalgischen Publikums.

> *(Die) Versuchung, einer nicht-irischen Leserschaft genau die Irishness zu bieten, die diese geboten haben wollte, (war aufgrund der Bedingungen des literarischen Marktes) schon immer groß ... Kavanagh, der im übrigen die englischen Leser und Feuilletonisten für die Kommerzialisierung "irischer" Posen verantwortlich machte, schrieb (1963 in Self Portrait) in lustvoll pointierter Selbstkritik: "Irishness is a form of anti-art. A way of posing as a poet without actually being one."*

Bei der Betrachtung der *neuen Entwicklung irischer Literatur -* damit ist die Ära seit den fünfziger Jahren gemeint - scheinen *Verallgemeinerungen .. kaum noch möglich; der erste Eindruck ist vielleicht der einer neuen Unbefangenheit und Spontaneität, mit der allenthalben fremde Einflüsse und Anregungen aufgenommen, alte Tabus gebrochen, volkstümliche oder sogar triviale Formen enkwickelt oder wieder aufgegriffen, didaktische Züge verfolgt werden. Eine neue Liberalität, so könnte man vermuten, schlägt sich hier in einer neuen Lebendigkeit der Literatur nieder.*[6] Andererseits *(prägt)* die - zuweilen fast besessene - Auseinandersetzung mit verschiedenen Versionen der *Irishness* nach wie vor große Bereiche der literarischen Produktion. So gehöre es zur Widersprüchlichkeit

---

[5] Vgl.Gerd Stratmann, "Literarische Traditionen und Irishness: Anknüpfungen und Widersprüche", in: J.Kornelius/E.Otto/G.Stratmann, *Einführung in die zeitgenössische irische Literatur*, Heidelberg 1980, S.9

[6] Vgl. dazu Cahalan, *The Irish Novel...*, S.261ff.

der zeitgenössischen irischen Literatur, daß sie tradierte und moderne bzw. innovative Momente vereine.

> *Als eine auffällige Tendenz darf man indessen festhalten, daß die irische Literatur das Repertoire ihrer Distanzierungs-Formen gegenüber der eigenen nationalen Identität und Tradition erheblich erweitert hat ... Selbst dort, wo die politischen und sozialen Voraussetzungen des irischen Milieus im Roman abgebildet werden, zählen sie häufig nur als Schlüssel zur problematischen Subjektivität des Helden: "Irish literature has turned inward."... (Der) nationale Dialog (hingegen kreist weiterhin) um ein recht altes Thema: um ein wirklich freies Irland, welches versteht, was es ist und was es heutzutage sein will, eben um verschiedene Versionen von Irishness* (Stratmann: 1980, 9).[7]

Was nun aber das spezifisch Irische, gar Nord- oder Südirische, an der auf irische Autorschaft zurückgehenden Prosa der letzten zwanzig Jahre sei, ist eher bei einer Minderheit von Texten klar auszumachen, da nämlich, wo Erzählerinstanzen sich auf literarische Vorgänger des eigenen Landes, der eigenen Region berufen oder Themen in typisch irische Kontexte historischer, gesellschaftlicher oder kultureller Art einbetten. Ein relativ großer Teil der zeitgenössischen Literatur Irlands hingegen sprengt diesen Rahmen einer eindeutigen bzw. einheitlichen nationalen Identität.

In diesem Tenor bemerkt auch Loreto Todd in *The Language of Irish Literature* (Todd: 1989, 142)[8] :

> *Contemporary Irish prose is written almost exclusively in English. It is no longer limited to themes closely connected to Ireland but, like poetry, takes the world and contemporary problems as its subject matter. Such a claim is reinforced by the fact that two of the six finalists for the 1987 Booker-McConnell were Brian Moore from Belfast and Iris Murdoch from Dublin -*

die Liste ließe sich fortsetzen.

> *(What) constitutes "an Irish context" (by which I mean whatever embraces the Irish experience) becomes increasingly difficult to define* (Bolger: 1993, xxiv).[9]

---

[7] Vgl. dazu ebd., S.15-18

[8] Vgl. Loreto Todd, *The Language of Irish Literature*, New York 1989, S.142

Die Gründe dafür sind vielfältig.

> *Indeed, with Ireland's utter failure to sustain a society with a role for the bulk of its young people, even what constitutes an Irish writer seems likely to become increasingly difficult to define* (Bolger: 1993, xxiv).[10]

Zum einen wird die Kluft zwischen nord- und südirischen Schriftstellern gelegentlich als markanter empfunden als die Distanz der in der irischen Republik, vornehmlich in Dublin, lebenden zu ihren Kollegen im nicht-irischen Teil Großbritanniens.

> *For the past quarter of a century the most extraordinary violence has been an everyday reality in Northern Ireland. And the more intense the Northern violence has become, the greater the distance has grown between the states on the island. Although some commentators still speak simply about two cultures existing in Ireland - a Catholic/Nationalist and Protestant/Unionist one, the response of the largely untouched South to the frequent barbarism of both sides in the North has been such that recent statistical analysis has shown the citizens of the Irish Republic to feel now that they have more in common with the Scottish, Welsh and English than with any section of the population in the North* (Bolger: 1993, ix).[11]

Es verwundert daher nicht allzu sehr, daß politisch brisante Themen wie die fanatischen Kämpfe zwischen katholischen und protestantischen Extremisten meist der Feder jener Autoren entspringen, die entweder im Norden geboren, dort ansässig sind oder zu diesem Teil der Insel eine besondere Affinität haben, während Sujets wie die Ausbeutung von *outcasts*, die Gastarbeitersituation oder die Korrumpiertheit herrschender Politiker ebensogut dem Süden entstammen können.

Andererseits - und dies mag in diesem Kontext von noch größerer Relevanz sein - spiegelt sich in den zeitgenössischen irischen Geschichten und Romanen neben ästhetischen Versuchen zur Verarbeitung der politischen Wirklichkeit in zunehmendem Maß das Inter-

---

[9] Vgl. Dermot Bolger (Hrsg.), *Picador Book of Contemporary Irish Fiction*, London 1993, *Introduction*, xxiv

[10] Ebd.

[11] Ebd., ix

esse an der Reflexion der Geschlechterbeziehungen, an alternativen Modellen des gesellschaftlichen wie intimen Zusammenlebens[12], an existentiellen, wenn auch historisch geprägten Grundsituationen ebenso wider wie die Problematik des modernen Bewußtseins bzw. adäquater künstlerischer Darstellungsmodi.

Mögen gerade bei den letztgenannten Aspekten auch gelegentlich - bewußt oder unbewußt - Joyce[13], Moore[14] oder Beckett Pate gestanden haben, so lassen sich die gegenwärtigen, teils experimentellen literarischen Entwürfe doch nur selten als epigonal abtun. Cahalan geht sogar so weit zu behaupten:

(An) eclectic response to the divergent fictional models established by earlier Irish realists and fabulists - or by the early

---

[12] In einem Land, in dem bis 1967 strenge Zensurbestimmungen herrschten und das deshalb bis in die siebziger Jahre als Ort *der geistigen Öde und der Angst vor öffentlicher Behandlung gerade der Themen* gelten konnte, *die sein neurotischer Zustand produzierte - Sexualpsychosen, Ehetragödien, Gewalt gegen Frauen (von der, spöttischen Stimmen nach, nur eine einzige ausgenommen war - die Jungfrau Maria)*, ist die Pointierung dieser Sujets in den letzten zwei Dekaden besonders leicht nachzuvollziehen (Vgl. Ralph Giordano, *Mein irisches Tagebuch*, 2.Aufl.,Köln 1993, S.273f.).

[13] Vgl. Cahalan, *The Irish Novel...*, S.263:

As one might expect, the influence of Joyce has been discernible. Relatively traditional realist novels have been much more common than experimental ones in the Joycean mode, almost as if in backlash. The middle class hankers mostly for realism, and Irish novelists frequently stay home and enjoy a relative prosperity that seemed virtually impossible in previous periods. Interestingly, the best novelists of the period .. tended to start out as realists but then later to experiment with more fabulist approaches.

[14] Vgl. Klaus Lubbers, "Die Erzählprosa des modernen Irland" in: Kornelius/Otto/Stratmann..., S.64f.:

Seit Moore und Joyce gibt es in der irischen Erzählprosa die Figur des stellvertretenden Individuums unter den alternativen Aspekten von innerem und äußerem Exil, d.h. von Frustration und Flucht, dazu die Neigung zu einer fast klinisch zu nennenden Totalanalyse gesellschaftlicher Zustände, schließlich die Formen des autobiographischen Romans in der Nachfolge von A Portrait of the Artist as a Young Man etwa in McGaherns The Dark (1965) und Edna O'Briens A Pagan Place (1970) und - seltener, da größere Darstellungsprobleme aufwerfend - der Kurzgeschichtensequenz in der Nachfolge von Dubliners etwa in O'Connors Dutch Interior (1940). Epiphanien durchziehen die irische Short Story bis hin zu Plunketts "The Eagles and the Trumpets" und MacIntyres "Such a Favour". Ulysses ist in Irland einflußreich geblieben, die Ausstrahlung von Finnegans Wake indirekter Art, da diffus, schwer zu belegen. Zweifellos steht Flann O'Brien in der apostolischen Nachfolge des späten Joyce ...

naturalistic Joyce and the later fantastist Joyce - has been the most fruitful one available to contemporary Irish novelists (Cahalan: 1988, 263).[15]

Innovativ sind zudem auffallend häufig Texte von Autorinnen, die einer historisch überlebten Geschlechterphilosophie neue Akzente und Dimensionen verleihen, die *gender*-Problematik aus weiblicher Perspektive aufwerfen und oft als unbefriedigend empfundenen tradierten Beziehungsmustern emanzipierte und paritätische entgegensetzen. Gerade auf diesem Sektor zeigen sich immer wieder Analogien zu den Werken aus anderen europäischen Ländern und Amerika.

Auch primär spät- bzw. postmoderne Sujets wie die Desintegration der ordnenden Instanz *mind*, der Konstruktivismus oder die Selbstreferentialität literarischer Texte lassen sich schwerlich auf ihre jeweilige irische Couleur reduzieren - tangieren sie doch sämtlich existentielle bzw. ästhetische Sphären überindividueller und - nationaler Art.

Ebenso schwierig dürfte inzwischen die soziologische Bestimmung der irischen Leserschaft sein.

(The) Irish readership today resembles the English readership of a century ago much more than the Ascendancy-dominated Irish readership of the nineteenth century (Cahalan: 1988, 262)[16]

Analog zu anderen europäischen Ländern sowie den USA ist der Rezipientenkreis auf keine sozioökonomische bzw. gebildete "Elite" fixierbar. Allgemein herrscht der Eindruck vor, daß Autor- wie Leserschaft primär der *middle class* entstammt - eine Zuordnung freilich, die in der heutigen irischen Gesellschaftsstruktur eine relativ diffuse Aussage impliziert.

Konzeption und Methode

Die vorliegende Studie ist folgendermaßen konzipiert: Der Hauptteil gliedert sich in zwei Kapitel. Wird im ersten anhand ausgewählter Texte aus der Primärliteratur ein Überblick über die meines Erachtens relevantesten Themenkreise und narrativen Methoden der Ver-

---

[15] Vgl. Cahalan, *The Irish Novel...*, S.263

[16] Vgl. ebd., S.262

fasser skizziert, so fokussiert das zweite detaillierte exemplarische Analysen von Romanen und Erzählsammlungen. Dabei wird versucht, den individuellen Werken mit je eigenen adäquaten literaturwissenschaflichten *approaches* zu begegnen, also auch methodisch ihre Eigenwilligkeit zu respektieren bzw. zu problematisieren. Die Analyse konzentriert sich zum einen auf die immanente ästhetische Struktur der Werke selbst und zum anderen auf deren ideologische (sprich weltanschauliche) Aussage, die darüberhinaus außerliterarische Bezüge primär historischer, philosophischer, politischer, literatur- und gattungsgeschichtlicher Art impliziert. Die Gewichtung obiger Komponenten wird nicht apodiktisch postuliert, sie ergibt sich aus dem jeweiligen Sujet, Kontext und Interpretationsinteresse selbst, und zwar, wie ich meine, ohne dabei Gefahr zu laufen, Cahalans *imitative pattern* zu verfallen. Vielmehr soll damit im Sinne Paul de Mans jener Respekt des Interpreten vor dem Interpretierten gewahrt bleiben, den er in einem Interview einmal als *total humility* bezeichnet hat:

> *(The) humility of the critic in relation to the work is total* (Mapp: 1990, S.783).[17]

An anderer Stelle formuliert er seinen (Jacques Derridas Dekonstruktionskonzeption bereits überwindenden) *approach* mit den Worten:

> *Understanding is not a version of one single and universal Truth that would exist as an essence, a hypostasis. The truth of a text is a much more empirical and literal event ... (Understanding) is an epistemological event prior to being an ethical or aesthetic value. This does not mean that there can be a true reading, but that no reading is conceivable in which the question of its truth or falsehood is not primarily involved ... (The) text imposes its own understanding and shapes the reader's evasions* (Mapp: 1990, S.783).[18]

---

[17] Vgl. Nigel Mapp, "Deconstruction" in: M.Coyle/P.Garside/M.Kelsall/J.Peck (Hrsg.), *Encyclopedia of Literature and Criticism,* London 1990, *S.783*

Das Zitat ist einem 1980 geführten Interview entnommen, das Robert Moynihan vier Jahre später veröffentlichte (Robert Moynihan, "Interview with Paul de Man" in: *The Yale Review* 73, S.576-602, 1984).

[18] Vgl. ebd.

Die zitierten Passagen sind folgendem Text entnommen:

Um John Banvilles *Kepler* oder *Dr.Copernicus* in diesem Sinne zu verstehen, um den Rezeptionsprozeß zum "epistemologischen Ereignis" werden zu lassen, bedarf es eben - jenseits der Werkimmanenz - eines anderen außerliterarischen Zugangs als im Falle von Roddy Doyles Romantrilogie, Joseph O'Connors *Secret World of the Irish Man* oder Frank McCourts *Angela's Ashes*. Schwerpunkt der Studie ist die konkrete und exemplarische Interpretation von Texten.

Im Schlußteil wird nach einem kurzen Resümee die Einordnung der Werke und ihrer Interpretation in den Kontext der (irischen) Postmoderne versucht.

Da Samuel Beckett gerne und gelegentlich unreflektiert zum *spiritus rector* der irischen Gegenwartsliteratur stilisiert wird und mit seinem Spätwerk die für uns relevante Phase tangiert, sei zunächst auf einige in diesem Kontext signifikante Aspekte seines Werks verwiesen.

Paul de Man, "Foreword" in: Carol Jacobs, *The Dissimulating Harmony: The Image of Interpretation in Nietzsche, Rilke, Artaud, and Benjamin*, Baltimore 1978, xi

Vgl. C 2 der vorliegenden Arbeit zur Problematik der methodischen Balancierung von Text- und Leserintention

B Teil I - Themen, Strömungen, Methoden

1. Selbstreferentialität und Schweigen bei S.Beckett[19]

Daß sich das selbstreferentielle Moment in Samuel Becketts Oeuvre nicht allein als Phänomen einer (späten) postmodernen Schaffensphase darstellt, sondern vielmehr jahrzehntelang eines der konstitutiven Strukturelemente ausmacht, mag noch weniger verwundern, wirft man einen Blick auf seine frühen Äußerungen über die künstlerische Tätigkeit, wie etwa jene gegenüber seinem Verleger Axel Kaun in einem - womöglich spontan verfaßten - Brief vom 9.Juli 1937. Dort plädiert er für eine *Wörtersturmerei (sic) im Namen der Kunst* und konstatiert seinen Wunsch nach der *Literatur des Unworts* und der wörtlichen Darstellung seiner *höhnischen Haltung dem Worte gegenüber*. Und im selben Augenblick, in dem er die Literatur und das unzulängliche Medium der Sprache thematisiert, meint er der *Dissonanz von Mitteln und Gebrauch* bereits ein *Geflüster der Endmusik, das Allem zu Grunde liegende Schweigen* zu entnehmen (Beckett: 1937, Privatbrief).[20] Von Anfang an scheinen die Momente der Rückbezüglichkeit und des Schweigens für Beckett eng miteinander verwoben zu sein. Die Frage ist, wie sie sich in *Endgame, The Unnamable*, dem letzten Band seiner Romantrilogie, und *For to End Yet Again* manifestieren.

Rezipiert man *Endgame* auf der Folie existentialistischer Deutungen, so kommt man mit Theodor Adorno konsequenterweise zu dem Ergebnis, *philosophy, the mind itself, proclaims its own worthlessness ... while the poetic process declares itself a waste*; dieses Drama spiele mit seinen Elementen und ergreife keinerlei Position, ja die dargestellten Situationen fungierten lediglich als *negations of negativity* (Adorno: 1969, 84, 89 und 95)[21]. Stringenterweise ist aus

---

[19] Vgl. dazu: Andrea Beck, "Selbstreferentialität und Schweigen in S.Becketts Endgame und The Unnamable" in: *Anglia. Zeitschrift für englische Philologie*, Band 112 Heft (1994)

[20] Vgl. Samuel Becketts Brief an Axel Kaun vom 9.7.1937; Privatbrief im Besitz der Verfasserin

[21] Vgl. Bell Gale Chevigny (Hrsg.), *Theodor Adorno, Towards an Understanding of "Endgame", Twentieth Century Interpretations of "Endgame", A Collection of Critical Essays*, Eaglewood Cliffs 1969, S.84, 89 und 95.

dieser Sicht dann auch beispielsweise Hamms *madman story* (Beckett: 1979, 32ff.) [22] eine Manifestation von - wenn auch reflektierter - Schizophrenie, die sich in Clovs Perzeption konkretisiert. In der Tat läßt sich dem Stück entnehmen, daß sein Autor sich jeglicher teleologischen Konzeption verweigert; er weigert sich, der Erfahrung von Sinnlosigkeit *meaning* zuzuschreiben oder den in der Moderne kulminierenden Individualitätskult zu affirmieren[23].

Parodie und Schweigen werden zu adäquaten Medien dieser "nachexistentialistischen" Kunst, in der sich Freiheit auf *the impotent and ridiculous reflex of emtpy decisions* reduziert (Adorno: 1969, 100)[24] und Signifikanz nur noch als *non significance* erscheint (Adorno: 1969, 101)[25]. *Everything waits to be carted off - to the dump, or to the death camps* (Adorno: 1969, 92).[26] Daß aus dem alttestamentarischen *dust thou shall become* auf Becketts Bühne *filth* geworden ist, läßt sich eindrücklich an der Lokalisierung der beiden Alten, Nagg und Nell, in ihren Mülltonnen ablesen. Der einzig verbleibende Trost, so Adorno, sei der des Stoikers.

So differenziert dieser Interpretationsansatz auch sein mag, ein Aspekt bleibt dabei grundsätzlich unberücksichtigt: der der Selbstreferentialität des Textes. Dieser nämlich läßt sich auch anders, einfacher lesen. Dann sind auch jene rätselhaften Details schlüssig, die oft vage auf existentielle Katastrophen bzw. apokalyptische Weltzustände projiziert werden: die Vorstellung, daß die Zeit stillsteht, die Natur inexistent ist, der Horizont leer und die Fragen

---

Vgl. dazu ebd. S.92 und 93:

Heidegger's States of Mind ... Jasper's Situations are dragged from the sphere of inwardness and materialized ... Beckett stands Existential philosophy on its feet.

[22] Vgl. Samuel Beckett, *Endgame*, 7.Aufl., London 1979, S.32ff.

[23] Vgl. Adorno, S.92:

This is objectively, devoid of all polemic intent, his response to Existentialism, which had sought, first through its concept of "thrownness", and then of "absurdity", to transfigure meaninglessness into meaning.

Vgl. *Endgame*, S.27:

Hamm: We're not beginning to ... to ... mean something?
Clov: Mean something! You and I, mean something! (Brief laugh.) Ah that's a good one!

[24] Vgl. Adorno, S.100

[25] Vgl. ebd., S.101

[26] Ebd., S.92

und Antworten sich in ihren Grundmustern wiederholen. Dann wird auch klar, daß die Figuren ihr eigenes Spiel(enmüssen) verbalisieren, denn dazu sind sie gekommen. Ihre vordringliche Funktion ist die Thematisierung der Theatersituation selbst, einer Situation, in der es kein vorgegebenes Stück zu geben scheint, in der ad hoc gespielt wird, ja angesichts des erwartungsvollen Publikums gespielt werden muß.

Me - to play (Beckett: 1979, 12)[27] sind Hamms erste Worte, und verwunderlich ist es nicht, daß er am Ende quasi den Vorhang fallen läßt[28] und das Publikum mit einer analogen Formulierung verabschiedet: *Since that's the way we're playing it ... (he unfolds handkerchief) ... let's play it that way ... (he unfolds) ... and speak no...*(Beckett: 1979, 52f.).[29] *Why this farce, day after day?* (Beckett: 1979, 18)[30] fragt Nell, und: *Have you anything else to say to me?* (Beckett: 1979, 20)[31]. Nagg verneint, woraufhin sie ihm damit droht, ihn zu verlassen - eine Drohung freilich, die sie, wie im Parallelfall Clov[32], erst am Ende des Stücks mit dem Verschwinden von der Bühne einlöst.

Verwunderlich auch nicht, daß die Figuren dieses seine eigenen Gegebenheiten reflektierenden Werks anfangen, selbst zu dichten, ihren Text selbst zu kreieren. Der Autor delegiert seine Tätigkeit an

---

[27] *Endgame*, S.12

[28] Vgl. Michael Haerdter, *Über die Proben für die Berliner Aufführung 1967, Samuel Beckett inszeniert das "Endgame"*, Frankfurt a.M. 1969, S.101:

Auf Hamms einleitendes Spiel mit dem Taschentuch will Beckett verzichten, Nur zweimal, am Anfang und am Ende des Stücks, soll das graue Tuch, befreit von den Blutflecken der Erstfassung, ins Spiel kommen. Jemand riskiert die Frage: Stellt es den Vorhang dar? und erntet Becketts unwirsches "ja".

[29] *Endgame*, S.52f.

[30] Ebd., S.18 und vgl. S.26

[31] Ebd., S.20

[32] Vgl. ebd., S.15:

Hamm: ...Well! I thought you were leaving me.
Clov: Oh not just yet, not just yet.

Vgl. dazu S.29, 30, 31 und S.39:

Clov: I'll leave you.
Hamm: No!
Clov: What is there to keep me here?
Hamm: The dialogue...

seine Geschöpfe. Bei genauer Betrachtung zeigt sich, daß Beckett damit einerseits auf die Theatersituation selbst verweist, darüberhinaus aber auch in parodistisch-exemplarischer Manier Einblick verleiht in die historische Bedingtheit und Veränderungsbedürftigkeit der Literatur bzw. der Kunst per se.

War schon Naggs "künstlerische" Aufarbeitung der gemeinsamen Vergangenheit des alten Paares ein Artefakt[33], so ist auch seine Schneidergeschichte nicht zufällig in der Mülltonne plaziert, denn dort ist sie offenbar gut aufgehoben[34]. Nicht einmal mehr einem Nell läßt sich mit diesem varietéhaften Versatzstück banalsten Inhalts, das als Persiflage des göttlichen Schöpfungsakts oder Ironisierung der menschlichen Kreativität womöglich bereits überinterpretiert ist, ein Lächeln abringen. Die Zeit solch netter, harmlos-unterhaltsamer, ja vielleicht aller *stories* ist passé, das Erzählen ist zwar offenbar nach wie vor notwendig, aber in zunehmendem Maße problematisch geworden.

Eine weitere literarhistorische Phase problematisiert indirekt Hamm, der aufgrund seiner dichterischen Ader erfinden muß, mit der - eben nicht bloß auf Clov beziehbaren - Geschichte des Verrückten, die die "häßlichen" Erzählungen, die "häßliche" Kunst repräsentiert. Doch viel erfolgreicher ist auch er nicht, mit der Dekonstruktion der "ästhetischen" Inhalte ist es ihm noch lange nicht geglückt, die Grundproblematik der Kunst zu lösen: auch seine häßliche Geschichte ist erfunden, auch sie lügt und ist doch wieder aufgrund ihres Strukturgefüges in ihrer Deutbarkeit mit *meaning* überfrachtet und somit "schön". *Let's get it over* (Beckett: 1979, 45).[35] Scheitern muß auch der letzte Versuch, dem Erfindenmüssen zu entkommen, nämlich das Deklarieren des Fiktionalisierens von Wirklichkeit als Fiktion (Beckett: 1979, 49f.).[36]

> Hamm: Never! (Pause.) Put me in my coffin.
> Clov: There are no more coffins.
> Hamm: Then let it end! (Clov goes towards ladder.) With a bang!
> (Clov gets up on ladder, gets down again, looks for telescope, sees it, picks it up, gets up ladder, raises telescope.) Of darkness! And me? Did anyone ever have pity on me?

---

[33] Vgl. ebd., S.18f.

[34] Vgl. ebd., S.21f.

[35] Ebd., S.45

[36] Ebd., S.49f.

Clov: (lowering the telescope, turning towards Hamm.) What?
(Pause.) Is it me you're referrring to?
Hamm: (angrily). An aside, ape! Did you never hear an aside be-
fore? (Pause.) I'm warming up for my last soliloquy.
Clov: I warn you. I'm going to look at this filth since it's an order.
But it's the last time. (He turns the telescope on the without.) Let's
see. (He moves the telescope.) Nothing ... nothing ... good ... good ...
nothing ... goo-
...
(Clov moves ladder nearer window, gets up on it turns telescope
on the without.)
Clov: (dismayed). Looks like a small boy!
...
Clov: You don't believe me? You think I'm inventing? (Pause.)
Hamm: It's the end, Clov, we've come to an end. I don't need you
any more. (Pause.) -

Erfunden ist nicht nur Clovs kleiner Junge, sondern auch die letzte Replik, die *fünf Trostspender des Lebens* (Haerdter: 1969, 105f.)[37] betreffend, artifiziell sind selbst die Wörter, die Wirklichkeit, das Leben, das am Ende übrigbleibt (Haerdter: 1969, 106)[38].

Endgame ist an der Grenze der Rezipierbarkeit angelangt. Eine ausschließlich rückbezügliche Kunst hört auf, Kunst zu sein. Das von zahllosen Sprechpausen durchzogene Stück schweigt endgültig, nachdem es seine eigenen Existenzbedingungen bis ins letzte durchgespielt hat, die Figuren verstummen. Und dieses Schweigen ist nicht bloß ein "existentielles", dianoetisches angesichts des so häufig mit dem Kalten Krieg assoziierten wenig trostreichen Weltzustands, dieses Schweigen ist auch als "ästhetisches" glaubwürdig, setzt es doch den Schlußpunkt hinter sämtliche gescheiterten Versuche, die offenbar allgemeine historische, gesellschaftliche bzw. existentielle Misere in Kunst zu verwandeln.

---

[37] Vgl. Haerdter, S.105f.:

Clovs Monolog - "von den fünf Trostspendern des Lebens", wie Beckett ihn nennt. Beide Monologe seien "furchtbar schwer, weil mit so wenigen legitimen Mitteln gearbeitet werden muß"...Liebe, Freundschaft..."...schau dir diese Herrlichkeit an. Diese Ordnung!" Hier ist die Natur gemeint. "...wie klar alles ist. Wie einfach!" Das ist die Wissenschaft. Und die Kunst der Pflege für die tödlich Verletzten? "Die Barmherzigkeit."

[38] Vgl. ebd., S.106:

"Wörter, die übrigbleiben?" Das ist Wirklichkeit, Leben, das übrigbleibt.

In *The Unnamable* läßt sich ein analoger Prozeß verfolgen. Rolf Breuer hat auf weitgehend überzeugende Weise das selbstreferentielle Phänomen in den beiden ersten Bänden von Becketts Trilogie - *Molloy, Malone Dies* - erforscht.[39] Etwas dürftig fällt daneben jedoch

---

[39] Vgl. Rolf Breuer, "Rückbezüglichkeit in der Literatur: Am Beispiel der Romantrilogie von Samuel Beckett" in: Paul Watzlawick (Hrsg.), *Die erfundene Wirklichkeit. Wie wissen wir, was wir zu wissen glauben? Beiträge zum Konstruktivismus,* 7.Aufl., München 1991, v.a. S.143-152

Überzeugend sind zudem die Ausführungen bezüglich der historischen Dimension der Selbstreferentialität in der Literatur. Hierzu schreibt er u.a. (Vgl. ebd., S.139-142):

Rückbezüglichkeit in der Literatur gibt es .. seit langer Zeit in allen Gattungen. Was die Lyrik angeht, so würde man vor allem wohl an die sogenannten "poetologischen" Gedichte denken, also an Gedichte, deren Thema das Gedichteschreiben oder manchmal sogar das Schreiben dieses Gedichts selbst ist ... In der Dramatik gibt es mehrere Verfahren, um die scheinbare Wirklichkeit des Geschehens auf der Bühne als "erfundene Wirklichkeit", als konstruiert, zu entlarven ... Man denke an Aristophanes' Die Wolken oder Die Wespen. Aber auch das "epische Theater" mit seiner Betonung der Tatsache, daß der Ernst des Spiels eben doch nur der Ernst eines Spiels ist ("Verfremdungseffekt"), wäre hier zu erwähnen; man denke an Autroren wie Bert Brecht, Thornton Wilder oder Peter Weiss. Ein eigener "Staat im Staate" in vielen Dramen unseres Kulturkreises ist das sogenannte "Spiel im Spiel" .. wie jene Szene im Sommernachtstraum, in der die Pyramus-und-Thisbe-Geschichte aufgeführt wird ... Das Spiel im Spiel lenkt den Blick auf die Spielhaftigkeit des Theaters, und diese Spielhaftigkeit spiegelt die Spielhaftigkeit der Welt ... In der neuzeitlichen erzählenden Literatur jedoch hat die Rückbezüglichkeit ihre eigentliche Heimat. Diese Großgattung ist ja vom Drama durch die Existenz eines Erzählers unterschieden, und der Erzähler als ordnendes Bewußtsein des Textes erlaubt am zwanglosesten die Einführung und Integration reflexiver Strukturen. Miguel de Cervantes oder Laurence Sterne bieten sich in diesem Zusammenhang als Namen an, jedoch auch Romantiker wie Clemens Brentano (mit seinem Godwi) ... Der Zeitpunkt, von dem ab man statt von Rückbezüglichkeit in der Literatur von rückbezüglicher Literatur sprechen kann, dürfte um das Jahr 1900 liegen. Seit dieser Zeit ist rückbezügliche Literatur in solcher Fülle entstanden, daß man vielleicht sagen kann, in ihr komme die Literatur des 20.Jahrhunderts recht eigentlich zu sich selbst. Zu erwähnen wären Marcel Prousts Auf der Suche nach der verlorenen Zeit, André Gides Die Falschmünzer, Samuel Beckett mit einer ganzen Reihe von Werken, die amerikanischen sogenannten "postmodernen" Romanciers, aber auch der französische Roman ... Die reflexive Anlage des 3000seitigen Riesenwerks (Prousts) wird dadurch bezeichnet, daß der Ich-Erzähler am Ende endlich bereit ist, den Roman zu schreiben, den er über viele Jahre im Kopf und in all seinen Sinnen vorbereitet hat: der Roman, dessen Lektüre der Leser soeben beendet hat ... Eine Kunst, die ihren Namen verdient, muß angesichts dieser Lage weniger von Ereignissen, von Freunden, von Frauen handeln, denn sie sind auswechselbar und letztlich unwesentlich; sie muß vielmehr die Gesetze des Lebens enthüllen. Ein besonders herausgehobener Gegenstand ist daher das Finden dieser Einsicht, ein Meta-Sujet. Marcel Proust zieht aus der Einsicht seines Ich-Erzählers

seine Deutung des letzten dieser Romane aus, jenes also, der am nachdrücklichsten auf sich selbst verweist, der das Schweigen zu einem seiner zentralen Motive macht.[40]

Wie in *Endgame* manifestiert sich *silence* auch hier zunächst im schrittweisen Verstummen der Figuren angesichts der Zwecklosigkeit von Äußerungen über eine zusammenhangslose, sinnlose Existenz bzw. der Kunst selbst, nachdem künstlerische Entwürfe ausprobiert, parodiert und verworfen werden - auch hier begegnen wir dem "existentiell-dianoetischen" und "ästhetischen" Schweigen, mag letzteres sich durch sein Eingebettetsein in die Kunststruktur des Werks auch selbst infragestellen.

> *Where now? Who now? When now? Unquestioning. I, say I. Unbelieving. Questions, hypothesis, call them that. Keep going, going on...*(Beckett: 1976, 293).[41]

Schon die ersten Sätze führen uns auf eine Metaebene in Relation zu traditionelleren Romananfängen, sie implizieren die Hinterfragung sämtlicher Kategorien, die die kunstimmanente wie auch die außerästhetische, reale menschliche Existenz beschreibbar machen. Rückbezogen auf *Molloy* und *Malone Dies* freilich stellen sie lediglich eine logische Konsequenz dar: Wer soll oder kann wo und wann fortsetzen, was dort seinen Anfang nahm, nachdem Lemuel seine Geschöpfe, seine Kunstfiguren am Ende des zweiten Romans erschlagen und der Kunst somit symbolisch den Garaus gemacht hat? *Unbenennbar* wäre die adäquateste Übersetzung des englischen Titels, denn um die Schwierigkeit des Erfassens, Habhaftwerdens von Subjekt, Welt, Existenz durch Benennen geht es und nicht etwa nur um den "namenlos" gewordenen Erzähler und seine vergebliche Identitätssuche.

---

und Protagonisten Marcel die Konsequenz, das Finden des Gegenstands des Romans zum Gegenstand des Romans zu machen ... Beckett, der Prousts <u>Suche nach der verlorenen Zeit</u> gut kannte, übernimmt in seiner Romantrilogie diese Problemlage, verschärft sie aber noch...

[40] Vgl. ebd., S.152:

...und ich will nicht verhehlen, daß die Struktur undurchsichtig wird, daß das Ganze wenig "human interest" hat ... und insgesamt mehr wie Konsequenz denn Kunst erscheint.

[41] Samuel Beckett, *Molloy.Malone Dies.The Unnamable*, 4.Aufl.,London 1976, S.293

(How) proceed? By aporia pure and simple?...Generally speaking.
There must be other shifts, Otherwise it would be quite hopeless. But
it is quite hopeless ... (Beckett: 1976, 293).[42]

Was Rolf Breuer den *Versuch der Abschaffung der erfundenen*
Wirklichkeit, der einmal mehr eine Suche, einen Roman gezeitigt hat,
nannte (Breuer: 1991, 151)[43], also jene Paradoxie, die Absage an
die Kunst in Form eines Kunstwerks zu vermitteln, faßt Beckett/der
Erzähler selbst in dem Terminus "Aporie". Zugleich drückt er damit
die theoretisch-philosophische Akzentuierung seines Romans aus -
es handelt sich quasi um eine Abhandlung über die (scheinbare)
Unlösbarkeit der Kunstproblematik.

Ganz im Duktus von *Molloy, Malone Dies* und *Endgame*, wo sich
die eigentliche *quest* ja bereits auf die Metaebene, nämlich die
Schreib- bzw. Erzählsituation verlagerte, deklariert nun der
"Namenlose" seine eigene Erfindung als erfunden und notwendig
zugleich und verwebt solchermaßen permanent den Schaffenspro-
zeß mit der Reflexion desselben.

I shall have to speak of things of which I cannot speak ... I am
obliged to speak. I shall never be silent. Never... (The) discourse
must go on... (Beckett: 1976, 294 und 296)[44] skizziert die Grundkonstellation - aus Descartes' *cogito ergo sum* ist offenbar *I*
write/speak, therefore I am geworden. Betont spielerisch evoziert die
Erzählerimagination das Personal früherer Beckettwerke, läßt es auf
der narrativen Bühne Revue passieren und reiht sich schließlich
selbst darunter. Immer diffuser wird die Grenze zwischen den fiktionalen Ebenen, immer unklarer die Beziehung zwischen Autor, Erzäh-
lerinstanz und Kunstfiguren. So etwa rezipiert der Erzähler in der
Pose des Kunstbetrachters seine eigenen Geschöpfe, seine
delegates (Beckett: 1976, 299)[45], indem er vorgibt, von ihrer
Wissens- und Sinnvermittlung profitiert zu haben[46]. Der ironische

---

[42] Ebd.

[43] Vgl. Breuer, S.151

[44] Vgl. *The Unnamable*, S.294 und 296

[45] Vgl. ebd., S.299

[46] Vgl. ebd., S.300:

I cannot have understood a great deal. But I seem to have retained certain
descriptions, in spite of myself. They gave me courses on love, on intelligence,
most precious, most precious. They also taught me how to count, and even to
reason. Some of this rubbish has come in handy on occasions, I don't deny it ...

Tenor jedoch läßt eher eine Absage an jene zitierten Instanzen - die Religion, Philosophie, Wissenschaft, aber auch die eigene Ratio, das eigene Gewissen und schließlich die Kunst - durchscheinen, auch dieser Kunstgriff stellt nur eine Etappe dar in seiner letzten und endgültigen *quest*, die dem Schweigen gilt:

> *The search for the means to put an end to things, an end to speech.* (Beckett: 1976, 301).[47]

Ein Kunstgeschöpf löst das andere ab, auf Basil folgt Mahood, *his voice continued to testify for me, as though woven into mine, preventing me from saying who I was, so as to have done with saying, done with listening* (Beckett: 1976, 311).[48] Eines Tages, so hofft der solchermaßen seiner selbst beraubte Erzähler, *it will disappear ... from mine, completely. But in order for that to happen I must speak, speak* (Beckett: 1976, 311).[49] Wenn er reflexionsmüde zurückfällt in die Position des Geschichtenerzählers, sind Kunstproduzent und -produkt bereits ununterscheidbar geworden.[50] Eine (Kunst)Lüge folgt der anderen, tradierte Kunstkonzeptionen werden unglaubwürdig durchgespielt[51], alles Benannte wird als Artefakt entlarvt.

> *The silence, speak of the silence before going into it.* (Beckett: 1976, 411).[52]

Ist die Stille, in der der *narrator*, in die seine Stimme schließlich mündet, noch dieselbe? Ist sie lediglich Resultat der Einsicht in den historisch-gesellschaftlich oder gar existentiell bedingten Sinnmangel, Ergebnis bloß mißglückter, geschichtlich überlebter Kunstversu-

---

Low types they must have been, their pockets full of poison and antidote ... One in particular, Basil I think he was called, filled me with hatred...

[47] Ebd., S.301

[48] Vgl. ebd., S.311

[49] Vgl. ebd.

[50] Vgl. ebd., S.312 und 313:

I ... the teller and the told... And what if Mahood were my master?

[51] Ausgiebiger noch als der Romanbeginn gönnt sich das Ende den Exkurs in die Parodie tradierter Muster, wenn etwa das Motiv des emotionsreichen *happy endings* als reine Farce, als Versatzstück der Trivialliteratur anklingt (vgl. ebd.,S.410f.).

[52] Vgl. ebd., S.411

che? Handelt es sich am Ende von *The Unnamable* ausschließlich um diese beiden Aspekte des Schweigens? Oder meint dieser Begriff mehr, gar den Titel selbst? Dann nämlich implizierte er auch einen positiven Aspekt. Als Unbenennbares, Namenloses ließe er dann womöglich jenen Zustand, der sich als Verstummen vor den realen Gegebenheiten oder nach den überwundenen Kunstepochen äußert, hinter sich und läge jenseits der Worte, jenseits aller Erklärungsversuche und Deutungszwänge, jenseits des Kunstbedürfnisses, des Verlangens also nach stimmiger(er) Struktur und schönem Schein. Das wäre jener Status, in dem nichts mehr benannt oder reflektiert werden muß, weil Klarheit, Stimmigkeit, Schönheit, Identität herrschen und eben nicht herbeigesehnt, herbeigeredet werden müssen. Dann wäre *silence* das Ziel der *quest*, kurzum die Utopie umfassender Erkenntnis, die Utopie der Einheit von Suchendem und Gesuchtem.

> *I can't go on, I'll go on.* (Beckett: 1976, 418).[53]

Rezipierbar bleibt eben nur das Sprechen über die Utopie des Schweigens. Stumme Literatur ist inexistente Literatur. Und der Zustand jenseits der *quest* bislang ein utopischer.
For to End Yet Again scheint die Trilogie fortzusetzen: der Desintegration des Bewußtseins folgt die Stasis des Grabes, des Todes. Diese Stasis, für Beckettleser kaum verwunderlich, ist gleichsam endlos dynamisch und damit analog zum Text selbst, der, ähnlich wie *Endgame*, seine Bedingungen, seine Genese, sein Ende mitthematisiert.

> *Through it who knows yet another end beneath a cloudless sky same dark it earth and sky of a last end if ever there had to be another absolutely had to be.* (Bolger: 1993, 6).[54]

Der letzte Satz könnte dem ersten vorangehen: *For to end yet again skull alone in a dark place pent bowed on a board to begin* (Bolger: 1993, 3)[55] - und wieder schlösse sich der Kreis, das Strukturmuster auch dieses Texts.

---

[53] Vgl. ebd., S.418

[54] Samuel Beckett, *For to End Yet Again*, in: Bolger..., S.6

[55] Ebd., S.3

Unter "wolkenlos grauem Himmel", von *this leaden dawn* bis *that certain dark* (Bolger: 1993, 3 u.6)[56] beschreibt der Erzähler in streng durchkomponierter, bewußt monoton-rhythmisierter und den Konventionen der Syntax frönender Prosa die graduelle Desintegration eines Schädels, einer Leiche.

> *First change of all in the end a fragment comes away and falls .. Little body last stage of all stark erect still amidst his ruins all silent and marble still. First change of all a fragment comes away from mother ruin and with slow scarce stirs the dust .. Last change of all in the end the expelled falls headlong down and lies back to sky full little stretch amidst the ruins.* (Bolger: 1993, 3, 4f. und 6).[57]

Die *ruins* implizieren keine Vision, keine Utopie - nicht einmal mehr die des Schweigens wie in *The Unnamable* -, bestenfalls den Traum von einem nirwanahaften Zustand jenseits von Raum und Zeit. Daß diese Botschaft mit dem Bedürfnis (des Lesers) nach Antworten auf existentielle Fragen spielt, mit der Notwendigkeit, Kohärenz, Sinn zu suchen und womöglich zu erfinden, nimmt ihr nur wenig von ihrem nihilistisch-fatalistischen Grundtenor.

Das Ende der Rezipierbarkeit, das die Trilogie primär auf ästhetischer Ebene vorexerzierte, wird in *For to End Yet Again* ideologisch manifest.

Samuel Beckett . is an increasingly central figure, I suspect, to many new writers here (Bolger: 1993, xvii)[58] - und für jene mit primär existentiellem oder selbstreferentiellem Tenor gilt dies insbesondere. Sein *approach* freilich läßt sich schwerlich fortführen, mündet er doch letztlich in selbstreferentieller Stagnation, die zu überwinden einigen irischen Schriftstellern der letzten Dekaden auf überzeugende Weise gelungen ist.

---

[56] Vgl. ebd., S.3 u.6

[57] Vgl. ebd., S.3, 4f. u.6

[58] Vgl. ebd., xvii

2. Selbstreferentialität - ein Ausblick

- Meaney -

Selbstreferentialität "nach" Beckett? Neben den Werken von Deirdre Madden, Colm Tóibín oder Dermot Healy ließen sich sämtliche Romane John Banvilles in diesem Kontext zitieren, enthalten sie doch alle selbstreflexive Aspekte. *Banville uses literary echoes as a reminder that the essential activity is the act of writing itself and that the essential futility is manifest in the gap between a discrete, discontinuous experience and the formed plots and arranged motifs which are a necessary feature of literature*, konstatiert Seamus Deane bezüglich des 1973 erschienen Romans *Birchwood*. In *The Newton Letter* zwinge er den Leser, *to recognize that this is writing in pursuit of its own nature*. Indem er Newtons Ordnungsidee und ihre Infragestellung ästhetisch reflektiere, gelänge es ihm, der irischen Prosa jenes *principle of radical doubt* zurückzuerobern, welches die Werke Becketts und Flann O'Briens bestimmten.

> *Like them, he writes with the virtuosity of someone who is both entranced and aggravated by the phenomenon of language itself and the ever receding mystery of its relationship to actual experience.* (Deane: 1986, 219f.)[59]

In schlicht-narrativem Rahmen begegnet sie dem Leser in *Counterpoints*, einer Erzählung der feministisch engagierten Autorin Gerardine Meaney[60]. Als *storyteller* wird da jener Alte bezeichnet, den die Erzählerin, eine Medizinstudentin im Praktikum, im Pflegeheim antrifft, wo er seit dreißig Jahren wegen Sprachverlusts als hoffnungsloser Fall gilt. Sein Medium ist eine Art melodisches Gemurmel, und nur die geneigte Zuhörerin ahnt peu à peu dahinter die uralten Mythen von Abenteuer, Liebe und Tod, *(sometimes) it all broke down . and the tales, it seemed, were telling themselves* (Bolger: 1993, 495).[61]
Sie kommuniziert durch Gesten, Augenkontakt, dem rudimentären Vokabular aus Großmutters Zeiten - jedenfalls jenseits jener Metho-

---

[59] Vgl. Deane..., S.219f.

[60] Zu Meaneys nichtfiktionalen Publikationen gehören *Sex and Nation: Women in Irish Culture and Politics* und *Unlike Subjects: Women, Theory and Fiction*.

[61] Vgl. Gerardine Meaney, *Counterpoints* in: Bolger..., S.495

den, die die orthodoxe Medizin bereitstellt. Die Entdeckungen, die sie dabei macht, sensibilisieren sie für die Defizienzen ihrer eigenen Sprache, ihrer eigenen Verständigungsmittel ebenso wie für die Notwendigkeit, ganz neue - oder alte? - Wege zu erproben.

Die Suche nach adäquaten Ausdrucksmitteln scheint in Meaneys Text auf Mythisches, Archetypisches, Kollektives zu verweisen, auf archaische Musikalität, auf das Vorsprachliche des (kollektiven) Unbewußten etwa.

Kontrapunktisch steht nicht nur das letzte Gemurmel des Sterbenden zur habituellen Kommunikation seiner "normalen" Umgebung, auch die ideologische Aussage der *story* ist gleichsam kontrapunktisch zu jenen *patterns, figures, words* (Bolger: 1993, 495)[62] konzipiert, die die Ästhetik, die literarische Tradition zur Verfügung stellt.

Die *quest* nach neuen Medien endet jedoch weder in *silence* noch im Tod; die Initiation der Erzählerin könnte der erste Schritt dorthin sein, wohin sich die Erzählung selbst experimentierend vortastet: zu einer innovativen, die Tradition zugleich kritisch reflektierenden Ästhetik der Gegenwart.

---

[62] Vgl. ebd.

3. Emigration - ihre politische und private Dimension

- Jordan, Mac Laverty, Hamilton, McLiam Wilson, J.O'Connor -

Betrachtet man die um die Thematik der Emigration kreisenden Texte der letzten zwei Jahrzehnte, so fällt eine Entwicklung von primär (sozial)politischen zu vorwiegend privaten Motivationen der Auswanderung auf. Entfliehen Bernard Mac Lavertys und Neil Jordans Protagonisten in den Siebzigern noch der Gewalt und Arbeitslosigkeit Nordirlands, so "privatisieren" und individualisieren sich die Beweggründe in den Achtzigern und Neunzigern in zunehmendem Maß. Sicherlich greifen auch bezüglich dieser partiellen Entpolitisierung monokausale Erklärungsversuche zu kurz.

> *Ireland is ..a society which has changed, in some respects, more rapidly in the past quarter of a century than many European countries. Independence for the South was followed by several decades of adjustment that were characterized by an inward-looking stagnation, and this sense of isolation was reinforced by Ireland's neutrality in the Second World War[63] - far more understandable when one remembers that it was just seventeen years since we had finally and forcibly persuaded a foreign army, whom we would have had to invite back in, to end a seven-hundred-year occupation. All this, plus a stringent censorship and mass emigration, kept the post-war changes sweeping through Europe at bay. It was only in the 1960s ..that Ireland began to emerge from this stagnation.* (Bolger: 1993, viiif.).[64]

Eine der Manifestationen des überwundenen Stillstands ist ein enormer Facettenreichtum der Gegenwartsprosa. Das Faktum, daß sich in relativ kurzer Zeit Entwicklungen wie die oben beschriebene abzeichnen, ist in diesem Kontext leichter nachvollziehbar. Ein weiterer Aspekt mag der Altersunterschied zwischen den jeweiligen Auto-

---

[63] Vgl. Colm Tóibín, *Bad Blood. A Walk along the Irish Border*, 2.Aufl.,London 1994, S.86:

Earlier in the year (1986), in a lecture, (the writer John McGahern) had spoken of Ireland in the early days of independence:"The true history of the thirties, forties and fifties in this country has yet to be written. When it does, I believe it will be shown to have been a very dark time indeed, in which an insular church colluded with an insecure State to bring about a society that was often bigoted, intolerant, cowardly, philistine and spiritually crippled."

[64] Bolger..., viiif.

rengenerationen sein. Die jüngeren Schriftsteller, die in den fünfziger und sechziger Jahren geborenen, wirken insgesamt kosmopolitischer, "europäisierter" bzw. "amerikanisierter" als viele ihrer älteren Kollegen und tendieren häufig dazu, dem die Alltagswelt dominierenden Terror oder der ökonomischen Misere des eigenen Landes Surrogate in konkreter oder imaginärer Form vorzuziehen - ohne sofort zu fragen, ob diese individuellen (biographischen oder literarischen) Lösungen überindividuelle Relevanz haben.

> *(The) increasing Europeanisation and Americanisation of Irish life and culture ... may even be the most significant, disturbing and influential (aspect) in our time ... (The) specifically Irish problems of language and identity have in many ways ... become the problems of man living in any modern society: he is equally 'off-centred', haunted by alienation from his native traditions and the erosion of his native language, and threatened by cultural standardisation. (Zach: 1986, 191f.).[65]*

Dieser Internationalisierungsprozeß läßt sich jener übergreifenden gegenwärtigen Tendenz zuordnen, die Ulrich Beck in primär politischen und wirtschaftlichen Kontexten mit Globalisierung (bzw. in ihrer Manifestation mit Globalität) bezeichnet.

> *Globalität, lautet sein Defintionsversuch, meint: Wir leben längst in einer Weltgesellschaft, und zwar in dem Sinne, daß die Vorstellung geschlossener Räume fiktiv wird ... Wobei "Weltgesellschaft" die Gesamtheit sozialer Beziehungen meint, die nicht in nationalstaatliche Politik integriert oder durch sie bestimmt (bestimmbar) sind...*
> *"Welt" in der Wortkombination "Welt-Gesellschaft" meint demnach Differenz, Vielheit, und "Gesellschaft" meint Nicht-Integriertheit, so daß man (mit M.Albrow) Weltgesellschaft als Vielheit ohne Einheit begreifen kann...*
> *Ein wesentliches Unterscheidungsmerkmal zwischen Erster und Zweiter Moderne ist die Unrevidierbareit entstandener Globalität. Das heißt: Es existieren nebeneinander die verschiedenen Eigenlogiken der ökologischen, kulturellen, wirtschaftlichen, politischen, zivilgesell-*

---

[65] Vgl. Wolfgang Zach, "Blessing and Burden: The Irish Writer and his Language", in: Bramsbäck/Croghan..., S.191f.

Vgl. dazu Klaus Lubbers..., S.72f.

Lubbers skizziert an dieser Stelle eine *langsam zunehmende() Europäisierung (und Amerikanisierung) und damit Entirisierung des zeitgenössischen irischen Romans.*

schaftlichen Globalisierung, die nicht aufeinander reduzierbar oder abbildbar sind, sondern jede für sch und in ihren Interdependenzen entschlüsselt und verstanden werden müssen...

Von diesem Begriff der Globalität läßt sich der Begriff der Globalisierung als (altmodisch würde man sagen: dialektischer) Prozeß unterscheiden, der transnationale soziale Bindungen und Räume schafft, lokale Kulturen aufwertet und dritte Kulturen - "ein bißchen von dem, ein bißchen von jenem. das ist der Weg. wie Neuheiten auf die Welt kommen" (Salman Rushdie) - hervortreibt...

Weltgesellschaft ist somit keine Mega-Nationalgesellschaft .. sondern ein durch Vielheit und Nicht-Integriertheit gekennzeichneter Welthorizont, der sich dann eröffnet, wenn er in Kommunikation und Handeln hergestellt und bewahrt wird (Beck: 1997, 27-31).[66]

Esoterische Interpretationsmodelle bezüglich *the shift of consciousness that is happening in our own time,* wie sie Robert O'Driscoll bereits 1986 im Rahmen des *Ninth International Congress of the International Association for the Study of Anglo-Irish Literature* in Uppsala vortrug, kann ich nur mit einer gewissen Skepsis rezipieren. Dieser Gesinnungs- oder Bewußtseinswandel manifestiere sich als

dramatic shift from an outer to an inner emphasis in the discovery and articulation of truth, an emphasis on the inner voice speaking to us from the depths of our own soul, just as formerly a like power addressed itself to the individual through the collective law ... Accomplishment, or Noh, to use that ancient Japanese word, is no longer recognizable by the old trappings of intellectual, economic, or political distinction, but, as Synge discovered, by the attunement of people to the feelings that are deepest and truest in themselves, for it is the cultural emanations of the heart, as Ferguson knew, that bind us to each other ... (O'Driscoll: 1986, 155f.).[67]

---

[66] Vgl. Ulrich Beck, *Was ist Globalisierung?*, Frankfurt a.M. 1997, S.27-31

Ulrich Becks Globalisierungsdebatte ist zudem ein repräsentatives Beispiel für den postmodernen Diskurs; seine Methode, "Irrtümer des Globalismus" und "Antworten auf Globalismus" aufzuzeigen, ließe sich als "systematischer Essayismus" bezeichnen, der ihn in die unterschiedlichen Regionen des wirtschaftlichen, kulturellen und politischen Lebens führt.

Vgl. Teil C der vorliegenden Studie

[67] Vgl. Robert O'Driscoll, "Continuity in Loss: The Irish and Anglo-Irish Traditions", in: Bramsbäck/Croghan..., S.155f.

Trotz der Rückbindung an die konkrete politische und ökonomische Problematik der siebziger Jahre weitet sich in Jordans *Last
Rites* und Mac Lavertys *Between Two Shores* die Emigration nach
London ins Existentielle, wird der namenlose *labourer* zur anthropo-
logischen Figur.

In *Last Rites*, einem in krassem Kontrast zur schlichten mentalen
Struktur des seine letzten (Säuberungs- und Masturbations-)Riten,
seine "letzte Ölung" reflektierenden Protagonisten äußerst fein-
gliedrig und ironisch konzipierten Text, verweisen die Gedanken des
Gastarbeiters kurz vor seinem Suizid in der öffentlichen Badeanstalt
zugleich auf seine individuelle Verfaßtheit wie deren paradigmati-
sche und existentielle Dimension.

> *He thought it somehow appropriate that there should be men
> naked, washing themselves in adjacent cubicles, each a foreign
> country to the other. Appropriate to what, he couldn't have said*
> (Bolger: 1993, 223).[68]

Geschickt bedient sich der Erzähler des multiperspektivischen
Darstellungsmodus, verwebt, von den Leitmotiven *pleasure, pain,
death, boredom* und *memory* durchzogen, verschiedene Reflexions-
und Zeitebenen und überhöht schließlich die singuläre Selbsttötung
des masochistischen Opfers realer gesellschaftlicher Verhältnisse
zum kathartischen Opfertod.

> *And a middle-aged, fat and possibly simple negro phrased the
> thought:*
> *'Every day the Lord send me I think I do that. And every day the
> Lord send me I drink a bottle of wine and forget 'bout doin that*
> (Bolger: 1993, 225).[69]

Sinn freilich ergibt dies stellvertretende Sterben nur ästhetisch,
nur in der Immanenz des Kunstwerks.

Ähnlich fatalistisch ist der Tenor von *Between Two Shores*, dessen Titel nicht nur das *setting* der Rahmenhandlung - die Fähre von
England nach Belfast - paraphrasiert, sondern auch jene Zerrissen-
heit impliziert, an der der *labourer* scheitert. Zwar bedrängt am Ende
auch ihn, den Ehemann und Vater, der sich durch sexuelle Kontakte
mit einer für Promiskuität plädierenden Krankenschwester eine Ge-

---

[68] Neil Jordan, *Last Rites*, in: Bolger..., S.223

[69] Ebd., S.225

schlechtskrankheit zugezogen hat, der Gedanke an den Selbstmord. Seine charakterliche Disposition sowie die Textstruktur jedoch legen einen anderen Ausgang nahe, nämlich den der "gerechten Selbstbestrafung".

Indistinctly at first, but with growing clarity, he heard the sound of an ambulance (Bolger: 1993, 239).[70]

"Unclean" sind gerade für den katholisch Sozialisierten nicht nur die lüsternen Blicke auf die englische Studentin an Bord, sündhaft und somit der Bestrafung würdig sind vor allem seine Affäre, die Lüge und Doppelmoral, die seitdem seine familiären Beziehungen prägen. Jenseits der Ebene des rekapitulierenden Bewußtseins freilich verweisen diese "importierte" Krankheit ebenso wie die damit verbundenen Schuldgefühle auf Überindividuelles. Da nämlich sind sie zugleich Manifestationen gesellschaftlicher Mißstände, sei es die ökonomische Misere, der von der katholischen Kirche oktroyierte Moralkodex[71] oder seien es gar die politischen Ungelöstheiten der Beziehung zwischen Nordirland und England.

Hugo Hamiltons *Surrogate City* und Robert McLiam Wilsons *Ripley Bogle* skizzieren, Assoziationen an den Großstadtroman der klassischen Moderne evozierend, aus der Sicht des Emigrantenbewußtseins Porträts der Metropolen Berlin und London. Vornehmlich private Motive haben den sensiblen Protagonisten des Hamiltonschen Romans nach Berlin gebracht, wo er als professioneller Beleuchtungstechniker in der Kulturszene eine interessante Beobachterposition innehat, die es ihm ermöglicht, Macht- und Beziehungsverhältnisse des Berliner Künstlermilieus in unterschiedlicher "Beleuchtung" - die Lichtmetapher durchzieht leitmotivisch das Werk - zu studieren. Mit facettenreicher Ironie ästhetisiert, ja visualisiert

---

[70] Bernard MacLaverty, *Between Two Shores*, in: Bolger..., S.239

[71] Vgl. dazu Klaus Lubbers..., S.76f.:

Die beiden Hauptmotive der zeitgenössischen nordirischen Fiktion, als deren Proponenten McLaverty und Brian Moore, daneben Benedict Kiely und Brian Friel gelten können .. sind die bereits bei Carleton anzutreffende Vorstellung der Krankheit des Landes .. sowie das Thema der Abwanderung vom Land in die Stadt, d.h. Belfast, und nach England und Übersee und, damit verbunden, das der realen oder doch imaginativen Rückkehr in den ländlichen Nordwesten. Diese zyklische Bewegung ist im Werk McLavertys am stärksten ausgeprägt ... Die Rückkehr aufs Land gestaltet sich .. stets problematisch.

Surrogate City die relativen Wirklichkeiten seiner Figuren, die Konstrukte ihrer individuellen Realitätskonzeptionen.

Ebenso subjektiv gehalten ist das in der Tradition des Schelmenromans stehende Erstlingswerk McLiam Wilsons, *Ripley Bogle*.

> *(The) startingly articulate tramp sleeping rough in London, in Belfastman Robert McLiam Wilson's (b. 1964) début .. bears little resemblance to the archetypal down-and-out Irishman* (Bolger: 1993, xxiv).[72]

Als eine Art *Ulysses* der *outcasts* entwirft der Autor hier London aus der Perspektive des elaboriert reflektierenden Penners, dessen Stationen von den Slums in Belfast über Cambridge zurück ins Milieu der *underdogs* führt.

> *The asperity of my decline is breathtaking, its projected speed delightful. I was a fool to think that this indigence would fail to take its toll. I'm starting to suffer now. I'm growing replete with jaded beggary. It occurs to me of a sudden that I can scarcely be a quarter of the fellow I claim to be ... No, I must not dissemble when it comes to the tale of my deterioration but I must be wary of the hyperbole of intermittent self-pity* (Bolger: 1993, 404).[73]

Hier wie auch in Joseph O'Connors *story Mothers Were All the Same* ließe sich die englische mit nahezu jeder anderen europäischen Metropole austauschen. Der Tenor dieser Geschichte freilich ist, für Kenner von O'Connors bissig-satirischer Ironie kaum verwunderlich, unverwechselbar.[74]

> *Tears and scribbled addresses and folded-up tenners in the suit pocket. The whole emigrant bit. You'd sworn I was going to the moon, the way they went on. The whole thing was like some bloody Christy Moore song come to life in our front room. On the way out to the airport I actually thought my father was going to tell me the facts of life. It was that bad* (Bolger: 1993, 375).[75]

---

[72] Vgl. Bolger..., xxiv

[73] Vgl. Robert McLiam Wilson , *Ripley Bogle*, in: Bolger..., S.404

[74] Vgl. dazu auch O'Connors neuesten Roman *The Secret World of the Irish Male*, London 1995

[75] Joseph O'Connor, *Mothers Were All the Same*, in: Bolger..., S.375

Der flapsige Stil des unschuldig-naiven Collegeabsolventen, der auf Arbeitssuche geschickt, mit einer offenbar drogenabhängigen Zufallsbekanntschaft einen *one-night-stand* verbringt, verlassen erwacht und so auf ganz unvermutete Weise in die Selbständigkeit initiiert wird, wirkt eher wie eine Parodie auf die Emigrationsliteratur. Gesellschaftskritik, primär die Infragestellung des irischen Verhaltens- und Moralkodex, wird in spritzige Satire gehüllt. Vom politischen Ernst des Emigrantentums der Siebziger ist hier wenig übriggeblieben.

Entpolitisiert, jedoch paradigmatisch ist die Emigrationsgeschichte der Protagonistinnen in Colm Tóibíns *The South* und Deirdre Maddens *Remembering Light and Stone*.[76] In beiden Romanen entfliehen die jungen Frauen privatem Unglück - sei es sozialisations- oder partnerbedingt -, beidemale führt die *quest* nach einer besseren, lebenswerten Existenzform in den Süden, der freilich kein Glück auf Dauer gewährleistet, bei beiden schließt sich der Kreis mit der Rückkehr nach Irland. Trotz der epigonal-klischeehaften Grundstruktur und Motivik gehören diese Werke zu den ästhetisch und vielleicht auch ideologisch gelungensten der zeitgenössischen irischen Prosa.

---

[76] Vgl. dazu die detaillierteren Ausführungen im zweiten Teil der vorliegenden Studie

4. Politische Situation in Nord - und Südirland

- Kiely, Park, Healy, Bolger -

Mord, Suizid und Terror, Fanatismus seitens der Katholiken wie der Protestanten und politische Traumata sind die Themen der engagierten (nord)irischen Gegenwartsliteratur, deren ästhetische Qualität jedoch nicht immer überzeugt. Ihre ideologischen Aussagen und Utopien fokussieren allesamt ein implizites oder explizites Plädoyer für Gewaltfreiheit.

James M.Cahalan schreibt in seinem 1988 publizierten Werk *The Irish Novel. A Critical History* den gesellschaftspolitischen Hintergrund der nordirischen Autoren mit folgenden Worten:

> *More widely noticed than any of the positive developments in Ireland during the last thirty years, of course, has been the violent strife in Northern Ireland since 1969, with guerrilla warfare waged among the British army, the Irish Republican Army and all of its splinter groups, and their Protestant equivalents. Not surprisingly, "The Troubles" have provoked quite a number of popular novels ... Brian Moore has commented, "If there is anything more depressing than Ulster fact it must be Ulster fiction"* (Cahalan: 1988, 263).[77]

Ein ideologisch diffiziles und künstlerisch bestechendes Werk ist Benedict Kiely 1977 mit seinem Roman *Proxopera* gelungen; *in the words of the "Irish Times" (it) "may well turn out to be the best book yet on the tragedy of the North"* (Bolger: 1993, xxiii).[78]

Cahalan bezeichnet Kiely als *durable Northern voice* und rechnet ihn zu den *most prolific and persistent novelists* (Cahalan: 1988, 263).[79]

Erzähltechnisch in der Tradition des *stream of consciousness*, beschreibt *Proxopera*[80] das Bewußtsein Bincheys, eines ehemaligen Lehrers, *who is given the choice of driving a bomb to one of two places in his native town which he loves and where he is respected, while his family is held hostage by masked gunmen* (Bolger: 1993,

---

[77] Vgl. Cahalan, *The Irish Novel...*, S.263

[78] Vgl. Bolger..., xxiii

[79] Vgl. Cahalan, *The Irish Novel...*, S.263

[80] Der Titel impliziert eine Anspielung auf *proxy bombing, the IRA forcing someone at gun point to get into a car; then while his family is held hostage, drive with the bomb inside to a certain place...*(Vgl. Tóibín, *Bad Blood...*, S.23).

xxiii)[81] . Fast expressionistisch wirkt die Montage der von Panik ge-
steuerten Impressionen der bürgerkriegslädierten Stadt, der Erinne-
rungsfetzen, Assoziationsfragmente, Stoßgebete und historischen
bzw. literarischen Anspielungen, aus denen sich Bincheys *mind* an
jenem Sonntagmorgen konstituiert, an dem er ins Netz terroristischer
Gewaltakte verstrickt wird. Mit subtiler Ironie werden die Qualen
vermittelt, die der Protagonist durchzustehen hat, als er von einem
ihm gut bekannten Polizisten angehalten und in ein zeitraubendes
Gespräch verwickelt wird:

> *- What happened, constable?*
> *- IRA, I'd say, a reprisal for the Catholic church at Altamuskin. The
> UVF tossed a bomb into that.*
> *- Oh, what a wonderful war.*
> *- So now the UVF will bomb another Catholic church. Or a
> Catholic pub. Then the IRA will shoot a policeman or bomb a
> Protestant pub. And then the UVF...*
> *- Was the brigade here?*
> *- Couldn't make it. Fire's everywhere this bloody morning. All a few
> miles outside town. Cornstacks. Barns. Anything.*
> *Aha, the grand strategy, get the brigade away from the town,
> make straight the path for Binchey the Burner. Time's ticking away.*
> *- They could be up to something else, Mr Binchey. All this could be
> a diversion.*
> *It sure as God could, except that diversion is not the word that Mr
> Binchey, his ass squelching in a pool of sweat, his stomach frozen
> with fear, his mind running crazily on irrelevancies, would have
> chosen* (Bolger: 1993, 326f.)[82]

Immer wieder wechselt der Erzähler das Register, etwa wenn er
Bincheys Verzweiflung während der Fahrt artikuliert:

> *Christ hear us, Christ graciously hear us, I'm gripping the wheel so
> hard that my left arm has gone completely numb, it's not there, it's
> amputated...* (Bolger: 1993, 331).[83]

oder dessen Reflexionen am "Tatort" schildert:

---

[81] Ebd.

[82] Benedict Kiely, *Proxopera*, in: Bolger..., S.326f.

[83] Ebd., S.331

What, after my death, will they say about me in the local papers,
what would they remember: that I carried a bomb on a sunny Sunday
to the town hall and the post office or to the door of Judge Flynn
who's one of the best men in the north and who goes every day in
danger: they've already murdered a good Judge at his door in the
morning and in the presence of his seven-year-old daughter, and now
I see and there she is, the virgin, the sleeping beauty inaccessible in
a sleeping wood, and thorns and thorns around her and the cries of
night? ... He places his left hand, palm flat, on the creamery can. He
strokes her as if she were a cat. He recalls harmless tricks of
boyhood ... Down in the valley his town is at peace and blue peace is
on the hills beyond ... He says to the can that, daughter of Satan,
you'll never get to where you were sent ... He closes the boot care-
lessly, turns ..and drives back towards the nameless lake of the mad
old women (Bolger: 1993, 332f.).[84]

Mit treffenderen Worten läßt sich die Sinnlosigkeit des Terrors
kaum fiktionalisieren, packender und unaufdringlicher politische
Prosa kaum kreieren.

The violent and alienated life of an urban and politically unstable
present is .. set against a place or a time in which values were un-
questioned and a sense of community surely assumed (Deane: 1986,
219).[85]

Rund ein Jahrzehnt später wurde David Parks Erzählsammlung
Oranges of Spain publiziert, und wieder kreisen in der gleichnamigen
Geschichte der Autor bzw. die Erinnerungen des *narrator* um das
Sujet des Fanatismus und Terrors.

They needed a Catholic to balance the score - he became a
casuality of convenience, a victim of retribution, propitiation of a
different god. No one even claimed it. Just one more sectarian mur-
der - unclaimed, unsolved, soon unremembered but by a few ... I
would forget too, but I can't (Bolger: 1993, 317).[86]

Ähnlich wie der Suizid des Katholiken in Dermot Healys *story The*
Death of Matti Bonner wird der Mord am Gemüsehändler Gerry
Breen aus der Perspektive einer traumatisierten jugendlichen Erzäh-

---

[84] Ebd., S.332f.

[85] Vgl. Deane..., S.219

[86] David Park, *Oranges from Spain,* in: Bolger..., S.317

lerfigur entworfen, ebenso wie in Benedict Kielys *Proxopera* durch
den Filter eines moralisch empörten, psychisch leidenden und unfreiwillig involvierten Subjekts die überindividuelle gesellschaftliche
Wirklichkeit alltäglicher Gewalt fokussiert. Meint man zunächst, der
Initiation des jobbenden sechzehnjährigen Anwaltsohnes in die
Sphäre der unteren *middle* und *lower class* beizuwohnen, so realisiert man gegen Textende, daß sich simultan eine Initiation wesentlich tiefgreifenderer Art vollzogen hat, vermittelt durch das schockar-
tige Bewußtwerden der zur Normalität avancierten politischen Grau-
samkeit, inmitten derer es gilt, die eigene Existenz neu zu orten:

> *(On) a wet and miserable Belfast afternoon, he told me his dream
> ... "Look around you, son,What do you see?" ... "Fruit", I answered.
> "Different kinds of fruit." "Now, do you know what I see?" I shook my
> head. "I see places. A hundred different places. Look
> again....Oranges from Spain, apples from New Zealand, cabbages
> from Holland, peaches from Italy, grapes from the Cape, bananas
> from Ecuador - fruit from all over the world ... It's a miracle if you think
> about it. When we're sleeping in our beds, hands all over the world
> are packing and picking so that Gerry Breen can sell it here in his
> shop ... You asked me what I'd do if I won the jackpot - well, I've got
> it all thought out. I'd go every country whose fruit I sell, go and see it
> grow .. in the orchards and the vineyards..."...Four days later, Gerry
> Breen was dead ... I remember it all ... Blood splashed his green
> coat, and flowed from the dark gaping wound, streaming across the
> floor, mixing with the oranges that were strewn all around us.
> Oranges from Spain* (Bolger: 1993, 316ff.).[87]

Auf deskriptiver Ebene liest sich die Geschichte vom Suizid des
Matti Bonner aus Dermot Healys neuestem Roman *A Goat's Song*
beinahe wie eine Fallstudie aus der Psychologie bzw. Psychiatrie,
konzentriert sie sich doch vornehmlich auf die traumatischen Spuren,
die dieses Ereignis im Seelenleben der jungen Catherine hinterläßt.
*Matti hanged himself from a tree midway between the Catholic
chapel and the Presbyterian church* (Bolger: 1993, 511)[88] - und
Sergeant Adams' dreizehnjährige Tochter, die der als stickig empfundenen Atmosphäre des *Thanksgiving-Day*-Gottesdienstes entfliehen will, ist zufällig die erste, die seine Leiche entdeckt, während die
Presbyterianer hinter ihr gerade in einen Hymnus einstimmen und

---

[87] Vgl. ebd., S.316ff.

[88] Dermot Healy, *The Death of Matti Bonner* from *A Goat's Song*, in: Bolger...,
S.511

die Katholiken in der Kapelle nebenan Abendmahl feiern. Irritiert, ja
verärgert vom provokanten Stil dieses Selbstmords, stellen Vertreter
beider Glaubensgemeinschaften bei seinem Begräbnis erstaunt fest,
*that they were following the coffin of a man who by his death had
belittled their existence* (Bolger: 1993, 514).[89] Die Reflexionen der
pubertierenden Adamsmädchen nehmen eine etwas andere Gestalt
an. Furcht und Lust vereinigen sich in ihren Hadesvisionen, Lust und
Furcht begleiten Catherines sexuelle Träume und Traumata. Waren
sie zunächst noch, partiell zumindest, Herr ihrer Gefühle - *They grew
to like their fear of this man as night fell* (Bolger: 1993, 518)[90] -, so
gewinnen, ausgelöst durch Lausbubengeschichten und gesteuert
vom eigenen Triebleben, in Catherines Sexualphantasien und Lie-
besleben die imaginierten "Erinnerungen" an die Erektion des Toten
immer mehr Raum und dominieren schließlich ihre vorgestellten und
realen Männerbeziehungen gleichermaßen:

> *The first time she lay tight against Jack Ferris she remembered
> the Catholic bachelor silently hanging from the tree and again
> imagined his member standing softly up out of his navy-blue trousers.
> It was not true, it had never happened in reality. But it did happen in
> her dreams. The erect penis meant death by hanging. Often in years
> to come she would jump awake covered in sweat to recall that a
> second before she had been making love to a disembodied penis ...
> The shock would bring her awake* (Bolger: 1993, 519).[91]

Mit diesen traumatischen Visiten aus dem Totenreich endet die
"Studie".
    Hinter der Deskription freilich verbirgt sich eine ideologische Bot-
schaft, mag der Zugang zu ihr auch - und dies steigert ihre ästhetische Qualität - etwas schwierig sein. Anstelle einer klaren *message*
entwirft der Autor eher ein Mosaik von Aussagen, deren Elemente es
aufeinander zu beziehen gilt. Impliziert der Text zum einen Gesellschaftskritik, prangert er die Sinnlosigkeit von religiösen wie politischen Feindbildern an, so illustriert die detaillierte Darstellung der
Phasen des traumatischen Erlebens nicht nur die Destruktivität
jedweder Gewalt, das zerstörerische Potential internalisierter Vorurteile, sondern relativiert - mit eben diesem Impetus - das Trauma

---

[89] Vgl. ebd., S.514

[90] Ebd., S.518

[91] Ebd., S.519

selbst, das sich ja nicht monokausal auf den Schock des Wahrgenommenen reduzieren läßt, vielmehr zugleich ein Produkt der Mysti-
fizierung und Mythisierung ist. Gegenüber dieser Macht der Irrationalität ist der humanitär-rationale *approach* des Sergeant sinnlos, sie
hat dort ihre Wurzeln, wo auch politischer Fanatismus, Haß und Terror beheimatet sind. Aus dieser Warte rezipiert man das Opfer
Catherine als Appell zu "bewußter" Humanität.

Die Opfer in Dermot Bolgers 1990 publiziertem Roman *The
Journey Home* gehören einer anderen sozialen Schicht an, sie sind
die *knackers* und *gipsies* von Dublin, die zum Spielball perverser
Machtinteressen der "Großen" werden. Daß der Autor den Blickwinkel des Chauffeurs präferiert, den Erzähler also in einer soziologischen Zwischenposition zwischen Herrschenden und Mißbrauchten
situiert, erweist sich als geschickt: Loyalität und Aversion verleihen
seinen Betrachtungen und Empfindungen Differenziertheit. Als sein
Arbeitgeber, aus ärmsten Verhältnissen zum Politiker und Minister-
bruder aufgestiegen, einen *knacker* als Zirkusnummer für einen
nächtlichen Boxkampf anheuert und sich sadistisch an dessen
Unterlegenheit und Verletzungen delektiert, ist der *narrator*, selbst
nicht frei von Schuldgefühlen, von der Perversion der korrupten Poli-
tikerparvenues endgültig angewidert.

Humanität wird zur bloßen Schimäre in einer von Machtmißbrauch
und Gewalt entstellten gesellschaftlichen Realität.

5. Geschlechterbeziehungen aus literarischer Perspektive

- Mulkerns, M.Beckett, Dorcey, Enright, Tóibín -

Vorwiegend aus femininer Feder stammen die kritischen und konstruktiven geschlechterphilosophischen Texte der letzten zwei Dekaden. Sei es die Frustration eines alternden Ehepaars, unterdrückte Homosexualität, die lesbische "Alternative" oder die Geschichte der Geschlechterbeziehungen, selten befaßt sich die männliche Autorschaft mit dieser Problematik - und wenn, dann meist vorsichtig tastend wie Colm Tóibín.

Biographische Hintergründe und soziologische Kontexte der Schriftstellerinnen variieren enorm.

Both Mary Beckett (b.1926) and Val Mulkerns (b.1925) released first collections after a long silence. Although the BBC had begun to broadcast her stories at twenty-three when she was teaching in her native Belfast, Mary Beckett had abandoned writing for twenty years after moving south while she raised her children, and it was not until 1980 that her début, A Belfast Woman, appeared. Likewise, Val Mulkerns, who had been assistant editor of "The Bell" from 1952-54 and had produced novels in 1951 and 1954, underwent a similar (if not as total) silence while rearing her family until her return with a powerful short-story début, Antiquities, in 1978. With Mulkerns' early novels long forgotten, it was very much a case of two talented writers having to relaunch their careers at fifty-three and fifty-four years of age respectively. Although this would not be true for all the women of their generation - Edna O'Brien made her début at twenty-eight and has continued to produce a book every two to three years since - the role of women in Irish family life in the past has to be a factor in the relatively late débuts of writers like Mary Leland (44), Jennifer Johnston (42) or Maeve Kelly (46). It is an interesting reflection on both Irish writing and society to contrast this with Sara Berkeley (26), Anne Enright (28) and Éilís Ní Dhuibhne (34) (Bolger: 1993, xxi).[92]

Memory and Desire, Val Mulkerns' 1979 publizierte *story* des gebildeten, reichen, latent homosexuellen Fabrikantensohns Bernard, der mit einem Filmteam an der südirischen Küste seiner privilegierten Isolation und Kommunikationsarmut entflieht und schließlich - nach einem letzten *carnal awakening*, das unbeantwortet bleibt - in der Weite des Meeres den Tod sucht, stellt sich bewußt in die Tradi-

---

[92] Bolger..., xxi

tion der irischen und englischen Dichter. T.S.Eliots *Waste Land* zieht sich leitmotivisch durch *Memory and Desire* und vermittelt, ebenso wie die Anspielungen auf Gedichte W.B.Yeats', die psychisch-geistige Verfassung des Protagonisten, der sich in den Texten seiner Landsleute so mühelos bewegt wie die Autorin selbst.[93] Die Produktion der *success story* Bernards löst Erinnerungen unterschiedlichster Art aus, sie reichen von der Kindheit über den (als *foreshadowing* fungierenden) Tod des Bruders, der von den *spring tides* erfaßt wurde, bis hin zur glücklosen Ehe und dem Verlust seiner Tochter, deren Gesicht ihn noch auf seiner letzten Bootsfahrt begleiten wird.[94] Bevor er sämtlichen *desires* entsagt, entschuldigt er sich in einem inneren Monolog bei dem alten Stephen O'Connor, dem Wirt, der schon die Nachricht vom Unfall des Bruders übermittelt hat, für jene *memories*, die sein Entschluß dort evozieren wird.

> *Old man, old man, if you never looked down again at a drowned face of my father's house it would be time enough for you. Forgive me, Stephen O'Connor.*
> *The first warm sun of the year touched Bernard's eyes and he smiled, sitting up on the sea wall. No more Aprils, no more lilacs breeding out of the dead land, no more carnal awakenings ... It wasn't until he was actually aboard the boat starting up the engine in a freshening breeze that he realized why he couldn't rid himself of his daughter's face today, of all days* (Bolger: 1993, 264).[95]

Es wäre erfreulich, wenn die Fiktionalisierung von existentieller Einsamkeit und die häufig damit verknüpfte Kritik an der Tabuisierung von Andersartigkeit stets so elaboriert und unpathetisch gelänge.

> *To Hilary in her sixties, heaven was an empty house* (Bolger: 1993, 240).[96]

---

[93] Vgl. Mal Mulkerns, *Memory and Desire* in: Bolger..., S.255, 260, 261f. u.264

Vielleicht zeugt die Tatsache, daß Bernard seinem letzten Freund einen Yeatsband mit "Crazy Jane talks with the Bishop" schenkt, von einer gewissen ironischen Selbstreflexion des letztlich an allen zwischenmenschlichen Beziehungen Scheiternden.

[94] Vgl. ebd., S.250, 251 u.264

[95] Vgl. ebd., S.264

[96] Mary Beckett, *Heaven* in: Bolger..., S.240

Nicht das Scheitern an alternativen Lebensformen und -philoso-
phien, vielmehr die späte Einsicht in die Alternativelosigkeit gibt den
Grundtenor von Mary Becketts *Heaven* (1990) an. Man fühlt sich an
die *stories* der Amerikanerin Grace Paley erinnert, wenn die Autorin
aus der Sicht eines weiblichen Bewußtseins Kritik an orthodoxer
Rollenfixierung übt, ihre Protagonistin nach jahrzehntelanger Ehe
schwer zu verdrängende Aversionen gegen den im Privatleben quasi
funktionsuntüchtigen Gatten verspüren und Utopien entwerfen läßt,
die zu realisieren sie bereits zu alt zu sein scheint. Nachdem ihre vier
Söhne außer Haus sind, empfindet sie vorübergehend in der Stille
der leeren Räume Glück, Befreiung, Frieden, ein quasi-paradiesi-
sches Dasein. Die Präsenz des von *ennui* gepeinigten frischpensio-
nierten Ehemanns stört diesen *heaven* jedoch bald, und aus der
Flucht in ablenkende Aktivitäten wird schließlich Haß.

*Before the winter set in she told the priest at her monthly
Confession, "I have feelings of hatred for my husband, murderous
feelings. I am afraid I will do him an injury - I have carving knives and
heavy casseroles in the kitchen." The priest told her to pray about it,
to see a doctor, to get a hobby for herself or her husband. "But," he
warned her, "don't let hatred enter into your soul or you'll be fighting it
until your dying day." She was afraid then of losing her peace in
heaven as well as the peace in her home. All the beautiful broad
shining avenues of silence would be shut off from her and she would
be condemned to some shrieking cacophonous pit* (Bolger: 1993,
247).[97]

Das Projekt, beim Babysitten der Enkel Gemeinsamkeit zu erleben, scheitert ebenso wie ihre Eskapaden in die Stille der Einsamkeit. Am Ende bleibt ihr nichts als die Antizipation himmlischer Ruhe.
Der Himmel wird skizziert als ein Jenseits von sämtlichen Funktions-
zuschreibungen bzw. -internalisierungen, als Stille, als Leere im
Sinne einer Befreiung von gesellschaftlichen wie privaten Erwartungen, als Ort umfassender Emanzipation und vollkommener Individuation.

Mary Dorcey und Anne Enright gehören der jüngeren Generation
an, ihre Texte wirken noch um einiges provokanter und experimen-
teller.

Dorceys 1989 veröffentlichte Erzählung *The Husband* läßt verschiedene Lesarten zu. So kann man die Geschichte des jungen

---

[97] Ebd., S.247

Ehemanns und Vaters, den seine Frau nach einem letzten Beischlaf "wegen" der Beziehung zu einer neuen Partnerin verläßt, ganz ungebrochen naiv aus der maskulinen Perspektive des Opfers rezipieren und empathisch mitleiden.

> *The night when, finally, she had told him it was over, he had wept in her arms, pleaded with her, vulnerable as any woman, and she had remained indifferent, patronizing even; seeing only the male he could not cease to be* (Bolger: 1993, 266).[98]

Oder aber man deutet die männliche Figurenkonzeption als Projektion der Erzählerin, die nicht eben sparsam mit weiblichen Vorurteilen, Klischees und pejorativen Topoi umgeht.

> *Let her learn the hard way. They would all say it for him soon enough - his parents, her mother ... She came back into the room, her legs bare beneath a shaggy red sweater. The sweater he had bought her for Christmas. Her nipples protruded like small stones from under the loose wool ... She was studying her image in the mirror, eyes wide with anxious vanity..."A woman's body is all that ever matters to any one of you, isn't it?" And he would not argue because the thing he really prized would be even less flattering to her - her vulnerability, her need to confide, to ask his advice in every small moment of self-doubt, to share all her secret fears. God how they had talked!* (Bolger: 1993, 268 und 276).[99]

Oder bleibt dem Protagonisten aufgrund der eben illustrierten Eigenschaften, die sich ja ebenso gut als Manifestation einer rollenfixierten Sozialisation und letztlich patriarchalischen Beziehungskonstellation werten ließen, das Verständnis für die Situation verwehrt?

> *He was not going to humiliate himself by fighting for her over a woman. He was still convinced that it was a temporary delirium; an infection that, left to run its course, would sweat itself out. He had only to wait, to play it cool, to think and watch until the fever broke...He searched his mind but nothing came to him but the one question that had persisited in him for days:"Why are you doing this? I don't understand why you 're doing this?"* (Bolger: 1993, 274f. und 276).[100]

---

[98] Mary Dorcey, *The Husband* in: Bolger..., S.266

[99] Vgl. ebd., S.268 u.276

[100] Vgl. ebd., S.274f. u.276

Als Märchen disqualifiziert der junge Lehrer die Problematisierung von Machtverhältnissen in heterosexuellen Beziehungen, als *schoolgirl pap* (Bolger: 1993, 277)[101] die Interessen und Diskussionen der feministischen Gruppentreffen, die nur ein Ziel verfolgten, nämlich die ideologische Polarisierung der Geschlechter. Verwundert konstatiert er, daß Martina ihre Ehe steif und steril findet und ihm zunehmenden Mangel an Spontaneität diagnostiziert. Enttäuschung, Verletztheit, Trotz und Selbstgerechtigkeit lassen ihn auch dann, als seine Frau nahezu wortlos bereits die Tür hinter sich geschlossen hat, an ihre baldige Rück- und Umkehr glauben.

Die raffinierte Erzähltechnik bietet, wie bereits erwähnt, vielerlei interpretatorische Ansatzpunkte und "ästhetisiert" damit *eine relativ einfache Schlüsselerfahrung: daß ein und derselbe Sachverhalt sich völlig anders darstellen kann und daß diese andere Sichtweise doch ihrerseits nicht weniger "Licht" besitzt als die erstere - nur ein anderes* (Welsch:1991, S.5).[102] Am stringentesten jedoch scheint mir dennoch die eben skizzierte bzw. von Dermot Bolger mit folgenden Worten formulierte zu sein:

> *Dorcey's story is all the more effective for being presented through the hurt perspective of a husband who is incapable of fully comprehending the situation* (Bolger: 1993, xxii).[103]

Anne Enrights Triptychon *Men and Angels* (1990) ist eine scharfzüngige Satire auf die Geschichte der Geschlechterbeziehungen seit dem 18.Jahrhundert aus dezidiert feministischer Sicht. Paradigmatisch skizziert die Autorin mit dem deutschen Uhrmacherehepaar Huygens und der Ehe des englischen Erfinders des Kaleidoskops Sir Brewster und einer Nachfahrin des "Ossianübersetzers" MacPherson (Macpherson) patriarchalische Konstellationen der letzten beiden Jahrhunderte, während die Mutter-Tochter-Beziehung der Gegenwart von männlichem Personal gänzlich abstrahiert.

Die Schicksale der verheirateten Frauen sind insofern analog, als beide letztlich an einem rollenbedingten Defizit der Persönlichkeitsentfaltung zugrundegehen, beide quasi als Appendix des sich in der

---

[101] Vgl. ebd., S.277

[102] Vgl. Wolfgang Welsch, *Unsere postmoderne Moderne*, 3.Aufl., Weinheim 1991, S.5

[103] Bolger..., xxii

Welt behauptenden Partners fungieren. Frau Huygens' fatale "Sünde" besteht darin, daß sie, durch ihre Schwangerschaft leicht derangiert, das komplizierte Machwerk ihres Gatten ironischerweise dadurch destruiert, daß sie mit ihrem, zur "perfekten Balance" in *Huygens' Endless Chain* eingebauten Ehering spielt und so das Zwölfuhrläuten auf fünf Schläge reduziert, deren Rhythmus noch in ihren letzten Todesseufzern im Kindsbett nachhallt.

> *"I will die. He will die. I will die. He will die. I will die FIRST," like a child picking the petals off a daisy. There were always five petals, and Huygens, whose head was full of tickings, likened her chant to the striking of a clock* (Bolger: 1993, 482).[104]

Daß ein maskulin dominierter wissenschaftlicher Fortschritt nicht selten aufkosten zwischenmenschlicher Beziehungen bzw. weiblichen Glücks ging, verdeutlicht noch pointierter das Zwischenstück des Triptychons, das den Konstruktivismus Sir Brewsters in sämtlichen Nuancen seiner Perzeption und Diktion widerspiegelt.

> *It was Sir David's life's work to bend and polarize light and he was very good at it* (Bolger: 1993, 483).[105]

Und so lautet stringenterweise die Todesnachricht an seinen Schwiegervater:

> *"Her brief life was one of light and grace. She shone a kindly radiance on all those who knew her, or sought her help. Our angel is dead. We are left in darkness once more."* (Bolger: 1993, 482f.).[106]

Als Brewster später wieder in seinem Arbeitszimmer sitzt, erscheint ihm seine Frau - eine Vision, die von ihm sofort wissenschaftlich ausgewertet werden muß:

> *She stood between him, the window and the snow outside. She held her hands out to him and the image shifted as she tried to speak. He saw, in his panic, that she could not be seen in the glass, though he saw himself there. Nor was she visible in the mirror, much as the stories told. He noted vague shimmerings of colour at the*

---

[104] Anne Enright, *Men and Angels* in: Bolger..., S.482

[105] Vgl. ebd., S.483

[106] Vgl. ebd., S.482f.

edge of the shape that were truly "spectral" in their nature, being arranged in bands. He also perceived, after she had gone, a vague smell of ginger in the room. Sir David took this visitation as a promise and a sign. In the quiet of reflection, he regretted that he had not been able to view this spectral light through his polarizing lens. This oversight did not, however, stop him claiming the test, in paper which he wrote on the subject (Bolger: 1993, 487).[107]

Ähnlich ironisch-makaber wirken Szenerien wie die der kommuni-kationsarmen Hochzeitsnacht oder jener nach ihrem Tod, in der sich die begrenzte wissenschaftsautistische Weltsicht des Witwers schließlich so weit steigert, daß er aus der Asche der Verstorbenen eine Glasschale blasen läßt, deren Funktion es ist, sein erstes Ge-schenk an sie - *Lacrymae Vitreae, the glass tears that were his first gift* (Bolger: 1993, 487)[108] - aufzubewahren. Die Angst vor unbe-greiflichen metaphysischen Eingriffen in die durchrationalisierte Wirklichkeit freilich kann er damit nur scheinbar bannen. Dem lako-nischen Urteil der Erzählerin - *(The) simple fact was, that Sir David Brewster's wife was not happy. She had no reason to be* (Bolger: 1993, 487)[109] - schließt sich die Leserschaft lächelnd an.

Eine süffisante Groteske ist der dritte Teil, der um das heran-wachsende Wunderkind Ruth und ihre taube Mutter kreist. Das Mädchen entwickelt, die Defizienz ihrer Mutter, die lediglich in ihren Träumen über einen Gehörsinn verfügt, quasi überkompensierend, die Fähigkeit, synästhetisch wahrzunehmen, Formen in Klänge, Far-ben in Formen, Klänge in Farben zu transponieren und so auf ex-trem individuelle Weise zu "kommunizieren". Dieses erweiterte Be-wußtsein jedoch wirkt ähnlich konstruktivistisch wie Sir Davids For-scheruniversum.

(Men) never stayed with her for long ... What they could not take was the fact that she never listened to a word they said. Words like:"Did you break the clock?" "Why did you put the mirror in the hot press?" "Where is my shoe?" (Bolger: 1993, 489).[110]

---

[107] Ebd., S.487

[108] Ebd.

[109] Vgl.ebd.

[110] Vgl. ebd., S.489

In diesem Kontext sei auf die Studie des Psychiaters Aron Ronald Bodenhei-mer,*Warum?Von der Obszönität des Fragens*, 2.Aufl.,Stuttgart 1985, verwiesen,

Unfähig, wie ihre Mutter an eine jenseitige Erfüllung zu glauben, ängstigt sie sich fast panisch um ihre quasi übernatürlichen Sinnkonstrukte.

> *She was terrified that her shapes would lose their meaning, her grids their sense, her colours their public noise. When the body beside her was no longer singing, she thought, she might as well marry it, or die* (Bolger: 1993, 489).[111]

Die Darstellung der Ehe als Synonym für Selbstaufgabe oder Tod fügt sich mühelos in den Tenor dieser Farce, in der es einer Frau immerhin gelingt, sich aus den *patterns* der ersten beiden *stories* zu emanzipieren, patriarchalische Herrschaftsstrukturen hinter sich zu lassen und einen ganz eigenen Kosmos zu kreieren - freilich einen, in dem sie das Muster des autistischen Wunderkinds perpetuiert.

Als Engel - jenseits der letztlich herablassenden Zuschreibung von männlicher Seite - taugt auch sie nicht. Doch schließlich fallen auch diese dem nämlichen Verdikt anheim wie ihre maskulinen Gegenpole:

> *She really was a selfish bastard (as they say of men and angels)* (Bolger: 1993, 489).[112]

Und so mündet die feministische Tirade in ironische Selbstrelativierung, in die Infragestellung der eigenen Individualität und Identität.

In "Individualisierung sozialer Ungleichheit.Zur Entstehung der industriegesellschaftlichen Lebensformen", dem zweiten Teil von *Risikogesellschaft. Auf dem Weg in eine andere Moderne*, überschreibt Ulrich Beck sein viertes Kapitel mit "Ich bin ich:Vom Ohne-, Mit- und Gegeneinander der Geschlechter innerhalb und außerhalb der Familie". In einer seiner "Thesen" setzt er sich mit der *Individualisierungsdynamik* auseinander, *die die Menschen aus Klassenkulturen herausgelöst hat* und *auch vor den Toren der Familie nicht halt (macht).*

---

die den mit dem Befragen häufig korrelierenden Dominanzanspruch kritisch beleuchtet, mögen die oben zitierten Fragen auch aufgrund ihres Inhalts zugleich die weibliche Figur ironisieren.

[111] Ebd.

[112] Ebd.

> *Die Menschen werden mit einer Gewalt, die sie selbst nicht begreifen und deren innerste Verkörperung sie bei aller Fremdheit, mit der sie über sie kommt, doch auch selbst sind, aus den Fassungen des Geschlechts, seinen ständischen Attributen und Vorgegebenheiten, herausgelöst oder doch ins Innerste der Seele hinein erschüttert. Das Gesetz, das über sie kommt, lautet: <u>Ich bin ich</u>, und dann: ich bin Frau. Ich bin ich, und dann: ich bin Mann. In dieser Distanz zwischen <u>zugemuteter</u> Frau, Ich und <u>zugemutetem</u> Mann klaffen Welten. Dabei hat der Individualisierungsprozeß in den Beziehungen der Geschlechter durchaus gegenläufige Konsequenzen: Einerseits werden Männer und Frauen in der Suche nach einem "eigenen Leben" aus den traditionalen Formen und Rollenzuweisungen <u>freigesetzt</u>. Auf der anderen Seite werden die Menschen in den ausgedünnten Sozialbeziehungen in die Zweisamkeit, in die Suche nach dem Partnerglück <u>hineingetrieben</u>...* (Beck: 1986, 175).[113]

Auf ganz anderen Wegen nähert sich Colm Tóibín in *The Heather Blazing* (1992) der *gender*-Problematik. Sein Urteil, einen schwangeren Teenager vom Unterricht an einer Klosterschule auszuschließen, löst im Bewußtsein des südirischen Richters Eamon[114], verstärkt durch seine eigene Familiensituation - seine Frau versucht, sich behutsam von tradierten Rollenmustern zu befreien, seine Tochter hat ein uneheliches Kind -, eine komplexe Rechts- und Wertediskussion aus, die eine vorsichtig tastende Positionsänderung nachzeichnet und zu manchen der zeitgenössischen Texten eine Art ideologischen Überbau liefern könnte. Schon die Vorbereitung seiner Rede ist geprägt von Relativierung, Infragestellung, Unsicherheit.

> *"Right" and "wrong"; he wrote the two words down and then put brackets around them and the word "God" in capitals beside them ... He crossed out the word "God". He felt powerless and strange as he*

---

[113] Ulrich Beck, *Risikogesellschaft.Auf dem Weg in eine andere Moderne*, Frankfurt a.M. 1986, S.175

[114] Der Vorname verweist auf seine politische Sozialisation im ideolgischen Dunstkreis von Eamon de Valera, dem langjährigen Fianna-Fail-Politiker, der als *einziger Überlebender der Führungsriege des Osteraufstands von 1916* von 1932 bis 1948, 1951 bis 1954 und schließlich 1957 bis 1959 Regierungschef war. De Valera freilich war nicht nur für seine dezidierte Unabhängigkeitspolitik bekannt, er war es auch, *der im Mai 1945 der deutschen Botschaft in Dublin aus Anlaß von Hitlers Tod einen Kondolenzbesuch abstattete* und für ein antisemitisches Klima sorgte, *nach dem tumben Motto "Die Feinde unserer Feinde sind unsere Freunde"* (Vgl. Ralph Giordano..., S.261f.)

> *went back to read random passages of his judgment* (Bolger: 1993, 357f.).[115]

Während er sich die Vielfalt der Aspekte, die seine Entscheidung tangieren, vergegenwärtigt - das Ethos einer Institution versus das Recht eines Individuums, der Moralkodex des Kleinstadtlebens, die Definition des Begriffs Familie, die in der 1937 fixierten Verfassung noch auf einem gesellschaftlichen Konsens basierte -, wird ihm in zunehmendem Maße bewußt, daß es sich hier letztlich um ein Urteil der Moral handelt, dem er sich nicht (mehr) gewachsen fühlt:

> *He was not certain about right and wrong, and he realized that this was something he would have to keep hidden from the court* (Bolger: 1993, 364).[116]

Diese Unsicherheit freilich könnte die erste Phase einer grund-sätzlichen Revision seines juristisch-konservativen Weltbilds markie-ren, kompensierte er sie nicht durch vorgetäuschte Überzeugtheit, die ihn zu jenem systemkonformen Urteil kommen läßt, das Frau und Kinder gleichermaßen irritiert.

Als wegweisend für seine weltanschauliche Entwicklung fungiert vor allem seine Gattin, die keineswegs unreflektierten Pluralismus propagiert, wenn sie ihn, der sich von seiner feministisch orientierten Tochter ebenso infragegestellt fühlt wie von seinem Sohn, der als Mitglied des *Irish Council for Civil Liberties* seinen juristischen Ent-scheid öffentlich kritisiert, mit den Worten:*(Our children are) fine people, both of them ... (You're) all right, too ... but I don't understand your judgment* (Bolger: 1993, 371f.)[117] zu trösten versucht. Den not-wendigen Reflexionsprozeß freilich muß er selbst leisten, will er an-gesichts der historischen und gesellschaftlichen Veränderungen in seinem Amt und seiner Familie glaubhaft bleiben.

---

[115] Vgl. Colm Tóibín, *The Heather Blazing* in: Bolger..., S.357f.

[116] Vgl. ebd., S.364

[117] Vgl. ebd., S.371f.

6. Literatur und menschliche Existenz

- B.Moore, Lavin, Madden, Banville -

Die literarische Artikulation von existentieller Erfahrung ist auffallend facettenreich. Überwiegend mithilfe moderner Darstellungsmodi - des *interior monologue* oder *stream of consciousness* - wird das wahrnehmende Bewußtsein problematisiert, der "postidealistische" Subjektivitätskult relativiert, bis hin zur Desintegration der in der klassischen Moderne noch primär ordnenden Instanz *mind*, Neben der Wiederbelebung der mythischen Tradition findet sich die Konzeption multipler Persönlichkeitsstrukturen oder die Ästhetisierung konstruktivistischer Modelle.

Aus existentialistischer wie christlicher Sicht scheitert Benedict Chipman, der Protagonist aus *The Sight*, einer der 1977 veröffentlichten *Irish Ghost Stories* von Brian Moore, an der eigenen Existenz. Der zweiundfünfzigjährige amerikanische Jurist, autistischer *bonvivant* und klassisches Produkt der Konsumgesellschaft[118], gerät durch die plötzliche Berührung mit Krankheit und Tod in Panik. Ungeübt in zwischenmenschlichen Beziehungen - sein weibliches Pendant fungiert eher als erotische Gespielin -, wird schließlich seine langjährige irische Haushälterin zur "Seelsorgerin", als sie ihn unabsichtlich mit dem Phänomen der eigenen Vergänglichkeit und der Transzendenz konfrontiert. Kassandragleich prophezeit sie, die über das sogenannte zweite Gesicht verfügt, seinen baldigen Tod.

> *Some primitive folk nonsense, typically Irish, he supposed; it was their religion that encouraged these fairy-tales* (Bolger: 1993, 457).[119]

Doch das habituelle Verdrängen funktioniert inzwischen ebensowenig wie die bewußte Auseinandersetzung, das bewußte Integrieren des Todes ins eigene Dasein. Der Glaube an Metaphysisches scheint ihm längst abhanden gekommen zu sein, und doch klammert er sich in dieser Grenzsituation an die alte Kassandra, die, statt ihn an ihrem Weltbild "partizipieren" zu lassen, unfreiwillig seine Krebs-

---

[118] Vgl. Brian Moore, *The Sight* in Bolger..., S.444:

Lately, he had decided that his interest in other people was limited to the extent of their contributions to his purse, his pleasure, or his self-esteem. He had a weakness for such aphoristic judgements.

[119] Vgl. ebd., S.457

neurose nährt. Chipman, der existentielle Probleme zynisch, ja professionell, zu ignorieren pflegte, endet stringenterweise in hilfloser
Regression und wird so zum Repräsentanten defizitärer spätmoder-
ner Lebensphilosophien.[120]

Eine weitgehend "erfundene", solipsistische Wirklichkeit, ein Produkt funktionierenden Konstruktivismus'[121] ist das Glück, das Mary
Lavins Mutterfigur in *Happiness* propagiert. Adäquaterweise wird
auch diese *story* personal erzählt, und gerade die halbdistanzierte
Perspektive der Tochter eignet sich besonders gut, Subjektivität wie
auch deren Relativierung zu vermitteln. Glück ist für diese Frau inmitten ihres beschwerlichen Alltags ein Absolutum. Sie, die früh ihren
Mann verlor und als Berufstätige drei Mädchen allein erzieht, hat
happiness teuer erkauft, wie es ihre Tochter formuliert, und wirft
selbst Father Hugh, der quasi als Ersatzvater- und partner fungiert,
diesbezügliche Defizite vor. Glaubwürdig ist sie jedoch nur partiell,
da nämlich, wo ihr Gemütszustand nicht als Programm oktroyiert

---

[120] Vgl. dazu Deane..., S.220:

*By the early seventies, Moore had begun the search for a new form which would
allow him to inquire more thoroughly into the question of the values which
religious belief can provide and which the loss of that belief demands.*

Vgl. dazu Tóibín, *The Sign of the Cross. Travels in Catholic Europe*, 2.Aufl.,London
1995.

Der Autor reflektiert in diesem außergewöhnlichen *travelogue* auf intellektuell differenzierte und emotional engagierte Weise sein höchst ambivalentes Verhältnis zu
tradierten und modernen Formen des europäischen Katholizismus. Der Versuch,
einseitige Wertungen zu meiden, manifestiert sich auch strukturell; gerade dort,
wo er am stärksten involviert oder am tiefsten verwurzelt ist, beläßt er es nicht bei
einer singulären Impression, sondern "reist" erneut hin - zweimal nach Spanien,
nach Irland gar dreimal. Jeder Neueindruck dient zur Relativierung des vorangegangenen. Durchgängig ist lediglich der Tenor einer letztlich konstruktiven Kritik.

[121] Vgl. zur gegenwärtigen Konstruktivismusdebatte Paul Watzlawick (Hrsg.), *Die
erfundene Wirklichkeit. Wie wissen wir, was wir zu wissen glauben? Beiträge
zum Konstruktivismus*, 7.Aufl.,München 1991

Die Beiträge zur Konstruktivismusdebatte postulieren aus philosophischer,
philologischer, historischer, psychologischer und naturwissenschaftlicher Sicht,
daß jegliche sogenannte Erkenntnis auf der Konstruktion einer je eigenen
Wirklichkeit beruht, deren Konstruktcharakter von den Individuen nicht bewußt
realisiert und die als objektiv gegeben deklariert wird. Den Konstruktivisten geht
es sämtlich um die Erforschung des Wesens und Funktionierens solcher
Wirklichkeitserfindungen, um die naheliegende Problematik des Solipsismus
sowie mitunter um dessen Überwindung durch intersubjektive Modelle - etwa das
der Gemeinschaft im Falle Heinz von Foersters (Vgl. ebd., S.59f.).

wird, sondern ein quasi eudämonistischer Status des gereiften In-
sichruhens ist.

> *Certainly it was her constant contention that of happiness she had
> had a lion's share. This, however, we, in private, doubted ... Now that
> we were reduced to being visitors, we watched Mother's tension
> mount to vertigo, knowing that, like a spinning top, she could not rest
> till she fell (Bolger: 1993, 101 und 107).*[122]

Mit zunehmendem Alter reduzieren sich die Orte potentieller Ruhe
und schließlich gibt es

> *only one place Mother found rest. When she was at breaking point
> and fit to fall, she'd go out into the garden - not to sit or stroll around
> but to dig, to drag up weeds, to move great clumps of corms or
> rhizomes, or indeed quite frequently to haul huge rocks from one
> place to another*[123].

Der Garten ist ihre letzte Wirkungsstätte, ihr letzter "Raum", dort
ist es, wo sie sich den Tod holt.

So brüchig ihre Glücksphilosophie auch wirkte[124], im Sterben gibt
sie dieses Vermächtnis ihres Vaters an eine ihrer Töchter weiter.
Daß gerade Bea, die skeptischste der drei, das Erbe antritt, mag ein
Hinweis auf die Notwendigkeit subjektiver Wirklichkeitskonstrukte
sein.

> *Es handelt davon, was im Grunde bereits den Vorsokratikern be-
> kannt war und in unseren Tagen immer mehr an Bedeutung gewinnt,
> nämlich von der Einsicht, daß jede Wirklichkeit im unmittelbarsten
> Sinne die <u>Konstruktion</u> derer ist, die diese Wirklichkeit zu entdecken
> und erforschen <u>glauben</u>. Anders ausgedrückt: Das vermeintlich <u>Ge-</u>
> <u>fundene</u> ist ein <u>Erfundenes</u>, dessen Erfinder sich des Aktes seiner
> Erfindung nicht bewußt ist, sondern sie als etwas von ihm Unabhän-*

---

[122] Vgl. Mary Lavin, *Happiness* in Bolger..., S.101 u.107

[123] Vgl. ebd., S.109

[124] Vgl. dazu Deane..., S.219:

> *At first sight, (Mary Lavin's) stories are deceptively simple and subdued, but once
> the reader becomes acclimatized to the nefarious sweetness of the narrator's
> voice, the illusion of comfort disappears and is replaced by a deeply disturbed
> sense of the frailty of human values in a smug and complacent middle-class
> society. Only the world of love .. retains a final authenticity, even though the
> critique of the surrounding society is gently implied rather than loudly enforced.*

giges zu entdecken vermeint und zur Grundlage seines Wissens und daher auch seines Handelns macht (Watzlawick: 1991, 9f.).[125]

Wenn die Alternde Unglückliche sah oder vom eigenen Unglück überwältigt zu werden drohte, machte sie niemals die "objektive Realität" dafür verantwortlich, sondern stets eine falsche Geisteshaltung. Diese war, ihrem individualistisch-subjektiven und gänzlich apolitischen Weltbild zufolge, der Grund allen Übels, die Basis jeglichen Scheiterns.

> *Da wir das Scheitern aber immer nur in eben jenen Begriffen beschreiben und erklären können, die wir zum Bau der scheiternden Strukturen verwendet haben, kann es uns niemals ein Bild der Welt vermitteln, die wir für das Scheitern verantwortlich machen könnten.*
>
> *Wer das verstanden hat, wird es als selbstverständlich betrachten, daß der radikale Konstruktivismus nicht als Abbild oder Beschreibung einer absoluten Wirklichkeit aufgefaßt werden darf, sondern als ein mögliches Modell der Erkenntnis in kognitiven Lebewesen, die imstande sind, sich auf Grund ihres eigenen Erlebens eine mehr oder weniger verläßliche Welt zu bauen* (Glasersfeld: 1991, 37)[126]

Nicht zuletzt als literarische Manifestation der aktuellen Diskussion um die multiple Persönlichkeit, die beispielsweise die herkömmliche Kategorie von Schizophrenie stark differenziert, liest sich Deirdre Maddens Roman *Remembering Light and Stone* von 1992. Wenn die irische Ich-Erzählerin etwa ihre existentielle Einsamkeit und ihre depressiven Stimmungen, denen sie auch in Italien ausgesetzt ist, im siebten Kapitel als *northern problem* deklariert oder der ortsansässige Arzt *È la nostalgia - homesickness* konstatiert, ist man geneigt, die klischierten Diagnosen zu erweitern, zumal der Text selbst

---

[125] Watzlawick..., S.9f.

[126] Ernst von Glasersfeld, "Einführung in den radikalen Konstruktivismus", in: Watzlawick..., S.37

Wenn von Glasersfeld auf Humes und Kants Naturbegriff referiert und schließt, *was immer wir aus unserer Erfahrung folgern - also alles, was wir induktiv nennen -, bezieht sich notwendigerweise auf unsere Erfahrung und nicht auf jene mythische, erfahrungsunabhängige Welt, von der die metaphysischen Realisten träumen,* so ließe sich dem kritisch entgegenhalten, daß unsere auf Erfahrungswerten beruhenden und zum psychischen und mentalen Überleben offenbar notwendigen Konstruktionen noch kein Beleg für die Nichtexistenz einer metaphysischen Realität ist, da sich deren empirische Unzugänglichkeit ebensogut als Manifestation unserer unzulänglichen Erkenntnisfähigkeit deuten läßt (Vgl. ebd., S.31).

keinerlei monokausale Erklärungsversuche anbietet (Madden: 1992, 68).[127] Das Phänomen, das sie beschreibt, liegt tiefer, ist in ihrer Persönlichkeitsstruktur verankert, ja womöglich in der menschlichen Existenz per se, und deren Schattenseiten entkommt sie auch durch ihre Flucht in den Süden nicht.[128] Während sie frühmorgens in der Bar ihre Schlaflosigkeit und Albträume zu vergessen versucht, kontempliert sie:

> My independence, my job, my apartment, the books and music which meant so much to me, the whole external aspect I presented, all struck me as absurd .. .My life was fuelled by pure will. Nothing was left to chance, everything was willed, worked for, and yet it wasn't making me happy, it was just a new trap I had made for myself ... It wasn't other people who bothered me, it all came from inside myself, and the feeling was so strong that it was as if there were another person inside me, a dark self who tormented me.My self was split in two, and one half threatened the other, the weaker half (Madden: 1992, 65).[129]

Ratlos und resigniert verläßt sie die schützende Sphäre alltäglicher Routine und geht hinaus in den Regen.

Deirdre Maddens imaginativer und analytischer Subtilität ist es zu verdanken, daß selbst so traditionelle Stilmittel wie *pathetic fallacy* weder epigonal noch rein dekorativ wirken, sondern stimmig.

Faszinierend ist das literarische Oeuvre des *literary editor* der *Irish Times*, John Banville. Die Montage mythologischer, historischer und literarischer Verweise und Zitate ist ein Hauptcharakteristikum seines Romans *Mefisto*.[130] *I could go on. I shall go on* (Banville: 1993, 3)

---

[127] Vgl. Deirdre Madden,*Remembering Light and Stone*, London 1992, S.68

[128] Vgl. zu dieser Thematik Katherine Proctors Spanienerlebnisse in Colm Tóibíns Roman *The South*, London 1990

[129] Vgl. Deirdre Madden..., S.65

[130] Zur Lokalisierung *Mefistos* innerhalb von Banvilles Oeuvre konstatiert Rüdiger Imhof in seiner Studie (Vgl. Rüdiger Imhof, *John Banville. A Critical Introduction*, Dublin 1989, S.154f.):

Banville started his tetralogy with Copernicus, who, by putting the sun in the centre of the universe where it belongs, put paid to the benighted attempts to "save the phenomena". He next concentrated on Kepler, who improved on Copernicus by, among other things, throwing out the misguided notions of circular orbits and uniform speed. Then Newton and his mechanistic universe followed, but filtered through the Chandosean conscience of an historian who finds himself overwhelmed by the "ordinary, that strangest and most elusive of enigmas". Now

[131] lauten - einem Motto gleich oder als Teil desselben - eine der ersten Sätze der biographischen Erzählerfigur. *I can't go on. I'll go on* (Beckett: 1976, 418)[132] sind die Worte, mit denen uns das fiktive

> *in Mefisto, he offers a Pythagorean protagonist who is compelled to acknowledge that the world cannot be known, the governing principle being chance. Gabriel Swan is thus a development on the fictional writer of the Newton letter, as Kepler was a development on Copernicus.*

In *John Banville. A Critical Study*, Dublin 1991, schreibt Joseph McMinn zu dieser Problematik (Vgl. ebd., S.98f.):

> *Mefisto (1986), presents us with a strange resolution of Banville's tetralogy ... In many ways his story recalls Birchwood rather than the series which it is supposed to conclude.*

Vgl. dazu die umfangreiche Referenz auf *Birchwood* in Imhofs Monographie (Ebd., S.166-169).

Zur Relativierung der Tetralogiekonzeption stellt McMinn zudem fest (Vgl. McMinn..., S.107f.):

> *...Mefisto has more in common with the self-conscious conventions of Nightspawn than with any other work by Banville, especially in its gallery of human oddities, its reckless episodic plot, and a heavy, sometimes intrusive, framework of literary allusion. Both novels suffer from carefully planned obscurity. Mefisto has some great moments, and Banville's descriptive style is as poetically precise and daring as ever, but overall the novel does not successfully blend the design of Nightspawn, the narrative form of Birchwood, and the purpose of the tetralogy.*

Es mag dahingestellt bleiben, ob letzteres die primäre Intention des Autors war.

Spekulativ sind meiner Meinung nach Imhofs Versuche, den Roman als Realisation von Banvilles Idee *"(of) a novel based on the life of a Gödel or an Einstein"* zu klassifizieren, wenngleich er sein Unterfangen selbst infragezustellen scheint (Vgl. Imhof..., S.153):

> *The life of its main character and narrator ... seems but loosely grounded on the life of Gödel or Einstein. And yet ... in a way (he) may be regarded as a Gödel or an Einstein figure ... Like Einstein, Gabriel is a creative genius ... This feeling about the mysterious order governing the apparent chaos of things Swan, of course, shares with Copernicus, Kepler, and, to a lesser degree, the Newton biographer...*

Nun wäre es in der Tat auch verwunderlich, wenn Banville seinen "Einstein"- oder "Gödelroman" als vierten einer Tetralogie konzipiert hätte, deren erste drei die Namen bedeutender Naturwissenschaftler im Titel nennt, und plötzlich auf eine fiktive literarische Figur ausgewichen wäre. Schon aus diesem Grund kommt *Mefisto* eine Sonderstellung zu, mögen sich auch zahlreiche Parallelen zu den "(wissenschafts)historischen" Vorläufern ergeben.

[131] John Banville, *Mefisto*, 3.Aufl., London 1993, S.3

[132] Samuel Beckett, *Molloy. Malone Dies. The Unnamable*, 4.Aufl., London 1976, S.418

Bewußtsein aus der Trilogie *Molloy*. *Malone Dies*. *The Unnamable* entläßt. Ähnlich wie in anderen Werken, etwa *Dr.Copernicus, Kepler* oder *The Newton Letter,* spielt in *Mefisto* das Bewußtsein eines mathematisch Hochbegabten eine zentrale Rolle, und der Leser erfährt nichts, was nicht von dessen *mind* perzipiert bzw. bearbeitet wird. Gabriel Swan, Marionette und Engel auf Erinnerungs- und Erklärungsrecherche[133], entwirft seine Biographie anhand einzelner Stationen vom pränatalen Status bis zu einer von Todes-, Un - und (scheinbaren) Zufällen dominerten Gegenwart des jungen Protagonisten.

Die Zahlen, Zahlenmystik und -faszination sind ein durchgängiges Leitmotiv[134], begleiten Swan von Anfang an. So scheint ihm das binäre System als Überlebendem eines Zwillingspaars wesenhaft zu sein, es manifestiert sich im Motiv des *alter ego* (Felix/Mefisto) ebenso wie in seinen Reflexionen über die "Halbheit" seiner Per-

---

[133] "Marionettes" und "Angels" sind zudem die Untertitel der beiden Romanteile.

Vgl. dazu Imhof..., S.160f.:

Mefisto is, to some extent, Banville's Faust ... Mefisto is indebted to Faust for the character of its different and yet so similar two parts ... The "small world" they see in Faust I, and the "big world" in Faust II. Similarly, Part I of Mefisto betrays the small world of Gabriel's home town and Ashburn, whereas Part II shows him after his near-fatal accident in a large city, presumably Dublin, if the identification of the town is of any real import ...

Vgl. ebd., S.160-165 bezüglich weiterer Analogien zu Goethes *Faust*

Möglicherweise beinhaltet "Swan" neben seinen mythologischen Anspielungen auf Zeus, der sich Leda, der Mutter der Dioskuren Kastor und Polydeukes, Klytämnestras, Helenas u.a., in Gestalt eines Schwans näherte, eine Anlehnung an Marcels Prousts Figur (Swann) in *A la recherche du temps perdu,* während "Gabriel" u.a. den Protagonisten von *Birchwood* evoziert (Vgl. folgende Fußnote).

Der Vorname impliziert außerdem eine Anspielung auf den gleichnamigen Erzengel, dessen primäre Aufgabe in der Bibel in der Übermittlung göttlicher Botschaften besteht. Mag darin zum einen eine gewisse selbstreferentielle Ironie bezüglich der Erzählerfunktion stecken, so repräsentiert er zum anderen den Gegenpol zu seinem *alter ego* Mefisto. Was den ironisch-selbstreflexiven Aspekt betrifft, so hat Joyce in *The Dead* mit Gabriel Conroy ja bereits ähnliches versucht, auch dessen *message* (der Tischrede) ist nicht gerade von überirdischer Qualität (Vgl. dazu das Nachwort zu *The Dead* von Eberhard Späth in: James Joyce, *Die Toten. The Dead*, Frankfurt a.M. 1976). Übrigens spielt auch in beiden Fällen die Auseinandersetzung mit der eigenen irdischen Vergänglichkeit eine bedeutende Rolle.

[134] Vgl. Imhof (ebd., S.154-156) und seinen Verweis auf das Weltbild des Pythagoras bezüglich der Zahlenmystik und der *fatum*-Gläubigkeit Gabriels.

son[135] oder die analog strukturierten Beziehungen zu den alten Mathematikern Kasperl und Kosok oder den weiblichen Bezugspersonen Sophie und Adele. Zweigeteilt ist zudem der Roman selbst, der "Bruch" dazwischen symbolisiert zugleich denjenigen im Bewußtsein von Gabriel, der als Opfer schwerer Brandverletzungen im Krankenhaus allmählich wieder zu sich kommt.[136]

I was neither this nor that, half here, half somewhere else. Miscarried. Each day when I woke I had to remake myself, build myself out of bits and scraps, of memories, sensations, guesses (Banville: 1993, 130).[137]

Zunächst implizieren Zahlen für das mathematische Wunderkind Ordnung, Kohärenz, Harmonie der Welt.

From the beginning, I suppose, I was obsessed with the mystery of the unit, and everything else followed ... My party piece was to add up large numbers instantly in my head, frowning, a hand to my brow, my eyes downcast. It was not the manipulation of things that pleased

---

[135] Vgl. Banville, *Mefisto*, S.17f.:
But I, I had something always beside me. It was not a presence, but a momentous absence.From it there was no escape. A connecting cord remained, which parturition and death had not broken, along which by subtle tugs and thrums I sensed what was not there. No living double could have been so tenacious as this dead one. Emptiness weighed on me. It seemed to me I was not all my own, that I was being shared. If I fell, say, and cut my knee, I would be aware immediately of an echo, a kind of chime, as of a wine-glass shattering somewhere out of sight, and I would feel a soft shock like that when the dreamer on the brink of blackness puts a foot on a step which is not there. Perhaps the pain was lessened - how would I have known?
Sometimes this sense of being burdened, of being somehow imposed upon, gave way to a vague and seemingly objectless yearning..

Banville greift hier erneut die Grundstruktur seines 1973 publizierten Romans *Birchwood* ... auf, in dem Gabriel Godkin,"Produkt". einer inzestuösen Beziehung, auf intensiver Suche nach seiner (vermeintlichen) Zwillingsschwester ist. Diese *quest* führt ihn zunächst zu seinem Bruder und schließlich in den Autismus (Vgl. John Banville, *Birchwood*, London 1973).

[136] McMinn ist von Gabriels Affinität zum Zwillingsmotiv weniger überzeugt (Vgl. ebd., S.99-101).

[137] Ebd., S.130

Zur Problematik der Person bzw. Identität als fragmentarisch, prozeßhaft, suchend und somit jeglichem Absolutheits- und Totalitätsanspruch subjektivistischer Konzeptionen fremd, Vgl. auch S.81, 110, 132, 134, 138, 197, 234

me, the mere facility, but the sense of order I felt, of harmony, of symmetry and completeness (Banville: 1993, 18 und 19).[138]

Relativiert wird diese Sicherheit weniger durch mangelnde Affirmation vonseiten des kleinbürgerlichen Elternhauses, als durch existentiell bedeutsame Begegnungen (vornehmlich derjenigen mit Felix, der ihn, Mefisto gleich, in unterschiedlichste Sphären initiiert[139]) bzw. Grunderfahrungen, primär der des Todes. Nach dem Unfalltod seiner Mutter heißt es:

> *...Ashburn, Jack Kay, my mother, the black dog, the crash, all this, it was not like numbers, yet it too must have rules, order, some sort of pattern. Always I had thought of number falling on the chaos of things like frost falling on water .. I could feel it in my mind, the crunch of things coming to a stop, the creaking stillness, the stunned, white air. But marshal the factors how I might, they would not equate now. Everything was sway and flow and sudden lurch. Surfaces that seemed solid began to give way under me. I could hold nothing in my hands, all slipped through my fingers helplessly. Zero, minus quantities, irrational numbers, the infinite itself, suddenly these things revealed themselves for what they really had been, always. I grew dizzy* (Banville: 1993, 109).[140]

Und im Krankenhaus fallen die Gleichungen in seinem Kopf entzwei, werden Nullen zu klaffenden Löchern, und er bleibt zurück *amid rubble, facing into the dark* (Banville: 1993, 127).[141] Zur Existenz-, zur Welterklärung, zur Sinnvermittlung reichen sie nicht aus, die Horizonte mathematischer Weisheit, ja der Wissenschaften per se.

> *Numbers, I saw at last, were only a method, a way of doing. The thing itself would be more subtle, more certain, even, than the mere manner of its finding. And I would find it, of that I had no doubt, even if I did not as yet know how* (Banville: 1993, 185).[142]

---

[138] Vgl. ebd., S.18 u.19

[139] Vgl. zur Diskussion von Banvilles *Faust*-Montage Imhof..., S.160-165

Imhof betont in diesem Zusammenhang zutreffenderweise die Vermischung mit dem Gedankengut Thomas Manns und Friedrich Nietzsches.

[140] Vgl. ebd., S.109

[141] Vgl. ebd., S.127

[142] Ebd., S.185

Zum zweiten Mal von einem *mathematicus* geführt - weniger marionettenhaft diesmal als in der Phase seines Novizentums - schwankt er zwischen der Erkenntnis seines "Lehrers" (*There is no certainty! he cried. That is the result!* (Banville: 1993, 193)[143]) und dem (Woolfschen) Wunschpostulat *that under the chaos of things a hidden order endures* (Banville: 1993, 211).[144]

Mefisto bietet keine ideologischen Rezepte an, eher entwirft er ein facettenreiches Gedankennetz, zu dem das Verlangen nach Einfachheit, nach Gelassenheit, das Philosophieren über den Tod und das Empfinden, ständig begleitet zu werden, ebenso gehören wie ästhetische Reflexionen, die den Erinnerungs- und Strukturierungsprozeß des Erzählers und Autors zugleich thematisieren.

> *Have I tied up all the ends? Even an invented world has its rules, tedious, absurd perhaps, but not to be gainsaid* (Banville: 1993, 234).[145]

Chance verknüpft Anfang und Ende, dem Zufall meint er sein Leben und den Tod seines Bruders zu verdanken, ihm will der Protagonist von nun an gebührenden Raum gewähren. Und doch ist der Tenor des Werks gebrochen, ist die Aussage ambivalent.

> *Gone. That was death. No cowled dark stranger, no kindly friend, not even empty space, with all the potential that implies, but absence, absence only. The nothing, the nowhere, the not-being-here. But how then this something, wafting me onwards irresistibly, as if all around me a great, slow breath were being indrawn? ... The loneliness. The*

---

[143] Ebd., S.193

[144] Vgl. ebd., S.211 u.233

Unter den zahlreichen Montagen aus der Weltliteratur - aus der Antike über die Shakespeare- und Goethezeit bis hin zur Romantik und jüngsten Vergangenheit - fallen die motivlichen Analogien zu modernen Schriftstellern Großbritanniens und Irlands besonders auf. So etwa erinnern die Schikanen während Gabriels Schulzeit an Stephen Dedalus' Erfahrungen oder das dem Protagonisten vermachte *notebook* an Bernards poetisches Notizbuch in Woolfs *Waves*, sind dessen Versuche, Gültiges, Bleibendes zu finden, denen Gabriels wesensverwandt.

[145] Ebd., S.234

In spielerischem Tenor sind die selbstreferentiellen Anspielungen auf S.34, 38, 39, 45, 47 und 105 gehalten, während diejenigen auf S.74, 143, 158, 193, 197 und 234 die Bewußtseins- und Erinnerungsrecherche und Kreativitätsproblematik akzentuieren.

being-beyond. Indescribable. Where I went, no one could follow. Yet someone managed to hold my hand. I clung to her, dangling above the abyss, burning. Never known, never dreamed. Never (Banville: 1993, 136f. und 125).[146]

Die Frage, ob es sich bei diesem Etwas, dieser Hand (oder auch den Engeln) um bloß akzidentielle Berührungen oder gar um Erfindung, um Projektion seines "faustisch" strebenden, forschenden und leidenden Geistes handelt, weicht - anders als bei Beckett - der Ahnung eines noch zu entdeckenden umfassenderen Zusammenhangs alles Seienden. Manifest freilich wird diese kohärente Struktur bislang nur in der Sphäre des Ästhetischen.

The form of Mefisto, thus, bodies forth the order, harmony, symmetry and completeness underlying the seemingly contingent world of Gabriel's near-Faustian experiences in an Mephistophelian world (Imhof: 1989, 166).[147]

Die irische Couleur, das *setting* und Milieu - vom Kleinbürgertum über die Intelligentzija bis zur Drogen-, Kriminellen- und *underdog*-Szene - , sie bilden letztlich nur den Rahmen, das Koordinatensystem für die existentiellen Dimensionen des Werks.

In bezug auf Oeuvres von diesem Niveau und Autoren von diesem Format ist man geneigt, Becketts "Appell" zu variieren: "They could go on, they shall go on." Und dies vielleicht nicht nur, *um ein Mal auf dem Schweigen zu hinterlassen* (Bair: 1991, 799).[148]

---

[146] Vgl. ebd., S.136f. u.125

Vgl. in diesem Kontext auch die kindliche Todesauffassung auf S.12 sowie S.158, 207 u.230

[147] Vgl. Imhof..., S.166

[148] Vgl. Deirdre Bair, *Samuel Beckett. Eine Biographie*, Hamburg 1991, S.799:

Immer und immer wieder hat (Beckett) gesagt:"Sonst hätte ich es nicht tun können. Weitermachen, meine ich. Ich hätte das scheußliche Chaos des Lebens einfach nicht durchstehen können, ohne ein Mal auf dem Schweigen zu hinterlassen."

- Teil II - Detailanalysen

1. John Banvilles "historische" Romane

Dr.Copernicus, Kepler, The Newton Letter[149]

1.1. Banville im Kontext der Postmoderne

Wenn irische Kritiker John Banville als den innovativsten Schriftsteller ihres Landes einstufen, mag dies nachzuvollziehen sein; im europäischen Kontext freilich relativiert sich dieser Eindruck rasch. So etwa ist die Kombination historischer Existenzentwürfe, literarischer Montage und selbstreferentieller Momente seit Umberto Eco quasi zur postmodernen Tradition avanciert. Das Interesse am Werk des irischen Romanciers freilich wird durch diese Einsicht keineswegs geschmälert. Banville kupfert nicht ab, seine *epistemologischen Metaphern* (Eco: 1977, 46)[150] sind von unverwechselbarer

---

[149] Vgl. dazu die beiden bereits erwähnten Monographien über Banvilles Oeuvre:

Rüdiger Imhof, *John Banville. A Critical Introduction*, Dublin 1989

Joseph McMinn, *John Banville. A Critical Study*, Dublin 1991

McMinns Studie bezieht sich kritisch auf diejenige von Imhof. Vor allem von dessen Hochschätzung des experimentellen Romans, der die provinziell angehauchte realistische irische Prosa abgelöst haben soll, setzt der Autor sich dezidiert ab (Vgl. ebd., *Preface*):

To characterise, as he does, most twentieth-century Irish novelists and their critics as hopelessly provincial, too narrowly concerned with what he calls "cosy realism", is to deny talent and significance to all others, and to argue, rather unreasonably, that the best Irish fiction is never about Ireland ... Would Günter Grass be less provincial if he wrote about Ireland instead of Germany?

[150] Vgl. Umberto Eco, *Das offene Kunstwerk*, Frankfurt a.M. 1977, S.46:

Aufgabe der Kunst ist es weniger, die Welt zu <u>erkennen</u>, als Komplemente von ihr hervorzubringen, autonome Formen, die zu den existierenden hinzukommen und eigene Gesetze und persönliches Leben offenbaren. Gleichwohl kann jede künstlerische Form mit höchstem Recht wenn nicht als Surrogat der wissenschaftlichen Erkenntnis, so doch als <u>epistemologische Metapher</u> angesehen werden: das will heißen, daß in jeder Epoche die Art, in der die Kunstformen sich strukturieren - durch Ähnlichkeit, Verwandlung in Metaphern, kurz Umwandlung des Begriffs in Gestalt -, die Art, wie die Wissenschaft oder überhaupt die Kultur dieser Epoche die Realität sieht, widerspiegelt.

Gestalt und Aussagekraft. Weniger eklektizistisch und weniger ironisch als mancher seiner postmodernen Kollegen erwecken seine
novels selten den Eindruck von Montagen um der Montage willen,
vom bloßen intellektuellen Spiel.[151] So etwa entpuppen sich seine
ästhetischen Entwürfe der *vita* bedeutender historischer Figuren als
künstlerisches Analogon zur gegenwärtigen Konstruktivismusdebatte, werden existentielle Sinnsysteme im jeweiligen geschichtlichen Kontext skizziert und zugleich bezüglich ihrer Stringenz,
Glaubwürdigkeit und Tragfähigkeit hinterfragt. Wie selbst die Ironisierung des Interesses an der Metaphysik bzw. des Bedürfnisses nach
metaphysischen Daseinserklärungen noch die Ahnung von der Notwendigkeit derselben impliziert[152], so verweisen seine nicht ohne
Komik und Larmoyanz scheiternden "Dekonstruktivisten" auf die
Utopie einer stimmigeren Existenz[153].

---

[151] Vgl. zu den Begriffen der Ironie und des Spiels im postmodernen Kunstwerk
Umberto Ecos *Nachschrift zum "Namen der Rose"*, München/Wien 1984, sowie
Mario Bretones *Zehn Arten mit der Vergangenheit zu leben*, Frankfurt a.M. 1995,
in dem der Historiker anhand von Beispielen aus der Geschichte und Kunstge-
schichte Traum, Erfindung, Verdoppelung, Identifikation, Amalgam, Isolation, Nostalgie, Skepsis, Utopie und schließlich Geschichtsschreibung als Möglichkeiten
des Umgangs mit der Vergangenheit beleuchtet.

Zur Postmodernedebatte in Kunst, Soziologie und Philosophie sei auf das von
Wolfgang Welsch herausgegebene Werk *Wege aus der Moderne. Schlüsseltexte der Postmoderne-Diskussion*, Weinheim 1988, verwiesen, in dessen Einlei-
tung der Herausgeber zu Ecos Ansatz kritisch vermerkt (Vgl. ebd., S.22f.):

*Postmoderne ist Eco zufolge als metahistorische Kategorie zu verstehen. Sie
drückt die stets neue Notwendigkeit aus, sich von einer Vergangenheit, die zur
Last geworden ist, zu distanzieren. Jede der Avantgarden der Moderne hat dies
auf ihre Weise getan, hat Vergangenheit destruiert. Schließlich mündeten diese
Avantgarden aber in der Sackgasse des Verstummens. Daraus führt die Postmoderne heraus: Sie vermag wieder zu sprechen - tut es jedoch durch die Maske
vergangener Gestalten; und sie kann die Vergangenheit wieder thematisieren -
jedoch nur im Modus der Ironie. Am Ende kommt Eco auf (Leslie) Fiedler zu
sprechen: Eigentlich sei es diesem darum gegangen, die moderne Schranke zwischen Kunst und Vergnügen aufzuheben - was natürlich gerade Eco glänzend
gelungen ist. Andererseits deutet sich in seiner These vom ironischen Vergangenheitsverhältnis schon ein Problem der Postmoderne insgesamt und der postmodernen Architektur im besonderen an: Kann sie zu anderem als einem - erst
ironischen, dann demonstrativen, schließlich vielleicht bloß noch konsum-
orientierten - Eklektizismus führen?*

[152] Vgl. dazu v.a. Banvilles Romane *Birchwood* und *Ghosts*, London 1993

In seinem kunstphilosophischen Werk *Metaphysik des Schwebens. Untersuchungen zur Geschichte der Ästhetik*, Pfullingen 1985, konstatiert Walter Schulz, *"das
Verdammungsurteil gegen die Metaphysik"* treffe nicht die Metaphysik des

1.2. Der wissenschaftshistorische Kontext

Da ich mich im folgenden auf die "historischen" Romane Banvilles - *Dr.Copernicus, Kepler, The Newton Letter* - konzentrieren will, sei

---

Schwebens, sondern nur die der Tradition. Tendenzen zur Ablösung der *"absoluten Transzendenz"* durch eine *relative* verfolgt er über zwei Jahrhunderte hinweg, von Fichtes idealistischem Ansatz über Kierkegaards anthropologisch-existentialistische Konzeption bis zu Heideggers existenzphilosophischem Entwurf. *Schweben zeigt sich im Hin und Her zwischen Welt und Ich, die doch beide nicht mehr zuverläßliche Orientierung bieten ... Thematisierbar wird (dieser Zustand) nur in den Regionen, in denen die sich noch immer meldenden "höheren Bedürfnisse" abzudecken sind: Philosophie und Kunst ... Schweben ist dialektisch bezogen auf Nichtschweben als einen Zustand, der durch Abwesenheit von Negativität, das heißt durch Positivität, Festigkeit, Sicherheit und Objektivität im Gegensatz zur Subjektivität gekennzeichnet ist. Dieser Zustand .. ist von jeher ersehntes Ziel .. das der Mensch sich als vollendetes göttliches Dasein vorstellt.* Die Kunst übernehme im Zuge zunehmender Verwissenschaftlichung und Technisierung *gewisse Funktionen der Philosophie und Religion*, da sie entlaste, befreie und verbinde, ohne dogmatische Ansprüche zu implizieren. Zentral für die "nachmetaphysische" moderne Kunst ist auf der Rezipientenseite das *ästhetische Erlebnis*, in dem sich *die Kunst durch sich selbst (ausweist) für den, der dies Erlebnis hat* (Vgl. ebd., S.416f., 305, 278).

Auch in R.M.Rilkes *Sonetten an Orpheus* ist das Schweben (der Dinge) eine quasi göttliche Daseinsform, die anzustrebende Utopie der "ewigen geglückten Kindheit" (Vgl. R.M.Rilke, *Duineser Elegien.Die Sonette an Orpheus*, 3.Aufl., Ulm 1977, S.79, Sonett XIV):

Alles will schweben. Da gehn wir umher wie Beschwerer,
legen auf alles uns selbst, vom Gewichte entzückt;
o was sind wir den Dingen für zehrende Lehrer,
weil ihnen ewige Kindheit glückt.

[153] Die Erfahrung von Koinzidenz und Inkohärenz drängt Freddie Montgomery, den Protagonisten von *The Book of Evidence*, London 1989, nicht nur in die Kriminalität, sondern auch zum Schreiben, denn nur durch diese Form der Objektivierung bzw. Ästhetisierung scheint er in der Lage zu sein, *the ceaseless, slow, demented drift of things .. the busy stasis* (Vgl. ebd., S.135 u. 38) eine Struktur, ein *pattern* verleihen oder andichten zu können. Auch in diesem Werk sind die zahlreichen Allusionen auf E.A.Poe, O.Wilde , S.Beckett, Goethe und andere Autoren der Weltliteratur keineswegs "aufgesetzt", sondern hinsichtlich der Gesamtaussage durchwegs funktionalisiert.

Analog dazu schreibt Gabriel in *Birchwood* seine Memoiren, *arranging the pieces of his past experience in the hope of discovering a design which he nevertheless knows either does not exist or will exist only because he has invented it* (Vgl. Deane..., S.224).

hier streiflichtartig der wissenschaftshistorische Kontext aus natur-
wissenschaftlicher Perspektive umrissen.[154]
Fritz Krafft konstatiert in seinem 1978 auf der Jahrestagung der
Georg-Agricola-Gesellschaft gehaltenen Vortrag *Die Stellung des
Menschen im Universum. Ein Kapitel aus der Geschichte der
abendländischen Kosmologie* bezüglich des antiken Weltbilds:

> *"Geozentrik" bedeutet so viel wie, daß die Erde als Wohnstatt des
> Menschen sich im Zentrum des Universums und Kosmos befindet.
> Die Erde wird dabei anfangs - so bei Hesiod, Thales, Anaximander,
> Anaximenes, auch noch bei dem Atomisten Demokrit - als eine runde
> Scheibe aufgefaßt, auf deren Oberseite die Menschen leben, seit den
> älteren Pythagoreern, Platon und Aristoteles als Kugel, die seit letzte-
> rem in fünf Zonen unterteilt ist, von denen die beiden gemäßigten
> bewohnt sind, ohne daß jedoch Kontakt zur südlichen Ökumene
> möglich ist wegen der dazwischen befindlichen, unüberschreitbaren
> verbrannten Zone. Die frühen Griechen waren dabei arrogant genug,
> sich selbst in der Mitte der Erdscheibe zu lokalisieren - wie es übri-
> gens auch andere Kulturen wie etwa die Ägypter zur selben Zeit und
> früher taten ... Das hat eine ganz einfache Begründung in der direkt
> phänomenologischen Art, wie der nicht haptisch, sondern nur optisch
> zugängliche Teil des Kosmos sich uns zeigt ... Es entsteht der Ein-
> druck, als ob die Sterne an die Innenfläche einer großen Kugel be-
> festigt sind - und deshalb heißen sie Fixsterne -, die innerhalb von 24
> Stunden einmal um eine Achse rotiert, die durch die Mittelpunkte der
> von den Sternen am Süd- und Nordhimmel beschriebenen Kreise als
> Pole geht. Der Beobachter, und damit seine Wohnstatt, befindet sich
> (optisch) in der Mitte der hohlen Himmelskugel* (Krafft: 1982,
> 148f.).[155]

Waren "Kosmos" und "Universum" ursprünglich nicht identisch -
"Universum" war synonym mit dem Ganzen, alles Umfassenden,
während "Kosmos" nur die darin herrschende Ordnung oder den geordneten Teil bezeichnete -, so wurde seit den Pythagoreern das
Geordnete mit dem Ganzen gleichgesetzt, wobei es nach wie vor als
Gott bzw. göttlich galt. Einige der wichtigsten Konsequenzen, die
diese Auffassung von dem Gott Kosmos und. der göttlichen Natur
hatte, seien hier kurz skizziert.

---

[154] Vgl. hierzu auch Alexandre Koyré, *Von der geschlossenen Welt zum unendlichen Universum*, Frankfurt a.M. 1980

[155] Vgl. ebd., S.148f.

1.Der Mensch ist nicht Teil des Kosmos, er ist nicht Gott; er ist von den Göttern oder der Natur in den Kosmos gesetzt worden ...- 2.Des Menschen Werken und Wirken, die "Kunst", steht damit im Gegensatz zum Wirken des Kosmos, der "Natur" - wenn er diese auch nachzuahmen und gelegentlich zu unterstützen versucht (etwa in der Medizin) ... - 3.Seit Platon und Aristoteles entsteht neben dieser Antinomie "Kunst-Natur" die weitere von "irdisch"-"himmlisch". Gestirne und Gestirnssphären sind die eigentlichen Götter oder göttlichen Wesen; sie sind unveränderlich, während die irdische Welt unterhalb des Mondes mit den Elementen Erde, Wasser, Luft und Feuer - aus denen auch der Mensch besteht - die Region der Veränderung und Umwandlung ist und damit auch des Entstehens und Vergehens als Formung und Entformung von Materie (Krafft: 1982, 150).[156]

Aus Punkt 2 und 3 ergibt sich zudem, daß das Experiment als Bestandteil menschlicher Kunst in der antiken Wissenschaft keinen Platz haben konnte und die Sphäre des Menschen, nämlich die sublunare, dem Kosmos innerhalb des dualistisch (in sub- und supralunare Welt) strukturierten Universums auch räumlich entrückt wurde.

Vornehmlich dem Mittelalter bzw. der jüdisch-christlichen Weltanschauung ordnet Krafft die anthropozentrische Sichtweise zu. Obwohl sich das Bild vom Kosmos gegenüber dem der griechischen, heidnischen Antike wenig veränderte, kam dem Menschen dennoch eine grundsätzlich andere Position zu. Das materielle Universum wurde zur Schöpfung des einen Gottes, und der Mensch stand von nun an auf derselben Seinsstufe wie die Natur. Die Antinomie Gott/Natur - Mensch wurde von dem Gegensatz Gott - Natur/Mensch abgelöst, wobei der Mensch als Krönung der Schöpfung und Ebenbild Gottes im Zentrum derselben stand. Freilich befand sich der Mensch nach dem Sündenfall in einer gefallenen Welt, und sein Erkenntnisstreben richtete sich daher vornehmlich auf das Göttliche bzw. den göttlichen Schöpfungsplan. Auch Johannes Kepler, der diese Konzeption auf die Astronomie und Kosmologie übertrug, ist letztlich noch dem anthropozentrischen Denken des Mittelalters zuzurechnen.[157]

Das geozentrische Weltbild der griechischen Antike ließ sich zunächst in die mittelalterliche Kosmologie mühelos integrieren.

---

[156] Vgl. ebd., S.150

[157] Vgl. ebd., S.151f.

Der Mensch auf der Erde war bestrebt, über die ihm zugedachten Grenzen hinauszugehen, zu versuchen herauszufinden, wie es jenseits der von der zeitgenössischen Kosmologie beschriebenen Grenzen aussah. Die Konsequenz, die sich aus der neuen Stellung des Menschen für die Art der Naturforschung ergab, wurde jedoch erst im 16.Jahrhundert gezogen und fand ihren bedeutendsten Niederschlag bei Galileo Galilei, nachdem im Rahmen des Renaissance-Humanismus unter bewußter Umgehung der arabisch-mittelalterlichen Tradition wieder auf die Originale der griechischen Antike zurückgegriffen wurde. Die Naturverbundenheit der Renaissance, das scholastisch-logische Element und die christlich-jüdische Naturauffassung schufen einen Bezugsrahmen, in den sich das griechische naturwissenschaftliche Denken, das sich beispielsweise darin äußerte, daß menschliche Kunst und spontane Prozesse der Natur nicht mehr als gegensätzlich aufgefaßt wurden, integrieren ließ. Die menschliche Kunst "Mechanik" konnte solchermaßen zu einer Wissenschaft von der "Natur", zu "Physik" werden.

Zugleich wurde der Dualismus, der zwischen himmlischen und irdischen Vorgängen, die physikalisch grundsätzlich anders verlaufen sollten, seit dem Spätmittelalter allmählich überwunden. Die neuen Impulse gingen von den Denkrichtungen des Neuplatonismus und Stoizismus aus, etwa von Nikolaus von Kues, der sich gegen eine Geozentrik aus grundsätzlichen theologischen Erwägungen aussprach.[158]

---

[158] Vgl. ebd., S.153ff.:
Als notwendig materielle Schöpfung könne der Kosmos im Gegensatz zum idealen Schöpfer selbst keine ideale Kugel sein, aber die Erde sich auch nicht genau im Zentrum befinden, wie sich aus der aristotelischen Physik der Schwerebewegung ergeben hatte, nach der sich alle schweren Körper von Natur aus zum Zentrum der Welt bewegen, so daß sie sich hier als Erde zusammenballen. Die Erde müsse sich demgegenüber außerhalb des Weltzentrums befinden, so daß nicht das Weltzentrum das Ziel der Schwerebewegung sein könne, vielmehr das Erdzentrum. Das gleiche kann deshalb für andere Weltkörper angenommen werden, die sich außerhalb des Weltzentrums befinden, für den Mond, die Sonne und die übrigen Planeten. Folgerichtig sieht Nikolaus von Kues auch diese als aus den vier Elementen Erde, Wasser, Luft und Feuer schichtenweise aufgebaut - nur besitze jeder "erdartige" Himmelskörper die Elemente in der ihm spezifischen Materieform, so daß die mondische Materie zum Mond strebt, die irdische nur zur Erde usw ... Daraus resultiert allerdings noch keine Heliozentrik - wie häufig behauptet wird. Die neuartige Physik der Schwere, die übrigens schon in der Stoa ausgebildet wurde, war nur erforderlich, sobald die Erde - hier aus grundsätzlichen theologischen Erwägungen - aus dem Zentrum des Universums herausgenommen werden mußte.

Nicolaus Copernicus .. war auf anderem Wege zur Vorstellung von der Heliozentrik gekommen ... Der Ausgangspunkt für Nicolaus Copernicus, der mit seinem Werk die Wege zur Heliozentrik einleitete, war .. der Versuch, mit den damaligen Mitteln der mathematischen Astronomie diese zu verbessern, indem er sie gleichzeitig wieder zu einer Physik und Kosmologie im Sinne der damals gültigen aristotelischen Physik machte ... Copernicus gelang es.., (die von Ptolemaios konstatierte, gegen die aristotelische Physik verstoßende Idee einer) ungleichförmige(n) Ausgleichsbewegung ausreichend exakt durch eine aus mehreren gleichförmigen Kreisbewegungen zusammengesetzte, resultierende Bewegung wiederzugeben. Er benutzte dazu sogenannte Epizykel, kleine rotierende Kreise, deren Mittelpunkte ihrerseits wieder einen Kreis beschreiben ... (Krafft: 1982, 153ff.).[159]

Zur Erklärung der synodischen Anomalie, der Schleifenbewegung[160], bediente er sich einer anderen Methode.

Copernicus' Überlegung war jetzt, daß die Bewegungen durchaus als nur so erscheinende aufgefaßt werden könnten, wenn man die Sonne und Erde miteinander vertausche; denn dann würden diese periodischen Bewegungen mit der Bewegung der Erde statt der Sonne zusammenhängen. Sie würden als bloße Effekte der Erdbewegung (also der Bewegung des Beobachters) auftreten ... Alle Epizykel, von denen je einer für die Bewegungen der äußeren und inneren Planeten gebraucht worden war, wurden jetzt durch die eine jährliche Bewegung der Erde ersetzt. Zur Wahrung der Phänomene mußte dann der Erde allerdings noch eine zweite Bewegung, nämlich die tägliche Rotation übertragen werden, die den Schein der rotierenden Himmelskugel erweckt, die jetzt als ruhend angenommen wurde.
Astronomisch ausgedrückt heißt das, daß die Schleifenbewegungen der Planeten als parallaktische Effekte der Erdbewegung gedeutet wurden ...
Daraus ergibt sich eine wichtige Konsequenz für ein heliozentrisches System, in dem die Erde wie die übrigen Planeten auf einer Bahn um die Sonne bewegt wird ... Tritt die Erde aber aus dem Zentrum und bewegt sie sich um die Sonne, so erhält das Universum aufgrund der Phänomene eine unvorstellbare Weite.

---

[159] Vgl. ebd., S.153-156

[160] Vgl. dazu auch Fritz Krafft, "Die Tat des Copernicus.Voraussetzungen und Auswirkungen. (Zum 500.Geburtstag des großen abendländischen Astronomen)", in: *Humanismus und Technik*, Band 17 (1973), S.85

Dieses ist einer der Hauptgründe, weshalb das heliozentrische Planetensystem des Copernicus so lange keine Anerkennung finden konnte. Der zweite war die noch fehlende Physik für eine bewegte Erde, deren Bewegung nicht direkt wahrgenommen wird. So konkurrierten noch mehr als 100 Jahre nach der Veröffentlichung des Copernicanischen Werkes verschiedene Weltsysteme miteinander.., das Ptolemäische und Platonische .., das sogenannte Ägyptische und das Tychonische .. und das Copernicanische ... (Krafft: 1982, 157f.).[161]

Erst durch Isaac Newtons physikalische Fundierung des copernicanischen Systems fand dieses allgemeine Anerkennung.

Zunächst war auch die katholische Kirche dem Werk des Copernicus, das Papst Paul III gewidmet war, zugetan. Erst die Auseinandersetzungen mit Galilei, der mithilfe der neuen Erkenntnisse zu einer anderen Bibelexegese fand, brachten auch Copernicus in Verruf - *das Verbot der Lehre ist offiziell immer noch nicht aufgehoben* (Krafft: 1982, 161).[162]

Johannes Kepler war .. schon als Student von der Richtigkeit des heliozentrischen Systems überzeugt und suchte Zeit seines Lebens nach Beweisen dafür ... Er fand sie in dem Bereich des Quantitativen und Harmonischen, die im Sinne des Neuplatonismus Gottes Schöpfungsplan zugrundelägen, so daß sie auch der Schöpfung empirisch entnommen werden können müßten. Er meinte deshalb in den fünf Platonischen Körpern das Maß gefunden zu haben, nach dem Gott die Abstände der Planetenbahnen festgelegt habe ... Erst die Suche nach den exakten Ausmaßen führte ihn dann auf langen Umwegen zu den bekannten drei Gesetzen der Planetenbewegungen, für die er auch eine neue Physik entwickelte, die allerdings ebensowenig wie deshalb seine Gesetze Anerkennung fanden, bevor nicht Isaac Newton alle drei auf das gemeinsame Prinzip der allgemeinen gegenseitigen Gravitation zurückführen und damit aus einem übergeordneten System heraus beweisen konnte (Krafft: 1982, 161f.).[163]

Als echter Humanist beabsichtigte (Copernicus) keineswegs, eine neue Astronomie zu schaffen, sondern die alte wiederherzustellen, stellt Krafft in der *Tat des Copernicus* fest. Dieser sei *auch weniger*

---

[161] Vgl. *Die Stellung des Menschen...*, S.157f.

[162] Vgl. ebd., S.161

[163] Vgl. ebd. u.S.162

der große Revolutionär der Astronomie - eher müsse er als Reformator oder gar Restaurator gelten, *der die Vorarbeiten für den Begründer der neuen Astronomie, Johannes Kepler, schuf - als* vielmehr *der Erneuerer des Weltbildes. Das, was man die "Tat des Copernicus" genannt hat, nämlich die Sonne an die Stelle der Erde des antik-mittelalterlichen in sich geschlossenen Kosmos zu setzen,* sei die erste Umsetzung *theoretische(r) Möglichkeiten, die als hypothetische Alternativen bereits in der Klassischen Antike (Aristarchos von Samos) und verstärkt im Mittelalter (insbesondere seit Nicole Oresme) diskutiert worden waren* (Krafft: 1973, 83).[164]

---

[164] Vgl. *Tat des Copernicus*, S.83

1.3. *Doctor Copernicus*

1.3.1. Ästhetisierung der historischen Vorlage

Banvilles Copernicus ist nicht bloße Evokation der historischen Figur, als *haunted genius .. tormented in his relationships .. driven by a demon* (Banville: 1995, cover)[165] ist er auch Produkt der Erzählerimagination und -spekulation - den ästhetischen Reiz des Werkes muß dies ja nicht notwendigerweise mindern. Anders als in seinem fünf Jahre später publizierten Roman *Kepler*, wo der Verfasser sich oft minuziös an die biographischen Fakten hält, ist die *vita* des Copernicus, die in der Forschung freilich wesentlich lückenhafter und widersprüchlicher belegt ist[166], angereichert mit fiktiven, ja teils eindeutig spektakulären Momenten.

So rückt die Beziehung zu seinem von Haß, Neid und Eifersucht zur Karikatur verzerrten älteren Bruder Andreas immer wieder ins Zentrum und fungiert als Motivation für die Ausbildung komplementärer Eigenschaften. Neigt Andreas zu Ausschweifung, Großmannssucht und Rücksichtslosigkeit, so tendiert Nikolaus trotz seiner offiziellen Aufgaben zu Zurückgezogenheit, Zurückhaltung und Weltfremdheit; entzieht letzterer sich immer wieder freundschaftlichen Banden, so projiziert der ebenso dem Zölibat verpflichtete Bruder selbst die Verantwortung für seine tödliche Geschlechtskrankheit noch auf andere. Daß Andreas an Syphillis und nicht an Lepra erkrankt, ist ein weiterer Hinweis darauf, daß es dem Erzähler darum geht, das moralische Verhalten des Bruders mit dem Ethos des Protagonisten zu kontrastieren, der wiederum in dessen Bild des Kalten, Unnahbaren, Leblosen nicht aufgehen will, sondern durchaus intensiver Emotionen fähig ist, wenn er sich etwa - auch dies ein fiktiver Kunstgriff - Ende zwanzig in den acht Jahre jüngeren Girolamo Frascatoro verliebt und, zu stolz, um auf Dauer von dessen aristokratischer Freigiebigkeit zu profitieren, wieder entzieht[167]

---

[165] Vgl. *cover* der Minerva-Paperback-Ausgabe von 1995

[166] Vgl. zur Biographie des Copernicus Georg Hermanowski, *Nikolaus Kopernikus*, München 1976

[167] Untermauert wird das homoerotische Moment z.B. durch Anspielungen auf Szenerien aus dem Werk Oscar Wildes, vornehmlich *The Picture of Dorian Gray*, oder konkrete Verweise auf Thomas Manns Novelle *Der Tod in Venedig*, wenn

Zur Profilierung seines eigenwilligen Charakters trägt auch die Gestalt des Onkels Lukas Watzenrode, des Domherrn und späteren Bischofs von Ermland bei, den die Forschung als pflichtbewußten Erzieher der verwaisten Knaben schildert, der bei Banville - der im übrigen auch Nikolaus' Mutter wesentlich früher versterben läßt - jedoch zum Paradigma des verbittert-verschrobenen Ambitionierten gerät, mit dessen Hilfe, aber oft gegen dessen Interessen der wissenschaftsbegeisterte Neffe sich zu behaupten und zu definieren hat. Und schließlich ist es seine Wissenschaftlichkeit selbst, die ihm genial-heroische, ja mitunter dämonische Züge verleiht.[168] Ob dieses Phänomen zur ästhetischen Qualität beiträgt, wird noch zu diskutieren sein; die vielleicht bewußte Überzeichnung affirmiert jedenfalls die (außerliterarische) Rezeption der späteren Jahrhunderte, die in Copernicus den Prototyp des zumindest partiell verkannten, zugleich weltfremden und einflußreichen Universalgenies der Renaissance fand.

Frascatoro einen *Tadziu* oder *Tadzio* zum Gespielen hat, der sich schließlich von Copernicus verdrängt fühlt.

Gerade in Hinblick auf solcherlei Allusionen fällt es mir schwer, McMinns Urteil zu teilen, wenn er z.B. konstatiert (Vgl. McMinn..., S.68f.):

...Copernicus ... was presented as a man who shunned any physical contact with family or the unpleasant side of earthly reality ... Kepler celebrates a character whose acceptance of ordinary reality yields the clue to his astronomical discovery and knowledge. Doctor Copernicus is about the tragedy of personality: Kepler is about the triumph of character.

Diese Dichotomie existiert in Banvilles Romanen meines Erachtens nicht. Dazu ist die Charakterzeichnung doch zu komplex.

[168] Auch in diesem Kontext spielen Oscar-Wilde-Assoziationen eine Rolle. Es sei hier nur auf die Begegnung des jungen Copernicus mit dem alternden Regiomontanus-Schüler Novara verwiesen, dessen Vorwürfe ihn derart brüskieren, daß er, wutentbrannt, entflieht. Dem Bild-, Spiegelmotiv des *Dorian Gray* nicht unähnlich, erblickt er sich selbst in dem verbitterten Antlitz des alten Professors. *He was frightened, as if he had looked into a mirror and seen reflected there not his own face but an unspeakable horror* (*Dr.Copernicus*, S.64).

1.3.2. *Cantus Mundi*

Cantus Mundi, das gleichsam als Interludium konzipierte dritte der vier Kapitel des Romans, berichtet vom Scheitern einer *quest*. Phasenweise - und kurz vor seinem Tod in verstärktem Maße - zeichnet sich Copernicus selbst als Gescheiterten, als einen, der den Glauben verloren hat, den Glauben an die Möglichkeit der Wahrheitsfindung und jenen an sein Werk. Für die Gesamtstruktur und -aussage ist nun allerdings von Relevanz, daß diese Passagen primär als Kontrapunkte fungieren.

Rheticus, der die Publikation von *De revolutionibus orbium mundi* betreut und in der Forschung als begeisterter Copernicusanhänger und Freund skizziert wird[169], tritt in *Dr.Copernicus* mit der Attitüde des selbstgefälligen, eitlen und gänzlich vetrauensunwürdigen Chronisten auf, der in der devoten Haltung des Heuchlers stärker auf sich und seine Leistungen als Wegbereiter einer von ihm selbst

---

[169] Vgl. Krafft, *Tat des Copernicus*, S.82f.:

Rheticus, der insgesamt drei Jahre als Freund und Schüler des Copernicus in Frauenburg weilte, berichtet darüber, wie Copernicus seine Ergebnisse immer und immer wieder an den Beobachtungsdaten prüfte ... Von Freunden, Astronomen und nicht zuletzt von an der Kalenderreform arbeitenden kirchlichen Kreisen in Rom gedrängt, vollendete Copernicus .. sein astronomisches Hauptwerk De <u>revolutionibus orbium coelestium libri VI</u> - und es wäre wohl nie zum Druck dieses Werkes gekommen, hätte sich nicht der junge Rheticus schließlich die Mühe gemacht, den Schöpfer des bis dahin nur in groben Umrissen bekannten neuen astronomischen Systems in Frauenburg, gleichsam am Rande der zivilisierten Welt, aufzusuchen, um es genauer kennen zu lernen; denn in ihm fand Copernicus erstmals seit seiner Studienzeit in Italien wieder einen ebenbürtigen Gesprächspartner, dessen jugendlicher Elan und Wissensdrang ihn aus der Zurückhaltung hervorlockte und dessen mit Copernicus' Billigung 1540 erschienener Vorbericht die allgemeinen Erwartungen noch höher geschraubt hatte.

Vgl. Hermanowski, S.131 u.141:

1539 erschien ein fünfundzwanzigjähriger Professor der Mathematik in Frauenburg und fragte auf der Domburg nach Dr.Nikolaus Kopernikus, dem Astonomen. Sein Name war Georg Joachim von Lauchen; er nannte sich nach seinem Geburtsort Feldkirch in Vorarlberg Rheticus. Er hatte von dem Nürnberger Mathematiker Johannes Schoner, der den wissenschaftlichen Nachlaß des Regiomontanus herausgegeben hatte, von der Lehre des Kopernikus erfahren. Schoner war ein entschiedener Gegner des heliozentrischen Systems gewesen, doch waren bei ihm ernste Zweifel aufgekommen. Der junge Rheticus zog es, den Knoten zu durchschlagen und sich an Ort und Stelle zu informieren ... Rheticus selbst bekannte sich zu der Theorie des Kopernikus, weil er jetzt erst das schönste Wort zu begreifen glaubte, das <u>seiner Tiefe und Wahrheit wegen dem Plato zugeschrieben wird, daß Gott stets mathematisch verfahre.</u>

skeptisch beurteilten wissenschaftlichen Revolution verweist als auf die des beneideten Copernicus, den es nun gilt, sowohl als Forscher als auch als Menschen zu demontieren.

> *Now, where was I? Ah, I have left poor Canon Nicolas petrified all night before his lectern and his bible, posing for his portrait. He was in (his) sixty-sixth year, an old man whose robes, cut for a younger, stouter self, hung about him in sombre folds like a kind of silt deposited by time. His face - teeth gone in the slack mouth, skin stretched tight on the high northern cheekbones - had already taken on that blurred, faded quality that is the first bloom of death ... Did he imagine I would not recognise him in this ridiculous pose, this stylised portrait of a scientist in his cell? ...Copernicus, the greatest astronomer of his age, so they said, was a fraud whose only desire was to save appearances ... (If) his book possessed some power, it was the power to destroy. It destroyed my faith, in God and Man - but not in the Devil. Lucifer sits at the centre of that book, smiling a familiar cold grey smile. You were evil, Koppernigk, and you filled the world with despair ... Not a mention of my name in his Book! Not a word! He would have done more for a dog ... Even in that he failed. The sky is blue, and shall be forever blue, and the earth shall blossom forever in spring, and this planet shall forever be the centre of all we know. I believe it, I think ... Are you stiring in your grave, Koppernigk? Are you writhing in cold clay?* (Banville: 1995, 163, 218, 219, 220, 218).[170]

Das Gefälle zwischen den beiden Charakteren wird auch vonseiten des Sterbenden formuliert, der seine Weggenossen noch einmal Revue passieren läßt und mit mitleidsvollem Gestus über den Jüngeren äußert:

> *Poor, foollsh Rheticus! another victim sacrficed upon the altar of decorum ... (He) should have ignored them all, Dantiscus and Giese and Osiander, he should have given his disciple the acknowledgement he deserved. What if he was a sodomite? That was not the worst crime imaginable, no worse, perhaps, than base ingratitude* (Banville: 1995, 233).[171]

Das Bild des wißbegierigen *famulus* oder gar paritätischen Kommunikationspartners wird von diesem selbst keineswegs affirmiert,

---

[170] Vgl. *Dr.Copernicus*, S.163, 218, 219, 220, 218

[171] Vgl. ebd., S.233

vielmehr vertritt Rheticus, der Epigone des geozentrischen Zeitalters, die Stimme der zeitgenössischen Neider und Kleingeister. Im Gesamtkontext wird er so zur Folie für ein Porträt des Protagonisten, dessen Selbstzweifel und Skepsis am tradierten Weltbild, dessen Verschlossenheit und Skurrilität wie seine zurückhaltende Neigung zu seiner Cousine und Haushälterin eher Facetten einer komplexen Charakterstruktur darstellen, die weder im Klischee des Opportunisten noch dem des Stubengelehrten aufgeht. Copernicus verfügt über einen Geist, der Unsicherheiten gewachsen ist, die Kraft zur Hinterfragung besitzt, allem Leichtfertigen und Platten abhold ist und einsam zu sein vermag. Daß der Erzähler gelegentlich - einem Thomas Mann oder Umberto Eco nicht unähnlich - seinen eigenen Entwurf aus der Distanz mit apollinischem Augenzwinkern zu ironisieren scheint, gehört zum Habitus der (Post-)Moderne.

Von der Folie der Rheticusfigur heben sich auch jene Termini bzw. Phänomene plastisch ab, die die wissenschaftliche und metaphysische *quest* des Copernicus vornehmlich bestimmen: *belief, truth, redemption.* Der charakterlos-amoralische Spätscholastiker Rheticus "glaubt" nicht nur an ein geozentrisches Universum, auch im Geistlichen kann er mit unglaublicher Mühelosigkeit finden, ohne je gesucht zu haben:

> *God, I believe: resurrection, redemption, the whole thing, I believe it all. Ah!* (Banville: 1995, 219).[172]

Die copernicanische Suche, der Weg, die Methode, die diese implizieren, sind anderer Natur. Ebenso differieren konsequenterweise die Ziele.

> *Er sprach eine andere Sprache als sie; er verstand seine Zeit anders. Er hatte keinen festen Grund unter den Füßen .. - er war unterwegs und das beunruhigte jene, die sich sicher glaubten,*

heißt es in Peter Härtlings Roman über den Dichter des *Hyperion* Friedrich Hölderlin (Härtling: 1993, 274).[173] Ähnliches ließe sich auch von Copernicus sagen. Nicht zuletzt verunsicherte ihn sein Unterwegssein selbst.

---

[172] Vgl. ebd., S.219

[173] Vgl. Peter Härtling, *Hölderlin.Ein Roman*, 3.Aufl., München 1993, S.274

1.3.3. *Orbitas Lumenque*

Das Eingangskapitel *Orbitas Lumenque*, das die Epoche der frühen Kindheit bis zum beginnenden sechzehnten Jahrhundert und damit zur Rückkehr von den Studien in Italien und dem ersten wissenschaftlichen Durchbruch zum heliozentrischen Weltbild beschreibt, verweist im Titel einerseits auf die platonische Ideenwelt - hier im Sinne der platonischen Schalen bzw. Lichtkugeln - und es deutet zugleich voraus auf das Hauptwerk des Copernicus, die kreisförmigen Umdrehungen der Himmelskörper. Symbolbedeutung kommt zudem dem Begriff *lumen* zu, meint es doch nicht nur Licht im physikalischen Sinn, sondern auch Klarheit, ja selbst Heil und Erlösung - also jenes Bedürfnis, jene Zielsetzung, die in dem Leitmotiv *redemption* und schließlich der *transcendent knowledge* (Banville: 1995, 227)[174] wiederkehrt.

Auf die Auseinandersetzung zwischen den nominalistischen und (den sogenannten) realistischen Konzepten und damit sowohl auf die aristotelisch-platonische wie die scholastische Tradition rekurrierend ist denn auch bereits die "Methode", in der der geistig rege kleine Nicolas beginnt, seine nächste Umgebung im Geschäftshaus Koppernigk in Thorn wahrzunehmen bzw. zu strukturieren:

> *At first it had no name. It was the thing itself, the vivid thing. It was his friend. On windy days it danced, demented, waving wild arms, or in the silence of evening drowsed and dreamed, swaying in the blue, the goldeny air ...*
> <u>*Look Nicolas, Look! See the big tree!*</u>
> *Tree. That was its name. And also: the linden. They were nice words. He had known them a long time before he knew what they meant. They did not mean themselves, they were nothing in themselves, they meant the dancing singing thing outside. In wind, in silence, at night, in the changing air, it changed and yet was changelessly the tree, the linden tree. That was strange.*
> *Everything had a name, but although every name was nothing without the thing named, the thing cared nothing for its name, had no need of a name, and was itself only. And then there were the names that signified no substantial thing ... His mother asked him who did he love the best. Love did not dance, nor tap the window with frantic fingers .. yet when she spoke that name that named nothing, some impalpable but real thing within him responded as if to a summons, as if it had heard its name spoken. That was very strange.*

---

[174] Vgl. *Dr.Copernicus*, S.227

> *He soon forgot about enigmatic matters, and learned to talk as others talked, full of conviction, unquestionably* (Banville: 1995, 3f.).[175]

Daß die Position des Knaben, hier vom Nominalismus zum Realismus vorzudringen scheint, letztlich aber dennoch ambivalent bleibt, beunruhigt weder den *narrator* noch den Rezipienten, war doch bereits die Stellung Aristoteles' zu dieser Problematik keineswegs eindeutig.

Kurze Zeit nur herrscht im Hause seiner Kindheit Harmonie, der unerwartete Tod der Eltern bringt Unordnung und ein rasches Erwachsenwerden mit sich, vor allem aber auch ein frühes Infragestellen jeglicher Geborgenheit spendenden Ordnung:

> *Life, he saw, had gone horribly awry, and nothing they had told him could explain it, none of the names they had taught him could name the cause. Even (his sister) Barbara's God withdrew, in a shocked silence* (Banville: 1995, 12).[176]

Von nun an verwaltet Uncle Lucas das Leben der Knaben:

> *"You will go to the Cathedral School .. and after that to the University of Cracow, where you will study canon law. Then you will enter the Church. I do not ask you to understand, only to obey."* (Banville: 1995, 15)[177]

Mit der Frage an die Haushälterin, was *canon law* denn zu bedeuten habe, wird er abrupt ins Gelehrtendasein entlassen. Der Erzähler versteht es, durch zusätzliche Dramatisierung des Lebenswegs, die Emotionen des Lesers zu steuern.

Aus dem unglücklichen Internatsschüler wird rasch der angehende Wissenschaftler, der die Aufmerksamkeit der intelligenteren seiner Lehrer auf sich zieht, oft unfreiwillig. Die bereits 1495 erhaltene Domherrnstelle im ermländischen Kapitel ermöglicht es ihm, Krakau zu verlassen und zu Studienzwecken in Italien zu weilen.[178] Was in Polen tastend begann, entwickelt sich in Bologna, Rom, Padua und Ferrara zu seinem Hauptinteresse: Copernicus hinter-

---

[175] Vgl. ebd., S.3f.

[176] Vgl. ebd., S.12

[177] Vgl. ebd., S.15

[178] Vgl. dazu Hermanowski, S.13

fragt die Ergebnisse der antiken, mittelalterlichen und zeitgenössischen Naturwissenschaft - ein Terminus, der erst seit der Renaissance anfängt, unsere heutige Konnotation anzunehmen. Ist er bei seinem Ptolemäus-Diskurs im Hause des Professors Brudzewski in den Worten seines eifersüchtigen Bruders noch *in der Scheisse getreppen (sic)* (Banville: 1995, 37)[179] , als er es wagt, den antiken Forscher und seine geozentrische Konzeption des Universums anzuzweifeln, so wird er wenige Jahre später in Italien aufgrund seiner Ideen bei der Wissenschaftselite bereits als Entdeckung gehandelt.

Saving the phenomena[180] galt dem orthodoxen Aristoteliker Brudzewski noch als ein felsenfestes Credo, während der junge Forscher ebendieses Phänomen nicht mehr ungebrochen zu akzeptieren vermag.

> *Astronomy was entirely sufficient unto itself: it saved the phenomena, it explained the inexistent. That was no longer enough, not for Nicolas at least. The closed system of the science must be broken, in order that it might transcend itself and its own concerns, and thus become an instrument for verifying the real rather than merely postulating the possible* (Banville: 1995, 83).[181]

Neugier und Skepsis gleichermaßen treiben den theologisch weniger ambitionierten Copernicus in seinen naturwissenschaftlichen Studien voran. Seine *quest for truth*, die Suche nach den *eternal truths of the universe, the kernel, the essence, the true* (Banville: 1995, 240, 81, 79)[182] reduziert sich jedoch nicht auf die Astronomie und Physik im heutigen Sinn, sie tangiert grundsätzlich auch den philosophischen und metaphysischen Bereich.

---

[179] Vgl. *Dr.Copernicus*, S.37

[180] Vgl. ebd., S.29, 34, 35, 36 u. 83

Vgl. dazu Krafft, *Tat des Copernicus*, S.97

[181] Vgl. *Dr.Copernicus*, S.83

Osiander sollte ebendiesen Ansatz durch seinen irreführenden Kommentar wieder zurücknehmen.

Daß auch Copernicus darauf bedacht blieb, innerhalb seiner Theorien "die Phänomene zu retten", wird später noch Johannes Kepler irritieren und zu neuen Resultaten führen.

[182] Vgl. ebd., S.240, 81 u.79

Kepler, bei seiner Ankunft in Benatek von Tycho Brahe nach seiner Philosophie befragt, fällt die Antwort leichter[183] als dem von
Novara bedrängten Copernicus:

> *"Do you believe, Herr Koppernigk?" he asked suddenly.*
> *"I do not know what I believe, <u>maestro</u>."*
> *"Ah."*
> Nicolas had already heard of the strange aetherial philosophy of
> this Thrice-Great Hermes, Trismegistus the Egyptian, wherein the
> universe is conceived as a vast grid of dependencies and
> sympathetic action controlled by the seven planets, or Seven
> Governors as Trismegistus called them. It was altogether too raddled
> with cabalistic obscurities for Nicolas' sceptical northern soul, yet he
> found deeply and mysteriously moving the gnostic's dreadful need to
> discern in the chaos of the world a redemptive universal unity.
> "The link that bound all things was broken by the will of God,"
> Novara cried. "That is what is meant by the fall from grace. Only after
> death shall we be united with the All, when the body dissolves into
> the four base elements of which it is made, and the spiritual man, the
> soul free and ablaze, ascends through the seven crystal spheres of
> the firmament, shedding at each stage a part of his mortal nature,
> until, shorn of all earthly evil, he shall find redemption in the
> Empyrean and be united there with the world soul that is everywhere
> and everything and eternal!" He fixed on Nicolas his burning gaze. "Is
> this not what you yourself have been saying, however differently you
> say it, however different your terms? Ah yes, my friend, yes, I think
> you do believe!" Nicolas smiled nervously and turned away, alarmed
> by this man's sudden tentacled intensity. It was mad, all mad! yet
> when he imagined that fiery soul flying upward, aching upward into
> light, a nameless elation filled him, and that word glowed in his head
> like a talisman, that greatest of all words: <u>redemption</u>.
> "I believe in mathematics," he muttered, "nothing more." (Banville:
> 1995, 55f.)[184]

Endgültig relativiert wird Novaras Credo am Ende des Buches von
der Warte des Sterbenden aus, der einen imaginierten Dialog mit
seinem hier als *alter ego* fungierenden Bruder führt und weder von
dessen quasi nihilistisch-materialistischer noch der antithetischen

---

[183] Vgl. *Kepler*, S.7

[184] Vgl. *Dr.Copernicus*, S.55f.

Vgl. dazu Krafft, *Die Stellung des Menschen ...*, S.152f.

Position des Gelehrten "erlöst" werden kann, vielmehr seinen Weg jenseits dieses Diskurses finden muß.

Nebenbei nur wird seine berufliche Karriere erwähnt - wobei die biographischen Daten recht locker gehandhabt werden: der Erwerb des *magister artium* in Bologna, der Erhalt der Domherrnstelle, die Studien in Padua, die Promotion in kanonischem Recht in Ferrara, seine Rückkehr ins Ermland als persönlicher Sekretär und Leibarzt seines Onkels am bischöflichen Hof in Heilsberg, bevor er um 1511 schließlich die Frauenburger Domherrnstelle tatsächlich antritt. Signifikanter für die Copernicusfiktion ist seine charakterliche Bildung, signifikanter ist die allmähliche Konstituierung eines Existenzentwurfs.

Als *haunted genius* lebenslang verfolgt von *ghostly voices* (Banville: 1995, 86) [185], *the ineffable thing* (Banville: 1995, 89[186], *(the) waterborne brute, menacing and ineluctable* (Banville: 1995, 110)[187], *the world's worst* (Banville: 1995, 86)[188], bleibt er dennoch unbestechlich, meidet er - ganz im Kontrast zu Rheticus und Osiander - jede Form falscher Popularität und geistigen Exhibitionismus', verharrt er, wenn auch innerlich kämpfend, in der von Girolamo Fracastoro schon früh konstatierten *enviable immunity*[189]. Daher haben Novara und seine Freunde auch keine Chance, ihn für ihre konspirativen Zwecke zu gewinnen und sich seiner "blasphemischen Theorie" als Instrument ihrer revolutionären Pläne -

> *"(We) seek, sir, firstly union between our city state and Rome, and beyond that, a Europe united under papal rule. A new, strong and united Holy Roman Empire ... We seek, yes, a Europe united, but only under a Pope of our making. His Holiness Alexander will not do ..."* (Banville: 1995, 58)[190] -

zu bedienen. *Nicolas went no more to Novara's house, and stayed away from his lectures. By Christmastide he had left Bologna forever*

---

[185] Vgl. *Dr.Copernicus*, S.86

[186] Vgl. ebd., S.89

[187] Vgl. ebd., S.110 sowie S.89 u.155

[188] Vgl. ebd., S.89

[189] Vgl. ebd., S.63

[190] Vgl. ebd., S.58

(Banville: 1995, 60)[191] kommentiert der Erzähler lakonisch die sou-
veräne Reaktion des Siebenundzwanzigjährigen.
Lange involvieren läßt er sich allerdings auch nicht in persönlich-
emotionale Beziehungen. Nur vorübergehend fesselt ihn der vor seinem Tod noch einmal evozierte Geistphilosoph und Syphillisforscher
Fracastoro, lockt ihn das nie gekannte Glück.

> *Yes, yes, he was happy!*
> *But happiness was an inadequate word for the transformation that*
> *he underwent that summer - for it was no less than a transformation.*
> *His heart thawed. A great soft inexpressible something swelled within*
> *him, and there were moments when he felt that this rapture must*
> *burst forth, that his cloak would fly open to reveal a huge grotesque*
> *foolish gaudy flower sprouting comically from his breast. It was*
> *ridiculous, but that was all right; he dared to be ridiculous ...*
> *Yet behind all this fine frenzy there was the fear that it could*
> *destroy him, for surely it was a kind of sickness* (Banville: 1995,
> 70f.).[192]

Vorübergehend wird die Villa des *bonvivant* zum Refugium, doch
der in seinem Stolz verletzte freigehaltene Kaufmannssohn wird immer schroffer und flieht schließlich mit der Beute seiner wissenschaftlichen Erkenntnis zurück ins nüchterne, kühle Preußen, um
seiner Vision Gestalt zu verleihen.

> *(The) Sun, and not Earth, is at the centre of the world, and .. the*
> *world is far more vast than Ptolemy or anyone else had imagined ...*
> *The verification of the theory, he knew, would take weeks, months,*
> *years perhaps, to complete, but that was nothing, that was mere*
> *hackwork. What mattered was not the propositions, but the*
> *combining of them: the act of creation ... It was the thing itself, the*
> *vivid thing* (Banville: 1995, 84f.)[193] -

---

[191] Vgl. ebd., S.60

[192] Vgl. ebd., S.70f.

[193] Vgl. ebd., S.84f.

Vgl. dazu Krafft, *Tat des Copernicus,* S.105:

Giordano Bruno sah die Fixsterne dann als leuchtende Zentren von Planetensy-
stemen, als unzählige über das unendliche All verteilte Sonnen an; und der Fas-
zination einer Vielheit von bewohnten Welten vermochte sich daraufhin insbe-
sondere im 17. und 18. Jahrhundert kein Gelehrter oder Laie zu entziehen - zu-
mal auch das seit Galilei auf den Himmel gerichtete Fernrohr vorerst keine Ent-

etwas großartiger noch als jenes erste so bezeichnete Objekt und Sinnerlebnis, *the linden tree.*

---

scheidung darüber zuließ, ob die Wahrnehmung der dadurch neu erscheinenden Fixsterne auf seiner teleskopischen oder mikroskopischen Wirkung beruhte.

1.3.4. *Magister Ludi*

Gleichsam als Kristallisationspunkt der Mißgunst und des Spottes ignoranter und neidischer Zeitgenossen eines in den Sphären von Kirche, Politik und Wissenschaft immer einflußreicheren Gelehrten stellt der *narrator* im zweiten Kapitel die künstlerischen Anstrengungen des *magister ludi* dar, die der mit Copernicus befreundete Domherr Tiedemann Giese dem Bischof von Kulm, Johannes Dantiscus in einem Brief im September 1537 mit den Worten charakterisiert:

> *Doctor Copernicus is an old man now, & in ill-health. He does not sleep well, & is plagued by hallucinations: sometimes he speaks of dark figures that hide in the corners of his room. All this indicates how he feels himself threatened & mocked by a hostile world. Your Rev.Lordship's generous praise for his great work (which even he refuses to publish, for fear of what reaction it may provoke!)[194] is not universally echoed: not long ago, the Lutheran Rector of the Latin School at Elbing, one Ludimagister Gnapheus, ridiculed the master's astronomical ideas (or those debased versions of them that this Gnapheus in his ignorance understands) in his so-called comedy, Morosophus, or The Wise Fool, which was performed publicly in that city as a carnival farce. (However, in this respect, as the Rev.Doctor himself remarked, Master Gnapheus has obviously never heard of the divine Cusan's great work, De docta ignorantia, or he would have seen the irony of choosing for his scurrilous farce the title that he did!) (Banville: 1995, 150f.).[195]*

---

[194] Vgl. dazu Krafft, *Tat des Copernicus,*S.82:

Die lange Zeit der Ausarbeitung oder das lange Zögern des Copernicus lassen sich nun keinesfalls mit einer Furcht vor der kritischen Aufnahme und Ablehnung durch die römische Kirche begründen - im Gegenteil, gerade die an einer Kalenderreform interessierten kirchlichen Kreise hatten am stärksten auf eine Veröffentlichung gedrängt: 1533 hatte Papst Klemens VII sich die Grundzüge des copernicanischen Systems von seinem Sekretär vortragen lassen, 1536 hatte der Kardinal und Erzbischof von Capua dringend eine Abschrift des im Commentariolus angekündigten grundlegenden Werkes angefordert, und Papst Paul II willigte ein, daß ihm dieses gewidmet wurde. Sein Inhalt war ihm bekannt; denn Rheticus hatte bereits 1540 einen ausführlichen Vorbericht (Narratio prima de libris revolutionum Copernici) in Form eines offenen Briefes veröffentlicht. Die Kritik der Kirche setzte dann auch erst mehr als 50 Jahre später ein, als man sich allmählich der Konsequenzen aus der Annahme eines heliozentrischen Weltbildes bewußt wurde. - Die Gründe für die späte Veröffentlichung liegen vielmehr einmal in der Gewissenhaftigkeit des Autors .. und zum anderen in der wenigen Muße, die ihm die verantwortliche Ausübung seines Amtes .. ließ.

[195] Vgl. *Dr.Copernicus*, S.150f.

Der Copernicusbiograph Hermanowski weiß darüberhinaus zu berichten:

> *Heimlich schrieb er einen Brief an .. Martin Luther .. "Gnapheus hat es dem 'Narren' Kopernikus heimgezahlt!", und einen zweiten Brief an .. Phillip Melanchthon .. "Also: Oculi sunt testes!"*
>
> *War nicht Luther .. gegen den "neuen Astronomen" aufgebraust, der in seinen Schriften beweisen wollte, daß die Erde "bewegt werde und umgehe", nicht der Himmel oder das Firmament, Sonne und Mond?*
>
> *"Der Narr will die ganze Astronomie umkehren", hatte er im Zorn ausgerufen! "Aber wie die Heilige Schrift anzeigt, so hieß Josua die Sonne stillstehen und nicht das Erdreich!"*
>
> *Der kleine holländische Josua im fernen Elbing triumphierte 1531 über das größte Genie seiner Zeit. Er triumphierte zehn Jahre lang, bis Bischof Johannes Dantiscus, fürwahr kein großer Freund des Kopernikus, dem Lateinpauker den Garaus machte ...* (Hermanowski: 1976, 116).[196]

Der *Commentariolus* kursiert in handschriftlichen Kopien unter befreundeten Wissenschaftlern. Zunächst an der Seite seines On-

---

Vgl. dazu Hermanowski, S.114f.:

Im Namen der reinen Vernunft trat ein Schulmeisterlein auf den Plan, das sich Humanist nannte: Wilhelm Gnapheus trat wider Nikolaus Kopernikus auf. Ein Holländer, der zum Luthertum übergetreten war und den die Inquisition in Delft gestellt und für zwei Jahre im Haag interniert hatte. Ein Mäuschen, das bei Nacht und Nebel durch die Maschen der Falle über die grüne Grenze ins Rheinland entwischt war ... Was tun, fragte er sich. Man hatte ihm erzählt, daß Nikolaus Kopernikus, ein Frauenburger Domherr - ein Ketzer also, ein Trabant des Teufels! - sich, nun, so lange war das noch gar nicht her, mit aller Schärfe gegen die Münzhoheit der westpreußischen Städte ausgesprochen hatte. Was kümmerte der Sterngucker sich um die Münze? Wollte er bares Geld aus seiner Himmelsguckerei schlagen? Nein, er wollte bestimmt die freizügige Stadt Elbing vor den Ruin bringen! Rache für die Abfuhr üben, die sein Onkel Watzenrode, ein ermländischer Bischof, von der Stadt erfahren hatte, als er ihr allerlei seltsame Vorschläge machte, sie ins Unglück stürzen wollte, ihr eine Universität aufzuschwätzen versuchte ...! Da kam man bei diesem Besserwisser .. diesem kleinen Voltaire .. gerade an die richtige Adresse! ... Griff er zum Federkiel .. und schrieb er die Posse <u>Der Sterngucker von Frauenburg</u>? Gleich, wer sie schrieb .. zur Fastnacht 1531 wurde sie von Lateinschülern aufgeführt ...

[196] Vgl. ebd., S.116

Diese anekdotischen Ausführungen beinhalten trotz ihres teils flapsigen Stils interessante Ergänzungen.

kels und nach dessen Tod, u.a. in seiner Funktion als Landpropst, Statthalter und Kommissar für Ermland[197] beweist Copernicus in den politischen Auseinandersetzungen zwischen Polen und Preußen, die 1525 zum Krakauer Vertrag führen, in dem Preußen ein evangelisches Herzogtum wird, sein politisches Talent und - speziell in bezug auf die geforderte Münzreform, wo er für Wirtschafts- und Münzeinheit im Königreich und im Königlichen Preußen, im Herzogtum und im Bistum sowie bei den Städten plädiert - seinen ökonomischen Weitblick. Der *Commentariolus* weckt Hoffnungen auf eine baldige Kalenderreform -

> *Julius II himself, it was said, had expressed an interest ... Thus, anyway, it can be seen that, however unwillingly, he had become a public man (Banville: 1995, 115 und 131).*[198]

All dies schützt Copernicus nicht vor Selbst - und Glaubenszweifeln:

> *Suddenly one day God abandoned him. Or perhaps it had happened long before, and he was only realising it now. The crisis came unbidden, for he had never questioned his faith, and he felt like the bystander, stopped idly to watch a brawl, who is suddenly struck down by a terrible stray blow. And yet it could not really be called a crisis. There was no great tumult of the soul, no pain. The thing was distinguished by a lack of feeling, a numbness. And it was strange: his faith in the Church did not waver, only his faith in God. The Mass, transsubstantiation, the forgiveness of sin, the virgin birth, the vivid truth of all that he did not for a moment doubt, but behind it, behind the ritual, there was for him now only a silent white void that was everywhere and everything and eternal ...*

---

[197] Vgl. Krafft, *Tat des Copernicus*, S.82:

(Im) sog. Reiterkrieg war er zudem mehrere Jahre Kommandant der Festungsstadt Allenstein und 1516 bis 1519 und in den Jahren 1520 und 1521 Statthalter der dortigen Besitzungen des Domkapitels. Er hatte sich um die Neubesiedlung der verlassenen und verwüsteten Dörfer zu kümmern und bemühte sich um eine Reform des preußischen Münzwesens, das während der Wirren in Unordnung geraten war. Während der Friedensverhandlungen war er "Kommissar für Ermland" und 1523 Generaladministrator zur interimistischen Verwaltung des Bistums. Neben zahlreichen weiteren Ämtern und diplomatischen Missionen stellte er sein Leben weiterhin in den Dienst der Kranken; noch in hohem Alter wurde er auch weit ins Land hinein, insbesondere an den bischöflichen Hof, als erfolgreicher Arzt gerufen.

[198] Vgl. *Dr.Copernicus*, S.115 u.131

He ceased to believe also in his book. For a while, in Cracow, in Italy, he had succeeded in convincing himself that (what was it?) the physical world was amenable to physical investigation, that the principal thing could be deduced, that the thing itself could be said. That faith too had collapsed ... He had believed it possible to say the truth; now he saw that all that could be said was the saying. His book was not about the world, but about itself (Banville: 1995, 115f.).[199]

Peu à peu wird der solchermaßen seine *quest* Thematisierende in *Magister Ludi* zu dem von Verzweiflung, Panik und Ambition getriebenen *haunted genius*, der als Hauptakteur auf die Bühne dieses frühneuzeitlichen Theaters paßt, das gerade im zweiten Kapitel mit Elementen der *gothic novel* und des Abenteuerromans[200] sowie mit Eco- und Wildeanspielungen nicht eben sparsam umgeht.

Ästhetisch gelungener wäre es freilich, wenn Diktion und Duktus weniger spektakulär ausfielen - denn um die Absicht der Dramatisierung handelt es sich, wenn der Arzt zum Wunderheiler avanciert, der lediglich im Falle eines geschlechtskranken Mädchens passen muß, wenn der Fracastorointimus die Auswirkungen der Promiskuität am körperlichen und geistigen Verfall seines syphilliskranken Bruders studiert und zur Zeit äußerer Bedrängnis simultan vom Tod der Geschwister Barbara und Andreas erfährt und schließlich selbst permanent von Geistern und Dämonen heimgesucht wird.[201]

Der Verdacht, den das plötzliche Auftauchen der Cousine Anna Schillings suggeriert, fügt sich am Ende beinahe nahtlos in die Atmosphäre und den Tenor der Ludimagister-Farce, die zu imitieren freilich kaum die Intention des Erzählers gewesen sein dürfte, der um den Anschein des Spielerischen aufrechtzuerhalten, vielleicht etwas mehr Distanz zu diesem Genre hätte wahren sollen.

---

[199] Vgl. ebd., S.115f.

[200] Vgl. zu diesem Aspekt beispielsweise die Beschreibung der Deutschen Ritter, S.129

[201] Vgl. u.a. ebd., S.155:

Waterborne he comes, at dead of night, sliding sleek on the river's gleaming back, snout lifted, sniffing, under the drawbridge, the portcullis, past the drowsing sentry. Brief scrabble of claws on the slimed steps below the wall, brief glint of a bared tooth. In the darkness for an instant an intimation of agony and anguish, and the night flinches. Now he scales the wall, creeps under the window, grinning. In the shadow of the tower he squats, wrapt in a black cloack, waiting for dawn. Comes the knocking, the pinched voice, the sly light step on the stair, and how is it that I alone can hear the water ?

1.3.5. *Magnum Miraculum*

Ästhetisch stimmiger ist demgegenüber das kurze Schlußkapitel *Magnum Miraculum*, das in einer geschickten Mischung tradierter und moderner Medien das Sterben des Protagonisten wiedergibt. Allegorien des Todes durchdringen allmählich das Wach- oder Diesseitsbewußtsein des Copernicus, der - partiell "enthoben" - erdverbunden genug bleibt, ein letztes Resümee seines Lebens und Wirkens zu ziehen.

Von einem Schlaganfall halbseitig gelähmt, begibt er sich auf seine "letzten Wanderschaften".

> *Then had begun his final wanderings. It was into the past that he had travelled, for there was nowhere else to go. He was dying* (Banville: 1995, 223).[202]

Phasen physischer und mentaler Qual alternieren mit solchen nie gekannter geistiger Klarheit, in denen ersteren kathartische Qualität zugesprochen wird - seinem angstvoll suchenden Bewußtsein angemessen, durchwegs in Frageform.

> *And was this the explanation for the prolonging of his agony, because it was not the death agony at all, but a manner of purification, a ritual suffering to be endured before his initiation into transcendent knowledge?...*
> *Was redemption still possible, then, even in this extremity?* (Banville: 1995, 227f.).[203]

Epiphanien gleich erscheinen vor seinem inneren Auge noch einmal jene Wesen und Orte, die ihn am nachhaltigsten prägten und seine Lebensstationen markieren: der geliebte *linden tree* der Kindheit ebenso wie die *gaudy homunculi* (Banville: 1995, 228)[204], die zu komischen Karikaturen geschrumpften Lehrer und Bekannten aus seiner Krakauer Zeit und danach. Immer mysteriöser werden seine Erfahrungen, immer schwieriger die Transformation in Worte, immer gewagter der Erzählduktus.

---

[202] Ebd., S.223

[203] Ebd., S.227 u.228

[204] Vgl. ebd., 228

And then he was once again upon that darkling shore, with the
sea at his back and before him the at once mysterious and familiar
land. There too was the cruel god, leading him away from the sea to
where the others awaited him, the many others, the all. He could see
nothing, yet he knew these things, knew also that the land into which
he was descending now was at once all the lands he had known in
his life, all! all the towns and the cities, the plains and woods, Prussia
and Poland and Italy, Torun, Cracow, Padua and Bologna and
Ferrara. And the god also, turning upon him full his great glazed
stone face, was many into one, was Caspar Sturm, was Novara and
Brudzewski, was Girolamo, was more, was his father and his mother,
and their mothers and fathers, was the uncountable millions, and was
also that other, that ineluctable other (Banville: 1995, 228f.).[205]

Mit dem (realen) Auftreten von Andreas Osiander knüpft der
narrator zum einen an das terminologische Spiel des dritten Kapitels
an, wenn er den Herausgeber des copernicanischen Werks das
mundi des Titels durch *coelestium* ersetzen läßt. War es Osianders
Intention, das nur Hypothetische der copernicanischen Studien zu
betonen und den revolutionären Gehalt derselben dadurch zu nivellieren, so erhält der Begriff im Kontext der eben zitierten Passagen
und in Relation auf das zentrale Bewußtsein des Protagonisten eine
andere Konnotation: die irdischen Sphären zu sprengen, ist Ziel von
dessen letzter *quest* - sein Desinteresse am eigenen Opus bestätigt
dies nur.

Zum anderen evoziert diese Gestalt jene letzte, jene gleichna-
mige, mit der es sich auseinanderzusetzen gilt und die sich nun eindeutig zur Facette der eigenen *mind* generiert: das *alter ego*
Andreas, den toten Bruder. Als Versucher und Verräter, als Provoka-
teur, als Racheengel tritt er auf und führt den entscheidenden Diskurs über Sinn und Ziel seiner *quest* mit ihm. Sich selbst als *angel of*
redemption (Banville: 1995, 237 und 241)[206] bezeichnend, fungiert
er in diesem pseudoplatonischen Streitgespräch zunächst als mephi-
stophelischer Verneiner. "Verneint" wird durch seinen "Verrat" nicht
nur Copernicus' Lebenswerk, negiert wird durch ihn Bedeutung und
Zweck seiner ganzen wissenschaftlichen und metaphysischen Suche, annulliert wird die Tragfähigkeit jeglicher philosophischen Antwort, jeglichen Glaubens, der angesichts seiner Lebensauffassung
obsolet geworden zu sein scheint.

---

[205] Vgl. ebd., S.228f.

[206] Vgl. ebd., S.237 u.241

Was anfangs absurd klingt, wird gegen Ende immer nachvollziehbarer: als das zu Transzendierende kommt dem Antipoden tatsächlich Erlöserqualität zu, Copernicus' *mind* ist auf dem Weg, auch diesen Diskurs zu überwinden, indem er die Bedingtheit seiner Lösungen erkennt, sein scheinbar *interesseloses Wohlgefallen* an der
Wissenschaft genauso hinterfragt wie die historisch überholten Antworten des ausgehenden Mittelalters[207] und ohne jenes
"transzendente Wissen" verbalisieren zu können, in Sphären entrückt, die jenseits von (Novaras) Empyreum angesiedelt sind. Daß
das Bruderverhältnis auch reziprok "gelesen" werden kann, zeigen
jene Passagen der letzten zwei Seiten, wo Andreas Nicolas erklärt,
er habe mit sich selbst gesprochen - seine Positionen selbst reflektiert, seine vorläufigen Antworten selbst kritisiert -, und der Erzähler
Andreas zum letzten Mal porträtiert: *And so saying he smiled once
more, a last time, and lifted up his delicate exquisite face...* (Banville:
1995, 241).[208] War es Nicolas' Aufgabe, das ehemals zerstörte Gesicht zu "heilen", zu "erlösen"?[209]

Das vierte Kapitel, das lyrischste - und schwierigste - von allen, ist
überzeugend auf ästhetischer und ideologischer Ebene (und mag
manchen Leser im nachhinein selbst mit *Cantus Mundi* versöhnen).

*And so saying he smiled once more, a last time, and lifted up his
delicate exquisite face and turned, to the window and the light, as if
listening to something immensely far and faint, a music out of earth
and air, water and fire, that was everywhere, and everything, and
eternal, and Nicolas, straining to catch that melody, heard the voices
of evening rising to meet him from without: the herdsman's call, the
cries of children at play, the rumbling of the carts returning from mar-
ket; and there were other voices too, of churchbells gravely tolling the
hour, of dogs that barked afar, of the sea, of the earth itself, turning in
its course, and of the wind, out of huge blue air, sighing in the leaves*

---

[207] Vgl. ebd., S.241 u.55f.

[208] Vgl. ebd., S.241

[209] Imhofs Ausführungen zum Motiv der *redemption* sind etwas zu kurz gegriffen,
setzt er den Terminus doch letztendlich mit *acceptance* gleich, um schließlich zu
behaupten:

*At last he has managed to discern the thing itself; and in the end, it is the world ... in
short, all that he did not want to sell his soul to which calls him away ... A similar
notion of the power of redemption will occur in* The Newton Letter ...

of the linden. All called and called to him, and called, calling him away (Banville: 1995, 241f.).[210]

---

[210] Vgl. ebd., S.241f.

1.3.6. Exkurs

An dieser Stelle sei ein kurzer Exkurs in die gegenwärtige theologisch-naturwissenschaftliche Diskussion gestattet. *Sacred Realms: God's Expanding Universe* lautet die Überschrift eines Artikels der Newsweek vom 19.August 1996. Der Untertitel formuliert Anlaß und Problematik desselben: *The Mars discovery excites religious thinkers.* Der Autor Kenneth Woodward stellt darin u.a. fest:

> *Copernicus, Galileo, Darwin: the history of science is studded with discoveries that have made theologians rethink what the Scripture says about the creation of the universe. The evidence introduced last week that microbes may well have existed on Mars, more than 4 million years ago, hardly disturbed the universe of faith. But it did excite the imagination, especially of scientists who are also religious believers ...*
>
> *There is, in fact, still no evidence to suggest that humankind is not alone among billions of galaxies. But to an astronomer like David Slavsky, dean of science and mathematics at Loyola University in Chicago, and a religious Jew, the message from Mars offers profound intellectual reassurance. "It tells us that the laws of physics and chemistry are not limited to Earth alone," he says."I find it intellectually and spiritually uplifting to have evidence that these laws apply throughout the universe. It would be plain pre-Copernican to believe that life cannot occur anywhere else."*
>
> *If the laws of life are uniform throughout the universe, what about the laws of God?...*
>
> *The Gospel of John, in particular, presents Jesus as the Word of God who existed at the beginning of time - and, therefore, presumably of space as well. "It may be that God became incarnate in other forms elsewhere in the universe," suggests Jesuit Consulmagno ...*
>
> *Perhaps the Lord's reproving words to Job, his protesting faithful servant, will still inspire awe. "Where were you when I laid the foundations? Tell me, if you understand."*[211]

---

[211] Vgl. *Newsweek August 19,1996*, S.46

1.4. *Kepler*

1.4.1. Motto aus R.M.Rilkes *Duineser Elegien*

Wir sind von gestern her und wissen nichts (Hiob 8,9) - so lautet
das Motto, das der Naturwissenschaftler F.Bettex dem Eingangskapitel *Unbekannte Welten* seiner 1909 erschienenen wissenschaft-
lich-theologischen Abhandlung *Zweifel* [212], in dem er sein jenseits
aller Erklärbarkeit ständig wachsendes Staunen gegenüber den
"Wundern" der Natur artikuliert, voranstellt. Ebendieses Staunen begleitet die Entdeckungen Keplers in Banvilles fiktionalisierter Biographie des Mathematikers und Astronomen. Den *Duineser Elegien*
R.M.Rilkes sind das Motto und gleichsam der Tenor des Oeuvres
entliehen: *Preise dem Engel die Welt ...* In der *Neunten Elegie* geht
es um den Auftrag des Sagens der Dinge (Rilke: 1977, 38ff.).[213]

Und so drängen wir uns und wollen es leisten,
wollens enthalten in unsern einfachen Händen,
im überfüllteren Blick und im sprachlosen Herzen.
Wollen es werden. - Wem es geben? Am liebsten
alles behalten für immer ... Ach, in den andern Bezug,
wehe, was nimmt man hinüber? Nicht das Anschaun, das hier
langsam erlernte, und kein hier Ereignetes. Keins.
Also die Schmerzen. Also vor allem das Schwersein,
also der Liebe lange Erfahrung, - also
lauter Unsägliches. Aber später,
unter den Sternen, was solls: die *sind* besser *unsäglich.*
Bringt doch der Wanderer auch vom Hange des Bergrands
nicht eine Hand voll Erde ins Tal, die Allen unsägliche, sondern
ein erworbenes Wort, reines, den gelben und blaun
Enzian. Sind wir vielleicht hier, *um zu sagen: Haus,*
Brücke, Brunnen, Tor, Krug, Obstbaum, Fenster, -
höchstens: Säule, Turm ... aber zu sagen, *verstehs,*
oh zu sagen so, *wie selber die Dinge niemals*
innig meinten zu sein ...
...
Hier ist des Säglichen *Zeit,* hier *seine Heimat.*
Sprich und bekenn ...

---

[212] F.Bettex, *Zweifel* ,Stuttgart 1909

[213] Vgl. Rilke..., S.38f. u.40

...
Preise dem Engel die Welt, nicht die unsägliche, <u>ihm</u>
kannst du nicht großtun mit herrlich Erfühltem; im Weltall,
wo er fühlender fühlt, bist du ein Neuling. Drum zeig
ihm das Einfache, das, von Geschlecht zu Geschlechtern
gestaltet,
als ein Unsriges lebt, neben der Hand und im Blick.
Sag ihm die Dinge. Er wird staunender stehn; wie du standest
bei dem Seiler in Rom. oder beim Töpfer am Nil.
Zeig ihm, wie glücklich ein Ding sein kann, wie schuldlos und
unser,
wie selbst das klagende Lied rein zur Gestalt sich entschließt,
dient als ein Ding, oder stirbt in ein Ding -, und jenseits
selig der Geige entsteht. - Und diese, von Hingang
lebenden Dinge verstehn, daß du sie rühmst; vergänglich,
traun sie ein Rettendes uns, den Vergänglichsten, zu.
Wollen, wir sollen sie ganz im unsichtbarn Herzen verwandeln
in - o unendlich - in uns! Wer wir am Ende auch seien.

Erde, ist es nicht dies, was du willst: <u>unsichtbar</u>
in uns entstehn? - Ist es dein Traum nicht,
einmal unsichtbar zu sein? - Erde! unsichtbar!
Was, wenn Verwandlung nicht, ist dein drängender Auftrag?
Erde, du liebe, ich will. Oh glaub, es bedürfte
nicht deiner Frühlinge mehr, mich dir zu gewinnen - <u>einer,</u>
ach, ein einziger ist schon dem Blute zu viel.
Namenlos bin ich zu dir entschlossen, von weit her.
Immer warst du im Recht, und dein heiliger Einfall
ist der vertrauliche Tod.

Ist die existentielle Situation bestenfalls *voll Hinweg* (Rilke: 1977, 34)[214] zu einer zu "leistenden" Ganzheit, stets nur *gegenüber* (Rilke: 1977, 36)[215], gekennzeichnet von "verstelltem", "umgedrehtem" Bewußtsein[216], so repräsentiert hingegen der Engel den reinen Bezug

---

[214] Vgl. ebd., S.34:

Glaub <u>nicht,</u> daß ich werbe.
Engel, und würb ich dich auch! Du kommst nicht. Denn mein
Anruf ist immer voll Hinweg ...

[215] Vgl. ebd., S.36:

Dieses heißt Schicksal: gegenüber sein
und nichts als das und immer gegenüber.

[216] Vgl. ebd., S.35 u. 37:

jenseits aller irdischen Bezogenheit, die Ganzheit jenseits aller Zer-
rissenheit[217], die Dauer jenseits aller Vergänglichkeit, mithin die
Utopie (ewigen) Seins. Die Kinder, Liebenden, jungen Toten tragen
noch die Ahnung jener Vollkommenheit in sich, sind weniger
"verstellt", doch sind auch sie zur Vermittlung zwischen dem *Heiligen
und uns* (Schulz: 1985, 358)[218] untauglich.

Lediglich der Künstler, der Dichter kann diese Aufgabe erfüllen,
kann - hierin der romantischen Konzeption desselben als *priest* oder
prophet nicht unähnlich - vermitteln, kann verwandeln.

Bedeutet dies zunächst die Wende zu den Dingen, zum Hier, zum
Irdischen, so andererseits die Transformation zum, die Verwandlung
ins Unsichtbare. Ersteres impliziert die bewußte Akzeptanz von Negativität, Ausweglosigkeit, Schmerz und Tod[219] - und im Medium der
Elegie, der Klage findet diese ihre adäquateste Ausdrucksform -,
letzteres verweist auf die Sphäre der Innerlichkeit, die Rilke als
"Weltinnenraum" bezeichnet, jenen Ort, an dem die Dialektik von
Welt und Ich, innen und außen (im Hegelschen Sinne) aufgehoben
ist.

---

*...Nur unsre Augen sind
wie umgekehrt ...*
...
*Wer hat uns also umgedreht, daß wir,
was wir auch tun, in jener Haltung sind
von einem,.welcher fortgeht? ...*

[217] Vgl. ebd., S.13:
*...Aber Lebendige machen
alle den Fehler, daß sie zu stark unterscheiden.
Engel (sagt man) wüßten oft nicht, ob sie unter
Lebenden gehn oder Toten...*

[218] Vgl. Walter Schulz..., S.358:
*Heidegger hat seinem Aufsatz über Rilke den Titel gegeben: "Wozu Dichter?" Er
greift auf Hölderlins Frage in "Brod und Wein" zurück: "Wozu Dichter in dürftiger
Zeit?". Heidegger bringt Rilke in die Nähe zu Hölderlin, weil auch Rilke ein Dichter
des Dichters ist und als solcher die Aufgabe des Dichtens in seinem Gedicht zur
Sprache bringt. Dichter sind, so Heidegger, Vermittler zwischen dem Heiligen und
uns. Sie stiften Welt, indem das Sein, das zur Sprache kommt, durch sie zur
Sprache gebracht wird ... Aber Heidegger verkennt Rilkes Wende zum
"Diesseits".*

[219] Existentialistische und (undogmatisch) christliche Ansätze sind hier kaum diffe-
renzierbar.

Nirgends, Geliebte, wird Welt sein, als innen ... (Die Dinge) wollen,
wir sollen sie ganz im unsichtbarn Herzen verwandeln in - o unend-
lich - in uns! (Rilke: 1977, 33 und 40)[220].

Wenn Walter Schulz diesen Weltinnenraum mit der Sphäre der
Kunst in eins setzt, so ist dies nur bedingt zutreffend, da derselbe
sich eben dort manifestiert. So etwa spiegeln die *Elegien* den Weltinnenraum des Poeten, ob dieser darin aufgeht, ist jedoch keine
notwendige Konsequenz (Schulz: 1985, 363):[221]

> *Die Verwandlung vermag unsere Weltgebundenheit nicht aufzu-*
> *heben, aber sie versetzt uns in den* Weltinnenraum, *das heißt, in die*
> *Sphäre der* Kunst. *Hier allein ist uns ein Offensein möglich, denn der*
> *Herzinnenraum ist reiner Bezug, er ist über die Aufgabe der Ausein-*
> *andersetzung, die zum gegenständlichen Vorstellen gehört, hinaus.*
> *Im Herzinnenraum ist alles zur Einheit versammelt. Es erinnert an*
> *Augustin, wenn Rilke schreibt: "So ausgedehnt das einfache 'Außen'*
> *ist, es verträgt mit allen seinen siderischen Distanzen kaum einen*
> *Vergleich mit den Dimensionen, mit der Tiefendimension unseres In-*
> *neren, das nicht einmal die Geräumigkeit des Weltalls nötig hat, um*
> *in sich fast unabsehbar zu sein." Aber von Augustins Bestimmung der*
> *Memoria ist dieser Innenraum doch unterschieden; er verweist nicht*
> *auf Gott, der das Innere noch übersteigt, er ist, insofern er die ganze*
> *Präsenz der Welt umfaßt, an ihm selbst "weltliches Dasein". Dies zu*
> *zeigen aber ist die eigentliche Aufgabe des Dichters*

Ob sich die Mission des Dichters, der mit der Engelsutopie Transzendenz herbeisehnt, innerhalb dieser immanenten Bezüge tatsächlich erschöpft, ist fraglich. Vielmehr scheint doch der Akzent auf dem
Hinweischarakter, dem Vorläufigen des künstlerischen Schaffens zu
liegen, das "noch in der Mitte" zum reinen Bezug, zur Offenheit
strebt.

---

[220] Vgl. Rilke..., S.33 u.40

[221] Vgl. Schulz..., S.363

1.4.2. Aspekt der Selbstreferentialität

Kepler ist Wissenschaftler, Autor naturwissenschaftlicher Literatur, die nicht selten - wie in seiner großen Harmonievision am Vorabend des Dreißigjährigen Kriegs, *Harmonice Mundi* - mit mystischem Gedankengut durchwoben ist, aber nicht Poet. Gilt das appellative Rilkezitat[222] dem Protagonisten oder seinem *creator* - oder gar beiden? Dann nämlich verwiese es auf ein strukturelles Moment, das die Gesamtkonzeption des Romans tangiert, auf das der Selbstreferentialität. Der Auftrag des Sagens gälte dann dem Künstler hinsichtlich der historischen und fiktiven Figur Keplers ebenso wie dem Wissenschaftler bezüglich seines Schaffens, ja auf existentieller Ebene womöglich sogar seines Lebensentwurfs und fügte sich stimmig ins postmoderne Werk, das eben zugleich auf sich selbst rekurriert, Dichtung der Dichtung ist.

Mit oftmals akribischer Präzision an der historischen Vorlage orientiert[223] und doch weit mehr als bloße Dokumentation, entwirft Banville/der Erzähler mit Keplers Kosmos *a perfected work of* art (Banville: 1990, 182)[224], läßt seine (Kunst-)Figur Struktur und Harmonie erforschen und im Auffinden derselben ästhetische Gesetze erfüllen, ein sinnvolles, konsistentes, Kunstwerk erschaffen. *He had listened for a tune, but here were symphonies* (Banville: 1990, 182)[225] - dieses Glücksgefühl bezieht sich nicht nur auf seine Kon-

---

[222] Vgl. dazu Banville, *Kepler* , 8.Aufl., London 1990, S.86 u.182, wo das Leitmotiv des Mottos wiederkehrt.

[223] Vgl. zur Biographie Keplers:

Max Caspar, *Johannes Kepler*, Stuttgart 1948

Hans Christian Freiesleben, *Kepler als Forscher*, Darmstadt 1970

W.Gerlach/M.List, *Johannes Kepler.Dokumente zu Lebenszeit und Lebenswerk*, München 1971

J.Hoppe, *Johannes Kepler*, Leipzig 1987

[224] Vgl. *Kepler*, S.182

Vgl. zu Kepler in der Dichtung u.a.:

Max Brod, *Tycho Brahes Weg zu Gott*, Leipzig 1915

Ludwig Finckh, *Sterne und Schicksal.Johann Keplers Lebensroman*, Stuttgart 1931

Paul Hindemith, *Die Harmonie der Welt.Oper in 5 Aufzügen*, Textbuch, Mainz 1957

Johannes Tralow, *Kepler und der Kaiser*, Berlin 1964

[225] Vgl. *Kepler*, S.182

templationen hinsichtlich der Sphärenmusik des Pythagoras', sie ist vielmehr Fazit seines gesamten Schaffens.[226]
Es bleibt dem Rezipienten überlassen, die Subjektivität bzw. Relativität dieses Existenzentwurfs zu erkennen, ihm bleibt es anheimgestellt, geschichtliche wie ideologische Bedingtheiten desselben zu analysieren.
Der Roman ist - von zahlreichen *flashbacks* abgesehen - chronologisch nach den fünf Hauptwerken Keplers gegliedert: *Mysterium Cosmographicum, Astronomia Nova, Dioptrice, Harmonice Mundi, Somnium*[227]. Wie es schon dessen Intention war, in dieser Fünfteilung sein Weltsystem widerzuspiegeln, wobei die Kapitelanzahl innerhalb der Werke der Flächenanzahl der jeweiligen Körper entsprechen sollte, so unterteilt nun Banville/der Erzähler das erste in sechs, das zweite in vier, das dritte in zwölf, das vierte in zwanzig und das letzte in acht Abschnitte und "ästhetisiert" damit die von Kepler bereits symbolisch wiedergebenen platonischen Körper Quader, Tetraeder, Dodekaeder, Isokaeder und Oktaeder. Vornehmlich in personaler Form oder im Modus szenischer Darstellung, in Gedanken, Briefen und Gesprächen vermittelt der *narrator* das Universum des zwischen Weilderstadt, Linz, Graz und Prag pendelnden Protagonisten, dessen Privatsphäre und Alltag ebenso wie die Bedingungen und Resultate seines Forschens und die religiös-mystische Grundhaltung, von der seine Wissenschaftlichkeit geprägt ist.

---

[226] Vgl. zur Relation von Kunst und Sinn Christian Enzensberger, *Literatur und Interesse. Eine politische Ästhetik mit zwei Beispielen aus der englischen Literatur*, Frankfurt a.M. 1981, S.194-214 und zur Utopie als Grundmuster des Schönen S.202 u.204. Mag auch die Analogie von ästhetischer und gesellschaftlicher Utopie hinterfragbar sein, so überzeugt doch der Grundgedanke, *daß in der Literatur, und im weiteren in der Kunst überhaupt, zwei genauen Analogien, die utopische Sinnstruktur als Zeichenstruktur wiederhergestellt, und dabei in ihren zwei Grundstörungen soweit wie möglich kompensiert wird* ..*Von diesen Analogien gilt die eine für das Verhältnis der Zeichen untereinander aufs Ganze, also werkästhetisch, die andere rezeptionsästhetisch, das heißt für das Verhältnis des Rezipienten zum Literaturwerk* (Vgl. ebd., S.196).

[227] Seine Hauptwerke *Mysterium Cosmographicum, Astronomia Nova* und *Harmonice Mundi* erschienen erstmals 1597, 1609 und 1619. Sein Sohn Ludwig Kepler gab den Nachlaß heraus, der u.a. den *Traum zum Mond* enthält.

1.4.3. Mysterium Cosmographicum

So basiert die in *Mysterium Cosmographicum* dargelegte Vorstellung eines nach Zahlenverhältnissen rational konstruierten Weltalls, in dem die fünf Zwischenräume zwischen den sechs Planetenbahnen in ihren Dimensionen den fünf platonischen Körpern entsprechen gleichermaßen auf der Grundüberzeugung, hinter bzw. in der Schöpfung Gottes verberge sich ein höchst komplexer, noch zu entdeckender sinnvoller Ordnungsplan, wie die in *Astronomia Nova* und *Harmonice Mundi* teils wie *en passant* erwähnten drei Keplerschen Gesetze, die in konzisester Form besagen, daß die Planeten sich auf Ellipsen bewegen, in deren einem Brennpunkt die Sonne steht, der Fahrstrahl zwischen Planet und Sonne in gleichen Zeiten gleiche Flächen überstreicht und das Prinzip der Harmonie sämtliche Sphären der Lebenswelt, wie etwa die Proportionen des menschlichen Körpers, die Musik oder Architektur, durchdringt.

Damit geht Kepler in signifikanten Punkten über das hinaus, was bereits Copernicus konstatierte.

Doch auch seine in Relation dazu weniger spektakulären bzw. revolutionären Forschungsergebnisse werden skizziert, seien es diejenigen auf dem Gebiet der Optik in *Dioptrice* oder seine heute gelegentlich belächelte fiktive Raumfahrt zum Mond in *Somnium*.

"What is your philosophy, sir?"

fragt Tycho Brahe, der kaiserliche *mathematicus*, dessen Funktion er einmal übernehmen sollte, den Neunundzwanzigjährigen bei seiner Ankunft auf Schloß Benatek bei Prag.

"I hold the world to be a manifestation of the possibility of order..." (Banville: 1990, 7)[228].

Psychologisch oder soziologisch interpretiert mag Keplers zeitlebens aufrechterhaltene Ordnungsper- bzw. konzeption durchaus als Kompensation einer real erlebten (Ordnungs-)Defizienz fungieren[229], sei nun die jeweilige Begründung rationaler Strukturen wissenschaftlicher, sei sie metaphysischer Art.

---

[228] Vgl. *Kepler*, S.7

[229] Vgl. Imhof, S.121

Auf der (Meta-)Ebene des Kunstwerks werden analog dazu ästhetische *patterns*, semantische Sinnzusammenhänge kreiert - nicht
zuletzt durch die leitmotivisch aufeinander bezogenen, zunächst dis-
parat anmutenden biographischen Ereignisse, Koinzidenzen, Ideen-
fragmente. In Wincklemanns Nähe antizipiert er nicht nur *Die Harmonie der Welt*[230], dort ist es auch, wo er jene Anekdote von der
jüdischen Selbst- und Lebensauffassung hört, die noch in den Gedanken des Sterbenden nachhallt und seine eigene Philosophie,
seinen von Gottesfurcht und sokratischer Bescheidenheit durchwo-
benen Forscherdrang, die Grundhaltung "preisenden Staunens" reflektiert (Banville: 1990, 47 und 191):[231]

> *"An old joke there is, that at the beginning God told his chosen
> people everything, everything, so now we know it all - and under-
> stand nothing. Only I think it is not such a joke. There are things in
> our religion which may not be spoken, because to speak such
> ultimate things is to ... damage them..."*
> *What was it the Jew said? Everything is told us, but nothing
> explained. Yes. We must take it all on trust. That's the secret. How
> simple! He smiled.*

Im Kompensatorischen freilich gehen Keplers Visionen nie auf,
spielt der Erzähler auch bisweilen ganz bewußt mit diesem Konnex.

> *He was after the eternal laws that govern the harmony of the
> world. Through awful thickets, in darkest night, he stalked his
> fabulous prey* (Banville: 1990, 19).[232]

Dieses Dickicht ist zur Zeit seiner ersten (arrangierten) Ehe nicht
nur mentaler, sondern auch ganz konkret existentieller - beruflicher,
gesellschaftlicher, häuslicher - Natur. Die religiösen Querelen in Graz
führen zur Schließung der Stiftsschule, das Taugenichtsimage, das

---

[230] Vgl. *Kepler.*, S.48:

*It was in Linz, under Wincklemann's amused dark gaze, that he first herad faintly
the hum of that great five-note chord from which the world's music is made.
Everywhere he began to see world-forming relationships, in the rules of archi-
tecture and painting, in poetic metre, in the complexities of rhythm, even in
colours, in smells and tastes, in the proportions of the human figure.*

[231] Vgl. ebd., S.47 u.191

[232] Ebd., S.19

Kepler in der begüterten und dünkelhaften Familie seiner Frau hat, wird durch seine Arbeitslosigkeit quasi verifiziert.

> *Astronomy at first had been a pastime merely, an extension of the mathematical games he had liked to play as a student at Tübingen ... It was a thing apart, a realm of order to set against the ramshackle real world in which he was imprisoned. For Graz was a kind of prison* (Banville: 1990, 20).[233]
> *It was his principal axiom that nothing in the world was created by God without a plan the basis of which is to be found in geometrical quantities ... (His) God was above all a god of order* (Banville: 1990, 25f.).[234] -

so lautet sein neoplatonisch-christliches Credo.

Am Anfang und am Ende des Eingangskapitels, das die Struktur des Kreises beschreibt, mit der Ankunft bei Tycho Brahe beginnt und wenige Stunden später endet, taucht in Keplers Gedanken die Zahl 0.00429 bzw. *0.00 something something 9* auf (Banville: 1990, 3 und 52).[235] Kontextuell ist die erste Erwähnung an einen schönen Traum gebunden, der als *fabulous egg* bezeichnet wird und mit dem Erwachen zerbricht, *leaving only a bit of glair and a few coordinates of broken shell* (Banville: 1990, 3)[236] Die zweite Szene spielt am Fenster in Benatek (Banville: 1990, 52):[237]

> *The vast window, sunlight on the river and the flooded fields, and beyond that the blue distance, and Kepler smiled and nodded, like a clockwork toy, thinking of his dishevelled past and perilous future, and 0.00 something something 9.*[238]

Der Naturwissenschaftler des ausgehenden sechzehnten Jahrhunderts, der "zwischen" diesen eben zitierten Passagen seinen Respekt und Zweifel gegenüber Copernicus artikuliert[239], reproduziert

---

[233] Ebd., S.20

[234] Vgl. ebd., S.25 u.26

[235] Vgl. ebd., S.3 u.52

[236] Vgl. ebd., S.3

[237] Vgl. ebd., S.52

[238] Vgl. dazu ebd., S.151

[239] Vgl. ebd., S.24:

hier nicht nur zeittypische Bilder, ja Klischees, wie das der Welt als auf seine Funktionen hin analysierbares Uhrwerk, als Maschine. Offenbar impliziert er bereits seine Vorstellung der Exzentrizität der Ellipse, der sogenannten Abplattung, und übt damit indirekte Kritik am Copernicanischen System, das ja zwar bereits heliozentrisch konzipiert ist, aber noch auf der Idee der Kreisbahnen - nicht Ellipsen - basiert.[240]

Auf einer weiteren Strukturebene schließt sich dieser Kreis erst ganz am Ende, wo ihn ein wunderbarer Traum und die Erinnerung an Wincklemanns "Witz" ins Sterben begleiten:

> *"Such a dream I had, Billig, such a dream. Es war doch so schön."*
> (Banville: 1990, 191).[241]

Aus dem Visionär der physischen Welt ist ein Seher der metaphysischen geworden.[242]

He was a Copernican. At Tübingen his teacher Michael Mästlin had introduced him to that Polish master's world system. There was for Kepler something almost holy, something redemptive almost, in that vision of an ordered clockwork of sun-centred spheres. And yet he saw, from the beginning, that there was a defect, a basic flaw in it which had forced Copernicus into all manner of small tricks and evasions. For while the idea of the system, as outlined in the first part of De revolutionibus, was self-evidently an eternal truth, there was in the working out of the theory an ever increasing accumulation of paraphernalia - the epicycles, the equant point, all that - necessitated surely by some awful original accident.

[240] Vgl. dazu Freiesleben ..., S.29-33

[241] Vgl. ebd., S.191

[242] Vgl. Imhof..., S.133-138:

An dieser Stelle skizziert der Interpret seine Theorie einer elliptischen Struktur, beginnt aber sinnvollerweise mit dem relativierenden Satz: *This might be overdoing it, but there is reason to regard the narrative movement as elliptical rather than as circular.*

1.4.4. *Astronomia Nova*

Nicht ohne Amusement rezipiert man das von Keplers finanzieller
Notlage und Brahes *professional jealousy* geprägte Beziehungsnetz,
das sich zwischen den beiden Wissenschaftlern entspinnt und den
jungen *criticus* am *misconceived Tychonic system* (Banville: 1990,
60)[243] dergestalt partizipieren läßt, daß er schließlich - primär mithilfe der Marsstudien des Hofmathematikers - in *Astronomia Nova*
seinen Gegenentwurf darzulegen vermag.

> *Mars was not simple. It had kept its secret through milleniums,
> defeating finer minds than his. What was to be made of a planet, the
> plane of whose orbit, according to Copernicus, oscillates in space,
> the value for the oscillation to depend not on the sun, but on the
> position of the earth? a planet which, moving in a perfect circle at
> uniform speed, takes varying periods of time to complete identical
> portions of its journey...*
> *Mars suddenly yielded up a gift, when with startling ease he
> refuted Copernicus on oscillation, showing by means of Tycho's data
> the planet's orbit intersects the sun at a fixed angle to the orbit of the
> earth...*
> *Yes, he had it. The principle of uniform velocity is false...*
> *His rejection of uniform velocity threw everything into disarray, and
> he had to begin all over again. He was not discouraged. Here was
> real work, after all, fully worthy of him. Where before, in the Myste-
> rium, there had been abstract speculation, was now reality itself...*
> *It was not by chance he had been assigned the study of Mars...*
> *For he knew now that Mars was the key to the secret of the
> workings of the world* (Banville: 1990, 63f., 71, 72, 73).[244]

Die Beschäftigung mit Mars fügt sich insofern äußerst gut in seine
Überlegungen, als an der Bahn dieses Planeten das Phänomen der
Ellipse am besten zu beobachten ist. So werden diese Studien tat-
sächlich zum Fundament seiner Ellipsentheorie.

---

[243] Vgl *Kepler*, S.60:

> *And anyway, it is misconceived, a monstrous thing, sired on Ptolemy out of
> Egyptian Herakleides. He puts the earth ... at the centre of the world, but makes
> the five remaining planets circle upon the sun! It works, of course, so far as
> appearances are concerned - but then you could put any one of the planets at the
> centre and still save the phenomenon."*

[244] Vgl. ebd., S.63f., 71, 72, 73

Daß er in der Zwischenzeit zum *imperial mathematician* ernannt wird, tangiert weniger seine wissenschaftlichen als seine ökonomischen Interessen; diese freilich bilden auch in diesem Fall die materielle Basis seiner geistigen Entdeckungsreisen.

In his heart the predictability of astronomical events meant nothing to him; what did he care for navigators or calendar makers, for princes and kings? ... It was as if the future had found utterance in him (Banville: 1990, 86).[245]

---

[245] Vgl. ebd., S.86

Vgl. dazu ebd., S.111f.:

My aim in the <u>Astronomia nova</u> *is, to show that the heavenly machine is not a divine, living being, but a kind of clockwork (and he who believes that a clock has a soul, attributes to the work the maker's glory), insofar as nearly all the manifold motions are caused by a simple magnetic & material force, just as all the motions of the clock are caused by a simple weight. Yet, and most importantly, it is not the form or appearance of this celestial clockwork which concerns me primarily, but* <u>the reality of it</u>. *No longer satisfied, as I believe astronomy has been for milleniums, with the mathematical representation of planetary movement, I have sought to explain these movements* <u>from their physical causes</u>. *No one before me has ever attempted such a thing; no one has ever before framed his thoughts in this way.*

1.4.5. *Harmonice Mundi* und *Somnium*

Letzteres gilt insbesondere für das fünfbändige Werk *Harmonice Mundi, den Gipfel Keplerschen Forschens*, obgleich sich gerade dort ein Weltbild auftut, das zugleich von *Gedanken bestimmt ist, die lange vor ihm gedacht wurden und die seine Zeitgenossen bereits abstreiften* (Freiesleben: 1970, 56 und 67).[246] Adäquaterweise wählt Banville für die Verquickung hervorragender Forschungsergebnisse, metaphysischer Überlegungen und privater Schicksalsschläge die Briefform, die Keplers emotionale, wissenschaftliche und religiöse Engagiertheit, seine Trauer um den Sohn Friedrich, die Sorge hinsichtlich des Hexenprozesses, der seiner Mutter drohte, oder die Enttäuschung über das Testament seiner Frau Barbara ebenso wie die *professional jealousy* und Begeisterung bezüglich Galileis bahnbrechenden Entdeckungen und Erfindungen[247] am besten zu vermitteln vermag.

> *Bei Kepler nun ist der Wahrheitsanspruch für die von ihm gefundenen Naturgesetze Teil eines geschlossenen christlichen Weltbildes, wie wir es heute nicht mehr nachvollziehen können, vor allem auch weil die Fülle der gewonnenen Erkenntnisse seit den Zeiten Keplers wie auch Laplaces gewaltig zugenommen hat ... Es ist aber sicherlich einseitig, so wie man das heute tut, jede Verbindung zwischen Metaphysik und Naturerkenntnis zu leugnen. Erkenntnismäßig besteht diese nicht, aber der Mensch ist nicht nur ein Wesen, was zu erkennen vermag, sondern weit mehr* (Freiesleben: 1970, 67).[248]

In den Briefen vom November 1609 an Röslin im Elsaß und von Weihnachten 1606 an von Hohenburg in München heißt es (Banville: 1990, 145 und 149):[249]

> *It seems to me important that, not only is innate instinct excited by the heavens, but so also is the human intellect. The search for knowledge everywhere encounters geometrical relations in nature, which God, in creating the world, laid out from his own resources, so to speak. To enquire into nature, then, is to trace geometrical*

---

[246] Vgl. Freiesleben..., S.56 u.67

[247] Vgl. *Kepler*, S.121 u.140f. (Briefe an Prof.Magini in Bologna) u.S.138f. (Brief an Georg Fugger in Venedig

[248] Freiesleben..., S.67

[249] *Kepler*, S.145 u.149

relationships. Since God, in his highest goodness, was not able to rest from his labours, he played with the characteristics of things, and copied himself in the world. Thus it is one of my thoughts, whether all of nature & all heavenly elegance is not symbolised in geometry ... And so, instinctively or thinkingly, the created imitates the Creator, the earth in making crystals, planets (sic) in arranging their leaves & blossoms, man in his creative activity ... And the contemplating spirit finds & recognises itself again in that which it creates...

...I take issue strenuously with Aristotle, who holds that the mind is a tabula rasa upon which sense perceptions write. This is wrong, wrong. The mind learns all mathematical ideas & figures out of itself; by empirical signs it only remembers what it knows already. Mathematical ideas are the essence of the soul ... Let me put it thusly: If the mind had never shared an eye, then it would, for the conceiving of the things situated outside itself, demand an eye and prescribe its own laws for forming it. For the recognition of quantities which is innate in the mind determines how the eye must be, and therefore the eye is so, because the mind is so, and not vice versa. Geometry was not received through the eyes: it was already there inside.

(Oft) in den Spuren des großen Nikolaus von Kues wandelnd,

schreibt Hans Christian Freiesleben (Freiesleben: 1970, 63ff.)[250] ,

(ist Kepler) vielfach und besonders in der "Weltharmonik" mehr Theologe als Naturforscher oder Dichter ... Der Einwand liegt nahe, daß mit solchen Spekulationen ... ein Rückschritt gegenüber der "Astronomia Nova" und ihrer Einführung eines physikalischen Kraftbegriffes zu verzeichnen ist. M.Caspar erklärt aber die Sachlage richtig damit, daß für Kepler jener behauptete Mechanismus nur ein Mittel Gottes ist, um die von ihm gewollten harmonischen Proportionen in den Gestirnsbewegungen zu erreichen. Keplers dynamische Erklärung, für uns Heutige der Durchbruch zum modernen Verständnis, ist für ihn nur ein Schritt auf dem Weg zur Weltharmonik. Diese schwebte ihm zeitlebens vor. Newton hat den Kraftbegriff verwendet und mathematisch richtig formuliert - erklären konnte er die Kraft, die er benützte, nicht -, für alle tiefer denkenden späteren Physiker Quelle der Unruhe und schließlich Ursache der Relativitätstheorie. Newton hat zwar auch einmal in diesem Zusammenhang von Gottes Wirksamkeit in seiner Schöpfung gesprochen; grundsätzlich aber steht er auf der gleichen Linie wie Galilei, wie Descartes. Der Begriff der Kraft ist bei Newton eigentlich nur ein Wort, ein nomen ... Kepler aber beginnt seine Hauptarbeit dort, wo Newton aufhört: Er will die

---

[250] Vgl. Freiesleben..., S.63ff.

Kraft erklären, die er einführt. Wo diese Kraft nicht ausreicht, greift er auf die Vorstellung der Erdseele zurück. Die teleologische Seite seines Denkens treibt ihn dazu, und er fühlt sich dazu verpflichtet, denn <u>*unser Bildner hat zu den Sinnen den Geist gefügt, nicht bloß damit der Mensch sich seinen Lebensunterhalt erwerbe ..., sondern auch dazu, daß wir vom Sein der Dinge, die wir mit Augen betrachten, zu den Ursachen des Seins und Werdens vordringen, wenn auch weiter kein Nutzen damit verbunden ist.*</u>
So ist also die wichtige Entdeckung des dritten Gesetzes nur ein Teil des fünften Buches. Der eigentliche Inhalt ist die Auffindung der Prinzipien, die zur Begründung der Größen der Bahndurchmesser und Exzentrizitäten erforderlich sind, da die fünf regulären Körper als solche dafür nicht ausreichen. Natürlich ist Kepler sich der Tragweite der Entdeckung seiner Gesetze vollauf bewußt. Das wichtigste für ihn aber ist, daß alle Harmonien, die in der Musik auftreten, sich am Himmel wiederfinden...
<u>*Es sind also die Himmelsbewegungen nichts anderes als eine fortwährende mehrstimmige Musik (durch den Verstand, nicht durch das Ohr faßbar)...*</u>
<u>*Die Harmonien sind nach höchstem Ratschluß einander so angepaßt, daß sie sich gegenseitig als Teile eines einzigen Bauwerkes gleichsam tragen und keine die andere erdrückt...*</u>
So darf wohl mit Recht gesagt werden, daß Kepler die harmonischste aller Welten postulierte, ähnlich Leibniz, der diese Welt als die beste aller denkbaren erklärte.

Kepler ist als geschichtlich bedingter Entwurf menschlicher Existenz konzipiert, der dennoch Zeitloses impliziert - mögen die subjektiv wie (im Medium der Kunst, Philosophie oder Wissenschaft) intersubjektiv vermittelten Träume einer Harmonie der Welt auch jeweils epochenspezifische Manifestationen hervorbringen.

When the solution came, it came, as always, through a back door of the mind, hesitating shyly, an announcing angel dazed by the immensity of its journey ... (The) whole becomes that which it is, a perfected work of art (Banville: 1990, 182)[251]

---

[251] Vgl. *Kepler*, S.182

1.5. *The Newton Letter*

1.5.1. Konzeption

Keiner von John Banvilles "historischen" Romanen oszilliert so stark zwischen (realer) Gegenwart, Geschichte, Fiktion und Imagination wie *The Newton Letter*, in keinem gelingt die Synthese so spielerisch. Der Novelle verwandter als der *novel*, berichtet dieses *Interlude* - so der Untertitel - nicht allzu viel über Leben und Werk Isaac Newtons[252], vielmehr kreist er - gespiegelt bzw. redupliziert im modernen Bewußtsein des erzählenden Collegedozenten und Historikers - um einen singulären Moment aus dessen *vita*, um die schöpferische Krise des fünfzigjährigen Wissenschaftlers.[253] Analog dazu gerät der *narrator*, der seiner Vertrauten und Muse Cliona[254] die Ereignisse jener Sommermonate schildert, in denen er, in eine südirische *cottage* an der Killineybucht zurückgezogen, sein nach siebenjähriger Arbeit nahezu fertiggestelltes Werk über Newton zu beenden beabsichtigt, in Versuchung, die Tätigkeit des als sinnentleert empfundenen Schreibens aufzugeben und artikuliert solchermaßen die selbstreflexiven Überlegungen des Verfassers.

Banville verquickt jedoch nicht nur zwei Geschichtsepochen, die Newtonära und die jüngste Vergangenheit, seine Historisierungs- bzw. Fiktionalisierungstendenz geht weiter. Der zweite Brief an den Philosophen John Locke ist erfunden bzw. Hugo v.Hofmannsthals *Brief des Lord Chandos* entlehnt, und der Erzähler, der seine reale Erlebniswelt durch Assoziationen zu Malern und Dichtern vergangener Jahrhunderte zu ästhetisieren pflegt, findet sich inmitten eines Szenariums, inmitten einer Konstellation, die bis in die Namensgebung - oder besser: den Namen nach - Goethes Imagination entsprungen ist. Figuren, die den *Wahlverwandtschaften*[255] und den *Leiden des jungen Werthers* entstiegen zu sein scheinen, konstituie-

---

[252] Vgl. dazu Ferdinand Rosenberger, *Isaac Newton und seine Physikalischen Principien. Ein Hauptwerk aus der Entwickelungsgeschichte der modernen Physik*, Darmstadt 1987

[253] McMinns Meinung nach handelt es sich hier um *a Big House version of the scientific mind* (vgl. ebd., S.90).

[254] Vgl. Imhof..., S.148 und McMinn..., S.89

[255] Vgl. dazu Imhof..., S.145-147

ren die Wirklichkeit, die ihn zunehmend gefangen nimmt und an Sinn und Zweck seiner Geschichtsschreibung, ja jeglicher Rationalität zweifeln läßt.

1.5.2. Innere und äußere Erlebniswelt

In ironischer Spannung zur facettenreichen Durchkomponiertheit, zur vielschichtigen Struktur des *Newton Letter* steht die Wahrnehmung des *narrators*, die sich keineswegs auf seine Beziehung zu Ottilie beschränkt: *It was contingency from the start* (Banville: 1995, 27).[256]

Seine Erfahrung von Kontingenz und Koinzidenz löst nicht nur zunehmende Skepsis am Strukturierungsbedürfnis und -zwang des Historikers oder Chronisten aus, sie motiviert auch zur Suche nach neuen *patterns*, nach neuen existentiell tangierenden Zusammenhängen bezüglich der eigenen Geschichte, der eigenen Gegenwart - die *crisis* der denkenden und schreibenden *mind*, dessen Schwanken zwischen Konstruktion und Destruktion erfaßt den Newton- und Autobiographen gleichermaßen.

In diesem Kontext fügt sich der "zweite" Brief Newtons an Locke äußerst stimmig - ebenso stimmig übrigens wie Anfang und Schluß des Buches[257] - denn dort manifestiert sich die seit dem ausgehenden neunzehnten Jahrhundert, insbesondere seit Hofmannsthal und Karl Kraus (auch) literarisch artikulierte Sprachkritik, die v.a. Ludwig Wittgenstein auf philosophischer Ebene übte.

> *I struck out a sentence or two, rearranged a paragraph, corrected a few solecisms, and, inevitably, returned again to the second, and longer, of those two strange letters to Locke, the one in which N. speaks of having sought <u>a means of explaining the nature of the ailment, if ailment it be, which has afflicted me this summer past</u> ... He wanted so much to know what it was that had happended to him, and to say it, as if the mere saying itself would be redemption. He mentions, with unwonted calm, Locke's challenge of the absolutes of*

---

[256] Vgl. John Banville, *The Newton Letter*, 4.Aufl.,London 1995, S.27

[257] Vgl. ebd., S.1 u.81:

Words fail me, Clio...

Shall I awake in a few months, in a few years, broken and deceived, in the midst of new ruins?

Hier könnten Anspielungen auf Becketts Trilogie und T.S.Eliots *The Waste Land* intendiert sein.

Vgl. auch ebd., S.70:

I can't go on. I'm not a historian anymore.

space and time and motion on which the picture of the mechanistic universe in the Principia is founded, and trots out again, but without quite the old conviction, the defence that such absolutes exist in God, which is all that is asked of them. But then suddenly he is talking about the excursions he makes nowadays along the banks of the Cam, and of his encounters, not with the great men of the college, but with tradesmen, the sellers and the makers of things. They would seem to have something to tell me; not of their trades, nor even of how they conduct their lives; nothing, I believe, in words. They are, if you will understand it, themselves the things they might tell. They are all a form of saying - and there it breaks off, the rest of that page illegible .. All that remains is the brief close: My dear Doctor, expect no more philosophy from my pen. The language in which I might be able not only to write but to think is neither Latin nor English, but a language none of whose words is known to me; a language in which commonplace things speak to me; and wherein I may one day have to justify myself before an unknown judge. Then comes that cold, that brave, that almost carven signature: Newton (Banville: 1995, 50f.).[258]

---

[258] Vgl. ebd., S.50f.

Vgl. dazu Hugo v.Hofmannsthal, *Ein Brief*, in: Ulrich Karthaus (Hrsg.), *Die deutsche Literatur in Text und Darstellung. Impressionismus, Symbolismus und Jugendstil,* Stuttgart 1977, S.146ff.:

(Die) abstrakten Worte, deren sich doch die Zunge naturgemäß bedienen muß, um irgendwelches Urteil an den Tag zu geben, zerfielen mir im Munde wie modrige Pilze ... Es zerfiel mir alles in Teile, die Teil wieder in Teile, und nichts mehr ließ sich mit einem Begriff umspannen ... (Das) Tiefste, das Persönliche meines Denkens, blieb von (dem) Reigen (der Begriffe) ausgeschlossen: Es überkam mich unter ihnen das Gefühl furchtbarer Einsamkeit ... (Es) ist .. etwas völlig Unbenanntes und auch wohl kaunm Benennbares, das in solchen Augenblicken, irgendeine Erscheinung meiner alltäglichen Umgebung mit einer überschwellenden Flut höheren Lebens wie ein Gefäß erfüllend, mir sich ankündet ... Eine Gießkanne, eine auf dem Felde verlassene Egge, ein Hund in der Sonne, ein ärmlicher Kirchhof, ein Krüppel .. all dies kann das Gefäß meiner Offenbarung werden ... Es erscheint mir alles, alles, was es gibt .. etwas zu sein ... (Und) es gibt unter den gegeneinanderspielenden Materien keine, in die ich nicht hinüberzufließen vermöchte ... Fällt aber diese sonderbare Bezauberung von mir ab, so weiß ich nichts darüber auszusagen ... (Das) Ganze ist ein Art fieberisches Denken, aber Denken in einem Material, das unmittelbarer, flüssiger, glühender ist als Worte ... eine Sprache, von deren Worten mir auch nicht eines bekannt ist, eine Sprache, in welcher die stummen Dinge zu mir sprechen, und in welcher ich vielleicht einst im Grabe vor einem unbekannten Richter mich verantworten werde...

Was in Hofmannsthals Text zutage tritt, so der Herausgeber, ist nicht nur ein esoterisches Erlebnis eines höchst sensiblen einzelnen, nicht nur eine Schaffenskrise Hofmannsthals .. vielmehr Symptom für eine offenbar epochale Erfahrung,

Ebenso adäquat ist dann jedoch auch, den ironischen Grundtenor wieder aufnehmend, die abschließende Spekulation hinsichtlich seiner schriftstellerischen Tätigkeit:

> *And in the end, it's come to me just this moment, in the end of course I shall take up the book and finish it: such renunciation is not of this world* (Banville: 1995, 81).[259]
> *Newton was my life, not these dull pale people in their tumbledown house in the hollow heart of the country. But I didn't see it as this stark alternative: things take a definite and simple shape only in retrospect. At the time I had only a sense of lateral drift ... Then everything was in flux, and anything was possible* (Banville: 1995, 23f. und 54).[260]

Scheinbar ohne Eigeninitiative wird er auf die Bühne des Goetheschen Puppentheaters geladen, selbst marionettenhaft, revidiert er seine Wahrnehmung der Figurenkonstellation immer wieder und kreiert sie - allein den "Gesetzen" der "Chemie" folgend, alternierend angezogen und abgestoßen - in zunehmendem Maß selbst mit, sei es als Wahlverwandter Ottilies, Lottes oder Eduards.

> *I set out to explain to you, Clio, and to myself, why I had drown'd my book. Have you understood? So much is unsayable: all the important things. I spent a summer in the country, I slept with one woman and thought I was in love with another; I dreamed up a horrid drama, and failed to see the commonplace tragedy that was playing itself out in real life. You'll ask, where is the connection between all that, and the abandoning of a book? I don't know, or at least I can't say, in so many words. I was like a man living underground who, coming up for air, is dazzled by the light and cannot find the way back into his bolt-hole. I trudge back and forth over the familiar ground, muttering. I am lost* (Banville: 1995, 70).[261]

---

die sich .. um 1900 vor allem in der Literatur Österreichs artikuliert ... Es handelt sich um die Erkenntnis: Die offizielle Repräsentation der Wirklichkeit gibt nur noch vor, sie zu manifestieren, dem Anspruch entspricht keine Realität mehr.

[259] Vgl.Colm Tóibín, *The Newton Letter*, 4.Aufl., London 1995, S.81

[260] Vgl. ebd., S.23f. u.54

[261] Vgl. ebd., S.70

Die Analogie zu Newtons zweitem Brief ist offensichtlich. Von diesem hieß es, er reflektiere *all the rest, as the image of Charlotte contained, as in a convex mirror, the entire world of Ferns* (Banville: 1995, 50).[262]

Ferns fungiert zunächst als Gegenwelt zur Urbanität und Wissenschaftsbetriebsamkeit Dublins, es ist der Ort der *commonplace things* (Banville: 1995, 51)[263], des Alltäglich-Gewöhnlichen, *the ordinary* (Banville: 1995, 11)[264], das bestenfalls alltäglich-gewöhnliche Rätsel aufzugeben scheint. Der erste Eindruck von Charlotte Lawless, *a tall girl with brown arms* (de facto eine Frau mittleren Alters) und Ottilie, *large and blonde* (Banville: 1995, 3)[265], und ihrer zu vermietenden *cottage* oder *lodge, as they called it* (Banville: 1995, 4)[266] ist wenig invitierend:

> *I opened the kitchen cupboard: cracked mugs and mouse-shit. There was a train back to town in an hour, I would make it if I hurried* (Banville: 1995, 4).[267]

Edward, Charlottes Gatte, stiernackig und voluminös, gleicht einem Mann *with a hangover trying to remember last night's crimes* (Banville: 1995, 7).[268].

> *The child's name was Michael. I couldn't fit him to the Lawlesses* (Banville: 1995, 16).[269]

Die ästhetisierende Projektion des Erzählers ergänzt die Konstellation zur pastoralen Idylle:

> *It all has the air of a pastoral mime, with the shepherd's wife and the shepherd, and Cupid and the maid, and, scribbling within a crystal cave, myself, a haggard-eyed Damon* (Banville: 1995, 12).[270]

---

[262] Vgl. ebd., S.50

[263] Vgl. ebd., S.51

[264] Vgl. ebd., S.11

[265] Vgl. ebd., S.3

[266] Vgl. ebd., S.4

[267] Vgl. ebd.

[268] Vgl. ebd., S.7

[269] Vgl. ebd., S.16

Selbst als er, durch Ottilie, die sich ihm bis an die Grenze der Selbstaufgabe (sexuell) hingibt, in das Familienleben initiiert, gezwungen wird, seine projizierten *patterns* zu revidieren, ersetzt er diese lediglich durch Varianten derselben:

> *I looked at the three of them, Ottilie, the child, the ashen-faced man, and something stirred, an echo out of some old brown painting. Jesus, Mary and Joseph (Banville: 1995, 40).*[271]

Diese Variante seines *horrid dream* bildet, psychologisch gesehen, die Basis für die Stilisierung von Charlotte Lawless, die Werthers - ebenfalls "vergebener" - Lotte mehr noch ähnelt als ihrer Namensgenossin in den Wahlverwandtschaften. Sie, der Gegenstand seiner "hohen Minne", komplementiert die Beziehung zu Ottilie, der "niederen Minne", und suggeriert vorübergehend das Gefühl von Stimmigkeit.

> *The secret pattern of the past months was now revealed. I saw myself that first day in the doorway of the lodge offering her a month's rent, I stumbled again down the grassy bank to the glasshouse, sat in her kitchen in sunlight watching the shadows of leaves stirring by her hand. I was like an artist blissfully checking over the plan of a work that has suddenly come to him complete in every detail, touching the marvellous, still-damp construct gently here and there with the soft feelers of imagination. Ottilie a sketch, on the oboe, of the major theme to come, Edward at once the comic relief and the shambling villain of the piece, Michael a Cupid still, the subtlety of whose aim, however, I had underestimated. Even the unbroken fine summer weather was a part of the plot (Banville: 1995, 42f.).*[272]

Failing to see the commonplace tragedy, driftet er immer stärker ab vom "realen Alltagsleben" und tiefer hinein in Formen des Subjektivismus und Konstruktivismus, die Marcel Prousts oder Virginia Woolfs Romanen entlehnt sein könnten, in eine Zeitlosigkeit und Relativität, die ausschließlich von der Instanz *mind*, dem scheinbar

---

[270] Vgl. ebd., S.12

[271] Vgl. ebd., S.40

[272] Vgl. ebd., S.42f.

so inaktiven Bewußtsein der multiplen Erzählerpersönlichkeit, determinert werden.

> *Then in the moonlight my human girl's blonde hair would turn black, her fingers pale, and she would become something ˙ new, neither herself nor the other, but a third - Charlottilie!...*
> *Was there .. another Ottilie as well, an autochthonous companion for that other I? Were all at Ferns dividing thus and multiplying, like amoebas? In this spawning of multiple selves I seemed to see the awesome force of my love, which in turn served to convince me anew of its authenticity.*
> *Perhaps this sense of displacement will account for the oddest phenomenon of all and the hardest to express. It was the notion of a time out of time, of this summer as a self-contained unit separate from the time of the ordinary world ... It all had been lived already, and we were merely tracing the set patterns, as if not living really, but remembering. As with Ottilie I had foreseen myself on my deathbed, now I saw this summer as already a part of the past, immutable, crystalline and perfect. The future had ceased to exist. I drifted lolling like a Dead Sea swimmer, lapped round by a warm blue soup of timelessness* (Banville: 1995, 48f.).[273]

Auf der Ebene der Alltagstragödie stellt sich - quasi in Parenthese bzw. aus der Retrospektive - heraus, daß Edward an Trunksucht und vermutlich Krebs leidet, Charlotte seit Monaten unter dem Einfluß starker Sedativa steht und Ottilie, nicht gar so rein und entsagend wie bei Goethe, früh durch ein Verhältnis mit einem *lodger* Mutter geworden ist. Daß dieser mit Wahrscheinlichkeit identisch ist mit Edward, deutet das folgende Gespräch an:

> *"I lived there one time, you know," (Edward) said.*
> *"What - in the lodge?"*
> *"Years ago. I used to manage the nurseries, when Lotte's father was alive."* (Banville: 1995, 32).[274]

Ebenso en passant wird die Tatsache erwähnt, daß sie erneut, wieder von einem *lodger,* schwanger ist und - mit ebender Intensität wie Goethes Ottilie - dessen Nähe sucht, mag dieser auch inzwischen in Dublin weilen und versuchen, die *contingencies* der letzten Monate zu (re)konstruieren; so relativ dieser Entwurf auch sein mag,

---

[273] Vgl. ebd., S.48 u.49

[274] Vgl. ebd., S.32

so notwendig ist er - und sei es auch nur hinsichtlich der Relativierung früherer Entwürfe, früherer *patterns*. Seine Beurteilung von Edward liefert dafür ein gutes Exempel:

> *Edward survived the winter. He's very low, bedridden: <u>you</u>*
> *<u>wouldn't know him,</u> (Ottilie) says. As if I ever did. I remember one day*
> *he tried to tell me about dying. Oh not directly, of course. I can't recall*
> *what he said, what words he used. The subject was the countryside,*
> *farming, something banal. But what he was talking about, I suppose,*
> *was his sense of oneness now with all poor dumb things, a horse, a*
> *tree, a house, that suffer their lives in silence and resigned baffle-*
> *ment, and die unremarked. I wish I could have erected a better*
> *monument to him than I have done, in these too many pages; but I*
> *had to show you how I thought of him <u>then,</u> how I behaved, so that*
> *you would see the cruelty of it, the wilful blindness* (Banville: 1995,*
> *80).*[275]

Analog zu "Newtons" Skepsis gegenüber den *absolutes of space
and time and motion* (Banville: 1995, 50)[276], auf denen - laut Banville
- die *Principia mathematica* beruhen[277], hinterfragt der Historiker
seinen bislang wenig reflektierten Geschichts-, Zeit- und Weltbezug;
anaolg zu Newton, der im Sommer oder Herbst 1692 oder 1693, als
ihm wichtige Forschungsergebnisse in seinem Zimmer in Cambridge
verbrannten, "nichts" verloren hat[278] und sich zunehmend der Bibel-

---

[275] Vgl. ebd., S.80

Schon der Duktus der letzten Zeilen verifiziert die Fehleinschätzung Edwards, der
sich ja gegen Ende offenkundig der erkenntnistheoretischen Haltung des alternden Newton annähert.

[276] Vgl. ebd., S.50

[277] Vgl. Rosenberger..., S.172-223 u.368-384

[278] Vgl. *Newton Letter*, S.22f.:

You know the story, of how his little dog Diamond overturned a candle in his rooms
at Cambridge one early morning, and started a fire which destroyed a bundle of
his papers, and how the loss deranged his mind. All rubbish, of course, even the
dog is a fiction, yet I find myself imagining him, a fifty-year-old public man, stand-
ing aghast in the midst of the smoke and the flying smuts with the singed pug
pressed in his arms. The joke is, it's not the loss of the precious papers that will
drive him temporarily crazy, but the simple fact that <u>it doesn't matter.</u> It might be
his life's work gone, the <u>Principia</u> itself, the <u>Opticks</u>, the whole bang lot, and still it
wouldn't mean a thing. Tears spring from his eyes, the dog licks them off his chin.
A colleague comes running, shirt-tails out. The great man is pulled into the
corridor, white with shock and stumping like a peg-leg. Someone beats out the
flames. Someone else asks what has been lost. Newton's mouth opens and a

exegese und Alchemie widmet, verliert auch der Erzähler in jenem
Sommer nichts - gewinnt vielmehr einen - partiell - neuen Bezug zu
sich und der "Realität", gewinnt eine neue Perspektive, eine neue
"Optik".[279]

---

*word like a stone falls out: <u>Nothing</u>. He notices details, early morning light through
a window, his rescuer's one unshod foot and yellow toenails, the velvet blackness
of burnt paper. He smiles. His fellows look at one another.*

Diese Passage demonstriert zugleich Banvilles fiktionalisierendes *procedere*.

Vgl. Rosenberger..., S.278f.:

*Man hat sich vielfach bemüht, zu diesen Ursachen seiner Melancholie noch eine
andere, etwas mysteriös gefärbte hinzu zu finden. An einem Herbstmorgen, vielleicht des Jahres 1692, soll NEWTON während eines Kirchganges auf dem
Schreibtische sein Lieblingshündchen neben dem brennenden Licht vergessen
haben. Das Licht soll dann durch dass Hündchen umgeworfen und dadurch ein
Brand verursacht worden sein, der seltsamer Weise nichts anderes vernichtete,
als die auf dem Schreibtische liegenden Schriften NEWTON's. Einige meinen,
das seien optische Arbeiten, oder auch solche über Fluxionsrechnuung gewesen,
andere denken vor allem an chemische Schriften. Indessen ist schwer zu sagen,
wie ein Verlust solcher Schriften fünf oder sechs Jahre nach der Herausgabe
seines Hauptwerkes NEWTON so schwer hätte erschüttern sollen. Auch ist das
Jahr 1692 oder 1693 durchaus nicht sicher...*

*In dem Diarium eines Herrn ABRAHAM DE LA PRYME findet sich unter dem Da-
tum Februar 3, 1692 (wahrscheinlich englische Jahreszählung, also 1693) folgender Eintrag: "Folgendes habe ich heute gehört. Es giebt hier einen
Mr.NEWTON, Fellow des Trinity College, den ich oft gesehen habe und der seiner Gelehrsamkeit wegen weit berühmt ist. Er ist zugleich ein ausgezeichneter
Mathematiker, Naturwissenschaftler, Gottesgelehrter etc. und seit manchen
Jahren Mitglied der Royal Society. Unter anderen gelehrten Büchern und
Abhandlungen sind vor allem seine mathematischen Principien der Naturlehre zu
erwähnen, die ihm einen grossen Namen gemacht haben und wegen deren er
eine Fülle von Glückwunschschreiben, besonders aus Schottland empfangen
hat. Besondere Arbeit verwendete er seit zwanzig Jahren auch auf ein Buch über
die Farben und das Licht, für das er wohl über tausend Experimente angestellt
und manche hundert Pfund Sterling geopfert hat. Diesem Buche wollte er gerade
den Schluss anfügen, als es ihm gänzlich verloren ging. Es verbrannte
vollständig auf seinem Schreibtische, während er eines Morgens in der Kapelle
war, durch eine vergessene brennende Kerze. NEWTON wurde dadurch so
erregt, dass man glaubte, er müsse irrsinnig werden, und dass er auch für einige
Monate nicht ganz bei richtigem Verstande war."*

[279] Möglicherweise impliziert die Parallele zwischen diesem Erkenntnisprozeß und
Newtons Entdeckungen auf dem Gebiet der Optik eine Anspielung auf eine
frühere Begriffsverwendung; bis in die frühe Neuzeit wird der Terminus
"Perspektive" häufig als Synonym für "Optik" gebraucht. Diese Deutung ist inso-
fern nicht allzu unglaubwürdig, als der "ideologische" Perspektivenwechsel des
Erzählers für die Werkaussage zentral ist.

1.5.3. Newton und der wissenschaftshistorische Zusammenhang

Newtons Problematisierung von Raum und Zeit und ihrer Beziehung zu Gott sowie seines im Wahlverwandtschaftsmotiv ironisch reduplizierten Begriffs der Anziehung ist wohl absichtlich verkürzt dargestellt, soll sie doch primär der "Spiegelung" im Erzählerbewußtsein dienen. Schlaglichtartig sei hier der wissenschafts- bzw. philosophiegeschichtliche Kontext, in dem wir uns auf der historischen Ebene des *Newton Letter* bewegen, erhellt.

Newtons Physik, genauer gesagt: Newtons Naturphilosophie steht und fällt mit den Begriffen der absoluten Zeit und des absoluten Raumes, eben jenen Begriffen, für die Henry More seinen lang anhaltenden und schonungslosen Kampf gegen Descartes geführt hatte. Seltsam genug wird die cartesische Vorstellung vom nur relativen oder beziehungsgebundenen Charakter dieser und verwandter Begriffe von Newton als "gewöhnlich" und auf "Vorurteilen" beruhend gebrandmarkt.

So schreibt Newton in dem berühmten <u>scholium</u>, das den <u>Definitionen</u> folgt, welche am Anfang der <u>Principia</u> stehen:
Bis jetzt habe ich zu definieren versucht, in welchem Sinne weniger bekannte Benennungen in der Folge zu verstehen sind. Zeit, Raum, Ort und Bewegung als allen bekannt, definiere ich nicht. Ich bemerke nur, daß man gewöhnlich diese Größen nicht anders als in bezug auf sinnlich wahrnehmbare Gegenstände auffaßt und so gewisse Vorurteile entstehen, zu deren Aufhebung man sie passend in absolute und relative, wahre und scheinbare, mathematische und gewöhnliche unterscheidet.

Meines Erachtens abstrahiert Imhof zu stark von der Relativierung des Weltbilds der Hauptfigur, wenn er Analogien des Harmoniestrebens zwischen Copernicus, Kepler, Newton, Goethe sowie dem Newtonchronisten aufzeigt und schreibt (vgl. ebd., S.148f.):

(They) seek to make reality, the world, correspond to a concept of order and harmony that they have thought up, but that in this form does not exist at all...

Take Goethe's idea of "die Urpflanze", a totally untenable edifice of thought, as was Kepler's concept of the planetary system, or the Newton biographer's conjectures about the people at Ferns. Goethe noted about this idea:

<u>Mit diesem Modell und dem Schlüssel dazu kann man ... Pflanzen ins Unendliche erfinden, die konsequent sein müssen, das heißt: die, wenn sie auch nicht existieren könnten und nicht etwa malerische oder dichterische Schatten und Scheine sind, sondern eine innerliche Wahrheit und Notwendigkeit haben. Dasselbe Gesetz wird sich auf alles andere Lebendige anwenden lassen.</u>

*Zeit und Raum sind absolut, wahr und mathematisch - für Newton
sind diese Bestimmungen gleichwertig und bezeichnen die Natur sowohl der Begriffe wie auch der ihnen entsprechenden Wesenheiten -,
sie befinden sich somit .. im Gegensatz zu Zeit und Raum im Sinne
des gesunden Menschenverstandes...*
*Die absolute, wahre und mathematische Zeit verfließt an sich und
vermöge ihrer Natur gleichförmig, und ohne Beziehung auf irgendei-
nen äußeren Gegenstand.*
...
Genau dasselbe gilt für den Raum:
*Der absolute Raum bleibt vermöge seiner Natur, ohne Beziehung
auf einen äußeren Gegenstand, stets gleich und unbeweglich.*
...
*Absolute Bewegung ist Bewegung in bezug auf den absoluten
Raum, und alle relativen Bewegungen implizieren absolute:*
*Daher sind alle Bewegungen, die von bewegten Orten aus erfol-
gen, nur Teile der ganzen und absoluten Bewegungen. Eine jede
ganze Bewegung wird zusammengesetzt aus der Bewegung des
Körpers von seinem ersten Orte, aus der Bewegung dieses Ortes
von seinem Orte, u.s.w., bis man zu einem unbewegten Orte gelangt
.. Ganze und absolute Bewegungen können daher nur durch unbe-
wegte Orte erklärt werden, und deshalb habe ich diese eben auf un-
bewegte, die relativen Bewegungen auf bewegte Orte bezogen. Un-
bewegte Orte sind aber nur solche, welche alle von Unendlichkeit zu
Unendlichkeit dieselbe gegenseitige Lage beibehalten, also immer
unbewegt bleiben, und einen unbeweglichen Raum bilden...*
"Von Unendlichkeit zu Unendlichkeit dieselbe Lage beibehalten..."
*Welche Bedeutung hat Unendlichkeit an dieser Stelle? Offensichtlich
nicht nur räumliche, sondern auch zeitliche: absolute Orte behalten
von Ewigkeit zu Ewigkeit ihre Lage im absoluten, das heißt unendlichen und ewigen Raum bei, und in bezug auf diesen Raum wird die
Bewegung eines Körpers als absolut definiert.*
...
*Es ist bekannt .. , daß Newton die Anziehungskraft nicht nur für
eine reale physikalische Kraft hielt. Ebensowenig wie Descartes,
Huygens oder Henry More konnte er zugeben, daß die Materie fähig
sei, über eine Entfernung hinweg zu wirken, oder daß ihr eine
selbsttätige Tendenz innewohne. Die empirische Bestätigung der
Tatsache konnte sich gegen die rationale Unmöglichkeit des Vor-
gangs nicht durchsetzen. So versuchte Newton zuerst, genau wie
Descartes oder Huygens, die Anziehungskraft zu erklären - oder
wegzuerklären -, indem er sie auf eine Art Auswirkung rein mechani-
scher Vorgänge oder Kräfte reduzierte. Doch im Gegensatz zu seinen Vorgängern, die eine mechanische Theorie der Gravitation auf-
stellen zu können glaubten, scheint Newton die Überzeugung ge-*

wonnen zu haben, daß ein solcher Versuch vollkommen vergeblich sei. Er entdeckte zum Beispiel, daß er zwar Anziehung erklären konnte, dazu aber Abstoßung voraussetzen mußte; das war vielleicht ein geringer, aber kein entscheidender Fortschritt.

Wie Newton sehr wohl wußte, benötigen wir glücklicherweise keine klare Vorstellung von der Entstehungsweise bestimmter Wirkungen, um die Phänomene zu untersuchen und sie mathematisch zu behandeln. Galilei war nicht gezwungen, eine Theorie der Gravitation zu entwickeln - er nahm sogar für sich in Anspruch, über ihre Natur absolut nichts zu wissen -, um eine mathematische Mechanik zu begründen und die Fallgesetze zu bestimmen. Somit wurde Newton durch nichts gehindert, die <u>Gesetze</u> der "Anziehung" oder "Gravitation" zu untersuchen, denn er war nicht verpflichtet, eine Darstellung der realen Kräfte zu geben, die die Zentripetalbewegung der Körper hervorriefen.
...

Genau das hat Newton in dem Buch getan, das bezeichnenderweise nicht (wie das des Descartes) <u>Principia Philosophiae</u> heißt, sondern <u>Philosophiae naturalis principia mathematica</u>, MATHEMA-TISCHE <u>Prinzipien der NATURlehre</u> ...
...

Im dritten Brief (an Richard Bentley) spricht er praktisch ohne Vorbehalte. Obgleich er Bentley nicht mitteilt, was nach seiner, Newtons, Ansicht die Anziehungskraft <u>in rerum natura</u> sei, schreibt er ihm:
Es ist unvorstellbar, daß die unbelebte rohe Materie ohne die Vermittlung eines Nicht-Materiellen auf andere Materie ohne gegenseitige Berührung wirken und sie beeinflussen könnte, was der Fall sein müßte, wenn Schwere im Sinne Epikurs ihr wesentlich und von Natur aus zugehörig wäre. Aus diesem Grunde wünschte ich, Sie würden mir nicht die Ansicht von der eingeborenen Schwere unterstellen. Daß die Schwere der Materie eingeboren, von Natur aus zugehörig und wesentlich sein könnte, so daß ein Körper über eine Entfernung hinweg durch ein <u>vacuum</u> hindurch auf einen andren ohne Vermittlung von etwas wirken sollte, von dem und durch das die Wirkung und Kraft vom einen auf den anderen übertragen würde, ist für mich ein so absurder Gedanke, daß ich es für unmöglich halte, ein auf <u>philosophischem</u> Gebiet bewanderter und sachkundiger Mann könnte darauf verfallen. Die Schwere muß von einer konstant nach bestimmten Gesetzen wirkenden Ursache hervorgerufen werden; ob jedoch diese Ursache materiell oder immateriell sei, habe ich dem Urteil meiner Leser überlassen.
Man sieht, Newton gibt <u>nicht</u> mehr vor, er <u>kenne</u> die Ursache der Schwerkraft nicht; er teilt nur mit, daß er diese Frage unbeantwortet gelassen habe und es seinen Lesern überlasse, selbst die Lösung zu finden: daß nämlich die "Ursache", die die Schwerkraft "hervorruft",

nicht materiell sein kann, sondern ein Geist sein muß, das heißt ent-
weder: der "Geist der Natur" seines Kollegen Henry More, oder ein-
facher: Gott - eine Lösung, die selbst auszusprechen Newton mit
Recht oder Unrecht zu vorsichtig war.
...

    (Gott) ist nicht nur <u>virtuell</u> allgegenwärtig, sondern auch <u>substan-</u>
<u>tiell</u>; denn ohne Substanz kann keine Eigenschaft bestehen. In ihm
sind alle Dinge enthalten und werden bewegt; dennoch beeinflußt
keines das andere: Gott wird von der Bewegung der Körper nicht be-
rührt; die Allgegenwart Gottes bietet den Körpern keinen Widerstand.
Es wird allgemein anerkannt, daß der Allerhöchste Gott notwendig
existiert; und durch eben diese Notwendigkeit existiert er <u>immer</u> und
<u>überall</u>.
    Denn "in ihm leben, weben und sind wir" nicht metaphorisch oder
metaphysisch, wie der Heilige Paulus es meinte, sondern im wahr-
sten und buchstäblichsten Sinn dieser Worte (Koyré: 1980, 148ff.,
152f., 161ff., 204).[280]

---

[280] Vgl. Koyré..., S.148-149, 149-150, 152-153, 161, 162, 163-164, 204

Die Textbelege der Newtonzitate sind ebenfalls auf den oben genannten Seiten erwähnt.

1.6. Geschichtsbezug der "historischen Romane"

Hinterfragt man die drei "historischen" Werke Banvilles hinsichtlich ihres Geschichtsbezugs, so stellt man fest, daß sie an mehreren von Mario Bretones *Zehn Arten mit der Vergangenheit zu leben* partizipieren. Dabei swollte zunächst jedoch betont werden, daß sie allesamt Fiktionen sind, allesamt erfundene Geschichten mit eigenen ästhetischen Gesetzmäßigkeiten und Intentionen.

> *Wir können die Vergangenheit nicht nur erinnern oder vergessen, sie im Traum oder anderswie erfinden oder sie verdoppeln; wir können uns auch mit einer Vergangenheit identifizieren, die wir gar nicht erlebt haben, mit einem Leben, das uns anders erscheint, unter anderen Umständen und an anderen Orten aber vielleicht unseres gewesen wäre. So zumindest in der literarischen Fiktion* (Bretone: 1995, 35).[281]

Literaturintern oder werkimmanent gesprochen nähert sich *Dr.Copernicus* am stärksten einer eigenwilligen Form des *Amalgams*. Es handelt sich quasi

> *um eine Mischung aus Vergangenheit und Gegenwart, und in einem gewissen Sinn löschen diese sich gegenseitig aus, damit eine neue Ordnung oder ein neuer Horizont entstehen kann. Ihr Zusammenhalt wird, um es mit Marc Bloch auszudrücken, so stark empfunden, daß er die Gegensätze verbirgt und "selbst das Bedürfnis, sie zu bemerken" verdrängt* (Bretone: 1995, 41)[282]

Keplers selbstreferentielle Stimmigkeit tendiert zur Kategorie der *Nostalgie - eher als die Vergangenheit zu verklären oder ihr nachzuweinen, will sie ein Instrument zu ihrem Verständnis sein* (Bretone: 1995, 59)[283] -, während das Historikerbewußtsein des *Newton Letter* von *Identifikation* zum *Vergleich* fortschreitet. Die Identifikation mit seinem Forschungsgegenstand läßt den *narrator* ein "schreckliches Drama" entwerfen, weil er scheinbar distanzlos in die Vergangenheit eintaucht und von der Gegenwart abstrahiert - ohne aufzuhören, auf deren Bühne zu agieren. Erst der von Nähe und Distanz gleicherma-

---

[281] Vgl. Mario Bretone, *Zehn Arten mit der Vergangenheit zu leben*, Frankfurt a.M. 1995, S.35

[282] Vgl. ebd., S.41

[283] Vgl. ebd., S.59

ßen geprägte Vergleich läßt ihn am Ende potentiell wieder zum glaubwürdigen Historiker werden.

Von Galileo bis Hobbes, von Kepler bis Bacon und Gassendi tritt das moderne Denken in seinen Anfängen mit dem der klassischen Antike in einen Dialog, in dem es seine Rolle zu spielen weiß. Hobbes hatte neben dem Geschichtswerk des Thukydides stets die Politik des Aristoteles auf seinem Tisch - wie Machiavelli und später Vico die Historiae des Livius: Der Principe, der Leviathan oder die Scienza nuova wären nie entstanden, hätte die Schneide des Geistes ihre Schärfe nicht im Verstehen der antiken Klassiker erhalten. Eine andere Frage ist es, im Einzelfall in Erfahrung zu bringen, zu welchem Ergebnis dieser Vergleich geführt hat, auf welche Weisen das moderne Denken auf die Formen und Paradigmen der Vergangenheit reagiert.

Die Aufgabe des Historikers in der Gesellschaft unserer Zeit hat sich noch nicht überlebt. Er ist Kritiker und Zeuge zugleich. Man bedenke, daß eine Religion "nicht nur einen Verband von Priestern (braucht), die das, was sie an gottesdienstlichen Handlungen vollziehen, verstehen, sondern einen Verband von Gläubigen, die verstehen, was vollzogen wird" (Bretone: 1995, 93f.).[284]

Signifikant ist in diesem Kontext auch die Tatsache, daß sich in Banvilles Existenzmodellen nicht nur die Präferenz der Vergangenheit manifestiert, sondern auch die naturwissenschaftlicher bzw. gelehrter Protagonisten. Sämtlich bieten sie Entwürfe historischer Lebens- und Bewußtseinswelten an, die von einer stark rationalen Perzeption gekennzeichnet sind. Alle drei Naturwissenschaftler dringen zu revolutionären Erkenntnissen vor, um deren Relevanz, aber auch Relativität der heutige - zumindest der wissenschaftshistorisch informierte - Leser weiß. Dieses Wissen versetzt ihn in die Lage, jene rational-logischen bzw. wissenschaftlich innovatorischen Systeme zu relativieren. Daß dieser Relativierungsprozeß bei Copernicus, Kepler und Newton halt macht, ist zweifelhaft; naheliegender scheint es mir, daß die Aussagen dieser ästhetischen Konstrukte die historische Bedingtheit aller wissenschaftlichen Erkenntnis implizieren. Letztere auszudehnen auf die Bedingtheit des menschlichen Erkenntnisvermögens per se, ist nur noch ein kleiner Schritt. Aus dieser Perspektive ist Banvilles Oeuvre ein höchst interessanter literarischer Beitrag zur Konstruktivismusdebatte der Gegenwart.

---

[284] Vgl. ebd., S.93-94

2. Deirdre Madden und Colm Tóibín

2.1. *For love of Ireland...*

> *For love of Ireland, you will leave her, only to find her* (Welch: 1993, 283).[285]

Wie zahllose Schriftsteller und Protagonisten vor ihnen verlassen auch Katherine Proctor in Colm Tóibíns *The South* und Aisling in Deirdre Maddens *Remembering Light and Stone* Irland, ohne es je ganz zu verlieren, tragen es in sich, finden es wieder, kehren zurück. Dieses Motiv erschöpft sich nicht in der politischen Geschichte oder der *quest* der Heldinnen der Bildungs- und Entwicklungsromane, es partizipiert darüberhinaus an jenen mythologischen und selbstreferentiellen Komponenten, deren Historie Robert Welch im Kapitel *Movement and Authority* in *Changing States. Transformations in Modern Irish Writing* im Zusammenhang mit der Interpretation von Gedichten Seamus Heaneys verfolgt (Welch: 1993, 279ff.):[286]

> *The word 'réim' means reign. It comes, according to (P.L.)Henry, from the Indo-European stem *réidh - meaning <u>movement</u>. The authority of a king was expressed in the movement, the swift progress, of a chariot ...*[287]
> *The point to be emphasized .. is that the rule of a king acceptable to sovereignty is encapsulated in movement, a rush, a mobility, a rotation; and such it corresponds with the mobility already attributed to the concept of sovereignty itself. The concept must move and change if it is to accomodate contradiction; the chariot in the test-race at Temhair accomodates male and female ...*
> *I want to conclude by citing (a) poem of Heaney's, from <u>The Haw Lantern</u>.*
> <u>From the Frontier of Writing</u>
> *The tightness and the nilness round that space*
> *when the car stops in the road, the troops inspect*
> *its make and number and, as one bends his face*

---

[285] Vgl. Welch, *Changing States...*, S.283

[286] Vgl. ebd., S.279, 280, 282-283

[287] Robert C.Owens *Modern Gaelic-English Dictionary. Am Faclair Ur Gaidhlig-Beurla*, Glasgow 1993, läßt sich zudem entnehmen, daß das gälische Wort *rèis* soviel wie *race, span, lifetime* bedeutet (Vgl. ebd., S.93).

towards your window, you catch sight of more
on the hill beyond, eyeing with intent
down cradled guns that hold you under cover

and everything is pure interrogation
until a rifle motions and you move
with guarded unconcerned acceleration -

a little emptier, a little spent
as always by that quiver in the self,
subjugated, yes, and obedient.

So you drive on to the frontier of writing
where it happens again. The guns on tripods;
this sergeant with his on-off mike repeating

data about you, waiting for the squawk
of clearance; the marksman training down
out of the sun upon you like a hawk.

And suddenly you're through, arraigned yet freed,
as if you'd passed from behind a waterfall
on the black current of a tarmac road

past armour-plated vehicles, out between
the posted soldiers flowing and receding
like tree shadows into the polished windscreen.

This story is about breaking through. Tightness and nilness, numbers, inspection, interrogation; all these convey the feeling of entrapment. The driver is being categorized; his movement, his 'réim', is being halted; his gallop is being stopped. First one obstacle, then the next; Blocc and Bluicne, in a way, then the Lia Fáil. Movement is regained; the border guards, presiding over fixed categories, flow and recede 'into the polished windscreen'. Heaney enters the country of writing, which is beyond the fixed categories of the border sentinels, who would 'hold you under cover'. The country of writing is the country of movement, of 'réim': is réimse saoirse í. The sovereignty of Ireland, Medhbh or Macha, for the mythographer, was not fixed, and because of that a unity could be envisaged, in which everyone had a part. Outside of this country, outside the frontier of writing, 'everything is pure interrogation'. Inside it things flow together in a unity which can accomodate Ulaid, Cruithin, Goídel, Fir Bolg, Catholics, Presbyterians.

*What does it mean in contemporary terms if we follow the logic of
the old mythographers, and Heaney, who follows them? An Irish person wants the sovereignty of Ireland to be preserved; that means it
must be capable of accomodating everything, all traditions. The Irishman or woman who wants to protect sovereignty will be characterized
by movement, he or she will move across borders and be at home
anywhere. Catholicism will take on Presbyterianism; Presbyterianism
will become Catholic. Maleness will take on femaleness and the other
way around. For love of Ireland, you will leave her, find her.*
(A) quotation .. from Tadgh Camchosach Ó Dálaigh:

dá grádh do fhágbhus Éireann
im bráthair bhocht beigléighinn

For love of her I left Ireland
as a poor unlearned scholar ...

*(Die) umfangreiche Chronik so vieler exilierter irischer Schriftstel-
ler[288] ,...ihre räumliche und oft auch verbal bekundete Entfernung von
der Heimat und seinen Menschen (darf) nicht zu dem Schluß verleiten, es habe sich hier auch eine innere Trennung vollzogen - nichts
wäre verkehrter als solche Folgerung, selbst bei dem rabiatesten von
ihnen, James Joyce.*
*Das Amalgam war jene Art von Haßliebe, die überhaupt erst die
Voraussetzung für die Unauflösbarkeit einer Bindung schafft. Mit irischem Vorzeichen hat das etwas an sich von der kritischen An-
schmiedung Heinrich Heines an das Land seiner Geburt und Herkunft, Deutschland, die erst im Exil wirklich unaufhebbar wird
(Bretone: 1995, 274).[289]*

---

[288] Vgl. Giordano..., S.273:

*Kein anderes Land, auch Deutschland nicht, hat eine so umfangreiche Exilliteratur
wie Irland, wozu der bigotte irische Katholizismus bis in die zweite Hälfte unseres
Jahrhunderts entscheidend beigetragen hat. Väter der Verteibung waren vor allem der Hochklerus und sein moralisierender Anhang, die Hüter rigoroser
Zensurkriterien, deren stickigem Provinzialismus sich die kritisch-weltläufige Gei-
steselite des Wortes nur durch Flucht entziehen konnte, wollte sie sich nicht
selbst zur Ohnmacht verdammen.*

[289] Vgl. Bretone..., S.274

2.2. *Remembering Light and Stone*

2.2.1. *Aisling*

Aisling ist ein Synonym für *dream poem*, das O Rathaille Anfang des achtzehnten Jahrhunderts als eigene Form gälischer Poesie etablierte.

> *In this kind of poem, the poet dreams of a fair lady who comes to him in a vision. She represents Ireland and speaks of the day when she will be rescued from her misery by help from beyond the seas* (Deane: 1986, 23).[290]

Je nach historischem Kontext und ideologischer Absicht kann diese Vision Antizipation (der Wiederkehr der Stuarts), Rebellion (gegenüber den bestehenden gesellschaftlichen Verhältnissen) oder Klage ausdrücken.[291] Primär in englischer Übersetzung existiert das *aisling* bis heute.

Als Vorname der Protagonistin und Ich-Erzählerin von Maddens Roman verweist *Aisling* einerseits auf die Atmosphäre des Traum- bzw. Albtraumhaften, des Visionären und Depressiven und impliziert andererseits die Komponente des Überindividuellen, Repräsentativen der irisch(-gälisch)en Hauptfigur. Zudem manifestieren sich darin andeutungsweise Struktur und Aussage des Kunstwerks selbst, das zum Poem verwebt, was außerhalb des ästhetischen Zusammen-

---

[290] Vgl. Deane..., S.23

[291] Vgl. ebd., S.23f.:

> *It is a poetry still based on the Irish hope of a return of the Stuart line of English kings, reduced in the eighteenth century to the possibility of the restoration of Bonny Prince Charlie, the grandson of James II, to the English throne. This predominantly Scottish hope of restoration died after the extinction of Scottish Gaeldom in the rebellion of 1745. Ó Súilleabháin's <u>Ceo Draíochta</u> (<u>A Magic Mist</u>) is one of the last notable poems in which the return of the Stuarts is joyfully anticipated. Yet this poetry is less an expression of an unrealistic hope than it is an expression of a permanently rebellious attitude towards the existing order. In Ulster, where the Gaelic poets were in an even more exposed position than in Munster where the aisling was born, the visionary woman may appear without a message of hope, merely with a plea to join her in the eternal silence of the Gaels of Tyrone.*

hangs, diesseits der *frontier of writing* ungeordnet und inkonsistent bliebe.

> *I had all the pieces, but I didn't know how to fit them together* (Madden: 1992, 158)[292] -

nur der Traum oder die Kunst vermag daraus ein stimmiges, harmonisches Ganzes, vermag Totalität zu erschaffen. Der zur Kunst gemachte Traum freilich überschneidet sich nur partiell mit dem "realen" oder vorästhetischen:

> *Wie der literarische ist (der Traum) eine (zunächst) undurchschaubare Erfindung, aber in seiner Anordnung* vorästhetisch*: nachdem er seine Notwendigkeit verhüllen muß, verliert seine 'Stell-dir-vor'-Welt auch ihre Einheitlichkeit .. und bietet keine interpretierbare, in allen Teilen aufeinander bezogene Totalität mehr ... Die Sinnfrage stellt er mir zwar, aber als prinzipiell unbeantwortbare. Er färbt ja lediglich meine Wünsche um oder verkehrt sie gar zum Albtraum: und diese* Interesseneinschränkung *ist es, die mich (wie jede andere auch) auf die Suche nach ihrem Wozu schickt. Diese Suche muß vergeblich bleiben, weil der Traum ein solches Wozu gar nicht enthält: auf ein* Sinnziel *hin, wie die Literatur, läßt er sich nicht interpretieren, weil er* nie eines gehabt hat *... (Als* Definition von Literatur *schlage ich vor: sie ist diejenige Textsorte, die die* Sinnfrage stellt*, das heißt, die den Rezipienten auffordert, ihren Sinn zu verstehen und herauszufinden, was sie als Textganzes oder in der Einzelheit eigentlich* meint, heißen *soll,* sagen *will - und zwar* ihm*, dem Rezipienten selbst (Enzensberger: 1981, 79 und 68).[293]*

---

[292] Madden, S.158

[293] Vgl. Enzensberger..., S.79 u.68

2.2.2. Dichotomische Grundstruktur

Das Gewebe dieses autobiographisch anmutenden Romans ist zart und dennoch stringent durchkomponiert. Der *plot* ist leicht skizziert: Die junge Irin, die zu Beginn in S.Giorgio in Umbrien lebt und dort in einer Fabrik Übersetzertätigkeiten nachgeht, verbrachte nach ihrem Collegeaufenthalt in Irland drei Jahre in Paris, wo sie sich als *translator* ausbilden ließ und ihre erste sexuelle Beziehung zu einem Amerikaner hatte, deren Ende sie zutiefst erschütterte. Relativ überstürzt gab sie daraufhin Wohnsitz und Arbeit in Frankreich auf, um in Italien neu zu starten. Sie lernt dort Ted, einen jungen amerikanischen Kunstdozenten kennen, verbringt mit ihm einige Wochenenden in Florenz, S.Giorgio, Rom und Venedig und reist an seiner Seite in die USA und nach Irland, wo sie sich entschließt, Italien zu verlassen und "zurückzukehren".

"I don't belong here", *"I'd come back here"* (Madden: 1992, 1 und 180)[294] -

diese Gedankenfetzen aus Rom und Clare markieren nicht nur Anfang und Ende, sie implizieren auch eine der strukturverleihenden Dichotomien, das Spannungsverhältnis von Süden und Norden. Weniger noch "gehört" Aisling nach Amerika, den Kontinent, dem Ted entstammt. New York löst einen Grad von Klaustrophobie aus, der an Intensität jenen diametral entgegengesetzten Empfindungen gleicht, die die Betrachtung des weiten irischen Himmels hervorzurufen vermag.[295] Durchdrungen ist dieses dichotomische Muster von zahlreichen Reflexionen, Reminiszenzen und Beobachtungen, die letztendlich wieder in die bereits vertraute Struktur, nämlich die Beziehung von Leben und Tod und damit in die eigentlich existentielle Dimension des Werks münden.

Ohne sich durch die strukturelle Dichotomie zu klischierten Oppositionen - etwa des Gegensatzpaares "Nord-Süd" - verleiten zu lassen, vermittelt das Erzählerbewußtsein dieselben als dialektisch aufeinander bezogene Pole, als Sphären einer komplexen und komplizierten, immer neu zu entdeckenden Welt.

---

[294] Vgl. Madden..., S.1 u.180

[295] Vgl. ebd., S.155 u.139

...Ted said to me that, for him, there was always a strong sense of death in the south, because of the very emphasis on life. The sun itself that made the fruit so ripe and big, that seemed to make the people bloom so early and so evidently, mercilessly pushed everything over into decay, so that the fruit quickly rotted, and· the people suddenly fell into a graceless old age...

...I understood what Ted meant, and in a way I agreed with him, but I wasn't completely convinced, because I didn't want to be. I associated the north with violence and death, and I had come south to escape that.[296]

Deep down, I knew that what he said was true, and that it was one of the many things people didn't understand about Italy, the people, that is, who came south to Italy, where "everybody is so happy". No one wants to shatter the myth of the warm, sensual, happy south[297], for if we did not believe in that, where would people go to escape the rigour of the north? I had learnt a lot about Italy in the time I had been there, but what I had learnt most of all was how little I understood it, how deceptive a country it was. And more than learning anything about Italy, I had found out more about my own country, simply by not being in it. The contrast with Italy was a help, but in many ways I felt I could have gone anywhere, so long as it was far away and provided me with privacy, so that I could forget all about home for a while, forget all about Ireland, and then remember it, undisturbed (Madden: 1992, 1f.).[298]

---

[296] Vgl. dazu ebd., S.23 u.32

[297] Vgl. dazu ebd., S.129

[298] Vgl· ebd., S.1 u.2

2.2.3. Integration und Synthese

Erinnertes durchdringt die Erzählerperzeption des gegenwärtigen und historischen Italiens, dieses Erinnerte ist gezeichnet von Intensität und Ambivalenz. *Light* und *stone* markieren die eine Seite desselben, die tief empfundene herbschöne irische Landschaft und ihre Geschichtsträchtigkeit, die andere wird repräsentiert von Familiär-Alltäglichem, geprägt von psychischer Verletzung, Gewalt und Furcht.[299] Der "Mythos Italien" wird durch dieses Irland nicht nur kontrastiert, sondern auf komplexe Weise relativiert, mit der Intensität und Klarheit des Träumers nimmt *the haunted mind* das Gebrochene, Theatralische und Verlogene ebenso wahr wie das Leichte, Unbeschwerte und Bestechende des Südens und verwebt es zu ihrem Italien.

---

[299] Vgl. ebd., S.2, 31, 139, 102, 59 u.61:

I realized then how much I loved that strange, stark beauty, the bare grey stone and the grey sky .. I missed that landscape when lived away from it...

And much as I liked Umbria and Tuscany, sometimes their prettiness got on my nerves and I missed the violence of nature. I used to think of the Burren, in Ireland, where I grew up. It's a place that can be full of threat, and doesn't feed any illusions about humanity being the most important factor in the natural world. To apply the same theory of landscape and society, the Burren at that particular point in time thousands of years ago, when the dolmens were built, as stark as the land around them. The people who built them must have understood that land in a way we can hardly begin to imagine...

I always thought the summer sky in Italy to be over-rated. It was too empty, too high and featureless, too bold and blue, with a fierce sun in it. I think Ireland must have one of the loveliest skies in the world, I could sit and look at an Atlantic sky for hours on end, watching the marvellous clouds, the way you can look into a fire and never feel bored. I like to imagine the world from far away, the atmosphere surrounding it like a pearly skin. And then I think of that skin seen from the inside, with all the variable skies drifting imperceptibly into each other, changing as landscape changes when you travel through it. The sky is timeless, unlike the weathered stone of buildings or paintings that fade...

I hated the way I had been brought up, and I knew it had done me terrible harm...

...I thought of Lucia ... It wasn't my fault, all the things that had happened. She didn't know what it was to grow up feeling dread in her own home., or what it was to fear someone evreyone said she should love...

They hadn't had to live my life, they didn't know the things that had happened, they didn't know the complicated web of lies, secrets and violence there had been...

In der Absicht derselben zu entfliehen, hat sie die *blackness*[300] ihrer Depressivität, das Gewicht ihrer Traumata jedoch mit in den Süden gebracht, am visuell nachdrücklichsten manifestiert es sich dort im Symbol der *hanging woman.*

> *From early that morning, I had had in my mind the image of a woman's body hanged ... The hanged woman was still lurking in the corner of my mind ... The dead woman would haunt my mind ... an image fixed in your head - an image, rather than an idea, and it's not the image of something you've seen, but it's as powerful as a dream, and you can't get it out of your mind...* (Madden: 1992, 32, 45 und 106).[301]

Als diese Vision sich als Antizipation entpuppt, als sie in eins geht mit der Leiche ihrer Hauswirtin Franca, die ihrem von Krebs zerstörten Leben selbst ein Ende setzt, und sie damit auch in Italien der "schwärzesten" Seite der Existenz hautnah begegnet, kann sie, will sie zurückkehren - gerade so, als habe es dieser Grenzsituation im heimatfernen "vitalen" Süden bedurft, um das Phänomen des Todes, das im übrigen in vielen Facetten in ihrer Erinnerung auftaucht, zugleich aus dem irischen Erfahrungskontext zu lösen und in ihr Gegenwartsbewußtsein - quasi existentialistisch - zu integrieren. Dann erst - und zu diesem Zeitpunkt scheint sie die Phase der Beziehung zu Ted bereits hinter sich zu lassen - kann sie von sich sagen:

> *It might have been the other way round. My ancestors might have migrated, so that I would have been in America, and come back looking for my roots* (Madden: 1992, 180).[302]

Im Sinne Robert Welchs wäre Aislings *Irishness*, basierend auf Flexibilität und Integrationsvermögen, jetzt erst glaubwürdig, der Traum jetzt erst Realität.

> *Maybe one of the hardest things is to see beyond your own society, to step out of the collective consciousness of your time...* (Madden: 1992, 7)[303]

---

[300] Vgl. ebd., S.32:

I had carried that blackness south with me.

[301] Vgl. ebd., S.32, 45 u.106

[302] Vgl. ebd., S.180

[303] Vgl. ebd., S.7

Als Katalysator dieses Integrationsprozesses fungiert darüberhinaus Ted.

...I know that there are only two things at the centre of life: the search for love, and the fact of death (Madden: 1992, 62).[304]

Aisling und ihr (zweiter) amerikanischer Liebhaber werden in erster Linie kontrastiv porträtiert. Zwar teilen beide gewisse gemeinsame Interessen und Warten - sei es die bildende Kunst, die Literatur oder die italienische Landschaft -, doch werden auch hier bereits Divergenzen nachhaltiger artikuliert als Konvergierendes, und das "Dostojewskierlebnis"[305] bildet eher eine Ausnahme.

Ted, der Repräsentant einer *anonymous society* (Madden: 1992, 133)[306], verfügt über eine Aislings albtraum- und traumagefolterter Psyche gänzlich fremde Gelassenheit, verarbeitet oder kompensiert aus der Kindheit resultierende Defizite scheinbar schmerz- und mühelos und begegnet ihrem so andersartigen Geschichts- und Zeitbewußtsein oftmals mit Staunen. Nicht minder fremd ist beider Bezug zu Religion und Religiosität und - so läßt sich zumindest schließen - Verhältnis zum Tod. Die Klimax der Unvereinbarkeiten erreicht die Beziehung adäquaterweise in New York.

Psychologisch betrachtet freilich fungieren eben jene auch eine Zeitlang als Basis derselben, komplementieren sie doch partiell die Defizienzen des anderen oder wecken dessen Neugier, dessen Interesse am Individuell-Anderen des Partners. Doch der Erzählerin bzw. dem Roman ist es primär nicht an der Erfüllung der *search for love* gelegen, sondern vielmehr an der Balancierung und Harmonisierung der multiplen Persönlichkeitssplitter und -ingredienzen der

---

[304] Vgl. ebd., S.62

[305] Vgl. dazu ebd., S.50 u.56:

On the way to the café we had passed the place where Dostoyevsky had finished writing The Idiot. I looked at the building out of the corner of my eye, and thought of the day I first saw it, years before, on a visit to Florence ... I had been tempted for a moment to point it out to Ted, but I didn't. It's so precious to me that I wouldn't have known how to react if he had just said 'So what?' or 'Big deal.'...

(Then) suddenly Ted grabbed my arm. 'Look, Aisling, there's something I want to show you. Look up there, see what it says on that house over there? That's where Dostoyevsky finished writing The Idiot. Isn't that something?

[306] Vgl. ebd., S.133

Protagonistin. In diesem Kontext wird die Affäre mit Ted zur Etappe einer die ganze Existenz erfassenden *quest.*

Für Aisling nimmt das Böse ganz konkrete Gestalt an: in den mittelalterlichen Fresken der Kirche S.Giorgios[307] ebenso wie in den Klischees der abergläubischen Anekdoten Francas[308], vor allem aber in ihr selbst:

> *I took evil seriously. I know that since I had arrived in Italy I had met no one who was haunted as I was ... It wasn't other people who bothered me, it came from inside myself, and the feeling was so strong that it was as if there were another person inside me, a dark self who tormented me. My self was split in two, and one half threatened the other, the weaker half* (Madden: 1992, 25 und 65).[309]

Das Böse ist die zweite Seele in ihrer Brust, eine dominante, vielleicht die dominanteste Komponente ihrer multiplen Persönlichkeitsstruktur, die sie zunächst zur "unfreien Person" degradiert[310]. Zwar liefert der Roman Hinweise auf die Relation zwischen den traumatischen Kindheitserlebnissen und den Depressionen und Albträumen der jungen Frau, doch läßt schon die Terminologie vermuten, daß die psychologischen Erklärungsmuster nicht genügen, da es sich um Archaisch-Existentielles zu handeln scheint.

Ted ist geduldig und befremdet, skeptisch und naiv zugleich. Die von Aisling wahrgenommenen Perönlichkeitsfacetten reduzieren sich weitgehend auf die relativ einfache und unkomplizierte Struktur des intelligenten, weltoffenen modernen Amerikaners, der mit ihrer gelegentlich schwerfälligen Antiquiertheit, ihrer Religionsverhaftetheit und ihrem Kunstgeschmack nur momenthaft harmoniert.

> *'...The idea of faith doesn't interest me at all.'*
> *My own experience had been so different. I couldn't think of my childhood without thinking of the religion which had been an integral part of it. Everything about it caught my imagination, from the idea that I had a guardian angel (whom I longed to catch unawares and therefore visible) to our parish church with ist fake grotto* (Madden: 1992, 134).[311]

---

[307] Vgl. ebd., S.25 u.68

[308] Vgl. ebd., S.26f.

[309] Vgl. ebd., S.25 u.65

[310] Vgl. ebd., S.9

[311] Vgl. ebd., S.134

Inzwischen ist Aisling aufgeklärter, zweifelt an der Auferstehung des Leibes[312] und durchschaut den theatralischen Charakter mancher katholischer Riten[313]. Der Bezug zu den frühen Bildern und *patterns* bleibt jedoch intakt und schlägt sich in ihrer Affinität zu Kirchen ebenso nieder wie in ihrer Überzeugung vom Bösen in ihrer Seele.

Ted ist der Metaphysik abhold, lediglich im Ästhetischen, vornehmlich der Malerei, sucht er eine Überhöhung der physischen Wirklichkeit. Dabei gilt sein Interesse nahezu ausschließlich historischen Werken, nur dort findet er jenen *sense of wholeness* (Madden: 1992, 132)[314], jene Schönheit, die der Gegenwartskunst abhanden gekommen sind. Das ästhetische Erlebnis hat für ihn primär kompensatorische Funktion, dient als Refugium vor a *sort of madness* (Madden: 1992, 132)[315], die sich im Alltag und den zeitgenössischen Bildern manifestiert. Aisling denkt auch hier anders. Sie, die vom Bösen ohnehin überzeugt ist, will nicht primär zu eskapistischen Zwecken in eine schönere Welt der Ästhetik entführt werden, wenn sie in Museen und Kunstaustellungen geht, sie glaubt auch an die Notwendigkeit der Mimesis.

I couldn't understand why he had no time for modern or contemporary art. The more recent it was, the less interest he had. There was a big retrospective of Andy Warhol in Venice that year, and he didn't want to go to see it, he sneered at the very idea. There was nothing inherently wrong in this, no reason why he should prefer Pop Art to Sienese painting of the early Renaissance. But I could see how necessary the forms of twentieth-century art were, and how they had had to come into existence to express the way people thought now, how they lived, how they saw things: in short, to express how the world was now (Madden: 1992, 130).[316]

---

[312] Interessanterweise ist gerade diese Idee einer leiblichen - nicht rein geistigen - Auferstehung der Toten aus theologischer Sicht längst überholt. So referiert diese Aussage trotz ihrer beabsichtigten Relativierung eher auf tradierte denn auf religionskritische Denkmuster.

[313] Vgl. ebd., S.9 u.62

[314] Vgl. ebd., S.132

[315] Vgl. ebd..

[316] Vgl. ebd., S.130

Daß auch diese "mimetischen" Gebilde eine eigene Kohärenz implizieren, wird von den Protagonisten nicht ausdiskutiert. Die Differenz bleibt bestehen.
In Amerika kulminiert die Entfremdung:

> New York brought out in me a deep anxiety, and a sense of distance from Ted. More unsettling, it brought out a sense of distance from myself. At night, looking out of the hotel windows at the water towers, the fire escapes, the tall buildings riddled with lit windows, where strangers moved, I began to feel a stranger to myself.
> I went into the bathroom, locked the door and looked in the mirror. 'This is my face, my hair, my eyes, my self,' I said over and over again, and I conned the details of my own life to remind myself who I was. I tried to make myself believe in the reality of my own past, but it didn't work (Madden: 1992, 156f.).[317]

Peu à peu verliert Aisling trotz ritualisierter Selbstvergewisserungsversuche den Kontakt zu Ted und sich selbst.

> I'd never felt lonelier than when I was in New York (Madden: 1992, 158).[318]

Nur vorübergehend findet sie im Metropolitan Museum wieder zu sich, ortet sich selbst zwischen Geschichte und Gegenwart. Überlagert jedoch wird auch dieser Eindruck von Einsamkeit und Sehnsucht. Sehnsucht empfindet sie nun plötzlich nach Irland, dem Land, wo die Uhren noch langsamer gehen, beträchtlich langsamer allemal als in New York und Washington; was sie dorthin zieht, ist ihr allerdings bislang nur schimärisch bewußt. Die Splitter, die sie in der Hand hält, sind noch unvollständig und passen (noch) nicht zusammen. Zur potentiellen Stimmigkeit bedarf es erst noch der bewußten Rücknahme des Todes ins Leben, es bedarf der Konfrontation mit Francas Leiche.
Ein Gegengewicht zur psychischen "Schwärze" bilden jene sublimen Augenblickserlebnisse, die an die klassische Moderne erinnern, an Virginia Woolfs *moments of being*, Marcel Prousts *temps pur* oder James Joyces *epiphanies* etwa.[319] Momenthaft erlebt Aisling Ewig-

---

[317] Vgl. ebd., S.156f.

[318] Vgl. ebd., S.158

[319] Vgl. Andrea Beck, *Konstitution von ästhetischen Sinnsystemen in sieben Hauptwerken Virginia Woolfs*, Frankfurt a.M./Bern... 1988, v.a. Teil II

keit, Kohärenz, Glück inmitten alltäglicher Kontexte: beim Blick in den Spiegel einer Pariser Bar, beim gemeinsam verbrachten Winternachmittag in einer Kleinstadt oder beim *piggyback* auf dem Rücken ihres Bruders als Kind in Irland.[320] Sie fungieren als *foreshadowing* und antizipieren die Integrationsleistung des Romanschlusses.

Den *ruined villages* am Ende der Hunger Roads gleich findet Aisling ihr *family home .. empty and abandoned* (Madden: 1992, 178f.)[321], eben so, als wäre die Sippe der Hungersnot entflohen und nach Amerika ausgewandert. Diesmal flieht sie nicht - wohin und wozu auch? *It was later than she thought* (Madden: 1992, 180)[322], Zeit, die *(broken) pieces* von Erinnerung und Gegenwart, von Leben und Tod zusammenzufügen, Zeit für einen Neuanfang in der Rückkehr. Was sich traumhaft und unsentimental strukturiert, ist jenseits der "Gartenmauern Umbriens"[323], ist weder Paradies noch Hölle, aber eine glaubwürdige individuelle Existenz, stabilisiert durch die Akzeptanz von *evil* und *death*[324] - eine gelungene Synthese, die die Antithesen der Romanstruktur schließlich aufgehoben hat. Das Produkt *(of one) of the most original and disturbing writers since Jean Rhys* (Madden: 1992, cover).[325]

---

[320] Vgl. Madden..., S.36, 77 u.89

[321] Vgl. ebd., S.178f.

[322] Vgl. ebd., S.180

[323] Vgl. ebd., S.168:

'Sometimes,' I said to Ted, I'm afraid that it's all like a dream, and that someday I'll wake up, and feel that I've let so much of my life slip by, and with it something important, that I was too drowsy and wrapped in luxury to miss until it was too late. It's like living in a walled garden here - a fabulous garden, and one so big that you can't see the walls, but you know they're there, all the same. And yet on a day like this, none of that matters.

[324] Vgl. Beck, *Konstitution...*, Teil II, 4. und 5.Kapitel:

Martin Heideggers Entwurf des ganzheitlichen Daseins als Sein zum Tode und Virginia Woolf: Funktion des Todesmotivs - Bewußtseinsdifferenzierung und wachsende Notwendigkeit der Rücknahme des Todes ins Leben - Kunst als letzter Ort einer gültigen Vermittlung

[325] Vgl. Madden..., cover

2.3. *The South*

2.3.1. Irland versus Spanien

Mag Colm Tóibíns poetisch-bildhafte Sprache in *The South*, wie so oft betont[326], einerseits dazu dienen, das Beschriebene zu visualisieren, so fungiert andererseits die Malerei dazu, das Medium des Erzählers zu thematisieren, vermittelt sie implizite Kunsttheorien, die über sie hinaus auch auf die Literatur verweisen.

Das Handlungsmuster, der *plot*, greift zurück auf Tradiertes. Die Protagonistin "flieht" Irland, läßt sich im südlichen Europa nieder und kehrt schließlich zurück. Katherine Proctor, eine der späten Erbinnen eines protestantischen *big house*, das in ihrer frühen Kindheit in den zwanziger Jahren von neidischen Nachbarn niedergebrannt und von ihrem Vater wieder aufgebaut wird, verläßt mit zweiunddreißig ihren konventionellen, prüden und kommunikationsarmen Ehemann und ihren von der Mentalität des Vaters geprägten zehnjährigen Sohn, um über London, wo ihre Mutter, die in jungen Jahren einen analogen Weg einschlug, ein emanzipiertes, aber gelangweiltes Dasein führt und den Entschluß der Tochter, deren Existenz selbst ihren engsten Freunden unbekannt ist, affirmiert, nach Spanien auszuwandern. Finanziell von derselben unterstützt - Katherine, der ja auch die Scheidung verwehrt bleibt[327], gelingt es nicht, von ihrem

---

[326] Vgl. Colm Tóibín, *The South*, 2.Aufl., London 1992, cover:

A book of sustained lyrical beauty and power ... Tóibín has a subtle, painterly eye, the direct gaze and sense of place given to exceptional visual artists. His novel is all the more remarkable for its language, so poetic and so direct, pared down to what belongs and nothing else (Chiacago Tribune)

A purifying clarity, like a refiner's fire (Mirabella)

Tóibín's first novel is a broad and beautifully worked canvas... (The Sunday Times)

[327] Erst Anfang Dezember 1995 gelang es den Scheidungsbefürwortern Irlands, in einem Referendum einen knappen Sieg über ihre Gegner zu erzielen, das seit achtundfünfzig Jahren geltende Scheidungsverbot aufzuheben und damit den Weg für eine Änderung der Verfassung, in der die Unauflöslichkeit der Ehe fixiert ist, zu bahnen (Vgl. *Süddeutsche Zeitung, 20.November 1995, 1.Dezember 1995, 2./3.Dezember 1995*).

Vgl. dazu auch Colm Tóibíns ironische Reaktion auf das Mitte der achtziger Jahre gescheiterte Referendum in *A Boat Trip On Lough Erne (Bad Blood..., S.49-52)*:

irischen Besitz auch nur das Existenzminimum zu bestreiten - verbringt sie die nächsten drei Jahrzehnte primär in Spanien. Zunächst
driftet sie, die bereits in Irland Hobbymalerin war, in die Künstler-
bohème Barcelonas, wo sie ihre zwei wichtigsten Männerbekannt-
schaften macht[328] und professionell zu malen beginnt. Mit Miguel,
einem nachrevolutionären fanatischen Anarchisten und agitatori-
schen Künstler, geht Katherine eine leidenschaftliche Beziehung ein,
während der talentierte, sensible Michael Graves, ein ehemals tuberkulosekranker mittelloser Ire aus ihrem Heimatort Enniscorthy, in
erster Linie als Seelenfreund fungiert, der sie zeitlebens begleiten
wird, um am Ende in Dublin mit ihr zusammenzuleben.[329] Miguel
und Katherine lassen Barcelona hinter sich und ziehen in sein ehe-

---

*The result of the divorce referendum was made known the following Friday
morning. It was clear and overwhelming: the country had voted no. I was in
Monaghan, at Annaghmakerrig, the house which Tyrone Guthrie had left to the
Irish nation as a retreat for artists. I was about to take a boat trip on Lough Erne
with Bernard Loughlin, the director of the Tyrone Centre, his wife Mary and their
children, Maeve and Eoin ... We drove to Enniskillen. A few days earlier I had
gone back to Dublin to register my vote, as the opinion polls began to swing away
from the "yes" result. "A woman voting for divorce is like a turkey voting for
Christmas," had become the slogan. What would abandoned women and children
live on, was the constant cry. The majority had voted to keep the ban on divorce
in the Irish Constitution ... We tied the boat up at the jetty, and walked up to the
ruins of the church, which had a rare Hiberno-Romanesque doorway ... Eight
figures, found on the island at various times, dating from the ninth, tenth or
eleventh centuries, were cemented on a stone wall ... Seven of the faces were
still plain, most of them wore a somewhat disgruntled expression. One of them,
the last in the series, which was just a stone head stuck into the wall, looked
positively unhappy. The two largest figures carried with them something of the
pomp of the Church, their bells and croziers carved into the stone with great
clarity. They had been found among the stones on the island; here they seemed
oddly sanitized in the way they had been preserved; they seemed to be joining
the rest of the population, North and South, in saying "No". Their mouths on the
word for eternity. "No. No. No." "Ulster says No." "The Republic says No." The
first figure, however, looked as though she could survive in any environment. She
would stand out in any company. Her hands, it should be said, were not by her
side.*

[328] Die Namensgebung "Miguel" - "Michael" läßt weniger auf die Ähnlichkeit der
Charaktere schließen als vielmehr auf die psychologische Bedeutung, die beide
in ihrer Komplementarität für Katherine haben; gemeinsam ist ihnen aus dieser
Warte zumindest die "Differenz" zu Tom, dem verlassenen Ehemann, beide
kompensieren Defizite dieser Beziehung, wenngleich sie in dieser Funktion auch
für die Protagonistin nicht aufgehen.

[329] Katherine Proctors Nachname wird vor allem in dieser Beziehung sinnfällig;
Michael ist in zunehmendem Maße in der Rolle des "Beschützten".

maliges Refugium, ein halbverlassenes Pyrenäendorf, wo sie mit ihrer Tochter Isona in primitivsten Verhältnissen leben und malen. Der Kontakt zu Carlos Puig, einem Mitstreiter aus den Zeiten des Spanischen Bürgerkriegs, der sich nach langer Inhaftierung in psychisch desolatem Zustand befindet und stirbt, sowie ein erneuter kurzfristiger Gefängnisaufenthalt entfremden Miguel der gegenwärtigen Realität, fördern seinen Autismus und motivieren seine Selbstauslöschung. Nach der Destruktion seiner Gemälde begeht er mit Isona Suizid. Nach Jahren nimmt Katherine wieder Kontakt zu ihrem inzwischen familiär und beruflich etablierten Sohn auf und findet peu à peu zurück nach Irland, wo sie sich schließlich niederläßt und ihre Künstlerexistenz professionalisiert.

Auch *The South* ist zugleich Emigrations- und Künstlerroman. Michael, der selbstdefinitorische *émigré*, gleicht einem Joyceepigonen, wenn er seine Beziehung zu Irland reflektiert:

> "We should call this exile's corner," Michael Graves said, as the waiter poured more sherry into his glass. "We should put a sign up. Do you know the Irish word for exile?"
> "Please tell me," she said.
> "Deorai."
> "How very interesting."
> "Maybe so, but do you know what it means?"
> "No."
> "Deor means a tear and deoraí means one who has known tears."
> "I see no deep furrows on your cheeks," she said.
> "That's because, like you, I'm not really an exile, but an émigré. Delighted to get out. A great country to emigrate from is ours. 'And after this our exile...'" he began to intone.
> "What's that?"
> "It's a prayer. 'Hail Holy Queen Mother Mercy, Hail Our Life Our Sweetness and Our Hope, to Thee do we send up our sighs mourning and weeping in this valley of tears...'..." (Tóibín: 1992, 53).[330]
> "I was sick of Ireland", heißt es in einem anderen Gespräch mit Katherine. "Seriously, if you knew anything about the country you wouldn't ask why I left." (Tóibín: 1992, 74).[331]

Ihre Perspektive ist aus soziologischen Gründen eine andere und dennoch überschneiden sich die Motive.

---

[330] Vgl. *The South*, S.53

[331] Vgl. ebd., S.74

Katherine hat Irland nie gehaßt, wie sie in Abgrenzung zu ihrer Mutter betont[332], aber sie leidet an einem irischen Trauma, dem Brand des Hofes, der sie in Albträumen verfolgt und die erlebten Spannungen zwischen den gesellschaftlichen Klassen visualisiert, mag ihre Warte auch die der sozial Privilegierten sein.[333] Darüberhinaus erscheint Tom, ihr Ehemann, als Inkarnation repressiver Sexualmoral und obsoleter Verhaltenskodice, die ihr ein erfülltes Dasein als Frau und Partnerin verweigern.[334]

Daß Parität (mit Miguel) auch im Süden nicht gelingt, ja selbst die späte Realisation einer über Dekaden antizipierten Liebe (mit Michael) latent hierarchische Züge hat - wenn auch mit umgekehrtem "Vorzeichen"-, sprengt den Rahmen einer bloß irischen Geschlechterphilosophie, was der um Nuanciertheit bemühten ästhetischen Aussage freilich nicht zum Nachteil gerät.

---

[332] Vgl. ebd., S.188 u.178

[333] Vgl. ebd., S.114 u.153

[334] Vgl. ebd., S.16f.,43 u.154

2.3.2. Implizite Kunsttheorien im Kontext von Politik, Geschichte und Existenzbewältigung

Die Kunst, primär das Malen und Theorien über dasselbe, eröffnet verschiedene Möglichkeiten der Selbstreferentialität ebenso wie der Charakterisierung der Hauptfiguren.

Als zunehmend epigonal und ästhetisch zweitklassig wird Miguels Protest- und Propagandakunst skizziert, als Medium revolutionärer Ideologie und Surrogat nicht erfüllter politischer Utopie entlarvt. In seinem Francoporträt findet sie ihren sinnfälligsten Niederschlag.

> *(Michael Graves) turned to Katherine. "The painting, Miguel told me to tell you, is called <u>The Death of Franco</u> and it shows Franco dead in a coffin. There's a huge rat eating at him and bits of him are being eaten by worms. It's a great bloody painting. It's terrific."...* (Tóibín: 1992, 62).[335]
>
> *The painting was unveiled, bottles of champagne were opened and Katherine felt that people were disappointed by the painting, that it did not seem shocking to the few students and artists there...*
>
> *Katherine went over and examined the painting. The face was not right; she would not have recognised the man as Franco, that was the first failure. The sense, however, of something rotting was, she felt, good ... Rogent saw her looking at it and came over. He asked her if she liked it. When she said no, she did not, he agreed with her.*
>
> *She told him she enjoyed the classes and laughed when he said she was his best student ... They both glanced over at Michael Graves ... "His drawings are marvellous," he said* (Tóibín: 1992, 65f.).[336]

Miguels und Katherines Kunstauffassungen differieren von Anfang an. Sie präferiert seine Stilleben, seine "akademischen Arbeiten", er dagegen will gemalte *statements*, will dezidiert politische Aussagen zu Papier bringen.[337] Doch will ihm dies immer weniger gelingen. Konfrontiert mit dem psychischen und geistigen Verfall seines anarchistischen Kampfgenossen und der Wirkungslosigkeit seiner Kunst, verfällt auch Miguel. Depression und Autismus lassen ihn seine Gemälde vernichten und schon vor seinem Freitod in lebloser Erstarrung dahinvegetieren.

---

[335] Vgl. ebd., S.62

[336] Vgl. ebd., S.65f.

[337] Vgl. ebd., S.60f.

"I don't know," (Katherine) said. She closed her eyes...
"...Since Carlos Puig died, since the day we brought him up here
in a coffin ... I've been afraid. Since that time things have just fallen
apart...
...
Do you know how long it is since I have talked to him?"
"Tell me."
"It's several months."
...
(Being) an expert in all things physical, in lighting fires, chopping
wood, stretching canvas, he knew how to reach orgasm quickly. He
no longer cared whether she did or not.
...
Miguel turned to Michael Graves and said everything happened
years ago, before the war. Now nothing happened. They used to
make their own flour before the war. Now there was nothing, no life.
He went to the window and looked out (Tóibín: 1992, 147f., 143 und
151).[338]

Michaels Ästhetik ist nicht weniger existentiell, ja aus existentieller
Not im Sanatorium entstanden. Malend und zeichnend versuchte er
als tuberkulosekranker Lehrer der Welt jenseits der Morbidität seines
"Zauberbergs" habhaft zu werden, indem er die Impressionen der
beiden Leuchttürme oder des Flusses draußen festhielt, verinner-
lichte er zugleich ein Stück Natur, eine Facette des lebendigeren
Daseins.

"It was like <u>*The Magic Mountain*</u> *except more people died. Almost*
everybody died. I didn't die."
...
"That's how I started painting. I was getting worse that time..."
(Tóibín: 1992, 60 und 214).[339]

Als ironisch noch einmal gebrochene Variante von Thomas Manns
Hans Castorp bereichert er schließlich durch die "Fülle des Wohl-
lauts" klassischer Musik (Michael greift nicht zufällig immer wieder zu
den gleichen Platten wie der sentimentale und dezidiert weltflie-
hende Großbürger Hans Castorp), durch Bildung und latente Erotik
auch den "Zauberberg" Katherines und Miguels in den Pyrenäen.

---

[338] Vgl. ebd., S.147,148,143 u.151

[339] Vgl. ebd., S.60 u.214

He came with an old record player he had bought in Barcelona with a handle to wind it up and replacement needles. It worked perfectly. He brought a big box of records and each time thereafter he added to the collection. At first she thought she would never get to hear them all, there were so many. Michael put himself in charge of the record player ... Michael knew everything, even the Italian or French words ... Symphonies, songs, chamber music, opera arias, sacred music, sonatas, concertos ... He played her Claudia Muzio singing the great aria from Tosca:"I have lived for art, I have lived for love."
...
She missed him; she had become close to him (Tóibín: 1992, 94 und 93f.).[340]

Michael, der talentierte, sensible und mitunter zynische Autodidakt aus schlichtesten sozialen Verhältnissen, verfügt über intrinsisches Künstlertum und verweist auf die Genietradition, die subtil und ironisch zugleich anklingt und im Gegensatz zur Ästhetik Miguels weder erschöpft noch obsolet wirkt.

Katherine, der Protagonistin, ist es schließlich vorbehalten, sich künstlerisch am meisten zu entfalten. In Irland dient ihr das dilettierende Kunstschaffen als Refugium, in *a room of her own* verbringt sie ihre Nachmittage, wo sie niemand stören darf. Peu à peu wächst sie in Barcelona in die dortigen Künstlerkreise, beginnt ernsthaft zu malen und sich mit theoretischen Aspekten zu befassen. Doch erst in der Einsamkeit der Bergwelt und der sozialen Isolation derselben wird die Malerei für sie zur zentralen Beschäftigung.

It was easy to paint. Easier than anything else she could have done. The wood was ready for the winter and there were still a few weeks before the snow. There was nothing else to do except paint (Tóibín: 1992, 139).[341]

Mit der wachsenden Entfremdung Miguels und dem Bewußtwerden der Begrenztheit des Aufenthalts in Pallosa wird die Leinwand zum Tagebuch, zum Dokument des bald nur noch in der Erinnerung Fortlebenden.

"I wish I knew I could spend the rest of my life here," she said.

---

[340] Vgl. ebd., S.94 u.93f.

[341] Vgl. ebd., S.139

"Why can't you?" (Michael) asked.
"I always feel that I have just borrowed it for a few years. I watch it all the time because I will need to remember it. Maybe that's why I'm painting it." (Tóibín: 1992, 147).[342]

Eine überindividuelle Dimension erhält ihr historisches Bewußtsein bezüglich der künstlerischen Produktion und deren Gegenstandsbereich gegen Ende des Romans in Irland, wo sie den Slaney zu malen versucht und die Geschichtlichkeit dieser Region zu reflektieren beginnt.

The Slaney north of Enniscorthy and south of Bunclody. This was the land the English had taken over and tilled. They had cut down the trees, they had given new names to each thing, as though they were the first to live there. In the beginning she had been trying to paint the land as though it had no history, only colours and contours. Had the light changed as the owners changed? How could it matter? ...
She began to work; she started to paint as though she was trying to catch the landscape rolling backwards into history, as though horizon was a time as well as a place. Dusk on the Slaney. Over and over. Dusk on the Slaney and the sense of all dusks that have come and gone in one spot in one country, the time it was painted to stand for all time, with all time's ambiguities.
In the distance the rebels lie bleeding.
In the distance no one has yet set foot.
In the distance a car is moving.
In the distance the sanitorium at Brownswood in Enniscorthy.
...
In the distance .. the full moon rising (Tóibín: 1992, 220f.).[343]

Die allgemeine und ihre Geschichte fließen in eins, ihre Slaney-bilder integrieren die vergangener Jahrhunderte, integrieren auch Michaels Historie.

Manifestation von Katherines künstlerischer Entwicklung ist ihre Ausstellung in Dublin; Manifestation der persönlichen ist neben der wiedergefundenen Beziehung zu ihrem Sohn jene zu Michael.

She opened the door and turned on the light in the front room.
"Schubert," he said.
"What Schubert?"

---

[342] Vgl. ebd., S.147

[343] Vgl. ebd., S.220f.

"There's one you always play."
"Hold on. I'll get a drink first..."
...
"This gin is gorgeous." He clinked the ice around in the glass. *"I'd love to go to bed with a woman with a taste of gin on her,"* he said.
"It used to be garlic. When I knew you first you wanted a woman tasting of garlic."
"It's age. Now I want gin. That's what age is doing to me." He stared into the fire for a moment, then turned and looked at her again (Tóibín: 1992, 237f.).[344]

Daß dies alles in Irland stattfinden kann, zeigt dieses Land als *a great country to return to.*

Analoges gilt auch für Deirdre Maddens heimkehrende Exilantin Aisling.

---

[344] Vgl. ebd., S.237f.

3. Dermot Healys *A Goat's Song*

3.1. Imagination

Auf der Suche nach der verlorenen Imagination befindet sich der Protagonist dieses Künstler-, Liebes- und Irlandromans in *Christmas Day in the Workhouse,* dem ersten der vier Teile des Werks.

Der Tradition der von idealistischem Gedankengut geprägten Romantiker verpflichtet[345], fungiert die Imagination für den zwischen Verzweiflung, Sehnsucht, Destruktivität und Rausch schwankenden Dramatiker und verlassenen Liebhaber Jack Ferris als Medium zur Transzendierung der Wirklichkeit, Basis der schöpferischen Tätigkeit und Notwendigkeit der Weiterexistenz per se.

For the first time, after all the sleepless nights, he considered the word illness, which led to the word disease, which led to the phrase failure of the imagination. For the first time in his life he had a slight insight into what the word imagination might mean. To live on in a

---

[345] Spielt der das Primat der Ratio allmählich verdrängende Imaginationsbegriff in der englischen Literaturgeschichte seit dem Frühromantiker Edward Young und seinen 1759 publizierten *Conjectures on Original Composition* über William Wordsworth und Percy Bysshe Shelley bis in die Mitte des neunzehnten Jahrhunderts im Kontext der Geniediskussion eine zentrale Rolle, so ist doch bei keinem der englischen Romantiker der Einfluß des deutschen Idealismus so eindeutig nachweisbar wie bei Samuel T.Coleridge und seinen kunstphilosophischen Ausführungen in *Biographia Literaria* von 1817, die, rationalistische und klassizistische Konzeptionen relativierend und auf erkenntnistheoretische Positionen von Kant und Fichte rekurrierend, die Problematisierung des Wahrheits- bzw. Erkenntnisbegriffs im Zusammenhang mit der Subjekt-Objekt-Diskussion erörtert und zur Grundlage einer frühen "subjektivistischen" Ästhetik macht.

Bei aller Kritik am romantischen Ideengut implizieren selbst die ästhetischen Entwürfe der klassischen Moderne mit ihrer Insistenz auf subjektiver Wirklichkeitserfahrung und den die Bewußtseinssphäre verabsolutierenden Darstellungsmodi des inneren Monologs oder Bewußtseinsstroms philosophische Ansätze dieser Epoche.

Vgl. dazu David Punter, "Romanticism", in: Martin Coyle et al: (Hrsg.), *Encyclopedia of Literature and Criticism*, London/Detroit 1990, S.106-118

Vgl. ebenso Bettina Gessner-Utsch, *"Subjektiver Roman".Studien zum Verhältnis von fiktionalen Subjektivitäts- und Wirklichkeitskonzeptionen in England vom 18.Jahrhundert bis zum Modernismus*, Frankfurt a.M./Bern... 1994, S.12-32

different world, to transcend, to enter a new story. As they passed through Crossmolina he realized it was not going to happen. I am diseased, he thought (Healy: 1995, 27f.).[346]

Christmas Day in the Workhouse, chronologisch gesehen an *The Musical Bridge*, den Schlußteil, anknüpfend, ist in erster Linie eine Reise durch Jacks Bewußtsein - die gelungenste Exposition, die für dieses stark *mind*-orientierte Oeuvre gewählt werden konnte. Ferris, vom Mediziner zum bislang wenig erfolgreichen Künstler "avanciert", verfolgt aus meist trunkener Distanz in Mayo die Proben zur Uraufführung seines letzten, Catherine, seiner (ehemaligen) Geliebten, gewidmeten Stücks in Dublin, bis er sich, unfähig, den Teufelskreis aus Alkoholismus, Einsamkeit und mißglückten Versuchen, die gescheiterte Beziehung wiederzubeleben, über Weihnachten zur Entziehungskur in eine psychiatrische Klinik begibt. Dort erlebt er die allmähliche Transformation seiner "Krankheit" in "nüchternes" Imaginationspotential, dort beginnt er, sich selbst auf einer neuen Ebene des Bewußtseins zu begegnen, empfindet Katharsis und Befreiung. Daß er dies primär erzählend und schreibend erlebt, verweist früh schon auf das den Roman dominierende selbstreflexive Moment.

Langsam und schrittweise gelingt es ihm, der selbstzerstörerischen, von Haßliebe durchdrungenen Vergangenheit mit quasi apollinischer Distanz und wachsender Gelassenheit, mit der dem Ästhetisieren unabdingbaren "Kälte des Künstlers" gegenüberzutreten[347] und *the long insane journey into sobriety*[348] anzutreten.

And so it was. If he loved her in the body once, let his imagination seek her out as best it could ... But as long as he loved her he could not begin writing again.
The minute he put a word on the page he would stop loving her. Once it became a story it was over. Some other person would materialize.
Still his imagination would not comply. He was not ready yet to consign the real living Catherine to the world of imagination. He wanted to stay in life, to continue the adventure.
...

---

[346] Vgl. Dermot Healy, *A Goat's Song*, 9.Aufl., London 1995, S.27f.

[347] Vgl. dazu Thomas Manns kunsttheoretischen Ausführungen in *Schopenhauer* (in:Thomas Mann, *Leiden und Größe der Meister*, Frankfurt a.M./Hamburg 1957, S.167-215) sowie seine in der Novelle *Tonio Kröger* formulierte Ästhetik.

[348] Vgl. Dermot Healy..., S.83

> *He went round Dublin (and) turned into the street where the theatre was.*
> *He stood in an alleyway watching his name and hers emblazoned across the entrance. The role he had written for her released her from him.*
> *...*
> *Now he had to live in a different world. To transcend. To enter a new story. She must be imagined. He opened a spiral-bound notebook and thought, Here it begins* (Healy: 1995, 79 und 84).[349]

Auf diesem Hintergrund erhält die Abweichung von der Erzähl-chronologie Sinn, denn erst durch die wiedergefundene Imaginationskraft ist der Protagonist in der Lage, seine alte Geschichte neu zu erzählen, zu strukturieren, kann er beginnen, sie zu transzendieren, schreibt er sich schließlich in eine ganz neue (Erzähl-)Phase (seiner Existenz) hinüber.

Die Voraussetzungen seiner ästhetischen Produktivität solchermaßen (in primär postmoderner Manier) reflektierend, kann nun auch der "Romanerzähler" selbst tradierteren Mustern folgen und sich der *vita* des Katholiken Jack Ferris und der Protestantin Catherine Adams, die *in nuce* die Geschichte Irlands und seiner religiösen Differenzen aufleuchten läßt, widmen.

Die Raffinesse der Darstellungsweise dürfte den Kritikern der fast überschwenglichen Rezensionen wohl kaum entgangen sein, dennoch liegt der Akzent ihrer Laudatio auf dem fesselnden Moment des Inhaltlichen und der leidenschaftlich-poetischen Diktion von Healys zweitem Roman.[350]

---

[349] Vgl. ebd., S.79 u.84

[350] Vgl. ebd., cover:

A powerful novel full of violence, both personal and political, but also of poetic delicacy...(Katie Owen, *Sunday Telegraph*)

A powerful novel that addresses the greatest issues of national tragedy without losing sight of the personal tragedies of which it is formed (Michael Kerrigan, *Scotsman*)

Intensity, passion, vivid characterization and a bold way with big themes (Jan Dalley, *Independent on Sunday*)

I have read A Goat's Song three times now and I am going to read it again ... It haunts my dreams (Patrick McCabe, *Sunday Tribune*)

...His portrayal of the myths of Belfast and the West coast pierces through the stereotypes, while helping us to see clearly the jusitfication for their existence...(Tom Adair, *Independent*)

Und in der Tat bedarf es eines sowohl kraftvollen als auch hoch-differenzierten sprachlichen Mediums, um die komplexen Prozesse in *A Goat's Song* - wohl nicht zufällig das Werk eines Dichters und Dramatikers - auf glaubhafte Weise zu vermitteln.

The writing is at all times pithy, wonderfully textured and beautifully shaped ... (The) dialogue is earthy and funny, the characters exactly drawn, the emotion searingly true, and the descriptive passages achingly real...(Vincent Banville, Sunday Press)

Psychological acuteness and social immediacy, fresh responsiveness to the natural world and seasoned revulsion from a nightmarish political one all make A Goat's Song well worth attending to (Peter Kamp, Times Literary Supplement)

The book reiterates Dermot Healy's standing as one of Ireland's finest writers ... a testament to the power of a writer for whom landscape, history and people merge into a lyrical but explosive whole... (Sean Dunne, Cork Examiner)

3.2. A goat's song

A Goat's Song - eine moderne Tragödie in epischer Form.
Im dritten Buch, *The Hares*, legt der *narrator* dem Dramatiker
Ferris die Werkintention in den Mund, läßt die Grenzen zwischen
sich und seiner Figur verschwimmen und zugleich den Tenor von
Catherines und Jacks Liebesbeziehung anklingen.

> *"What do you do anyway?" (Catherine) asked.*
> *"I do a spot of writing. And I fish here for the summer on the boats."*
> *This made her pause. "Writing," she said disbelievingly. "What sort of writing?"*
> *"Plays, I'm interested in plays."*
> *"What kind?"*
> *"I pen songs of the buck. Billy tunes."*
> *"I'm sorry?"*
> *"Goat songs."*
> *"Is that so?"*
> *"That'd be the height of it."*
> *Catherine looked at him. "That's all very interesting. But I don't know what you're talking about."*
> *"Tragedies. Tragos - goat. Oide - song. From the Greek."*
> *"I never knew that."*
> *"There you go. Every time you weep in the theatre you're listening to a goat singing."*
> *"You jest."*
> *"Not at all. In the early days the Greek goatherds used to put the bucks on one island and the nannies on another. Then when the nannies were on heat their smell would come on the breeze to the bucks who rose a mournful cry."*
> *"The poor things."*
> *"That's what I thought."*
> *"And why didn't they just jump in the water and swim across, if they were so frustrated?"*
> *"Ah, but that's the crux of the matter," said Jack Ferris. "You see, goats can't swim"* (Healy: 1995, 227).[351]

---

[351] Vgl. Healy..., S.227

Vgl. ebd., S.245-247

Halb scherzhaft führt Jack, nachdem er von deren angeblich leichter Entflammbarkeit erfahren hat, Catherine eine Ziege zu. Kurze Zeit vorher versorgte er Maisie Adams mit Ziegenprodukten und bewirkte damit eine Linderung ihres Asthmas.

Wenn das Leitmotiv[352] im vierten Teil wiederkehrt, hat es bereits persönliche Konnotationen angenommen, freilich ohne auf die, wenn auch ironisch gebrochene, fatalistische Klangfarbe zu verzichten. Als Jack den Intendanten seines Theaterstücks in Dublin anrufen will, um ihm mitzuteilen, daß Catherine die weibliche Hauptrolle übernehmen werde, verfolgt ihn ein verängstigter Ziegenbock, den er zu verscheuchen versucht.

> *A black-and-white goat with a long gentlemanly snout started to follow him when he reached the Church of the Holy Family. When he'd stop, the goat would stop. When he went on, the goat would go on..."Go long," he shouted, but the goat just moved his yellow shining eyes and stood watching him from the far side of the road. Jack lit a cigarette and dropped his matches. When he went to pick them up, the goat ran off, afraid that the man was about to hurl a stone at him.*
> *"So someone has been ill-treating you, have they?" he said to the goat.*
> *...*
> *"Go home!" shouted Jack.*
> *And then as he walked off and the goat stopped where he was, Jack was sorry to lose him* (Healy: 1995, 377f.).[353]

Ob es sich um eine Begegnung mit seinem *alter ego* handelt oder um die Antizipation der Trennung von seiner Geliebten, die er de facto vertreibt, um sie dann umso stärker zu vermissen, mag dahingestellt bleiben. Daß mit zarter Ironie auch die Vollendung seines "Bocksgesangs" thematisiert wird, ist nicht zu übersehen.

Allein an der Westküste und von seinen Erinnyen verfolgt, wird er selbst zum erotisierten Ziegenbock.

Vgl. auch Gero von Wilpert, *Sachwörterbuch der Literatur*, 5.Aufl., Stuttgart 1969, S.797:

Tragödie (griech. tragodia = Bocksgesang, doch wohl kaum "Gesang der Böcke", da weder trag. Chöre noch Satyrn in Bocksmasken auftraten, sondern "Gesang um den Bock" als Preis oder Opfer)...

Die von Healy gewählte Deutung kommt der Aussage seines Romans näher. Wie ernst sie in philologischer Hinsicht gemeint ist, läßt sich schwer ausmachen, ist jedoch für die immanenten ästhetischen Bezüge relativ unerheblich.

[352] Vgl. auch Healy..., S.64 u.198

[353] Vgl. ebd., S.377f.

> He was the deer with the beard, the tragelaph, whining each night
> for the return of his beloved who he himself had sent away. On
> certain nights the breeze would carry the heat-smell of the lady he
> loved to his bed. The house smelt of goat piss. He lolloped about,
> only waiting for the day to end. Then, at night, Catherine slipped
> under the sheets. A goatsucker, she milked him. The sound of the
> tilley went up into a whine. The time spirits sent dreams to confuse
> him. He'd wake to find that red whorls, itching like mad, had
> appeared on his thighs (Healy: 1995, 394).[354]

Der Rezensent des *Scotsman* betont den Aspekt der Synthese des überindividuell und individuell Tragischen, wenn er konstatiert:

> A powerful novel that addresses the greatest issues of national
> tragedy wothout losing sight of the personal tragedies of which it is
> formed (Healy: 1995, cover).[355]

Die Figuren, die da nicht zueinander finden, sind Repräsentanten zweier Kulturen, zweier politischer Lager, zweier Religionen, zweier Geschlechter, allegorisieren beinahe den Norden und den Süden Irlands. Und doch - nicht einmal der plastische Titel und seine Be-züge wollen darin aufgehen.

> His portrayal of the myths of Belfast and the West coast pierces
> through the stereotypes,

schreibt Tom Adair zutreffend im *Indenpendent* (Healy: 1995, cover).[356]

So impliziert *a goat's song* mehr als den Verweis auf die offenbar unerfüllbare Sehnsucht nach der Harmonisierung nationaler, kulturel-ler, religiöser und geschlechtsspezifischer Polaritäten. Ins Archaisch-Existentielle geweitet, impliziert er auch jene Konstellation, die für die alten Griechen ein ebenso brisantes Sujet war wie für die Zeitgenos-sen, die dem Mythos so vertraut war wie der (Post)Moderne.

Aus dieser Perspektive sind auch die beiden frühen Referenzen auf die Bibel stringent, als Jack Ferris in Jonathan Adams' *cottage* dessen vielbenutztes Exemplar in die Hände fällt bzw. Bibelzitate

---

[354] Vgl. ebd., S.394

[355] Vgl. ebd., *cover*

[356] Vgl. ebd.

seine Gedanken durchziehen. Beidemale leuchten darin signifikante Varianten der Motivik des *battle of sexes* und der sich selbst reflektierenden Kunsttheorie auf.

And I will put enmity between thee and the woman, and between thy seed and her seed; it shall bruise thy head, and thou shalt bruise his heel,

reflektiert Jack auf dem Höhepunkt seiner Beziehungs- und Bewußtseinskrise (Healy: 1995, 29).[357] Die Passage ist dem dritten Kapitel des ersten Buchs Moses entnommen (1.Mose 3,15). Der Kontext und die Exegese der Stuttgarter Jubliläumsbibel lauten folgendermaßen:

14.Da sprach Gott der Herr zu der Schlange: Weil du solches getan hast, seist du verflucht vor allem Vieh und vor allen Tieren auf dem Felde. Auf deinem Bauche sollst du gehen und Erde essen dein Leben lang.
Der Fluch Gottes über den Versucher trifft dessen Werkzeug und äußert sich im kriechenden Gang der Schlange, die infolgedessen Staub lecken muß und für den Menschen ein Gegenstand des Abscheues und Entsetzens ist.
15.Und ich will Feindschaft setzen zwischen dir und dem Weibe und zwischen deinem Samen und ihrem Samen. Derselbe soll dir den Kopf zertreten, und du wirst ihn in die Ferse stechen.
Es ist hier nicht der Kampf des Menschen gegen die giftigen Schlangen gemeint, sondern der Kampf gegen den bösen Feind, den Satan, der die ganze Menschengeschichte durchzieht. Das Böse wird nie ohne Widerstand in der Menschheit herrschen können, sondern es werden immer Menschen dasein, die den Kampf dagegen aufnehmen, ungeachtet der vielen Wunden, die sie dabei davontragen. Endlich erringt der rechte Weibessame, der Menschensohn, den entscheidenden Sieg über den Satan, wenn es auch dem Feind gelingt, ihm die Todeswunde beizubringen.[358]

Ferris ist nicht Adams' Weg gegangen, der Glaube an die Erlösung durch Christus ist ihm vermutlich abhanden gekommen. Dennoch findet (bereits oder schließlich) im ersten Buch eine interessante und eigenwillige Vermischung statt zwischen dem christlichen Erlösungsgedanken und der selbstreferentiellen Ästhetik. Einem Motto gleich heißt es schon zwei Seiten nach Beginn:

---

[357] Vgl. ebd., S.29

[358] Vgl. *Stuttgarter Jubiläumsbibel. Mit erklärenden Anmerkungen u. Biblischem Nachschlagewerk*, Stuttgart 1934

> *He sat in the Adams' house, read from the Bible and studied a line*
> *her father had underlined in red - to give some form to that which*
> *cannot be uttered* (Healy: 1995, 5).[359]

Vermutlich handelt es sich hierbei um eine Variante von Matthäus 13,34-35, wo es heißt:

> *34.Solches alles redete Jesus durch Gleichnisse zu dem Volk, und*
> *ohne Gleichnis redete er nicht zu ihnen,*
> *35.auf daß erfüllet würde, was gesagt ist durch den Propheten,*
> *der da spricht: "Ich will meinen Mund auftun in Gleichnissen und will*
> *aussprechen die Heimlichkeiten von Anfang der Welt."*[360]

In einer moderneren englischen Übertragung lautet der 35.Vers:

> *For it had been prophesied, "I will talk in parables; I will explain*
> *mysteries hidden since the beginning of time."* (Taylor: 1973).[361]

In modernen Parabeln, in zeitgenössischen Gleichnissen redet nicht nur der Erzähler. Wie bereits angedeutet, nimmt die Imaginationskraft für Ferris selbst eine essentielle und existentielle Position ein, und so ist es denn auch das erlösende Wort, das ästhetische Transzendierung, der *logos* der Kunst, der dem Geschlechterkampf, der Selbstzerstörung und Weltentfremdung, dem Nicht-(Weiter-) Wissen des Protagonisten Rettung zu verheißen scheint - eine profanisierte, ästhetisierte Transzendenz?

---

[359] Vgl. Healy..., S.5 u.99, 100 u.201f.

[360] Vgl. *Stuttgarter Jubiläumsbibel*

Vgl. ebd. die Referenzstelle Psalm 78,2:

Ich will meinen Mund auftun zu Sprüchen und alte Geschichten aussprechen...

[361] Vgl. *The Living Bible*. Paraphrased by Kenneth Taylor, 6.Aufl., London 1973

3.3. *The salmon of knowledge*[362]

3.3.1. Mythos

Gleichnishaft-parabolisch ist der Mythos des *salmon of knowledge* in die Leidensgeschichte des krebskranken Jonathan Adams gewebt, dessen sterbendes Bewußtsein Sage und Wirklichkeit vermischt, gerade so, als wolle diese Perzeptionsweise das Anliegen des Erzählers versinnbildlichen: den zu überwindenden, ja überwundenen Dualismus zwischen Geist und Körper, zwischen Fiktion und Realität, zwischen Mann und Frau oder zwischen Leben und Tod.[363]

> There were many variants of the Salmon of Knowledge, Jonathan Adams found, as he began to search for the definite version among the prose poems.
> Some told of the beginning of rivers. Of waters breaking down from the side of a mountain to make a sea. Others, of the reaching of enlightenment. Just as the halibut has the thumb mark of Christ upon it, so the salmon, he heard, bears the print of some long forgotten pagan who invested there under ist fin a knowledge that concerns itself with the duality of things, the eternal going away and the eternal return.
> The salmon carries this knowledge to and fro through the great seas of the world, and it can be released by the merest touch.
> All knowledge, says the salmon, is a journey (Healy: 1995, 194).[364]

Einer Variante zufolge fängt Aengus nach siebenjährigen vergeblichen Versuchen am Fluß Boyne einen *salmon of knowledge*, ohne jedoch in den ersehnten Besitz von dessen Weisheit zu gelangen, da sein Sklave Fionn durch Koinzidenz den Fisch berührt und "erleuchtet" wird. Aengus ist untröstlich und sinnt auf Rache. Dieser entfliehend, verwandelt sich Fionn in eine Frau, der Aengus jedoch sogleich nachstellt, so daß er/sie nochmals eine Metamorphose

---

[362] *The Salmon of Knowledge*, ursprünglich der irischen Mythologie entsprungenes variantenreiches Prosagedicht, fungiert als Titel des zweiten Buches sowie von dessen letztem Kapitel.

[363] Vgl. ebd., S.200-205

[364] Vgl. ebd., S.194

durchmacht und als Vogel das Weite sucht. Ein *sage of Leitrim* [365] klärt den verzweifelten Aengus auf: ganz entscheidend sei es, ob der Lachs "komme" oder "gehe", der sterbende Fisch nämlich verfüge über nichts Wissenswertes , lediglich derjenige *setting out on its journey* könne *through the unknown ... to the known* leiten und das Ziel der *quest - (the) journey is the quest* - erreichen (Healy: 1995, 197).[366]

Fionns Reise hingegen ist die einer Bewußtseinserweiterung, und eines Tages lernt er die Bedeutung der Sprache kennen - *a bridge between the flesh and the spirit* (Healy: 1995, 197).[367] Bei jeder seiner Verwandlungen - vom Mann zur Frau, von der Frau zum Vogel, von diesem zum Wild, zur Föhre, zum Hund oder Pferd und schließlich zur Kuh - nimmt er das Wissen seiner jeweils vorangegangenen Existenzform mit, speichert es gewissermaßen und verkörpert in zunehmendem Maß eine Art Kollektivbewußtsein. Lediglich die menschliche Sprache bleibt Fionn verwehrt, und so zieht er/sie nach seiner letzten Metamorphose bei Morgendämmerung auf einem Floß als Kuh an Aengus und dem Mythenerzähler vorbei und gibt dem Fluß seinen späteren Namen Boyne.[368]

Zu einer neuen Variation angeregt, berichtet der Mann aus Leitrim nun von dem Lachs in Frauengestalt, der die Aufgabe habe

> *(to instruct) the traveller in the nature of his quest, and (to set) him a series of tests concerning the logic of the mind and the magic of the senses.*

Daher sei dieses Wesen auch als *cara m'anam*, als Seelenfreund, bekannt (Healy: 1995, 199).[369] In dieser Erscheinung repräsentiere *the salmon of knowledge* die zweite dem Mann versagte Hälfte seines Wesens - offensichtlich eine Allusion auf Platon.

Plötzlich steht der Reisende vor dem Turm zu Babel und versteht sämtliche aus dem Inneren vernehmbaren Stimmen. Eingelassen, stellt er fest, daß dies nur eine Halluzination war, denn innerhalb des

---

[365] Vgl. den *Leitrim man* des ersten Buchs, der Ferris im Krankenhaus begegnet Vgl. S.217, wo Jack von Sara, seiner "Fahrschülerin", selbst als solcher bezeichnet wird

[366] Vgl. ebd., S.197

[367] Vgl. ebd.

[368] Vgl. ebd., S.199

[369] Vgl. ebd.

Turms herrscht pures Kommunikationschaos. Selbst unter Rede-
drang oder -zwang, hebt er mehrmals an zu predigen.

> *Again he strove to preach the word that could not be uttered. To
> give some form to that which cannot be said* (Healy: 1995, 201f.).[370]

Doch er scheitert. Lediglich von außen hört sich das Stimmenge-
wirr verständlich an, existiert dort *the perfect version of the story*
(Healy: 1995, 202).[371] Erlöst wird er erst durch den nächsten Reisenden, der sich am Ende seiner *quest* angekommen glaubt. Nach
einer Reihe weiterer *aventûren* kommt er zu der Einsicht:

> *All he knows is that his soul has been burdened with this quest
> and that with its completion he may have fulfilled his destiny* (Healy:
> 1995, 203).[372]

Die *quest*, die die Frau für den Reisenden bestimmt hat, führt ihn
zurück zu ihr. Der Kreis schließt sich.

Wenigstens dreierlei Bezüge lassen sich zwischen Mythos und
Romanganzem ausmachen: die *quest* des Jonathan Adams, die des
Protagonisten Jack Ferris und die damit eng verknüpfte des Kunst-
werks selbst.[373]

---

[370] Vgl. ebd., S.201f.

[371] Vgl. ebd., S.202

[372] Vgl. ebd., S.203

[373] Daneben existieren noch weitere *quests*, die jedoch in diesem Rahmen nicht
alle verfolgt werden können: die an späterer Stelle zu betrachtende kompliziert-
verworrene Sinn- und Identitätssuche Catherines etwa, die banalere Variante von
deren Schwester Sara oder die humoristisch angehauchte des Irischlehrers
O'Muichins, die allesamt künstlerischen Ambitionen frönen und mehr oder weniger überzeugend realisieren.

3.3.2. Jonathan Adams' *quest*

Adams "Reise" ist Inhalt des zweiten Teils, der zugleich den zum Verständnis von Catherines späterer Entwicklung nötigen biographischen Hintergrund liefert und passagenweise ihre (Jungmädchen-) Perspektive fokussiert.[374]
Catherines Vater ist, Jack Ferris nicht unähnlich, an seinen Berufsvorstellungen gescheitert, und aus dem missionarisch eifernden Theologiestudenten wurde ein ebenso rigider Polizist der Royal Ulster Constabulary (RUC)[375], dessen an Ian Paisley erinnernder Chauvinismus erst gegen Ende aufzubrechen beginnt. Ausschlaggebend für die zunächst zaghafte Selbstrelativierung des Sergeant sind Episoden wie jene Fernsehübertragung, in der seine Rolle als gewalttätiger Aggressor gegenüber katholischen Demonstranten publik wird oder der spektakuläre Suizid seines ihm stets freundlich gesonnenen Nachbarn und ehemaligen Trauzeugen Matti Bonner, der aus der Warte des Katholiken an den Presbyterianern und den Vertretern der eigenen Konfession gleichermaßen Kritik zu üben und die ideologische Kluft dadurch zur Irritation aller momenthaft zu nivellieren scheint.[376]
Manifest wird Jonathans partieller Gesinnungswandel in seinem Entschluß, Belmullet an der Westküste der Republik als (Ferien-) Refugium (vor Verleumdungen) und Alterssitz zu wählen. Dort macht er die Erfahrung, *they could befriend Catholics without appearing*

---

[374] Vgl. dazu Teil I der vorliegenden Studie, wo im vierten Kapitel *The Death of Matti Bonner* interpretiert wird, sowie die differenzierte Wiedergabe ihres ersten sexuellen Kontakts mit einem Fremden (Healy..., S.155f.)

[375] Vgl. v.a. S.96-113: *The Fenian Ledger*. Der Titel bezeichnet Adams' pedantisch gehütete Akte potentieller Sympathisanten der Fenians, jener 1858 ins Leben gerufenen Organisation katholischer Nationalisten und Revolutionäre, deren aktivste Zeit vor der Gründung der Sinn Fein (1905) liegt.

[376] Vgl. zur freundschaftlichen Beziehung zwischen Matti Bonner und Adams v.a. ebd., S.130-136. U.a. heißt es dort (131f, 136):

There are two things dear to Northern Ireland Protestant hearts: the royal family in England and the Catholic mind. Especially the Catholic mind of the South. Matti Bonner had been his guide to the South, Maisie his route to the Queen. And Matti was very curious about Ian Paisley. Ian Paisley is very dear to the Catholic mind - he is the most successful Protestant of them all. He had his own religion, and one day he'd have his own political party. The two men, Jonathan and Matti, would sit in the back kitchen over mugs of tea talking about British royalty and the South of Ireland.

Fenian-lovers[377], und widmet sich weniger der im Norden praktizierten tendentiell imaginations- und leibfeindlichen Erziehung seiner Töchter[378] als vielmehr vornehmlich seiner *quest* in die Geschichte und Mythologie Irlands, in der er sich und die Seinen neu zu orten versucht.

The Mullet Ledger (Healy: 1995, 161)[379] hat den *Fenian Ledger* abgelöst, *addicted to mythology* (Healy: 1995, 116)[380] und von jeher mit *salmon cheeks* ausgestattet (Healy: 1995, 98)[381], verfolgt er nicht nur mit neu erwachter Lebenskraft die Lachsfischer am Strand[382], sondern ebenso den *salmon of knowledge* und notiert in seinem *ledger*, ähnlich wie Jack im Krankenhaus, das im folgenden Zitat beiläufig erwähnt wird,

> all he heard: He began recording what the gravestones told of that departed world of Protestantism, he wrote down speculations about stone-age settlements up at Aghadoon; he heard variations on the

---

[377] Vgl. ebd., S.147

[378] Vgl. ebd., S.115f. u.113:

Fiction for him was irreligious, the act of imagination itself was a door opening onto the void. His mind baulked at characters who entered the first line of a novel but did not reside in the real world. In truth, what did not come from the Bible was fiction.

Yet, he was addicted to mythology. Here there was no author, the author had been erased through time...

Each night he read to them from the scriptures. His daughters and his wife became the congregation he had lost that fateful day in Cullybackey. From her father Catherine first heard warnings against the sins of the flesh through the words lust, carnal, licentious. The words swooped from her father's tongue onto hers, words that years later used to send dizzy tremors of desire through Jack Ferris.

"Lust," Jonathan Adams would say, and the girls could feel it - a surge of feeling that started in the body and entered the spirit like a black wind.

Vgl. dazu S.271, wo Catherine Jack aus Belfast schreibt und ihm mitteilt, daß sie ein geeignetes Haus gefunden habe:

I wake sometimes at night with an awful longing for you. And full of sordid imaginings that you might be with someone else. My carnal desires are dreadful and ludicrous.

[379] Vgl. ebd., S.161

[380] Vgl. ebd., S.116

[381] Vgl. ebd., S.98

[382] Vgl. ebd., S.148

population of Belmullet and the population of Binghamstown; he was told stories of the old workhouse that became the fever hospital, of potato gathering in Scotland, of the disappearance of the barley and the rye ... He wrote down tales of extraordinary and multiple animal births ... The people, learning the knack of his mind, ironically told Jonathan Adams extraordinary tales which he faithfully recorded. George Bernard Shaw going by Elly's Bay on a white ass during the Second World War. Synge, in 1904, taking notes for The Playboy of the Western World in the Royal Hotel (Healy: 1995, 161f.).[383]

Die Enttäuschung darüber, daß sein Konglomerat von Anekdoten wenig wissenschaftlichen Erkenntniswert besitzt und die Dubliner Verleger keinerlei Publikationsinteresse zeitigen, markiert zum einen den Beginn seines Alters und seiner Krankheit[384], zum anderen den der letzten signifikanten Phase seiner "Reise", derjenigen in die Welt der Literatur und Imagination.

Mag er seine Schriften demonstrativ pathetisch den Flammen übergeben, mag das Trauma des Sprachlosen jungen Predigers, dessen Hoffnung *to give some form to that which cannot be uttered* (Healy: 1995, 99f.)[385] so schmählich zerbarst, wieder auflodern und die *new fear* sich zur *old fear* gesellen (Healy: 1995, 165)[386], Jonathan Adams verliert die Spur seiner *quest* nicht aus den Augen.

Als Initiatoren dieser letzten Etappe fungieren, selbst von solcherlei Gedanken völlig frei, die beiden Irischlehrer, die vor allem den Adamstöchtern das von den Katholiken des Südens geschätzte und bis heute vornehmlich in gebildeten Kreisen gepfegte traditionelle Gälisch vermitteln sollen, wenngleich sie auch statt dessen eher erotische und schriftstellerische Ambitionen verfolgen.[387]

---

[383] Vgl. ebd., S.161f.

[384] Vgl. ebd., S.164f.

[385] Vgl. ebd., S.99 u.100

[386] Vgl. ebd., S.165

[387] Vgl. Kapitel vierzehn und fünfzehn

Mit O'Muichin variiert der Erzähler zudem erneut die Beziehung zwischen Fiktion und Wirklichkeit bzw. den Aspekt der Selbstreferentialität auf humorvolle Weise:

Like Jack Ferris long after him, he listened in awe to their succinct vocabulary that had about it an eroticism, a seduction, a wry humour, and a strange undertone of despair. And he was aware all the time that he must not succumb. As the days passed he became a strange bird. The notebook was never out of his hand, then he'd break out into long, abstract speeches, the gist being that the girls should

(The) Irish language begins in the soul, like all passions for beautiful things,

erklärt der wegen seines unziemlichen Verhaltens rasch vom Hauslehrerdienst suspendierte MacDonagh.

And this the old scholar could not deny (Healy: 1995, 174).[388]

Dort sind auch jene Mythen angesiedelt, denen Adams während seiner Krankheit zunehmend lauscht, von denen er sich führen und verführen läßt, die seine *journey* thematisieren und begleiten bis hin zu jenem Turm von Babel, wo ihn ein letztes Mal das Trauma seiner Sprachlosigkeit übermannt:

Again he strove to preach the word that could not be uttered. To give some form to that which cannot be said. But now the confusion was even more intense. His chin shook uncontrollably. His bowels pounded. This drove him outside, where again he overheard reasonable arguments in Latin, Greek and Hebrew from those within (Healy: 1995, 201f.).[389]

Der Tod befreit ihn von der Last der langen *quest*, die (nicht gänzlich unkatholisch) im Topos des ewig Weiblichen kulminiert, das Adams hinan- oder hinüberzieht.
Verlieh sie dem Unsäglichen am Ende Gestalt?

---

keep diaries of their lives, for he felt that they had a gift greater than his, and he did not mind admitting it.

...

And because his own life felt like a fiction, these real people, real women, recalled O'Muichin to a physical and mental state of wellbeing he had rarely experienced.

[388] Vgl. ebd., S.174

[389] Vgl. ebd., S.201f.

3.3.3. Facetten von Jack Ferris "Reise"

Jacks und Jonathans *quests* sind wie beiläufig miteinander verwoben in *The Salmon of Knowledge*. Zufällig mögen sie sich vielleicht schon in jenem Sommer am Strand der Mullethalbinsel begegnet sein, als Ferris das College verließ und zum Lachsfang in den
Süden kam, streut der Erzähler ein[390], spätestens jedoch am Sterbebett des Darmkrebsleidenden.

> *...Nurse Noone appeared with a Doctor Ferris who was visiting
> relations on the peninsula. When he sat down by the bed the stench
> of whiskey overwhelmed Jonathan Adams.*
> *"Dear God," he said.*
> *The doctor lifted the old policeman's hand and checked his pulse.*
> *"Dreadful weather," he said. He dropped the thin wrist and opened
> his bag. "We better increase the dose," he said. He handed the small
> bottles of morphine to the nurse. He leaned over the dying man and
> looked into his eyes.*
> *"I wish you luck," he said* (Healy: 1995, 193).[391]

Jacks Suche ist zwar Sujet des ganzen Romans, *in nuce* allerdings spiegelt sich ihr *pattern* im Mythos des *salmon of knowledge*
wider.

Zunächst einmal ist die Kreisbewegung seiner *journey* mit oder zu
Catherine charakteristisch. Wie der *traveller* der Sage kehrt er im
vierten Buch zum Ausgangspunkt zurück, am Ende steht die Illusion
einer *happiness*, die der Anfang relativierend aufgreift. Jack dreht
sich somit einerseits im Kreis.

Zum anderen ist der Protagonist meist unterwegs, wobei er, ana-
log zu dem Reisenden, immer wieder zu denselben oder ähnlichen
Orten bzw. Menschen zurückkehrt. Unterwegs ist er jedoch nicht nur
physisch, in erster Linie ist er dies auf psychischer und mentaler
Ebene. So etwa treibt ihn sein Erkenntnisstreben in die Sphäre der
Politik und Geschichte Irlands, wo er neben seiner Primärerfahrung
nach Quellen für seine Imagination forscht und sich - wie bereits
Jonathan - zu lokalisieren sucht.

Schwimmend sind die Übergänge seiner künstlerischen Perzeption zu jener eskapistisch-rauschhaften Wahrnehmungsform, in die
ihn der hohe Konsum von Alkohol (und vorübergehend von Psycho-

---

[390] Vgl. ebd., S.148

[391] Vgl. ebd., S.193

pharmaka) versetzt. In solch "epiphanischen" Stimmungshochs meint er ab und an, am Ziel seiner *quest* angelangt zu sein, um danach umso stärkerer Depressivität ausgeliefert zu sein.

Parallel zur ersten Mythosvariante entfernt sich Catherine fast vogelgleich in Richtung Dublin und hinterläßt einen ebenso verzweifelten Liebhaber wie Fionn. In diesem Kontext wird mehrmals das Titelmotiv des *goat's song* verwendet - von nun an befinden sich Catherine und Jack offenbar endgültig auf zwei getrennten Daseinsinseln, wenngleich der Erzähler nur schlaglichtartig die Situation der jungen Frau aufleuchten läßt.

Sämtliche Phasen seiner *journey* werden begleitet vom Leitmotiv des Lachsfangs, das, indem es nebenbei eine weitere *quest*, nämlich die nach einer materiellen Existenzgrundlage, einem Brotberuf, leicht ironisch thematisiert, außer dem Mann aus Leitrim, dem Jack während seiner Entziehungskur begegnet, am deutlichsten auf die Metaphorik des *myth* verweist.

Vom konkreten Fischfang abgesehen, "glückt" die *quest* eigentlich nur in der Sphäre des Ästhetischen, durch das Zur-Kunst-Machen schreibt sich Ferris "los" von Gegenwart und Vergangenheit, überwindet die Stasis seiner dumpfen Trunkenheit und kommunikativen Isolation und akzeptiert peu à peu die realen Gegebenheiten. Im ästhetischen Metier ist er übrigens auch relativ erfolgreich - zumindest werden seine Stücke aufgeführt und von den Medien wahrgenommen.

Gelungen ist schließlich die *quest* des Romans selbst, schafft er es doch, dem "Unsagbaren" ästhetische Gestalt zu verleihen, dem Ziellosen Sinn, der Inkohärenz Struktur. Er ist es, der konkret die Brücke zwischen Fleisch und Geist schlägt und komplexe und komplizierte *quests* zeitgenössischer Figuren entwirft, die, mögen sie auch keine *happy endings* implizieren, auf künstlerischer Ebene "befriedigen". Eine "Lösung" der Irland-, Kunst- und Liebesproblematik hätte wohl ohnehin kein Rezipient ernsthaft erwartet.

3.4. Catherine und Jack

3.4.1. Catherines "Liebesfähigkeit" auf puritanisch-traumatischer Folie

Die Beziehungskonstellation von Jack und Catherine wird primär aus der Perspektive des Liebhabers bzw. der eines quasi neutralen Erzählers wiedergegeben. Dennoch hinterläßt die Skizzierung von Jacks "psychoerotischer" Genese einen auffällig diffusen bzw. klischierten Eindruck - von einem allmählich in die Jahre kommenden Frauenhelden ist da die Rede, der ein begnadeter *step dancer* war und sämtlichen Mädchen in seiner Umgebung den Kopf verdrehte. Bis dato unzuverlässig, rücksichtslos, unreflektiert "männlich" eben...?[392]

Catherines Verhalten hingegen wird "motiviert". Da nämlich zeigt der *narrator* eine Kette von Kausalbeziehungen auf, die ein stimmiges Psychogramm ergeben. Die eigene sinnliche Veranlagung, die puritanischen Repressalien vonseiten Jonathans, das Pubertätstrauma Matti Bonner sowie die (nach dem Tod des Mannes) stark regredierende und possessive kränkelnde Mutter liefern jene Folie, auf der Catherines Bild von Partnerschaft und Sexualität Plausibilität gewinnt.

Beziehungspsychologisch formuliert ist ihre Geschlechterphilosophie geprägt von Macht- und Herrschaftskategorien, Dominanz und Unterwerfung sind für sie Ingredienzen jeder (heterosexuellen) Partnerschaft, schlagen sich in ihrem Verhaltenskodex ebenso nieder wie in ihren unmittelbaren Gefühlen von Lust, Angst und Bedrohung.

Wie schon im ersten Teil angedeutet, bedarf es der individuellen psychischen Disposition Catherines, um die Konfrontation mit der Leiche Matti Bonners als sexuelles Trauma zu rezipieren. Eine sexuelle Komponente hat zunächst weder dieser Suizid noch das äußere Erscheinungsbild des Selbstmörders, diese ist ausschließlich das Produkt der pubertären Phantasie der beiden Schwestern, vornehmlich der Catherines. Was anfangs Projektion verdrängter Lust und Furcht ist, generiert sich als zunehmend bedrohlich, bemächtigt sich allmählich der Imagination und wird manifest im Szenario ihrer (Alb)Träume und Beziehungsängste. Von nun an wird Catherine

---

[392] Vgl. Kapitel einundzwanzig

ihr eigenes Sexualverhalten - durch Jonathans Disqualifizierung der "Fleischeslust" früh schon mit Schuld(gefühlen) verquickt - wird zum Schauplatz psychischer Instabilität, auf dem feminsitisch untermauerte Machtdemonstration und destruktive Selbstbehauptung sich in ständigem Wechselspiel mit Hingabe und bis zu Panik gesteigerter Verlustangst befinden.

Der obsolet gewordenen Frauenrolle Maisies weiß die Tochter zwar noch keine glaubwürdige eigene entgegenzusetzen, jedoch distanziert sie sich mit der wachsenden mütterlichen Regression immer stärker von tradierten Mustern. Zwar äußert Catherine auf dem Höhepunkt ihrer Beziehungskrise mit Jack sogar Familienwünsche, allerdings muten diese eher eskapistisch an, sind sie doch gleichsam antipodisch auf den zermürbenden *status quo* bezogen und schon deshalb ein Desiderat.

Die "Traumatisiertheit" der Protagonistin führt weder zu Frigidität noch zu Abstinenz, sondern schlägt sich in unterschiedlichsten Kontexten als Schwanken zwischen Rache- und Machtgelüsten und ohnmächtig-schockierender "Befremdung" nieder.

> *The night was filled with the sound of coughing animals, and always, as she ran the last few yards, the impression of someone, stronger and more powerful than herself, gaining on her* (Healy: 1995, 236).[394]
>
> *At four o'clock next morning she suddenly started up in the bed fully awake. A ghost she couldn't name was backing off into the corner of the room. She heard him throwing his oilskins aside. She waited and reached out to see if he was there. Jack Ferris, on his back, smoking in the dark. A stranger* (Healy: 1995, 370).[395]
>
> *(She'd) realize with a terrible sense of unease that there had been no man there a few seconds before, only this disembodied penis making love to her. And her unease would be greater when she'd remember that the penis belonged to Matti Bonner. He, she'd realize in terror, had been the strange elusive man she had been reaching out to embrace and comfort ... In panic she'd flail out either side of her to touch him, and wake terrified to find no one, only this distant sexual joy receding fast from her scalded thighs. A phantom penis had been sent to pleasure her in her sleep from the world of the dead* (Healy: 1995, 95).[396]

---

[394] Vgl. ebd., S.236

[395] Vgl. ebd., S.370

[396] Vgl. ebd., S.95

Ihre Affinität zu feministischen Positionen ist auf diesem Hintergrund mehr als ein Reflex zeitgenössischer Strömungen und Ideologien, mehr als ein modernes Credo, sie bildet zugleich den Überbau
für ihre partiell unterdrückten und legitimationsbedürftigen Do-
minanzbestrebungen - die Umkehrung ihrer panischen Ohnmacht.

> *Her cynicism made her many enemies, but her politics kept vigil*
> *over her hurt.*
> *"You're using feminism," said a drama producer ...,"like those*
> *bastards use Royalism. In a few years you'll be ashamed of all this ...*
> *As a matter of fact, you're a Romantic."* (Healy: 1995, 343).[397]
> *"Catherine," (Jack) said, "you've been with someone."*
> *She looked shocked, and a little scared, and immediately ad-*
> *mitted, yes, she had ... (Though) she wanted his forgiveness still,*
> *privately, her betrayal of him gave her a great deal of satisfaction ...*
> *She could command his lust at any hour ... Always, to retain her*
> *identity in a relationship she kept one part of herself from her lover ...*
> *Never before had she been driven to face up to a lover* (Healy: 1995,
> 286).[398]
> *Catherine's themes were desertion, betrayal and outrageous*
> *sexuality. All of the men she had ever known returned as lesser de-*
> *mons over whom she had complete control* (Healy: 1995, 342).[399]

Die aggressiv-sadistische Rollenfixiertheit der Partner läßt sich am
adäquatesten in Theatermetaphern fassen, immer schwieriger wird
es *to establish each other's identity* (Healy: 1995, 286)[400] in den
wenigen Stunden der Gemeinsamkeit. Die seltenen Augenblicke
persönlicher Preisgabe freilich werden von beiden als "epiphanisch"
erlebt, bilden Inseln erfüllten Daseins inmitten der stetig reißender
werdenden Eigendynamik gegenseitiger Destruktion.

> *After imagining themselves with all those other selves, they were*
> *with each other again. She opened herself up to him. It passed all*
> *understanding* (Healy: 1995, 286).[401]

---

[397] Vgl. ebd., S.343

[398] Vgl. ebd., S.303 u.314

[399] Vgl. ebd., S.342

[400] Vgl. ebd., S.286

[401] Vgl. ebd., S.286

Das letzte Treffen findet vor dem Theater statt, Catherine demü-
tigt Jack[402], *(walks) off towards the theatre, proud and convinced, as
if she had won some final argument* (Healy: 1995, 81).[403] Die Kategorien von Herrschen und Beherrschtwerden behalten auf der Bühne
der "realen" Beziehung ihre Gültigkeit bis zum Schluß.

> *Humiliation and defeat made the air in the street curve before his
> eyes* (Healy: 1995, 81).[404]

---

[402] Vgl. ebd., S.80:

"...No one wants to see you again. <u>No one!</u> You're a joke, do you know that?..."

[403] Vgl. ebd., S.81

[404] Ebd.

3.4.2. Jack und sein *love object* auf realer und imaginierter Ebene

So klischiert und vage Jacks Vorgeschichte sein mag, so komplex und differenziert wird seine Gegenwart vermittelt.

(The) Leitrim twist of mind (Healy: 1995, 253)[405] mögen die teils kuriosen Rollen, die Jack bei der Annäherung an sein *love object*, worauf der Psychiater Catherine sprachlich zu reduzieren weiß[406], bzw. während seiner *quest* nach Liebe und Identität annimmt, entsprungen sein; seine Herkunft genügt als Begründung für die quasi intrinsische Affinität zum Mythischen, zu Tradition und Volksglaube.

Der *Leitrim man*, der Sara Fahrstunden gibt, personifiziert eine gewissermaßen profanisierte Variante des Mythenerzählers, der, selbst suchend unterwegs, auf Sinn und Ziel der Reise *through the unknown ... to the known* als *attempt to find the size and the range of (one's) consciousness* (Healy: 1995, 197)[407] verweist.

Mit der Frage: *"Did you hear the corncrake this evening?"* (Healy: 1995, 223)[408] wird Jack in *The Hares* in Catherines Sphäre initiiert. Sein plötzliches Erscheinen empfindet diese als Affront, da sie sich, aus Trauer um Jonathan glatzköpfig geworden, den Blicken Fremder monatelang entzogen hat. Spät erst wird das Vogelmotiv wieder aufgegriffen, entfaltet und variiert. In *The Cuckoo Mocks the Corncrake* unterhalten sich die beiden Schwestern, Jack, dessen Onkel Thady und seine Fischerkumpanen beim Trinken:

> *"Did any of you hear the cuckoo this year?"* wondered Jack.
> *"I did,"* replied Hugh, *"and I heard the corncrake."*
> *"And how could you hear the corncrake?"* asked Thady. *"The corncrake is leaving the Mullet. If he has not already gone."*
> *"Well I heard the corncrake."*
> *"I am disposed towards the corncrake,"* said Catherine.
> *"Sure the corncrake is the cuckoo when he's grown old. Isn't that right, Jack?"*
> *"He's the cuckoo with a beard,"* laughed Catherine, *"and there's lots of them about."*
> *"Is this conversation some kind of private ritual or what?"* asked Sara.

---

[405] Vgl. ebd., S.253

[406] Vgl. ebd., S.68

[407] Vgl. ebd., S.197

[408] Vgl. ebd., S.223

"Will we go somewhere else?" asked Jack. "What would you like Catherine?"
"I'd like," said Catherine, "to get married and have children."
"Are you listening to that?" smiled Sara.
"I'm listening," he said.
"There's a lot to be said for it," agreed Hugh (Healy: 1995, 376).[409]

Wird der Kuckuck hier den Wünschen, der *quest* im allgemeinen und Catherines im speziellen zugeordnet, so steht *corncrake* einerseits für das Alter, aber auch für den wesentlich älteren Jack, dem Catherine zugeneigt ist, den sie in ihre Zukunftspläne integriert.

Als er kurze Zeit später eine tote Krähe im Kamin findet und schließlich in Erfüllung geht, was Thady prophezeite, hat sich Catherine der Sphäre ihres Liebhabers bereits ebenso entzogen wie die Vögel aus the Mullet:

Walls running with condensation. Then, for a moment, the memory of corncrakes. Then one day no corncrakes (Healy: 1995, 398).[410]

Die "reale" Beziehung ist tot.

Am differenziertesten und humorvollsten ist jedoch das bereits eingangs erwähnte *image* der Ziege(n) mit der Beziehungsgeschichte verflochten. So erläutert der "Mann aus Leitrim" nicht nur sein literarisches Gewerbe und seine künstlerischen Ambitionen mithilfe dieser Metaphorik, er sorgt auch dafür, daß die Gesundheit der Adamsfrauen durch Ziegenprodukte wiederhergestellt wird und bindet schließlich eine dickeutrige Ziege vor die *cottage*, um Catherine zu necken, zu nähren und zu hofieren.[411] Als diese drei Jahre später in Anwesenheit Thadys darauf referiert, liefert der Alte die adäquateste Erklärung:

"It's the Leitrim twist of mind, Missus." (Healy: 1995, 253).[412]

Der Beziehungsalltag freilich verharrt selten auf einer solch ästhetisierten, stilisierten Ebene.

Ingredienzen der Genese dieser Liebe sind neben zunehmender Involviertheit ebenso die beiderseitige Eifersucht und Untreue sowie

---

[409] Vgl. ebd., S.376

[410] Vgl. ebd., S.398

[411] Vgl. ebd., S.233 u.247

[412] Vgl. ebd., S.253

verbale Aggression und körperliche Gewalt, die durch die Neigung zum Alkoholismus wie auch Jacks isolations- und arbeitslosigkeits-bedingte Frustration in Belfast auszuarten drohen. Als Gefangene ihrer Haßliebe schafft es Catherine als erste, sich zu distanzieren und zu fliehen. Daß Jack ihr dazu das Vehikel liefert, ist so bezeich-nend wie sein Ziegengeschenk. Jetzt, wo sie im Theater seine Catherinerolle spielt, ist die Rolle der realen Geliebten obsolet ge-worden, ist die Bezogenheit auf Jack Ferris bühnenintern und damit zugleich der schauspielerischen Interpretation anheimgeben. Rück-bezüglicher und ironischer kann Kunst kaum sein.

Jacks Distanznahme ist langwieriger.

Sie führt ihn zunächst in eine psychische und physische Hölle, in den Orkus eines von Furien geplagten Geistes und Körpers. Ange-deutet wird dieser Zustand bereits in *The Hares*, als er Catherine nach Belfast folgt und sein "Arbeitslosendasein" beginnt.

> *He was way ahead of himself. He saw himself alighting from the train. He saw himself searching for his ticket ... I'll arrive, thought Jack, I will.*
> ...
> *Jack feared that he would carry the present despair of his mind into whatever proceedings lay ahead. His mind, alienated by the journey, was trying to undermine any happiness that was to come when the journey was over. He tried to correct this tendency by dreaming ahead. But his mind continually trapped him in the present. There was nothing after. He tried to think of the carriages ahead ... I'm exaggerating everything, he thought ... He ordered a fourth miniature (whiskey) and gulped half of it down. He might regret this some day, he thought. He did not feel drunk, but empty. What am I worried about? he asked himself. But he could not reason beyond the fact that this was Northern Ireland, people die here. Yet it wasn't that. What was it that was worrying him? And he knew such worry would make him blind for another's feelings ... (The) further now that the train plunged into the late morning the more alien he felt.*
> ...
> *It struck Jack that there were three or four voices working away in his head simultaneously, though he had no wish to talk to anybody at all. Nor to listen.*
> ...
> *To people on trains this happens. he said to himself.*
> ...

Jack stepped onto the platform ... He felt immense relief seeing her there (Healy: 1995, 276ff.).[413]

Gegen Ende des dritten Buches nimmt die Bewußtseinskonfusion zu.

Left alone in their house in working-class Belfast he often found a sound he could not place running through his head. It was like the static across the trawler's radio at sea ... (Eventually) he realized one day in the Hatfield Bar that the sound he was hearing was his own thoughts raging in his ears. A verbal tinnitus followed him across the tiled floor, through the door, over the thin carpet till he took his seat and settled. And still soundlessly it might persist, so loud that Jack felt that whoever was closest to him would hear the echoes from inside his head. He began to dread being alone ... His mornings began with unfortunate musings and bullying hallucinations. His romantic self had always rebelled against surreal imaginings but now he found himself stalked by abstractions, ringings, morbid fantasies. He raged to get beyond, to get out. To give up the drink, today! ... That evening he'd find himself .. drink in hand, waiting on Catherine to come home ... As the front door closed behind her, the silence mysteriously returned. The furies departed (Healy: 1995, 306f.).[414]

Mit der wiederaufgenommenen schriftstellerischen Tätigkeit verlagert sich die Problematik. Jack, der "Catherines Stück" konzipiert, beginnt, den platonischen Mythos menschlicher Vollkommenheit noch einmal träumend, seine "Ziegen" auf einer "Bewußtseinsinsel" zu vereinen und seine Persönlichkeit transformierend zu erweitern.

It was how he left his body. It was for a minute only. But he felt for a moment that he had become the woman beside him. As she moved around the room in her nightdress, he could feel that he himself was scuttling about in his womanness. He even felt the sensation of breasts. And the soft texture of the things she wore against his skin. What he felt in the night beside him. Was half touched by. For a second he wore around him something shapeless. Still it pleased ... He knew what had happened, he had become Catherine, not really Catherine but some other woman possessed him, some ideal shape had taken him along the road for a few steps ... "I'm flying", said Jack.

---

[413] Vgl. ebd., S.276-279

[414] Vgl. ebd., S.306f.

Slowly, his transformation into Catherine took place. Since he could not win her as himself, he would become everything that she loved in herself (Healy: 1995, 320f.).[415]

Phasen beglückender Kreativität werden abgelöst von solchen zermürbender Skepsis gegenüber der Erkenntnisfähigkeit und der sprachlichen Vermittelbarkeit subjektiven Erlebens, subjektiven Erkennens.

> *The wrong thing named.*
> *And suddenly he was swept by a terrible fear of years having gone by which were filled with wrong meanings. He had been wrong from the very beginning. He knew nothing of the world. It had passed him by. It had all happened in another room* (Healy: 1995, 350).[416]

Die Klimax psychischer Instabilität bilden von Panik begleitete Augenblicke des Selbst- und Weltverlusts, die einer Umkehrung der Joyceschen Epiphanien oder Woolfschen *moments of being* gleichen, jener entgrenzenden Ewigkeitserfahrungen im Irdischen, die die Höhepunkte des subjektiven Empfindens und Erkennens eines Bernard in *The Waves* oder der Dubliners oder einer Mrs.Dalloway ausmachen.

> *The first time it happened Jack was sitting in the council offices that acted as a court house and library. He had been in there sorting through old mariner's maps and local history books ... It was early afternoon and over the top of the curtain he could make out a hard blue sky. He was thinking in another language. The eerie language of the half-formed and the unsayable ... Then the room seemed to jerk forward in time. All peripheral vision was suddenly obliterated, what he could see was fixed remotely at the end of a long high corridor ... But as he looked at the shadowy perpendicular frames of the distant wood-panelling his panic grew. He felt his mouth fall. He was being swept along an indeterminable passage and could not stop himself ...*

---

[415] Vgl. ebd., S.320f.

[416] Vgl. ebd., S.350

Vgl. dazu ebd., S.9f.:

What words he could conjure seemed trite and inconsequential. How extraordinary it was that he could describe what he saw - the contents of a sun lounge or what's afoot on a village street - and yet not be able to articulate the chaotic events that had thrown their lives into turmoil. These, too, had a sequence. But where do you step into a life to say: Here it begins!?

When he returned to himself it was like it had never happened ...
Any words he could conjure up were inadequate to deal with this
sudden loss of time and perspective.
It seemed to him, just then, that every person knew this, this loss
of self, but it could not be told. It was an opening onto a non-world...
(It) happened a second time. Just when he had forgotten, the
same mental gap opened again. But this time the wrench was longer
and more frightening...
The walk to the car which was only a few hundred yards away
seemed like miles. His wrists became itchy ... The people he saw on
the road home he imagined nude, squatting over a bowl to shit. This
is normal, he said, there is nothing wrong in seeing that...
"I'm losing my senses," said Jack (Healy: 1995, 380ff.)[417]

Jacks "Catherine-quest" nimmt im vierten und ersten Teil zunehmend existentielle Bedeutung an, sein Suchen, Warten; Hoffen, die
happiness falscher Gewißheit wird im Tenor der Beckettstücke präsentiert, der Leser schwankt zwischen Empathie und ironischer Distanz. Der Perspektive des Gärtners nicht fern, verfolgt er die sinnlose Zwanghaftigkeit von Jacks Verhalten aus der Beobachterposition, weiß um dessen projektives Wirklichkeitskonstrukt, wenn er
diese mephistophelisch angehauchte Figur zum Judas, zum Verräter
und somit als primär ursächlich für Catherines Fernbleiben zu stilisieren geneigt ist.[418]

Die (subjektive) Zeit, so reflektiert der Protagonist, *goes .. in stops*
and starts (Healy: 1995, 34)[419], weder linear noch zyklisch. Im Krankenhaus, nach seinem Nervenzusammenbruch, bleibt sie zunächst
einmal stehen, da nämlich eskapiert sein gequältes Bewußtsein -
durch Pharmaka sediert - vorübergehend in ein zeitloses Shangrila,
a beautiful imaginary place where life approaches perfection: Utopia
(Webster's: 1994).[420] Dort beginnt sich seine Imagination zu rekreie-

---

[417] Vgl. ebd., S.380-383

[418] Vgl. ebd., S.10, 19, 39, 40, 43, 58, 77

Der Gärtner fungiert zudem als *alter ego* und Doppelgänger des Protagonisten,
gerade so, als stelle er eine zweite, von Jack zu diesem Zeitpunkt nicht realiserte
Bewußtseinsebene dar.

[419] Vgl. ebd., S.34

[420] Vgl. *Webster's New Encyclopedic Dictionary*, 3. Aufl., New York 1994:

Shangrila ... 1. a beautiful imaginary place ... 2. a remote usually idyllic hideaway
(Shangri-La, imaginary community depicted in the novel Lost Horizon by James
Hilton)

ren, dort beginnt er sich in die neue Phase seiner Geschichte hin-
überzuschreiben.
Zunächst unfähig, für seine Vergangenheit adäquate Ausdrucksmittel zu finden, wird er zum Erzähler und Chronisten, notiert
die *story* der Friseuse oder des Mannes aus Bohola, denn *(each)*
man's story must be written down .. remembering passes the thing
on (Healy: 1995, 63).[421]. Im Jargon der *false authors* hat er sein Lie-
besobjekt verloren, in der Kategorie der *true authors* (Healy: 1995,
65f.)[422] ist er auf dem Weg der Rekonstruktion von *past* und
present, von *mind* und *body*[423], von Catherine und Jack. *There is an*
earth outside the Shangrila, wo jeder Augenblick *a hint of eternity*
birgt (Healy: 1995, 71).[424]
Die Zeit, so scheint es am Ende des ersten Buches, ist (für Jack)
neu "erfüllt".

---

[421] Vgl. Healy..., S.63

[422] Vgl. ebd., S.65f.

[423] Vgl. ebd., S.63, 65 u.200

Ähnlich dem Mythos versucht Jacks Traumbewußtsein, die Geheimnisse des
Frauseins zu erforschen und entwirft die Vision von Catherines Clitoris in seinen
(freilich ziemlich ratlosen) Händen. Wieder wird hier der Wunsch nach der Syn-
thetisierung der "getrennten" Geschlechter artikuliert.

[424] Vgl. ebd., S.71

3.5. *A Goat's Song* als moderner irischer Mythos

Der Mythos bleibt nicht der Leitmotivebene verhaftet, der Roman selbst hat "intrinsisch" mythische Qualität, mythische Denkformen prägen das Strukturganze mindestens ebenso sehr wie deren Reflexion. Symbolisch verdichtet und mythisch überhöht erscheint die Beziehungsproblematik zwischen den Geschlechtern, Konfessionen und politischen Lagern als zugleich spezifisch modern und archaisch-existentiell, wird jenseits der Ansätze zu rational-diskursiven Lösungsmodellen stets das zumindest partielle Verhaftetsein in vor- bzw. irrationalen Strukturen artikuliert, die am ehesten ästhetisch veranschaulicht werden können. In diesem Vorrationalen verbirgt sich jedoch zugleich eine Metaebene - es "stimmt" nämlich auch noch jenseits der mental-rationalen Versuche, Harmonie in den Sphären von Politik, Liebe, Kunst und Religion zu schaffen, am Ende ist dies Ganze eben nicht intellektuell, ästhetisch aber sehr wohl erfaßbar: im modernen, psychologisierten *logos* der Kunst, im Mythos eines Künstler-, Irland- und Liebesromans.

Was die ideologische Aussage des Werks anbelangt, so gelingt die harmonische Gemeinschaft der *nannies* und *bucks* samt allen ihren Konnotationen letztlich nur auf ästhetischer Ebene, im Mythos, in der Utopie, in des Erzählers bzw. Protagonisten *story*.[425] In Ansät-

---

[425] Diese postmoderne Rückbezüglichkeit hat eine typisch irische Couleur. Die Akzentuierung der Imagination, des Humors, der verbalen Eloquenz und Fabulierfreude sowie des Hangs zu Friedelosigkeit, Streitsucht und rauschhaftem Eskapismus gehören auch für den Journalisten Des MacHale zur komplexen widersprüchlichen irischen Mentalität. In seinem Artikel *Laughing all the way to the grave* in *The European Magazine* (March 13-19, 1997) konstatiert er u.a.:

Drinking is not unknown in Ireland, and it is believed that God created alcohol specifically to prevent the Irish from ruling the world ... And don't many Irishmen drink just to forget the fact that they are alcoholics? ...

Oppressed people often have to stretch the truth imaginatively, and it is well known that the Irish have too much respect for the truth to use it on every trifling occassion - it should be reserved for emergencies ...

The Irish are reputed never to be truly at peace unless they are fighting a war, and this is just one other aspect of a complex and contradictory Irish personality. We are banking very heavily on the assumption that God has a strongly developed sense of humour.

My own belief ... is that between bouts of manic depression the Irish are a cheerful people, natural comedians and apt to be the life and soul of the party.

To be Irish is to live a tortured mental existence, with humour the only known antidote. I wouldn't change that for the world.

zen freilich realisieren die (Kunst-)Figuren diese Vision, wenn etwa Jonathan im Glauben individuelle Erlösung und in der Mythologie überindividuelle Sinnzusammenhänge und Erklärungsmodelle findet und Jack die Synthese des Unvereinbaren in der Imagination und im Mythos der Gegenwartskunst.

Goat songs ... That'd be the height of it (Healy: 1995, 227).[426]

---

[426] Vgl. ebd., S.227

4. Seamus Deane und Frank McCourt

Seamus Deanes und Frank McCourts 1996 veröffentlichte Auto-
biographien *Reading in the Dark* und *Angela's Ashes* sind zwei
"portraits of the artist as a young man", transponiert vom Dublin der
Jahrhundertwende in die verslumten *lanes* der dreißiger und vierziger Jahre in McCourts Limerick[427] bzw. den Terror der Nachkriegs-
zeit in Deanes Derry, transponiert vom Mittelstand in die *lower* und
lowest class. Sujet der neunzehn Kapitel von *Angela's Ashes* ist die
drastisch naturalistisch und dennoch humoristisch beschreibende
miserable Irish Catholic childhood (McCourt: 1996, 1)[428] des 1930 in
New York geborenen und in Südirland aufwachsenden Francis, der
1949 in die USA emigriert; Thema von Deanes dreiteiligem Roman
ist die von Familienfehden und Denunziantentum gezeichnete Kindheit und Adoleszenz des feinfühligen, neugierigen Knaben, der 1940
im nordirischen Grenzort Derry zur Welt kommt, wohin er einund-
dreißig Jahre später noch einmal kurz zurückkehrt, um seinem Vater
das letzte Geleit zu geben.

---

[427] Vgl. Michiko Kakutanis Kritik in der *New York Times* in: Frank McCourt, *Angela's
Ashes*, London 1996, *cover*.

*Writing in prose that's pictorial and tactile, lyrical but streetwise, Mr McCourt does
for the town of Limerick what the young Joyce did for Dublin: he conjures the
place for us with such intimacy that we feel we've walked ist streets and crawled
its pubs.*

[428] Vgl. ebd., S.1

4.1. Zweierlei *portraits*

4.1.1. McCourts Porträt der *miserable Irish Catholic childhood*

Als Resultat eines *knee-trembler* (McCourt: 1996, 6)[429] wird Francis, der nach wenigen Seiten die Romanperspektive mit stilistischer Äquivalenz bestimmt, eingeführt. Seine Eltern trafen sich 1929 auf einer Party in New York, wo Angela Sheehan, den ärmlichen Verhältnissen Limericks entflohen, gerade gestrandet ist und dem frisch aus dem Gefängnis entlassenen Nordiren Malachy McCourt begegnet. Dem unambitionierten jungen Mann mißglückt die "Flucht", und er wird von zwei resoluten Cousinen Angelas, den MacNamara-Schwestern, in die Ehe getrieben.

> *A year later another child was born ... The MacNamara sisters said Angela was nothing but a rabbit and they wanted nothing to do with her till she came to her senses.*
> *Their husbands agreed* (McCourt: 1996, 11).[430]

Zu den frühen Erinnerungen in Brooklyn gehört die eines überfahrenen Hundes, die zeitlebens als Sinnbild des Sterbens fungiert und in die Episoden von Krankheit und Tod verflochten wird. So verschwimmt bereits bei der ersten Erwähnung das Blut des kleinen von der Schaukel gefallenen Bruders mit dem des Hundekadavers.

> *There is blood all around the dog's head. It's the color of the blood from Malachy's mouth.*
> *Malachy has dog blood and the dog has Malachy blood* (McCourt: 1996, 11f.).[431]

Armut, Unterernährung, Krankheit, Arbeitslosigkeit und Alkoholismus determinieren die frühe New Yorker Kindheit, bestimmen die familiäre Struktur und Interaktion, die auf den schieren Überlebenskampf und den Streit, den die väterliche Labilität, Apathie und Trunksucht auslöst, fokussiert ist.

---

[429] Vgl. ebd., S.6

[430] Ebd., S.11

[431] Ebd., S.11f.

Och, times are hard, Angela, but that lovely man, Mr.Roosevelt, will find a job for everyone and your husband will find a job for everyone. Poor man, it's not his fault there's a Depression. He looks for work day and night ... When Dad comes home with the drink smell there's no money and Mam screams at him till the twins cry, and Malachy and I run out to the playground. On those nights Mam crawls back into bed and Dad sings the sad songs about Ireland (McCourt: 1996, 38).[432]

Vorübergehend nähren sich die Knaben vom Tisch der großzügigen jüdischen Nachbarn Leibowitz oder dem mitleidvollen italienischen Gemüsehändler. Margaret, das dritte Kind, erliegt bereits als Säugling der Unterernährung, und ihr Leichnam wird von Malachy an die Pathologie verkauft. Die Situation, in die die Zwillinge Oliver und Eugene geboren werden, läßt sich schließlich nur noch als verslumt bezeichnen, sie ist der Auslöser für das erneute Eingreifen der MacNamaras, die in dezidiert irischer Manier Grandma Sheehan um die Erstattung der Reisekosten für die Jungfamilie bitten und die McCourts zurück nach Irland verfrachten.

Dear Aunt Margaret,

I take pen in hand to write you this letter and hope this finds you as it leaves us in the best health. My husband Tommy is in fine form working away and Delia's husband Jimmy is in fine form working away and we hope this finds you in fine form. I am very sorry to tell you that Angela is not in fine form as the baby died, the little girl that was called Margaret after yourself, and Angela has not been the same since lying in the bed with her face to the wall. To make matters worser we think she's expecting again and that's too much altogether. The minute she losses one child there is another one on the way. We don't know how she does it ... That shows you what can happen when you marry someone from the North for they have no control over themselves up there a bunch of Protestants that they are ... It's terrible, Aunt Margaret, and we all think Angela and the children would be better off in her native land. We don't have the money to buy the tickets ourselves ... Hopping this finds you in fine form as it leaves us thank God and His Blessed Mother.

I remain your loving neice
Philomena Flynn (what was MacNamara)
and last but not least your neice

---

[432] Vgl. ebd., S.38

Delia Fortune (what was MacNamara, too, ha ha ha)
(McCourt: 1996, 42f.).[433]

Das zweite Kapitel reicht bis in Franks Schulzeit. Bei den Verwandten im County Antrim ebensowenig willkommen wie bei der Dubliner IRA, als dessen ehemaliger Mitstreiter McCourt sich gebart, landen die "Flüchtlinge" in den Armenvierteln von Limerick, wo sie gemeinsam ein Zimmer bewohnen und erneut der Teufelskreis von Vorurteil - wieder wird Malachy wegen seines nordirischen Akzents diskriminiert -, Arbeitslosigkeit und Alkoholismus einsetzt und Angela zur Bettlerin degradiert. Kurz nacheinander sterben die Zwillinge, und Francis wird zunehmend in die Rolle des Vaters und Ernährers gedrängt.

> *Dad is touching my shoulder. Come on, Francis, you have to take care of your little brothers ...*
> *Dad stands facing the wall over the fire, beating on his thighs with his fists, sighing, Och, och, och.*
> *Dad frightens me with his och, och, och, and Mam frightens me with her small bird sounds and I don't know what to do though I wonder if anyone will light the fire in the grate so that we can have tea and bread because it's a long time since we had the porridge. If Dad would move away from the fireplace I could light the fire myself. All you need is paper, a few bits of coal or turf, and a match ...I tell him we're hungry and he lets out a crazy laugh. Hungry? he says. Och, Francis, your wee brother Oliver is dead. Your wee sister is dead and you wee brother is dead* (McCourt: 1996, 77f.).[434]

Die Erziehung in den ersten Schuljahren in Leamy's National School ist dominiert von pervertierter Autorität, ritualisierter Brutalität und ideologisierter Wissensvermittlung.

> *One master will hit you if you don't know that Eamon de Valera is the greatest man that ever lived. Another master will hit you if you don't know that Michael Collins was the greatest man that ever lived.*
> *Mr.Benson hates America and you have to remember to hate America or he'll hit you.*
> *Mr.O'Dea hates England and you have to remember to hate England or he'll hit you.*

---

[433] Vgl. ebd., S.42f.

[434] Vgl. ebd., S.77f.

If you ever say anything good about Oliver Cromwell they'll all hit you.
...
If you don't cry the masters hate you because you've made them look weak before the class and they promise themselves the· next time they have you up they'll draw tears or blood or both.
Big boys in fifth class tell us Mr.O'Dea likes to get you in front of the class so that he can stand behind you, pinch your sideburns, which are called cossicks, pull up on them. Up, up, he says, till you're on tiptoe and the tears are filling your eyes.
...
(The) master likes that.
...
If the master hits you there's no use complaining to your father or mother. They always say, You deserve it. Don't be a baby (McCourt: 1996, 85f.).[435]

Da die Assoziationen an die toten Kinder den Aufenthalt in Hartstonge Street für Angela unerträglich machen, zieht die Familie in ein "Reihenhaus" in Roden Lane, doch rasch entpuppt sich der Umzug als weitere Verschlechterung der Wohnverhältnisse.

The houses are called two up, two down ... Our house is at the end of the lane, the last of the six. Next to our door is a small shed, a lavatory, and next to that a stable.
...
Mam says, Wait a minute, sir. Could you tell me who cleans this lavatory?
Cleans? Ah, Jesus, that's a good one. Cleans, she says ... These houses were built in the time of Queen Victoria herself and if this lavatory was ever cleaned it must have been done by someone in the middle of of the night when no one was lookin' (McCourt: 1996, 98f.).[436]

Der Vater verbringt die Tage entweder in "Italy", dem trockenen Obergeschoß, auf Jobsuche oder langen Spaziergängen, die stets im Pub enden, wo er die spärliche Arbeitslosenunterstützung für die gesamte Familie in *pints* umsetzt. Hat er einmal eine Hilfsarbeiterstelle gefunden, dauert es keine Woche, bis er fristlos entlassen wird, da ihm sein morgendlicher *hangover* das pünktliche Erscheinen

---

[435] Vgl. ebd., S.85f.

[436] Vgl. ebd., S.98f.

verwehrt. Dennoch wird er nicht müde, sein patriarchalisches Männerbild und seinen unreflektierten Patriotismus zu pflegen.

> *He says it's different for a man. You have to keep the dignity.*
> *Wear your collar and tie, keep up the appearance, and never ask for*
> *anything. Mam says, I hope it keeps fine for you.*
> *...*
> *If he sings Kevin Barry, it means he had a good day, that he is*
> *now falling down drunk and ready to get to get us out of bed, line us*
> *up and make us promise to die for Ireland...*
> *...*
> *I know it's my father because he's the only one in Limerick who*
> *sings that song from the North, Roddy McCorley goes to die on the*
> *bridge of Toome today.*
> *...*
> *He stands in the middle of the lane and tells the world to step out-*
> *side, he's ready to fight, ready to fight and die for Ireland, which is*
> *more than he can say for the men of Limerick, who are known the*
> *length and breadth of the world for collaborating with the perfidious*
> *Saxons* (McCourt: 1996, 103 u.121f.).[437]

So ist es durchaus stimmig, daß er die "Schmach" der Nahrungs-
suche Frau und Söhnen überläßt, die dann etwa an Heilig Abend mit
einem Schweinskopf für das Weihnachtsmahl durch die Straßen gehen und von sämtlichen Nachbarn als *zulus* verhöhnt werden.

So unausweichlich wie der Wechsel der Jahreszeiten und lediglich
durch die kindliche Rezeptionsweise mythisiert, ist die Folge der
zahlreichen Schwangerschaften und Geburten.

> *The angel that brought Margaret and the twins comes again and*
> *brings us another brother, Michael. Dad says he found Michael on*
> *the seventh step of the stairs to Italy* (McCourt: 1996, S.111).[438]

Die Erstkommunion im vierten und die Konfirmation im achten
Kapitel sind von demselben Tenor kirchlicher Indoktrination dominiert, das kindliche Bewußtsein erkennt intuitiv die Analogie zwischen religiöser und politischer Ideologisierung, spürt die Unnatürlichkeit und Zwanghaftigkeit, mit der ihm heroisiertes Märtyrertum
oktroyiert werden soll.

---

[437] Vgl. ebd., S.103 u.121f.

[438] Ebd., S.111

> *The master says it's a glorious thing to die for the Faith and Dad says it's a glorious thing to die for Ireland and I wonder if there's anyone in the world who would like us to live. My brothers are dead and my sister is dead and I wonder if they died for Ireland or the Faith..*
>   ...
> *Priests and masters tell us Confirmation means you're a true soldier of the Church and that entitles you to die and be a martyr in case we're invaded by Protestants or Mahommedans or any other class of heathen. More dying. I want to tell them I won't be able to die for the Faith because I'm already booked to die for Ireland* (McCourt: 1996, S.124 u.211).[439]

Als Identifikationsfigur dient Francis sein Onkel Pa Keating - *he doesn't give a fiddler's fart what the world says and that's the way I'd like to be myself* (McCourt: 1996, S.128).[440] Dieser repräsentiert jene Unabhängigkeit und jenen Individualismus, die seinem eigenen Vater abgehen.

Sämtliche Integrationsversuche, die den engen sozialen Rahmen sprengen könnten, scheitern meist schon am abgerissenen ärmlichen Erscheinungsbild des Jungen. Zweimal "schlägt ihm die Kirche die Türe vor der Nase zu", im fünften und dreizehnten Kapitel, als er sich in Begleitung seines Vaters um die Aufnahme als Ministrant und mit seiner Mutter auf Anraten seines Lehrers O'Halloran um eine höhere Schulbildung bemüht.

> *Dad .. knocks at the sacristy door and tells Stephen Carey, This is my son, Frank, who knows the Latin and is ready to be an altar boy.*
> *Stephen Carey looks at him, then me. He says, We don't have room for him, and closes the door.*
>   ...

---

[439] Ebd., S.124 u.211

[440] Vgl. ebd., S.128

Vgl. dazu ebd., S.146:

That's the ways I'd like to be in the world, a gas man, not giving a fiddler's fart, and that's what I tell the Angel on the Seventh Step till I remember you're not supposed to say fart in the presence of an angel.

Zunächst bleibt es ganz offensichtlich bei der Vision einer geistig unabhängigen Existenz.

> *Mam .. knocks at the door of the Christian Brothers and says she wants to see the superior, Brother Murray. He comes to the door, looks at my mother and me and says, What?*
> *Mam says, This is my son, Frank. Mr.O'Halloran at Leamy's says he's bright and would there be any chance of getting him in here for secondary school?*
> *We don't have room for him, says Brother Murray and closes the door in our faces.*
> ...
> *That's the second time a door was slammed in (my) face by the Church* (McCourt: 1996, 167 u.337).[441]

Der Kontakt zum Musterschüler Fintan Slattery, der einem gehobeneren Milieu entstammt, versickert rasch aufgrund der latenten Homoerotik des ambitionierten Kameraden. Dauerhafter dagegen ist jener zu Paddy Clohessy, dem Ärmsten der Armen, der nicht einmal ein Paar Schuhe besitzt und in Arthur's Quay, dem verrufensten Stadtviertel, inmitten tuberkuloseinfizierter Familienmitglieder dahinvegetiert.

Die Klimax der Geschmacklosigkeit erreicht das Verhalten McCourts, als er bei der Geburt des letzten Sohnes, Alphonsus , das Geldgeschenk der Großeltern aus Antrim vertrinkt. Die ökonomische Situation ist derart aussichtslos, daß Frank sich überreden läßt, für einen günstigen Beerdigungstermin von Mickey Spellacys an Auszehrung sterbenden Geschwistern zu beten, um sich bei der Totenwache sattessen zu können, seinem unsympathischen, bärbeißigen Uncle Pat beim Zeitungsaustragen hilft oder einem Betrunkenen *fish and chips* entwendet und gierig verschlingt. Regelmäßig beichtet er seine Sünden, regelmäßig erhält er von meist empathisch gesonnenen Priestern die Absolution.

Im zarten Alter von zehn wird der Protagonist in die Sphären der Liebe und Kunst initiiert, als er wochenlang an Typhus erkrankt im Krankenhaus liegt. Im Kontrast zu seinem Vater, der proirische Literaturklischees präferiert, begeistert er sich für englische Geschichte, Shakespeare und Lyrik sowie die Leidensgenossin Patricia, mit der ihm bald jeglicher Kommunikationskontakt verwehrt wird.

Nur durch das Verfassen eines Essays über *Jesus and the Weather* gelingt es Frank, in die nächsthöhere Klasse vorzurücken, wo er von O'Halloran, seinem ersten und einzigen Lehrer, der seine Schüler nicht zu entmündigen, sondern aufzuklären gedenkt, ent-

---

[441] Vgl. ebd., S.167 u.337

scheidende mentale Anstöße erhält und sein politisches Weltbild zu relativieren beginnt.
Der (zweite Welt-)Krieg verspricht Arbeitsplätze in England und bildet die ökonomische Basis für

> *(the) brave new rich (who) will be seen at the Savoy Restaurant or the Stella drinking tea, eating little buns, patting their lips with serviettes if you don't mind, coming home on the bus and complainin the service is not what it used to be. They have electricity now so they can see things they never saw before and when darkness falls they turn on the new wireless to hear how the war is going. They thank God for Hitler because if he hadn't marched all over Europe the men of Ireland would still be at home scratching their arses on the queue at the Labour Exchange.*
> *Some families sing,*
> <u>*Yip aye aidy aye ay aye oh*</u>
> <u>*Yip aye aidy aye ay,*</u>
> <u>*We don't care about England or France,*</u>
> <u>*All we want is the German advance.*</u>
> *If there's a chill in the air they'll turn on the electric fire for the comfort that's in it and sit in their kitchens listening to the news declaring how sorry they are for the English women and children dying under the German bombs but look what England did to us for eight hundred years* (McCourt: 1996, 247).[442]

---

[442] Vgl. ebd., S.247

Vgl. dazu auch ebd., S.366:

Mrs.Clohessy says, We have enough money for food and shoes at last, thanks be to God and His Blessed Mother ... If it wasn't for Hitler we'd all be dead an' isn't that a terrible thing to say.

Daß eine nazifreundliche Haltung - vornehmlich zu jener Zeit - keineswegs schichtspezifisch war, mag ein Blick ins Feuilleton der Frankfurter Allgemeinen Zeitung vom 30.Oktober 1997 verdeutlichen. Dort schreibt Gudrun Boch in ihrem Artikel "Kurzer Weg zur Ächtung.Wie ein irischer Patriot mit den Nazis kollaborierte:Über den Schriftsteller Francis Stuart" folgendes:

Es blieb eine irische Angelegenheit und ein irischer Streit: Vor genau einem Jahr legte die Präsidentin der Republik, Mary Robinson, dem hochbegabten Francis Stuart den goldenen "Torc", den Dichterkranz, um und ernannte ihm zum "Saoi von Aosdána", zum Stammeswesen - die wohl höchste Auszeichnung, die Irland an seine Künstler zu vergeben hat. Umstritten war diese Ehrung, weil einige in Stuart einen Antisemiten und Kollaborateur mit den Nazis sehen. In diesem Jahr ist Stuart fünfundneunzig geworden; und er bleibt eine der merkwürdigsten Erscheinungen der irischen Gegenwartsliteratur.

Im Frühjahr 1939 war Stuart einer Einladung des Akademischen Austauschdienstes nach Deutschland gefolgt. Ein Jahr später hatte er eine Dozentur für eng-

Die McCourts, deren Familienoberhaupt sich ebenfalls überreden läßt, einen Job in England anzunehmen, avancieren niemals in die Neureichenschicht, da Malachy, der Limerick nur noch zwei Kurzbesuche abstattet, kein einzigers Mal Geld schickt.

> *Mr.Downes says that Malachy McCourt is gone pure mad with the drink, that he squanders his wages in pubs all over Coventry ... Time after time Malachy drinks away his rent money and winds up sleeping in parks when the landlord throws him out. He's a regular disgrace,*

---

lische Sprache an der Berliner Universität angenommen, und von August 1942 bis Anfang 1944 hatte er im deutschen Auftrag Radiosendungen verfaßt, die der Reichssender nach England und ins neutrale Irland ausstrahlte. Der britische Rundfunksprecher William Joyce, ein überzeugter Faschist, der als "Lord Haw Haw" bekannt wurde und und nach dem Krieg von den Engländern wegen Hochverrats gehenkt wurde, las anfangs die von Stuart gelieferten Manuskripte. Daraus entstand das Gerücht, Stuart habe für "Lord Haw Haw" dessen Propagandareden geschrieben .

... Warum er überhaupt (ins Nazideutschland) gegangen sei? Er habe dort sein wollen, wo Geschichte gemacht wird, sagt er heute ... Man hatte ihn gewarnt, daß er sich diskreditiere, wenn er sich mit den Nazis einlasse. Doch schon der junge Stuart fand, zum Schriftsteller passe eher Ächtung als Ruhm. Für sein Verhalten hat er sich bis heute weder verteidigt noch entschuldigt ... "Schriftsteller meiner Sorte vertreten keine Moral."

Auch wenn der Autor sich der Moral enthält, seine Romane vermitteln eine Botschaft, eine durchaus fragwürdige.

...

In einem vor einigen Jahren geschriebenen Nachwort zur Wiederauflage von "Pillar of Cloud" .. zitiert Stuart aus dem Gedicht eines Auschwitz-Häftlings Zeilen, die vom Grauen der Morgenstunden, von den Viehwagen und von den Seufzern der Erniedrigung sprechen Und er fügt hinzu, auch er, Stuart, habe das Grauen der Morgenstunden gekannt ... Nicht ohne Anmaßung setzt er damit seine Internierung (als konvertierter Katholik nahm er auf republikanischer Seite am Bürgerkrieg teil und saß dafür in Haft) dem Leben und Sterben in den Konzentrationslagern gleich.

Colm Tóibín bezeichnet Stuarts Anfang der Sechziger entstandenen autobiographischen Roman *Black List, Section H*, der 1995 schließlich auch in Irland publiziert wurde und dessen Protagonist inmitten des Grauens im Deutschland der Naziära *die intensivsten Jahre seines Lebens (erlebt) .. vom persönlichen Desaster, an dem sich seine schöpferische Energie entzündet, (zu vereinnahmt, um sich um) das historische Desaster (zu kümmern),* als einen *"der wichtigsten irischen Romane der zweiten Jahrhunderthälfte".* Auch andere zeitgenössische Autoren wie Hugo Hamilton oder Paul Durcan erweisen Stuart ihre Reverenz und verfassen Vorworte zu seinen Werken.

so he is, and Mr.Downes is glad that McCourt is not a Limerickman bringing the shame to this ancient city (McCourt: 1996, 264).[443]

Frank erkrankt an einer schweren Bindehautentzündung, die sein Augenlicht zeitlebens schwächen wird. Für den *beggar woman's son* folgen Jahre tiefster Erniedrigung, tiefster Entwürdigung, die nur durch Zähigkeit und schrittweise Emanzipation aus den familiären und sozialen Bindungen überstanden werden.

> *Aunt Aggie torments me all the time. She calls me scabby eyes. She says I'm the spitting image of my father, I have the odd manner, I have the sneaky air of a northern Presbyterian, I'll probably grow up and build an altar to Oliver Cromwell himself, I'll run off and marry an English tart and cover my house with pictures of the royal family.*
> ...
> *My mother is a beggar now ... My pals will make up new names and torment me in the schoolyard and I know what they'll say,*
> <u>Frankie McCourt</u>
> <u>beggar woman's boy</u>
> <u>scabby-eyed</u>
> <u>dancing</u>
> <u>blubber-gob</u>
> <u>Jap</u>
> ...
> *I wash my eyes three times a day and I blink till I get a pain in my eyebrows ... (All) the boys in my class are calling me Blinky and adding that to the list of names.*
> <u>Blinky McCourt</u>
> <u>beggar woman's son</u>
> <u>scabby-eyed...</u>
> (McCourt: 1996, 284, 288f. u.303).[444]

Als seine Familie bei Angelas Cousin Laman Griffin, dem gescheiterten Offizier der Royal Navy, zu hausen beginnt und der pubertierende Junge nicht nur dessen Nachttöpfe leeren, sondern registrieren muß, wie seine Mutter mit dem regelmäßig Betrunkenen sexuelle Kontakte pflegt, reißt er aus, verbringt seine Tage in der Bücherei oder beim Stehlen von Nahrungsmitteln und nimmt schließlich einen Job als *telegram boy* und als "Sekretär" der alten Brigid Finucane an, für die er Drohbriefe verfaßt. Seine Tätigkeit verschafft ihm vorüber-

---

[443] Vgl. McCourt ..., S.264

[444] Vgl. ebd., S.284, 288f. u.303

gehend Zutritt zu sämtlichen gesellschaftlichen Schichten und erweitert seinen sozialen Horizont. Ab seinem vierzehnten Lebensjahr strebt er nur noch die Realisierung seines größten Traumes an: der Emigration in die USA. Statt das Briefträgerexamen abzulegen, läßt er sich von einem Zeitschriftengroßhändler anheuern, spart sein bescheidenes Gehalt und stiehlt den nötigen Restbetrag für die Schiffsreise von Cork nach Amerika aus der Börse der toten Mrs.Finucane. Mit neunzehn wird seine Utopie Wirklichkeit, er betritt, vom weiblichen Geschlecht offenherzig empfangen, das Land der ungebrenzten Möglichkeiten.

> *The man in the boat tells us his name is Tim Boyle from Mayo God help us and we docked there at the right time because there's a bit of a party and we're all invited ... Tim Boyle tells us the girls are having a bit of a time while their husbands are away overnight hunting deer ...(Frieda) takes my hand and leads me into a bedroom, puts down her glass, locks the door, pushes me down on the bed. She's fumbling at my fly. Damn buttoons. Don't you have zippers in Ireland? She pulls out my excitement climbs up on me slides up and down Jesus I'm in heaven and there's a knock on the door ... at long last I don't give a fiddler's fart if the Pope himself knocked on this door ...*
>
> *I stand on the deck with the Wireless Officer looking at the lights of America twinkling. He says, My God, that was a lovely night, Frank. Isn't this a great country altogether?*
> *XIX*
> *'Tis*
> (McCourt: 1996, 423ff.).[445]

'Tis - ...nicht nur ein tolles (Neu-)Land, *'tis* affirmierte an anderer Stelle die Lebensweisheiten seiner Mutter

> *And (Bridey and Mam) laugh and drink their tea and smoke their Woodbines and tell one another the fag is the only comfort they have.*
> *'Tis* (McCourt: 1996, 162)

und Laman Griffins

> *Of course you can have my bike ... But you have to earn it. You can't be getting something for nothing, isn't that right?*
> *'Tis* (McCourt: 1996, 331).[446]

---

[445] Vgl. ebd., S.423ff.

Relativiert wird der irische Fatalismus schließlich durch ein *open ending*, das nahezu jede Entwicklung zuläßt - im Kontext der autobiographischen Bezüge vornehmlich die einer eigenständigen bürgerlichen Existenz als Lehrer und Schriftsteller in New York.

---

[446] Vgl. ebd., S.162 u.331

Vgl. dazu auch ebd., S.131

4.1.2. Deanes Porträt der *haunted childhood*

Reading in the Dark liest sich passagenweise wie ein Kriminalroman, passagenweise wie ein analytisches griechisches Drama. *Being haunted* durchzieht als Grundmotiv das ganze Werk. Schon in den ersten beiden Unterkapiteln von *Chapter 1* werden die signifikantesten Bezüge desselben konstituiert: die politischen Unruhen, die zu familieninternen Fehden führen, lösen - auf der Ebene des Subjekts - psychische Spannungen aus, die, sofern sie an religiöses Bewußtsein gekoppelt sind, vom Individuum meist passiv erduldet werden. Durchgängig ist zudem die Interdependenz zwischen *being haunted* und der Tabuisierung, der Verweigerung der Aufklärung, des Sagens, der Kommunikation, letztlich der Möglichkeit von Wahrheitsfindung. Diese *truth* zu erfassen - und sei es nur approximativ - ist Anliegen des Erzählers, der sich quasi seine *vita* schreibend aneignet.

Mehr als Atmosphärisches wird mit dem ersten Bild, den Treppenstufen, beschworen, die Mutter und Sohn in *Stairs. February 1945* trennen.

> *On the stairs, there was a clear, plain silence.*
> ...
> *"Don't move", my mother said from the landing. "Don't cross that window."*
> *I was on the tenth step, she was on the landing. I could have touched her.*
> *"There's something there between us. A shadow. Don't move"*
> (Deane: 1996, 5).[447]

Im letzten Unterkapitel - *After. July 1971* - taucht die kleine Gestalt der Alternden dort wieder auf.

> *Her small figure at the turn of the stair; when I had left home, that was how I remembered her. Haunted, haunted. Now that everything had become specific, it was all the more insubstantial. How I had wanted to know what it was that plagued her, then to become the plague itself* (Deane: 1996, 229f.).[448]

---

[447] Vgl. Seamus Deane, *Reading in the Dark*, London 1996, S.5

[448] Ebd., S.229f.

Kurz danach stirbt der Vater des übrigens nie namentlich genannten Erzählers. Die Schlußzeilen nehmen das Eingangsmotiv variierend auf.

That evening we would take my father to the cathedral that hung in the stair window and she would climb to her bedroom in silence, pausing at the turn of the stairs to stare out at the spire under which, for that night, before the darkened altar, he so innocently lay (Deane: 1996, 233).[449]

Die frühen Schatten (der Vergangenheit eher als der aktuellen politischen Gefahr), zweieinhalb Jahrzehnte später für den Protagonisten großteils lokalisier- und substantiierbar geworden, sind für sie prägender denn je zuvor, unaussprechbar und bedrohlich. Das eifersüchtig erahnte Mit- und Mehr-Wissen des Sohnes hat die Distanz zu ihm weit über jene vier Treppenstufen der frühen Kindheit gedehnt, hat sie gänzlich vereinsamen und erstarren lassen.

Bevor der Leser mit dem neugierig forschenden *narrator* in *Part Two* und *Three* schrittweise aufgeklärt wird - nicht zufällig vom sterbenden Großvater und Joe, dem Verrückten, also quasi aus der wissenden Narrenperspektive bzw. derjenigen, die vom Irdischen Abstand gewinnt und sich dergestalt dem Bann der Tabuisierung entzieht - tappt er im Dunkeln und verifiziert solchermaßen das Programm des Romantitels.[450]

Als Kristallisationspunkt der politischen und innerfamiliären Spannungen fungiert der Bruder des Vaters - Eddie -, über dessen Verschwinden eine Reihe von Gerüchten kursiert, deren Inkongruenz die Neugier des Knaben erst recht anstachelt.

Tell me about the feud. Had Eddie anything to do with that? Child, (my mother)'d tell me, I think sometimes you're possessed. Can't you just let the past be the past? But it wasn't the past and she knew it (Deane: 1996, 42).[451]

Aus dessen Perspektive nimmt sich dieses Ereignis - oder besser: die unvollständigen Geschichten darüber - ebenso unglaubwürdig aus wie die Zaubertricks auf dem Jahrmarkt, die bereits der Fünfjährige nur mit Skepsis genießen kann. Die Assoziationsfähigkeit des

---

[449] Ebd., S.233

[450] Vgl. ebd., S.126ff, 187 u.193

[451] Ebd., S.42

Lesers voraussetzend, stellt der Erzähler *Disappearances.*
September 1945 dem Unterkapitel *Eddie. November 1947* voran und
läßt es solchermaßen zum Motto der Eddie-Geschichte werden -
eine Technik, die den ganzen Roman prägt und auf subtile Weise
epische Integration bewirkt. Mit sieben hört er zum ersten Mal
bewußt von der Biographie des Onkels.

> *There were great events they returned to over and over, like the*
> *night of the big shoot-out at the distillery between the IRA and the*
> *police, when Uncle Eddie disappeared. That was in April, 1922.*
> *Eddie was my father's brother.*
> *He had been seen years later in Chicago, said one.*
> *In Melbourne, said another.*
> *No, said (Uncle) Dan, he had died in the shoot-out, falling into the*
> *exploding vats of whiskey when the roof collapsed.*
> *Certainly he had never returned, although my father would not*
> *speak of it at all* (Deane: 1996, 9).[452]

Die Umgebung der ehemaligen Whiskeyfabrik, dem Kampfplatz
von 1922 und Spielplatz der Kinder Ende der Vierziger, ist gezeichnet von *a long dolorous absence*, wirkt mit ihrer hochaufragenden
gotischen Kathedrale auf das leicht beeindruckbare sensible Gemüt
des Neunjährigen wie

> *a faithless and desolate patch, rinsed of its colour, pale and bald in*
> *the midst of the tumble of small houses, unpaved streets and the*
> *giant moraine of debris that had slid from the foot of the city walls*
> *down a sloping embankment to where our territory began* (Deane:
> 1996, 34).[453]

Früh schon flicht der *narrator* die ebenso schimärische Gestalt
McIlhennys in die Eddie-Episode, sollen doch manchen Erzählvari-
anten zufolge beide in Chicago gelandet sein. McIlhenny, der italie-
nisch anmutende Charmeur, scheint die gesamte Sippe diskreditiert
zu haben.

> *You're not to mention that bastard, said (Uncle) Manus ... he did*
> *enough damage for ten men. Didn't he go to Chicago? I asked ... Ay,*

---

[452] Ebd., S.9

[453] Vgl. ebd., S.34

he did, said one of them. An' didn't come back either. Left his wife
and wee'un. Never trusted him myself (Deane: 1996, 38).[454]

Daß *the feud* sich auf die Figur Eddies konzentriert, ist bereits
dem Zehnjährigen klar, daß diesbezüglich Fragen aus ebendiesem
Grund tabusiert sind, wird bald schon zum reflektierten, aber lange
Zeit unlösbaren Problem, ja zur seelischen Qual.

I knew then (my father) was going to tell me something terrible
some day, and, in sudden fright, didn't want him to; keep your
secrets, I said to him inside my closed mouth ... But, at the same
time, I wanted to know everything...
...
The feud. The word had a grandeur about it that I savoured,
although it occured to me that maybe there was more to be told. But
it was only a half-sense that warned me what I had already been told
was not all there was to tell (Deane: 1996, 46 u.51).[455]

So fokussiert sich das Interesse des Neugierigen aufs Spekula-
tive, Assoziative, Geahnte - und analog dazu entwirft der Text ein
Netz von ahnungsvollen Spekulationen, führt und verführt den Leser,
indem er ihn eintauchen läßt in die Psyche des Heranwachsenden.
Zu den prägenden Einflüssen, denen er ausgesetzt ist, gehört eine
sehr irische Mischung von katholischem Glauben und Aberglauben,
und so wird sein Forschen auch von (pseudo)metaphysischen Elementen durchwoben. Womöglich ist der Onkel im *field of the dis-*
appeared, wo, einem diesseitigen Orkus gleich, die ruhelosen See-
len der Unerlösten wohnen, verschwunden?

Dare I ask? I didn't (Deane: 1996, 54).[456]

Jahre später erst würde der Vater, aufgewühlt durch Kindheitser-
innerungen, reden und der *true story* - oder einem Konstrukt derselben - ein weiteres Mosaik hinzufügen.

Eddie was never killed in that shoot-out, he said suddenly and
looked away from us immediately.

---

[454] Vgl. ebd., S.38

[455] Vgl. ebd., S.46 u.51

[456] Ebd., S.54

He had said it, and I felt calm as death ... The sentence disappeared into the church, then reappeared inside my head (Deane: 1996, 133).[457]

Der Sohn weiß jedoch inzwischen mehr. Diese Information erhielt er "von außen", jenseits der innerfamiliären Kommuniaktionstabus, dort, wo Normen aufgehoben und Sanktionen entkräftet werden: am Sterbebett und - später - im Ver-rücktsein, bei Grandfather und Crazy Joe, jenen also, die durch Sprechen nichts zu verlieren haben, jedoch durchaus imstande sind, die Verrücktheit und Borniertheit der "Normalwelt" des Protagonisten ein gewaltiges Stück zurechtzurücken. Durch sie erfährt er, was seine Mutter fernhalten möchte von seinem Bewußtsein -

"Don't listen to me. I'm just upset at Grandfather's dying up there.
...
He's beginning to wander a bit in his mind. Pay no attention to what he says and don't, whatever you do, don't repeat it. Not even to me" (Deane: 1996, 119)[458] -

the whole story.

Eddie was dead, (Grandfather) told me ... He had been executed as an informer. An informer. And I had thought that Eddie had got away. But my father knew; that's what he knew ... You're going to tell me, I said inwardly, addressing my absent father, you're going to tell me, after all these years, and I know already. Yes. All right. But why is my mother so upset? She knew. And she knew my father knew. He must have told her. What's so new and terrible in here? Now I know my father's secret, but what about my mother's? What has it to do with my father's? Grandfather lay back for a moment. He wasn't going to confess to any damn priest, he said. But he'd told my mother. And now he'd tell me. For she would never tell my father or me, and it had to be told. He wished he could tell my father the whole story. What story? I was standing, almost shouting at him. What story? he shut his eyes and he told me, told me. He, Grandfather, had ordered the execution. But he was wrong. Eddie had been set up. He had not been an informer after all. He told me who the real informer was.
I left him and went straight home, home, where I could never talk to my father or my mother properly again.

---

[457] Vgl. ebd., S.133

[458] Vgl. ebd., S.119

...

My mother's father had my father's brother killed. She had known that now, since just before Grandfather died. My father didn't know it at all. My mother had gone out with McIlhenny, the traitor who had set up Eddie for execution. My father did not know that. And McIlhenny had dropped her and married Katie, her sister. Then he had been tipped off and fled to Chicago. Kate didn't know that. Nor did my father. My mother had always known that McIlhenny had fled, had known he was an informer. Her father must have told her that; what he hadn't told her, not until just before he died, was the truth about what had happened to Eddie. She knew it all now. She knew I knew it too. And she wasn't going to tell any of it. Nor was I. But she didn't like me for knowing it. And my father thought he had told me everything. I could tell him nothing, though I hated him not knowing. But only my mother could tell him. No one else. Was it her way of loving him, not telling him? It was my way of loving them both, not telling either. But knowing what I did separated me from them both.

...

It was Crazy Joe who almost completed the story for me.

...

"Oh, I still see his face, never you fear. Four in the morning. The eighth of July 1926. Getting out of the police car, like a shadow. Two men in the back. And our dear old friend Burke at the wheel. McIlhenny stops to pull up his collar and I step out, so I do, from the wall where I'd been standing out of the rain ... What the hell do you think he was doing? Informing. Informing. Selling his people for a few shillings ... He never saw me ... But who tipped him off that he had been seen? Can't work that out for sure, though I have my notions ..."

So that was the tip-off, Joe? Joe identified McIlhenny as the informer? It seemed unlikely, but there it was (Deane: 1996, 126, 187, 188 u.192f.).[459]

Deshalb die Schatten zwischen Mutter und Sohn, deshalb der "unschuldige Anblick" des toten Vaters am Ende. Deshalb auch der starre Blick der Alten, gefangen im eigenen Haus, gefangen im Gespinst von Halbwahrheiten, im Unausgesprochenen, im Unaussprechlichen. Diese Not ist es, die dem Knaben, die dem Erzähler Ursache und Anlaß zum Schreiben wird.

Part One umfaßt die Zeit zwischen Februar 1945 und Oktober 1950. In die Themenkreise von Fehde, Fluch und Tod (des Großvaters, der Schwester Una und Tante Ena) sind die Motive konkreter

---

[459] Vgl. ebd., S.126, 187, 188 u.192f.

politischer Alltagserfahrung gebettet, ist das Bild des Sonnenforts Grianan integriert.

> *(Since) we had cousins in gaol for being in the IRA, we were a marked family and had to be careful. Young as I was, I was being stupid* (Deane: 1996, 27).[460]

Besonders unvorsichtig ist sein Spiel mit der versteckten Pistole des Großvaters, die dieser als Erinnerungsstück von einem deutschen Soldaten, dessen U-Boot gegen Ende des Kriegs beschlagnahmt und der von seinem Vater heimlich mit Lebensmitteln versorgt worden war, geschenkt bekam. Ein Spitzel verrät das Bubenstück, und das folgende Verhör, bei denen die Polizisten - u.a. der oben erwähnte Burke - tätlich werden, bleibt dem Jungen über Jahre hinaus als Albtraum im Bewußtsein haften.

> *Innocence was no guarantee for a Catholic then. Nor is it now* (Deane: 1996, 23).[461]

Diese Sätze, geäußert von Brother Regan in *Grandfather. December 1948*, dem Kapitelchen vor *Pistol. January 1949*, der im Unterricht in kodierter Form über den Mord am Polizisten Billy Mahon berichtet, den der Alte aus Rache für die Ermordung seines Freundes und Arbeitskollegen Neil McLaughlin beging, verbindet der Rezipient ebenso wie der Protagonist mit den politischen Ereignissen der Gegenwart Ende der vierziger Jahre, verifiziert er anhand der Familiensaga, der Verfemung und Sippenhaft. Der Knabe ist und bleibt *marked*.

Scheinbar als Ort der Zuflucht und des Abenteuers dient Grianan, das Sonnenfort. Schaurig-schön ist dieses *Fort of Light*, von dem aus man bis nach Donegal blickt, jenem *county*, dem die Vorfahren entstammen. Bedrohlich wird der sagenumwobene Platz erst, als der Erzähler von seinen scherzenden Kameraden im *stone wishing-chair* am Ende der *secret passage* eingesperrt wird und - ahnungslos und doch bereits voller ("mystischer") Antizipation späteren Wissens - die Klaustrophobie und Hinrichtung Eddies quasi nacherlebt

> *The stone could not be moved from inside the passageway; it was too narrow to allow for leverage. So I sat and waited. When I*

---

[460] Vgl. ebd., S.27

[461] Ebd., S.23

shouted, my voice ricocheted all around me and then vanished. I had never known such blackness. I could hear the wind, or maybe it was the far-off sea. That was the breathing Fianna. I could smell the heather and the gorse tinting the air; that was the Druid spells. I could hear the underground waters whispering; that was the women sighing. The cold was marrow-deep ... I crawled down to the entrance and shouted again. Eventually, someone came and rolled the stone back ... Later .. the hills around me seemed so wide and high that the passageway felt even worse in retrospect, more chilling and enclosed (Deane: 1996, 57f.).[462]

Katie's Story. October 1950, jene *gothic story* der Brigid McLaughlin, die - gleich ihrem Bruder - im Wahn endet, variiert, vertieft und mystifiziert die Schrecken der eigenen Familiensaga noch, so daß der Zehnjährige dem sonst so willkommenen Redefluß seiner Tante ganz intuitiv Einhalt zu gebieten sucht.

> *An instinct woke in me at the mention of Grianan. I wanted her to stop, not knowing why, but she went on. I wished my mother would awake, or that someone would come in and interrupt Katie. But everyone seemed to have gone* (Deane: 1996, 66).[463]

Den Tenor des zweiten Teils (von November 1950 bis Mai 1954) bestimmt die expressionistisch-apokalytische Kampfsymbolik und -atmosphäre von *Rats. November 1950.* Der Krieg, der bereits mehr als fünf Jahre zurückliegt, wird in Form einer kollektiven Rattenvernichtung - vom Erzähler nicht zufällig als *battle* deklariert - wiederbelebt. Schauplatz sind jene nach billigem Fusel und Urin stinkenden ehemaligen Luftschutzbunker, der Unterschlupf der *derelicts and tinkers*, die die Aspekte von Verwahrlosung und Dekadenz der (Nachkriegs)Gesellschaft ebenso adäquat versinnbildlichen wie die sie allmählich überwuchernden Müllhalden, das Rattenterritorium.

> *The men of the neighbourhood dug deep trenches at each end of the line of rubble ... Then they half-filled the trenches with anything that would burn ... They sprinkled this with pink paraffin. We were deputed to collect all the dogs of the neighbourhood...*
> *The rats began to emerge, first from the deep trenches at either side. The men stood above with blazing torches in their hands. They waited, as the rats bolted back and forth, leaping every so often, like*

---

[462] Vgl. ebd., S.57f.

[463] Ebd., S.66

salmon, to clear the sloping earth bank above. Then, when the trench was packed with the squeaking, twisting creatures, they threw in the torches ... Then they began to come out from the bolt holes ... We released the dogs and picked up branches ... The dogs caught the rats in their jaws and tossed them back and forth ... The dead ones were pitched into the flames; others we forced back with our sticks .. until .. they slipped over the edge into the blazing trenches, from which they would sometimes leap in mid-air, squealing in agony (Deane: 1996, 78f.).[464]

Übelkeit erregt nicht nur die Schlacht gegen die Ratten, *vomit was rising up in (his) throat*, als er unvermittelt einer anderen Art von Kampf beiwohnt, dem *battle of sexes* in konkretester Form.

I saw two tinkers, a man and a woman, wrestling on the floor; I almost ran into their heaving foetor of split clothes and white skin ... For ages afterwards, I could envisage them clearly, he butting back and forth on top of her, she writhing slowly, one leg in mid-air. I didn't know what I had seen, but I said nothing (Deane: 1996, 77f.).[465]

Bis in die Rhythmik des *back and forth* gehen die Analogien beider "Kämpfe", beider "Schlachten" - die Bilder dieses existentiellen Infernos graben sich sich tief ins Bewußtsein des jungen Beobachters.

...I imagined the living rats that remained, breathing their vengeance in a dull miasmic unison deep underground (Deane: 1996, 80).[466]

Wer dann auf der Seite der Sieger bzw. der Besiegten wäre, bleibt der Imagination überlassen -, ebenso wie die Ratten sowohl externe als auch interne (politische) Feinde symbolisieren können, der Kampf mit Spionage und psychischer Vernichtung assoziiert werden kann und das ganze Szenario mit den *troubles* zwischen den extremistischen Gruppierungen auf protestantischer wie katholischer Seite.

Die täglichen *troubles* in Derry drängen den politisch interessierten Heranwachsenden zunehmend in die Rolle der destruktionswürdigen

---

[464] Vgl. ebd., S.78f.

[465] Vgl. ebd., S.77f.

[466] Vgl. ebd., S.80

Ratten oder des Verräters Lundy, dessen Konterfei die Orangemen alljährlich zum Zeichen ihrer Macht noch einmal verbrennen.[467] Gebrandmarkt, deklassiert, verfolgt, ist jedweder Versuch, in der Öffentlichkeit politisch zu agieren, zum Scheitern verurteilt, endet Dissens in Apologie. So wird die Sergeant-Burke-Episode zum Paradigma.

Als er zusammen mit seinem Freund Griffin in die Gewalt der Jugendbande Barrs gerät, die gerade dabei ist, ihre Sadismen brutal auszuleben, ergreift der Junge die Gelegenheit, einen vorbeifahrenden Streifenwagen der Polizei durch einen Steinwurf auf sich aufmerksam zu machen. Sergeant Burke demontiert den Zwölfjährigen auf die jenem bereits vertraute zynisch-lakonische Weise und subsumiert dessen Verhalten ohne weitere Erkundigungen unter die Kategorie verwandtschaftstypischer Spionage.

> *"Well, now, weren't we the easygoing men to let your daddy go the last time? A gun in the house and him with the brother he had? His big brother, Eddie. Did you ever wonder about that, or ask him why? ... I'll do you one favour. I'll tell you this - Barr's got it wrong. I'd say your daddy got it wrong too. Maybe you should ask your mother, now her daddy's got sick - none too soon either. Still, there you are. Once an informer, always an informer. That's what they'll say. And we'll see what comes out in the wash, eh? Off you go"* (Deane: 1996, 99).[468]

Statt zu fragen, bricht der Knabe zunächst aus und läuft von Zuhause weg. Als dieser Fluchtversuch mißglückt, verweigert er sich, entzieht sich seinen familiären Pflichten und wird ausgegrenzt. Der Stein ist jedoch im Rollen, und ein einziges Mal übt er expressis verbis Kritik an der Vertuschungsstrategie der Familie.

> *Was there something amiss with me? No, I told (my father), there's something amiss with the family. The police were on top of us long before I was born. If he wanted to blame someone, let him blame Eddie, not me.*
> *He hit me so fast, I saw nothing* (Deane: 1996, 102f.).[469]

---

[467] Vgl. ebd., S.124f.

Die Komposition von *Lundy Burns. December 1952* versinnbildlicht in nuce die konfliktgeladene politische Konstellation Derrys. Während der Großvater mit seiner für den Erkenntnisprozeß des Erzählers so bedeutsamen "Lebensbeichte" beginnt, trommeln zu seiner großen Verärgerung draußen vor dem Fenster die paradierenden *Orange bands*.

[468] Vgl. ebd., S.99

[469] Vgl. ebd., S.102f.

Zwar hält er dem sozialen und psychischen Druck noch nicht stand und läßt sich zur demütigenden und widersinnigen Geste der Entschuldigung bei Burke überreden, doch verleihen ihm schmerzhafte Erfahrungen wie diese jene Hartnäckigkeit und Kontur, deren er bedarf, um die mühsame Rekonstruktion der *true story* auf sich zu nehmen und sich dabei selbst zu definieren - als engagiert involvierter und intellektuell reflektierter Kritiker.

Doch Deane ermüdet die Rezipienten nicht mit Einsträngigkeit. Die Neigung des *narrator* zu Irene Mackey aus der Lecky Road bietet ihm Anlaß, das Leitmotiv *being haunted* im Kontext anderer Familienzwiste zu variieren.

Der Fluch Danno Bredins, des totgeglaubten und unwissentlich gehörnten Ehemanns von Claire Falkener, ruht auf den Geschlechtern der Grenaghans und Falkeners seit der unerwarteten Rückkehr des Schiffbrüchigen der Merchant Navy , der keine treue Penelope, sondern den nach Jahren unterdrückter Liebe erhörten Jimmy Grenaghan im Hause seiner Frau und Kinder vorfindet. Bredins Rache besteht darin, von seinem gegenüberliegenden Mietzimmer aus den Alltag seiner (Ex-)Familie zu beobachten, zu kontrollieren und zu verfluchen. Dem Mythos zufolge stirbt zunächst der sich zusehends verzehrende Bredin selbst, sodann sein Rivale Jimmy und schließlich Claire.

> *But the curse continued. Every house belonging to a Grenaghan or Falkener was haunted. Some days, you couldn't go up the stairs to the bedrooms, or you couldn't get down the stairs from them. No one saw anything - there was just this force that blocked and stopped all movement, that made the house shudder, and left behind it a confused noise as of voices far off, wailing* (Deane: 1996, 165).[470]

Von Irene, die mit dem jungen Grenaghan befreundet ist, möge der kleine Bruder besser Abstand nehmen, rät Liam.

> *Stay away. He has bad blood in him.*
> *"If you believe all that shite," he added* (Deane: 1996, S.165).[471]

---

[470] Ebd., S.165

[471] Ebd.

Und doch scheint dieser mythisierte "Mist" im gegebenen soziokulturellen Kontext existenzbestimmend zu sein - ebenso dominant wie der (politische) Fluch der eigenen Sippe. *Everyboday was caged in. It was almost tidy* (Deane: 1996, 203).[472] Eigenes Insistieren und Koinzidenz lassen den Erzähler in *Part Three* (September 1954 bis Juli 1971) das *pattern* der Saga vervollständigen, die Ordnung des Ungeordneten realisieren und Distanz gewinnen.

Unbenannt wären die Ereignisse, die Gestalten und Mythen das geblieben, was das Schicksal der *people in small places* ausmacht: *never alive, never dead, just shadows in the air* (Deane: 1996, 211).[473]

Reading in the Dark "erlöst" diese Schatten aus dem Zwischenbereich des Halberinnerten und erschafft aus ihnen ein lebendiges, ganz gegenwärtiges Kunstwerk.

---

[472] Ebd., S.203

[473] Vgl. ebd., S.211

4.2. Selbstreferentialität

Ganz im Dunkeln bleibt die Lektüre des Erzählers von *Reading in the Dark* nicht. Sein erster Roman, dessen phonetisch umgeschriebener irischer Titel *The Shan Van Vocht* lautet, spielt in der Zeit der *great rebellion* um 1798; die schöne Heldin Ann wird nicht nur zur imaginierten Gesprächspartnerin und zur Projektionsfigur für den Achtjährigen, sie übernimmt selbst in seinem Schulaufsatz eine gewichtige Rolle. Dennoch bleibt dieser Essay ein mißglückter Versuch, ist er doch mit artifiziellem Vokabular gespickt und fern jener "Wahrheit", die die schlichte Komposition eines Bauernburschen hat, dem es gelungen ist, eine ganz alltägliche Szene, das Tischdecken der Mutter und das gemeinsame Warten auf den heimkehrenden Vater, in Worte zu fassen.

> *"Now that," said the master, "that's writing. That's just telling the truth." ... It was ordinary life - no rebellions or love affairs or dangerous flights across the hills at night. And yet I kept remembering that mother and son waiting in the Dutch interior of that essay, with the jug of milk and the butter on the table, while behind and above them were those wispy, shawly figures from the rebellion, sibiliant above the great fire and below the aching, high wind* (Deane: 1996, 21).[474]

Diese Echtheit, diese *truth* wird fortan normativ auf sein Schreiben einwirken.

Um Wahrheit und psychische Befreiung - um den Topos der "befreienden Wahrheit" weiß bekanntlich die Bibel ebenso wie die Weltliteratur - geht es auch dem Fünfzehnjährigen, der, inzwischen nahezu vollständig über die Familienfehden aufgeklärt, aber unfähig, mit seiner Mutter darüber zu kommunizieren, die Bürde seines Wissens loswerden muß.

> *I decided to tell her everything I knew. But every time I started, my courage failed ... But I had to say I knew. The truth was swollen inside me ... I decided to write it all out in an exercise book, partly to get it clear, partly to rehearse it and decide which details to include or leave out ... I translated it all into Irish, taking more than a week to do it* (Deane: 1996, 194).[475]

---

[474] Vgl. ebd., S.21

[475] Vgl. ebd., S.194

Seine Mutter, des Irischen kaum mächtig, ahnt die Intention des Schreibenden. Fragmente gälischer Gedichte sind ihr im Gedächtnis geblieben, etwa jenes - so flicht der Erzähler zu Beginn des Kapitelchens *In Irish. October 1955* ein-, in dem es um eine Frau geht, die, so folgert der Rezipient, ein ähnliches Schicksal erlebte wie sie selbst.

> *(In) it the woman lamented that she had done a terrible thing, she had forsaken the man she loved, but she could still remember how, before this had happened, the trees in the wood made wild music to her, and the sound of the sea was such that it hurt her breast with its rolling. Did I know the poem? The woman's name was Líadan ... Why did she forsake him? I asked. She didn't know, except that it had to do with gaining entry to Paradise* (Deane: 1996, 194).[476]

Der Vater lobt den traditionsbewußten Geschichtenschreiber, während sie sich seufzend erhebt und auf die bereits erwähnte Treppe zugeht.

> *Then she said something very brief, maybe something angry, that I couldn't hear because I was crying* (Deane: 1996, 195).[477]

The story had to be told. Vielleicht eignet sich dafür niemand besser als *young Caliban*, der rhetorisch begabte Sklave, den Joe - "homoerotisiert" - in ihm sehen will.

Daß eine ganz gewöhnliche Kindheit als literarisches Sujet uninteressant wäre, steht (auch) für McCourt von Anfang an fest.

> *When I look back on my childhood I wonder how I survived at all. It was, of course, a miserable childhood: the happy childhood is hardly worth your while. Worse than the ordinary miserable childhood is the miserable Irish childhood, and worse yet is the miserable Irish Catholic childhood* (McCourt: 1996, 1).[478]

Die soziale, ja existentielle Not in Worte zu fassen, erscheint bereits dem kleinen Francis als überlebensnotwendig, die Worte die-

---

[476] Vgl. ebd.

[477] Vgl. ebd., S.195

[478] McCourt..., S.1

nen der Abwehr, dienen als Waffe gegen die destruktive Alltagswirk-
lichkeit. Und so muß es für Eugene, der seinen Zwillingsbruder
Oliver verloren hat, das Schlimmste sein, daß er dafür noch keine
verbalen Ausdrucksmittel hat.

> *Dad and Mam tell him Oliver is in heaven playing with angels and*
> *we'll all see him again someday but he doesn't understand because*
> *he's only two and doesn't have the words and that's the worst thing in*
> *the whole world* (McCourt: 1996, 86).[479]

Es bedarf prägender außerfamiliärer Einflüsse, um die Fähigkeit
des adäquaten In-Worte-Fassens, um die Fähigkeit der Reflexion
der Wirklichkeit, die Basis für geistige und ästhetische Eskapaden
und Kompensation zu erlernen.

Für Mr.O'Halloran, einen der Initiatoren von Franks mentaler Entwicklung, ist der Geist, ist das Bewußtsein gerade angesichts größter
Armut von unbeschreiblichem Wert.

> *If you won the Irish Sweepstakes and bought a house that needed*
> *furniture would you fill it with bits and pieces of rubbish? Your mind is*
> *your house and if you fill it with rubbish from the cinemas it will rot in*
> *your head. You might be poor, your shoes might be broken, but your*
> *mind is a palace* (McCourt: 1996, 236f.).[480]

Denselben Tenor haben die Ratschläge des erblindenden
Mr.Timoney, der Frank für *sixpence* aus den Werken Swifts vorlesen
läßt und, als er, für verrückt erklärt, im Krankenhaus landet, durchaus realistisch einzuschätzen weiß, welche Relevanz die Lektüre
zeitlebens für ihn hatte.

> *I'm beyond reading. In my head I have everything I need. I was*
> *smart enough to to put things in my head in my youth and now I have*
> *a library in my head. The English shot my wife. The Irish put down*
> *my poor innocent Macushla. Isn't it a joke of a world?* (McCourt:
> 1996, 262).[481]

Der technische Fortschritt holt selbst die *lanes* von Limerick ein,
und so verfügt Mrs.Purcell, die Nachbarin seiner Großmutter, über

---

[479] Ebd., S.86

[480] Ebd., S.236f.

[481] Ebd., S.262

ein Radio, das zur Quelle ästhetischer Freuden und geistiger Inspiration wird.

> *Sunday nights I sit outside on the pavement under Mrs.Purcell's window listening to plays on the BBC and Radio Eireann, the Irish station. You can hear plays by O'Casey, Shaw, Ibsen and Shakespeare himself, the best of all, even if he is English. Shakespeare is like mashed potatoes, you can never get enough of him. And you can hear strange plays about Greeks plucking out their eyes because they married their mothers by mistake* (McCourt: 1996, 318f.).[482]

Auf die Frage, ob er Shakespeare möge, vermag er nur noch euphorisch zu erwidern: *I love the Shakespeare, Mrs.Purcell* (McCourt: 1996, 319).[483] Aus ihrer Perspektive ist der berühmte Engländer so gut, daß er irisches Blut haben müßte.

Die Sensibilisierung für Sprache und Literatur hat wohl in dieser Phase ihren Anfang genommen, simultan mit dem Bedürfnis nach Bildung wird stets jenes nach Ästhetik und Ästhetisierung genannt. Das Medium der "Ästhetisierung" der *miserable Irish Catholic childhood* mag im Vergleich zu *Reading in the Dark* weniger subtil, ja gelegentlich plakativ wirken, doch ist es dem derb-naturalistischen Sujet durchaus angemessen.

---

[482] Ebd., S.318f.

[483] Ebd., S.319

4.3. Schulbildung

Die Schule fungiert als Bildungsanstalt und Entmündigungsinstitu-
tion. Seit den Zeiten von Joyces *Portrait of an Artist as a Young Man*
hat sich diesbezüglich nicht allzuviel verändert.
Blinde Anpassung, Affirmation, Unterwerfung ist das oberste Ge-
bot in Mr.Bensons Unterricht; jeglicher Hinterfragung, jeglicher Ei-
genständig - und -verantwortlichkeit ist der Alte abhold. Deshalb ist
Franks Mitschüler Brendan Quigley, wegen seiner Vielfragerei mit
dem *nickname* Question versehen, der Brennpunkt seiner Aversionen.

> *Brendan Quigley raises his hand ... Sir, he says, what's*
> *Sanctifying Grace?*
> *The master rolls his eyes to heaven. He's going to kill Quigley ...*
> *You're not here to be asking questions. There are too many people*
> *wandering the world asking questions and that's what has us in the*
> *state we're in and if I find any boy in this class asking questions I*
> *won't be responsible for what happens...*
> *...*
> *I'm sorry I asked the question. I'll never ask a question again, sir.*
> *The day you do, Quigley, will be the day you wish God would take*
> *you to His bosom. What will you wish, Quigley?*
> *That God will take me to His bosom, sir.*
> *Go back to your seat, you omanhaun, you poltroon, you thing from*
> *the far dark corner of a bog* (McCourt: 1996, 130ff.).[484]

Wie McCourt selbst mit *'tis* zu antworten, entspricht der Rezipientenerwartung schon eher.
Fachliches Engagement, insbesondere sein ausgeprägtes Faible
für Euklid, läßt den Lehrer der vierten Klasse, O'Neill, etwas liberaler
erscheinen, doch sind auch dessen Methode und Menschenbild gezeichnet von fehlinterpretierter Autorität, Pathos und Sadismus. Zwar
prophezeit er dem fragefreudigen Brendan: *The boy who wants to*
know something about the grace, elegance and beauty of Euklid can
go nowhere but up (McCourt: 1996, 168)[485], doch zeugen seine ri-
tualisierten Machtspiele, die seine naturwissenschaftlichen Instruktionen begleiten, von demselben stereotypischen Grundmuster. Mit
Genuß belohnt er *the good boy of the day* mit einer in langatmigem

---

[484] Ebd., S.130ff.

[485] Ebd., S.168

Zeremoniell entfernten Apfelschale, die er zur Steigerung seiner Lust an der eigenen Willkür den permanent hungrigen Knaben gelegentlich auch vorenthält und in den Mülleimer wirft.

Erst O'Halloran, der Schuldirektor, relativiert das Klischee des verkorksten Sadisten, relativiert die Indoktrination der überangepaßten, unversehens zum Opfer ihrer Angepaßtheit gewordenen O'Neills und Bensons. O'Halloran übt Systemkritik, wenn er seine Amerikaphilie artikuliert, den fanatischen irischen Patriotismus hinterfragt und seine eigenen Bildungsideale preisgibt.

> It's a shock to everyone when he says, the Battle of Kinsale in sixteen nought one was the saddest moment in Irish history, a close battle with cruelty and atrocities on both sides.
> Cruelty on both sides? The Irish side? How could that be?
> ...
> If the American farmer .. could wrest from the English a continent, surely we, warriors ever, can recover our island.
> ...
> He says, Ah, boys, boys, You can make up your own minds but first stock them. are you listening to me? Stock your minds and you can move through the world resplendent ... (McCourt: 1996, 236 u.334).[486]

Wenn Gildea morgens mit schwingender Soutane den Klassenraum betritt, erwartet die Jungen in Deanes Bildungsanstalt ein ebenfalls streng ritualisierter Mathematikunterricht, aufgelockert lediglich durch die rhetorische Schlagfertigkeit und den Esprit ihres Lehrers, dessen durchkalkulierte Sanktionen freilich weniger geistvoll wirken.

> "How many strokes do I owe you, Duffy?"
> "None, sir."
> "Your opinion, not mine. Class, stay in your seats. Do nothing. First boy I see do anything useful, two strokes. Duffy, leave the class. Class, homework doubled. Duffy, homework quadrupled" (Deane: 1996, 96).[487]

Ironischerweise relativiert ein anglikanischer Dogmatiker, ein Priester in britischer Uniform, den politischen Dogmatismus der iri-

---

[486] Ebd., S.236 u.334

[487] Deane..., S.96

schen Patrioten in den eigenen Reihen, wenn er als Repräsentant des *Ministry of Education* eine allgemein applaudierte antikommunistische und Nato-treue Rede schwingt, die die politische Stimmung der fünfziger Jahre authentisch widerspiegelt. Ironischer noch ist die Schlußfolgerung des Sechzehnjährigen, der an der propagierten *global vision* des Kommunistenfeinds partizipieren zu müssen glaubt, ohne die Begrenztheit der angebotenen Ideologie zu erfassen.

Auf logischem (und theologischem) Gebiet spitzfindiger, wenn auch nicht ohne Sarkasmen, ist die Didaktik des Religionslehrers, der mit McCourts Direktor O'Halloran manche Züge teilt.

> *"...How many angels can balance on the head of a pin? This, I warn you, is a traditional query and not at all eccentric."*
> *"Balance, Father, is not a requirement of angels."*
> *"No? You have seraphic access that I lack."*
> *I remained quiet, I did not know what his last remark meant.*
> ...
> *"If your geography teacher told you faith could move mountains, you might evince some surprise. If your mathematics teacher told you that in any given series, the first would be the last, and the last would be the first, you might think him inebriated. But I can tell you these things in sobriety and you shall believe them. All I ask is that you learn to do so without attempting to understand them. Once we had here, in Ireland, the simplest faith of the peasant. Now, thanks to free education and godless socialism, we shall have the simple faith of the proletariat ... I shall exhort you to believe that education can be conducted in such manner as to confirm that simplicity rather than disturb it ... Now I wish to be silent and so must you until the class bell relieves us of the burden of one another's presence"* (Deane: 1996, 179ff.).[488]

Seltene, wenn auch ideologisch keineswegs unproblematische Einflüsse wie diese bilden den jenseits zahlreicher Hindernisse mündig Werdenden und dessen *global vision*, die innerhalb der konventionellen Erziehungsmuster nur allmählich gedeihen kann, äußerst nachhaltig. Erlebnisse wie diese sind es, die dazu beitragen, dem *'tis* oktroyierter Affirmation den *seraphic access* zu schwer durchdringbaren Zusammenhängen entgegenzusetzen.

---

[488] Vgl. ebd., S.179ff.

4.4. Tod

Werden die Todesfälle von Margaret, Oliver, Eugene und Grandma in *Angela's Ashes* zwar - vornehmlich von Angela selbst - betrauert, letztlich jedoch als natürliche Konsequenz von Elend, armutsbedingter Krankheit und Alter fatalistisch hingenommen und erweckt lediglich der der ersten Geliebten Theresa bei Francis tiefere Emotionen, so spinnt der Erzähler von *Reading in the Dark* ein weites, dichtes Netz von Assoziationen und Motiven um das Phänomen des Todes.

> *Your lovely little sister is dead, Frankie. Dead ...(She's) like the dog in the street that was taken away. I don't know why she was taken away.*
> ...
> *Dad says yes to the pints and soon he's singing Roddy McCorley and Kevin Barry and song after song I never heard before crying over his lovely little girl, Margaret, that died in America and his little boy, Oliver, dead beyond in the City Home Hospital. It frightens me the way he yells and cries and sings and I wish I could be at home with my three brothers, no, my two brothers, and my mother.*
> ...
> *He died anyway.*
> *Six month after Oliver went, we woke on a mean November morning and there was Eugene, cold in the bed beside us. Dr.Troy came and said that child died of pneumonia and why wasn't he in the hospital long ago? Dad said he didn't know and Mam said she didn't know and Dr.Troy said said that's why children die. People don't know.*
> ...
> *Grandma caught a chill the night we had the trouble in the house in Roden Lane and the chill turned into pneumonia. They shifted her to the City Home Hospital and now she's dead* (McCourt: 1996, 33f., 79, 87 u.329).[489]

Die Leiche des kleinen Mädchens verkauft Malachy McCourt für wissenschaftliche Zwecke an die Pathologie, um den Erlös anschließend zu vertrinken, Angela bringt bis zu jenem Moment, als sie sich dezidiert den ehelichen Pflichten entzieht, sieben Kinder zur Welt, von denen nur vier Jungen das Säuglingsalter überleben.

---

[489] Vgl. McCourt..., S.33f, 79, 87 u.329

*Mam says, Alphie is enough. I'm worn out. That's the end of it. No
more children.*
*Dad says, The good Catholic woman must perform her wifely
duties and submit to her husband or face eternal damnation.*
*Mam says, as long as there are no more children eternal
damnation sounds attractive enough to me* (McCourt: 1996, 246).[490]

Der Nexus von Kindersterblichkeit und den Lebensumständen der
Familie reflektiert Vater McCourt ebensowenig wie sein zweifelhaftes
Männerbild oder die Diskrepanz zwischen Anspruch und Realisation
seines maskulinen Gebarens.

Theresas Sterben gehört im Bewußtsein des Protagonisten einer
anderen Kategorie an und hinterläßt intensivere Trauer. Sie war es,
die Frank in die Sphäre der Sexualität initiierte, selbst bereits infiziert
von der Tuberkulose.

*Frost is already whitening the fresh earth on the grave and I think
of Theresa cold in the coffin, the red hair, the green eyes. I can't
understand the feelings going through me but I know that with all the
people who died in my family and all the people who died in the lanes
around me and all the people who left I never had a pain like this in
my heart and I hope I never will again* (McCourt: 1996, 381).[491]

Ihr Schicksal und seine Schuldgefühle verfolgen ihn weit über ihren Tod hinaus, so daß er sie sogar in seine letzte (Lebens-)Beichte
einschließt.

But I want to know about Theresa Camody in hell, Father.
*No, my child. She is surely in heaven. She suffered like the
martyrs in olden times and God knows that's penance enough...*
*He blesses me again, asks me to pray for him, and I'm happy
trotting through the rainy streets of Limerick knowing Theresa is in
heaven with the cough gone* (McCourt: 1996, 403).[492]

Unas Wiederkehr auf dem winterlichen Friedhof, auf dem der
Bruder vergeblich nach Blumen für ihr Grab sucht, erscheint lediglich
der Ratio des älteren Liam unglaubwürdig und lächerlich; für den

---

[490] Ebd. S.246

[491] Ebd., S.381

[492] Ebd., S.403

Kleinen selbst ist diese nachvollziehbarer als ihr Tod, hat er doch fünfmal ihren Namen genannt, sie gesucht und unwissentlich beschworen.

> *Una, Una, Una, Una, Una. It was dark, and I felt contrite and lonely, fearful as well. "I have to go," I said to the ground, "I have to go ..."*
> *... She, it was Una, was coming right down the path before me for an instant, dressed in her usual tartan skirt and jumper .. her smile sweeter than ever* (Deane: 1996, 17f.).[493]

Ihr Sterben dagegen, wahrgenommen aus der Perspektive dessen, der in *Feet. September 1948* unter dem Tisch sitzt und nur die Bewegung der Füße und Wortfetzen registriert, war Angelegenheit einer undurchsichtigen Erwachsenenwelt, Sache der Sanitäter, die die Schwester holten, Resultat medizinischer Fachtermini.

> *But this was a new sickness. Meningitis. It was a word you had to bite on to say it. It had a fright and a hiss in it* (Deane: 1996, 14).[494]

Die projizierte oder metaphysische Friedhofsbegegnung meint ihn quasi persönlich, findet für ihn statt und erfüllt ihn daher mit tieferen Emotionen als der befremdliche Tod.

Mit *Blood. October 1949* ist jenes Kapitel überschrieben, das von Enas Tod berichtet. Der Titel markiert die Intention: das Blut der keuchenden und hustenden Tante, mit dem der Neunjährige besudelt wird, ist Symbol des Familienbanns, Symbol des Fluchs, der auf der Sippe lastet. Mit Enas Blut wird er quasi initiiert in den Teufelskreis von Schuld, Verleumdung und Vertuschung.

> *"Look at you, child," (my father) said, "Look at you. You've got her blood all over you."*
> *...*
> *"Look at him, Mother. Look at him. That's Ena's blood on his shirt; they sent him up like that ..."* (Deane: 1996, 41).[495]

Daß sie ihrem Bruder Eddie so sehr ähnelt, unterstreicht diese Interpretation zusätzlich.

---

[493] Vgl. Deane..., S.17f.

[494] Ebd., S.14

[495] Vgl. ebd., S.41

Doch auch das Sterben von Vater und Großvater ist verwoben in die Motivik der Fehde, ja, so möchte man hinzufügen, selbst der psychische Tod der noch lebenden Mutter ist ein Niederschlag derselben.

Das Wissen um sein nahendes Ende ist für Grandfather befreiend. Nun erst kann er jene Tabus abschütteln, die ihm zeitlebens ein Ärgernis waren, nun erst kann er bekennen, daß er das Leben zweier Menschen auf dem Gewissen hat und dennoch keine Schuldgefühle empfindet, weil beide Episoden verflochten waren in überindividuelle politische Zusammenhänge, jetzt erst darf er seine Lebensphilosophie, seinen Abscheu gegenüber der Heuchelei der katholischen Kirche expressis verbis artikulieren.

> *Grandfather was shaking. That bitch of a daughter. That black-avised priest. Those vultures, waiting for your strength to ebb and coming in to claim you and frighten everybody else left alive with their victory. Now he knew what (his brother) Constantine had gone through. Sure when he needed them, they were no use to him...*
> *"Don't let them get me at the last moment, son. Don't let them."*
> *...*
> *"I'll warn you if I know they're coming."*
> *He half-smiled at that and reached out for my hand* ...(Deane: 1996, 122f.).[496]

Der Vater stirbt kurz nachdem ein britischer Soldat von einem IRA-Todesschützen direkt vor seiner Haustür erschossen wurde, er stirbt als partiell Unwissender (bezüglich des Verhältnisses zwischen McIlhenny, dem Denunzianten, und seiner Frau), obgleich er die Vertuschungsmechanismen intuitiv erfaßt.

> *He knew something lay beyond him but he had no real wish to reach for it* (Deane: 1996, 229).[497]

Andererseits wird sein Sterben eingebettet in einen überfamiliären politischen Kontext, den der *troubles* in Nordirland. An seinem Todestag herrscht Ausgehverbot. Wenige Zeit vorher sagte er über den Vater des ermordeten Briten:

---

[496] Vgl. ebd., S.122f.

[497] Ebd., S.229

"Poor man ... I feel for him. Even if his son was one of those. It's a strange world" (Deane: 1996, 232).[498]

In dieser seltsam unbegreiflichen Welt hat der Friedfertige, "Ignorante" keinen Platz mehr, hat er seine Funktion überlebt, ist er zum Epigonen geworden.

Daß seine Frau nicht einmal Tränen für ihn hat, zeugt davon, daß sie innerlich längst vor ihrer Zeit gegangen ist, in ihrer Marionetten-haftigkeit nur noch physisch präsent, als stumme Akteurin im Puppentheater der Familientragödie.

---

[498] Vgl. ebd., S.232

4.5. Stil

Beide Werke tragen Privates, ästhetisiert, also zum Kunstwerk verarbeitet, vor das zeitgenössische Publikum. Beidemale scheint es sich um ähnliche Sujets zu handeln. Und doch differieren - trotz der Analogien wie der der stilistischen Äquivalenz - die Methoden der Ästhetisierung, differieren die Erzählstile enorm.

Die Sprache Seamus Deanes ist von lyrischer Prägnanz, durchdringend schön, in ihrer Bildlichkeit zugleich konzis und komplex - egal, ob es um Naturbeschreibungen und Stimmungsbilder geht -

> *It was a fierce winter, that year. The snow covered the airraid shelters. At night, from the stair window, the field was a white paradise of loneliness, and a starlit wind made the glass shake like loose, black water and the ice snore on the sill, while we slept, and the shadow watched* (Deane: 1996, 9)[499] -,

um Traumata -

> *Going home through the smoke-swirls and the noise, the mock-burial parties for the dead rats that were being covered by the clay from the trenches, the poles tipped with knives clashing in skirmishes, I felt so sick that the flesh seemed to tighten on my bones. The infested field was glowing and blurring like an inferno. Even the night sky seemed vague, as the smoke drifted across the starlight, and I imagined the living rats that remained, breathing their vengeance in a dull miasmic unison deep underground* (Deane: 1996, 80)[500] -

oder um Zustände psychischer bzw. geistiger Erkrankung -

> *When we came into the kitchen, my mother looked up and the whole history of his family and her family and ourselves passed over her face in one intuitive waltz of welcome and then of pain...*
> *"See that?" she'd say. "The pain is terrible. The flame is you, and you are the flame. But there's still a difference. That's the pain. Burning."...*
> *"This is my mother," I would say to myself. "This is my mother." I dreamt of a magic syringe that I could push up into the inside skin of her arm and withdraw, black with grief, and keep plunging it and*

---

[499] Ebd., S.9

[500] Ebd., S.80

withdrawing it, over and over, until it came out clear, and I would look
up in her face and see her smiling and see her eyes full of that merri-
ment I thought I remembered...
   Liam and I played football in the backyard, our movements quick
and loud with the panic we both felt. If we fought, we did so in the
same high-edged way, striking clean blows, no wrestling or snarling
about. The sky sloped up into the sun and down into the stars, and
she went on, scarcely moving, haunted and burning, audibly, in-
audibly (Deane: 1996, 136 u.141f.).[501]

In *Retreat. March 1954* beschreibt der Protagonist die Exerzitien
des Schularrests, die St.Ignatius Loyolas *Spiritual Exercises* zum
Thema haben. Dabei vermischt sein Bewußtsein auswendiggelernte
Textpassagen mit sprachlichen Reflexen der eigenen psychisch-
mentalen Belastung, der eigenen Suche nach psychischer (Er-)
Lösung.

   In the Second Rule, the exercise was
      to set before me a man whom I have never seen nor known, and
   I, desiring all his perfection, to consider what I would tell him to do
   and elect for the greater glory of God our Lord, and the greater
   perfection of his soul, and I, doing likewise, to keep the rule which I
   set for the other.
      ...
   Loyola was equipped for difficulty and terror; the Dean was not...
   The Exercises were clean and tonic. A man grew out of them, one
whom I had never seen nor known, in all perfection, making choices
in accord with that perfection. He was a star, sure and yet troubled,
but always reducing his trouble gradually by accumulating certainty,
by making decision after decision, knowing the more, the more
trouble it took him to know. But when I imagined him so, then I would
see myself again in a dither of light and dark, see my father again,
see Eddie, re-recognise my mother, see them blur and fade, know
that I too was blurred, was astray for not knowing how to choose. I
lay awake at night, with the book open beside my pillow, my brothers
sleeping in the dark, the roar of the football crowd humming in my
ears as the final goal went in, the Dean reappearing in the classroom,
and a nervous radar starting a scan inside me, sensing the incoming
fire, the choices hurtling faster out of Loyola's Babylon, Jerusalem,
homing in (Deane: 1996, 167f.).[502]

---

[501] Vgl. ebd., S.136 u.141f.

[502] Vgl. ebd., S.167f.

Das ganze Opus trägt die Handschrift des involvierten Poeten und sensiblen Gezeichneten. Form und Inhalt gehen ineinander auf, sind kongruent, bilden ein vielfach gespiegeltes harmonisches Ganzes, ohne Brüche, ohne Dissonanzen. Auf dieser Stimmigkeit beruht nicht zuletzt der Effekt dieses gelungenen Kunstwerks.

Kühn-naturalistisch nehmen sich daneben Frank McCourts Duktus und Register aus, wenn er etwa Milieu und Atmosphäre in Aunt Aggies und Uncle Pats Haushalt, wohin die Kinder vorübergehend fliehen, wiedergibt, mit der Intention, diesen positiv abzugrenzen vom Alltag in den *lanes*.

> *I don't know why she's always angry. Her flat is warm and dry. She has electric light in the house and her own lavatory in the backyard. Uncle Pat has a steady job and he brings home his wages every Friday. He drinks his pints at South's pub but never comes home singing songs of Ireland's long woeful history. He says, A pox on all their houses, and he says the funniest thing in the world is that we all have arses that have to be wiped and no man escapes that. The minute a politician or a Pope starts his blather Uncle Pat thinks of him wiping his arse. Hitler and Roosevelt and Churchill all wipe their arses. De Valera, too. He says the only people you can trust in that department are the Mahommedans for they eat with one hand and wipe with the other. The human hand itself is a sneaky bugger and you never know what it's been up to* (McCourt: 1996, 283).[503]

Nicht weniger drastisch, nicht weniger penetrierend humoristisch und sarkastisch sind die Bilder, die der Stil, in dem der Tag der Erstkommunion entworfen wird, evozieren:

> *They dried me. They dressed me in my black velvet First Communion suit with the white frilly shirt...*
> *Come here till I comb your hair, said Grandma. Look at that mop... That's that North of Ireland hair you got from your father. That's the kind of hair you see on Presbyterians. If your mother had married a proper decent Limerickman you wouldn't have this standing up, North of Ireland , Presbyterian hair.*
> *She spat twice on my head...*
> *We ran to the church ...(The priest) placed on my tongue the wafer, the body and blood of Jesus. At last, at last.*
> *It's on my tongue...*

---

[503] McCourt, S.283

I had God glued to the roof of my mouth...
I tried to get God down with my tongue...
God was good. He melted and I swallowed Him and now, at last, I
was a memeber of the True Church, an official sinner...
    We followed (Grandma). She banged pots and rattled pans ... I
ate the egg, I ate the sausage, and when I reached for more sugar
for my tea she slapped my hand away.
    Go aisy with that sugar. Is it a millionaire you think I am? An
American?...
    The food churned in m y stomach. I gagged. I ran to her backyard
and threw it all up. Out she came.
    Look at what you did ... I have God in me backyard ... I'll take him
to the Jesuits for they know the sins of the Pope himself... (McCourt:
142f.).[504]

Und immer wieder langatmige Redundanz, häufige Repetition,
kaum spürbare Varianz ein- und desselben Themas - des fast gren-
zenlosen Elends dieser Kindheit, das sich in den ermüdenden
Schleifen eines über zahllose Seiten oft statisch anmutenden Stils
widerspiegelt, der solchermaßen ein Pendant zur erschütternden
Gleichförmigkeit der sozialen Misere bildet.
    Wenigen nur geht es noch schlechter im Limerick der Vor-
kriegsära. Die Clohessys, die später in die "Neureichenschicht"
avancieren, gehören dazu:

    It's my first time away from my family and I know I'd rather be in
my own house with the smelly lavatory and stable next door. It's bad
when our kitchen is a lake and we have to go up to Italy but it's worse
in the Clohessys' when you have to go down four flights to the lava-
tory and slip on shit all the way down. I'd be better off with four goats
in a ditch.
    I drift in and out of sleep but I have to wake up for good when
Mrs.Clohessy goes around pulling at her family to get them up. They
all went to bed with their clothes on so they don't have to get dressed
and there's no fighting. They grumble and run out the door to get
downstairs to the backyard lavatory. I have to go too and I run down
with Paddy but his sister Peggy is on the bowl and we have to piss
against a wall. She says, I'll tell Ma what ye did, and Paddy says,
Shurrup or I'll push you down into that feckin' lavatory (McCourt:
1996, 186).[505]

---

[504] Vgl. ebd., S.142f.

[505] Vgl. ebd., S.186

Die intensiven Bilder bleiben haften, zäh und unverrückbar. Sie zu vergessen, wird dem nostalgischen neunzehnjährigen Auswanderer abensowenig gelingen wie seinem geistlichen Begleiter in die neue Welt oder dem zwischen Schock und Rührung schwankenden Rezipienten.

> *I want to get pictures of Limerick stuck in my head in case I never come back...*
>
> *...*
>
> *(The priest) knows how it is to leave Ireland, did it himself and never got over it. You live in Los Angeles with sun and palm trees day in day out and you ask God if there's any chance He could give you one soft rainy Limerick day* (McCourt: 1996, 418 u.421f.).[506]

An astonishing book, schreibt Sue Gaisford in *The Independent*, *completely mesmerising - you can open it almost at random and find writing to make you gasp* (McCourt: 1996, *cover*).[507]

---

[506] Vgl. ebd., S.418 u.421f.

[507] Ebd., *cover*

5. Mary Morrissys *A Lazy Eye*

5.1. Zeitgenössische *paralysis*

Mary Morrissys Erzählsammlung *A Lazy Eye* transferiert Joyces *paralysis*-Topos ins zeitgenössische Irland. Waren etwa in *Dubliners* Aspekte wie die der katholischen Kirche und der von ihr postulierten restriktiven Sexualmoral, des Alkoholismus und der daraus resultierenden Neigung zu Gewalt, der psychischen Verdrängung, Heuchelei und "psychosozialen" Klaustrophobie zentral, so finden sich in Morrissys *playhouse* der Gegenwartsgesellschaft historische Varianten derselben Topoi, fast ausschließlich aus femininer Sicht dargestellt. Keine ihrer Protagonistinnen bietet eine Lösung für die jeweilige Manifestation der modernen irischen Identitäts- und Bewußtseinskrise an, doch leiden sie sämtlich darunter.

Der Nexus zwischen Sozialisation, Milieu, Geschlecht und "realer" wie bewußtseinsinterner, subjektiv realer Problemlage der Figuren mag spätnaturalistische Züge aufweisen, anders als häufig in sozial engagierter Literatur wird aber auf stereotype, vornehmlich monokausale Erklärungsmuster verzichtet. Zwar schwingen Kausalzusammenhänge mit, allerdings sind die Ursachen nicht ausschließlich gesellschaftlicher und rollenspezifischer Natur, vielmehr weiten sie sich oft ins Existentielle und sind zudem auf der Folie eines einerseits als restriktiv-beengend, zugleich jedoch als zunehmend obsolet empfundenen ethisch-moralischen Verhaltenskodex zu sehen.

5.2. Kultur und Schmutz

Gleichsam als Reflex auf schlicht-kausale Interpretationsansätze lassen sich die skeptischen Äußerungen der jungen Kleptomanin in *Bookworm* lesen, die sie in ihrem *statement for the court* formuliert:

> *You are asking for reasons, motives, as he is, as the psychiatrist will when he is called at the court hearing to explain my abberation. No one, you see, can accept blamefulness these days. A disturbed childhood, he will say, the crushing pressure to perform academically, the failed university career. Ah yes, he will nod understandingly, your father, the authoritarian figure with the scant education - "sure I only went to the hedge school!" - who both revered and despised books ... If that doesn't provide them with explanations, they may turn to my politics, looking under my mattress for subversive literature. A socialist, perhaps, they will think, indulging in a warped attack on materialism. Maybe* (Morrissy: 1993, 7 u.11).[508]

"Maybe" - naheliegender ist für die Erzählerin offensichtlich das Unzulängliche, Unzureichende, Unbefriedigende solcher *explanations*, vielleicht von Erklärungen per se. Und dennoch ist ihr *statement*, ist ihre *story* nichts anderes als ein Sicherklären ohne Beichtcharakter, in das sich selbstreferentielle Momente mischen.

Bevor die junge Frau anfing, systematisch Bücherläden zu bestehlen, um ihren Raub anschließend rituell zu destruieren -

> *there was mastery in destroying the books. I would first tear off the covers, then rip the pages out in clumps. I would cut each page into long thin strips and feed them to the blender. When they emerged they were like Michaelmas-daisies. I would stow them away in large plastic bags and weekly, I would leave the shredded offerings down on the street below, to be collected by dustmen...* (Morrissy: 1993, 10).[509] -

pflegte sie Textilien zu entwenden und zu zerstören, jedoch ohne denselben befriedigenden Effekt. Bücher waren dem *bookworm* offenbar symbolträchtiger, und so beginnt denn auch die Kleptomanenkarriere mit siebzehn in jener Stadtbibliothek, in der die Mutter *romantic novels* zu entleihen pflegt, *in insultingly large print for the*

---

[508] Vgl. Mary Morrissy, *A Lazy Eye*, London 1993, S.7 u.11

[509] Ebd., S.10

short-sighted, wie *scented bouquets* an den verwelkten Busen gedrückt.[510]

> *The library incident will of course be dragged up. How at seventeen, I invaded the local library, a municipal, red-bricked edifice, courtesy of Andrew Carnegie, which squatted on the high street under the shadow of the town hall clock. I walked up the polished wooden staircase and into the reading room ... It was as hushed as a church. All those bowed heads and the faint rustle of paper, the odd agitated cough smuggled through the imposed silence. I felt I had stumbled into a meeting of a secret sect there in that high room, squares of pale winter sky conspiring at the windows. I would not have been surprised to find incense hanging in the air. There they sat, these pale monsters, supplicant, awaiting some kind of proclamation. "She asked for information about beetles," the short fat girl behind the counter would explain to my mother who was called to haul me away. "I turned to look up the index and she just went berserk, sweeping her way through the shelves, flailing at the books, knocking them onto the ground ... she was shouting, it was very disturbing. They are students here, not used to this sort of thing."*
> *I remember her outraged little face to this day, the wounded tone to her voice, her fingers clutching the worn edge of the desk. Sacrilege was the word on her lips* (Morrissy: 1993, S.7f.).[511]

De facto habe ihr Interesse den *booklice* gegolten, nicht den Käfern, fügt die Erzählerin hinzu und ergeht sich in einem Exkurs über das Sozial- und Sexualverhalten von Läusen unsd Spinnen, zu deren Ambiente und Destruktionswillen sie starke Affinität verspürt.

Sympathie empfindet sie auch für das kleine Mischlingskind, das sie beim Bücherstehlen entdeckt.

> *She showed the same disdain for (the books) as I did* (Morrissy: 1993, S.5).[512]

Der Zwang zu demolieren, zu verunschönen, zu vernichten richtet sich bei dieser Sonderform des schmutzliebenden Bücherwurms gegen das nicht zufällig religiös konnotierte Saubere, Glatte, Ästethische, Kultivierte, gegen das "Heilige", den "Schrein Kultur". In soziologischen Kategorien gedacht meint es das Höhere, das etwa ihre

---

[510] Vgl. ebd., S.7

[511] Vgl. ebd., S.7f.

[512] Vgl. ebd., S.5

Eltern in ambivalenter Weise zugleich verehrten und verachteten, dessen intellektuelle und ästhetische Manifestationen speziell von dieser Schicht, möglicherweise aber auch gesellschaftsweit, zum einen zum Kult erhoben und zum anderen für eskapistische Zwecke funktionalisiert wird. Ihr Ekel, ihre Aversion gelten wohl weniger den konkreten Inhalten dieser wahllos geraubten Bücher, gleichen sie doch durchaus bewundernswerten, wenn auch gelegentlich exhibitionistischen *slivers of (the authors) as if a surgeon had peeled off a section of their skin, bottled it, labelled it and set it on a shelf with a price* (Morrissy: 1993, S.6), als vielmehr vornehmlich dem Umgang mit diesen Medien der Bildung, Erbauung und Unterhaltung, der potentiellen *hypocrisy*, Lächerlichkeit und Aufgeblasenheit der Rezipienten, die sich solchermaßen eine kompensatorische Gegenwelt konstruieren.[513] Bücher gehören dem Müll überantwortet, Kultur in Form von *shiny merchandise* (Morrissy: 1993, S.5)[514] gehört in den Abfall, wie Becketts *Endgame*-Figuren sind sie letztlich Teil oder Niederschlag ihrer kaputten, schmutzigen Umgebung, schön und glatt nur scheinbar. Die Manie des intelligenten weiblichen *drop out* impliziert eine Kulturkritik, die primär die Scheinhaftigkeit und Falschheit, die Lügenhaftigkeit einer ästhetisierten, kultivierten Wirklichkeit bloßlegt, die allzu bereitwillig als Surrogat der Alltagswelt, als Kompensation faktisch existierender Defizite verschlungen wird. "Ästhetischer" - weil stimmiger und aufrichtiger - findet der *bookworm* den Kulturmüll.[515]

---

[513] Vgl. ebd., S.6

[514] Ebd., S.5

[515] Christian Enzensbergers *Größerer Versuch über den Schmutz*, Frankfurt a.M./Berlin... 1980, läßt sich als Komplement zu Morrissys Ausführungen lesen. In den folgenden Passagen geht es vornehmlich um das Phänomen des Schmutzes auf der Seite der Produzenten bzw. im gesamtgesellschaftlichen Kontext (Vgl. ebd., S.335, 114 u. 70):

I´ll let down my trousers and shit stories on them, stories - The Unnamable 380.

Rein nennt man im wissenschaftlichen Sprachgebrauch das, was, von allen fremdartigen Zusätzen frei, nichts enthält, als was zu seinem Wesen oder Begriff gehört. Um ein praktisches Beispiel zu geben, so waren wir bei der Darstellung von extrem reinem Wasser bis auf 5ppm Fremdsubstanz heruntergekommen und dann zeigte sich, daß auch noch die Isotopenverunreinigung die Resultate verfälscht.

...

Die Literatur könnte nach seiner Meinung ruhig auch einmal damit aufhören, sich hineinzuversetzen ins Innere anderer Leute. Und nicht weniger mit der Beteue-

5.3. Fluch der *mind sets*

Claras Rachegelüst in *Curses* scheint zweifach motiviert zu sein.
Mit fünfzehn bereits psychisch paralysiert und zum *outcast* abge-
stempelt durch das ärmliche und kommunikationskarge Milieu eines
von der Resignation der verwitweten Mutter beherrschten Daheims
ebenso wie das Bewußtsein der eigenen körperlichen Unattraktivität,
bricht Clara scheinbar aus dem Netz sich reproduzierender Verhältnisse und *mind sets* aus, indem sie sich an jener Frau zu rächen
glaubt, die in ihren Augen all das erreicht hat, was ihr womöglich
zeitlebens verwehrt bleibt und ansonsten lediglich in der eskapistischen TV-Welt Wirklichkeit ist: Wohlstand, Familie mit vorzeigbarem
Gatten, zahlreiche Vergnügungen. Während Joys zweiter Schwangerschaft genießt sie das Empfinden, momentan anziehender aus-
zusehen als diese, und flüchtet sich während der Abwesenheit der
Gebärenden schluchzend in die Arme ihres Beschützers und Arbeit-
gebers. Als Joy, über diese "pubertären" Vorkommnisse informiert,
nach geraumer Zeit Claras Dienste erneut beansprucht, rächt sich

---

*rung, sie könne nun nicht mehr erzählen, und dann tut sie es trotzdem. Und am
meisten mit der Anpredigung von Gemeinsinn, Tatkraft, wahrer Sittlichkeit, und
dabei ist sie selbst die Wanze. Das müßte sie seiner Überzeugung nach doch
allmählich einsehen. Er fragt sich, warum sie sich nicht so kleinmachen kann, wie
sie tatsächlich ist, sie soll seinethalben aus irgendwelchen Löchern keifen, vor
sich hinmümmeln, mit dem Griffel kratzen, jedenfalls doch irgendetwas tun, was
sie dann auch fertigbringt. Er meint ja bloß.*

...

*So ließe sich denn beweisen, sagte er unvermittelt, daß jede Reinigung allein we-
gen eines Verstoßes gegen die gesellschaftliche Übereinkunft erfolge, aus keinem anderen Grund, wie immer man auch die Verstöße im einzelnen benenne,
wie laut man auch behaupte, sie verletzten die Gesetze der Hygiene, des Schön-
heitsempfindens oder des Instinkts. Kein Robinson wüsche sich je - wozu auch? -
und noch weniger strebe er nach innerer Reinheit: er verstünde doch gar nicht
mehr, was das heißt.*

*Nicht nämlich von der Welt, wie es zuerst den Anschein hatte, wolle sich die Per-
son säubern, sondern von ihrer Differenz zur Gesellschaft. Wenn sie darin vollkommen und widerstandslos aufgehe, dann (so sage sie selbst) sei für sie alles
in Ordnung; wenn nicht, müsse sie schleunigst dafür sorgen; und notfalls putze
sie sich selber weg. So durchaus werde sie, und merke es noch nicht einmal, von
außen definiert.*

*Aber als was - das sei doch die große Frage, und zwei oder drei Antworten darauf
hätte er gern genauer ins Auge gefaßt.*

während im Parterre die Gäste ahnungslos weiterfeiern. Der Anfang der *story* bestätigt, was der Leser am Ende intuitiv erfaßt hat: die Ungelöstheit der Situation. Claras Bewußtsein bewegt sich in stets denselben Koordinaten.

> *The baby stirs, making a gnawing sound in her throat. Clara is about to turn away when there is a little whimper. She dashes clumsily for the door ... if she is out of the room before ... but by the time she reaches it the baby is howling. She feels tears of rage springing to her eyes. She lunges at the cot and picks the baby up roughly. She shakes her and shakes her, screaming at the child. Her own voice, when she finally hears it, shrill and savage, frightens her into a numbed silence. And then she remembers the curse. A baby, not her own, and the desire for revenge* (Morrissy: 1993, S.208).[516]

Doppelt wenigstens ist der Fluch, der auf Claras *mind* lastet. Ist er zum einen sozialisations- und milieubedingt, spiegeln sich in diesem Bewußtsein und Verhalten bereits jetzt die Desillusion und Paralyse der stagnierenden Mutter, so beinhaltet er andererseits jene für die irische Literatur so typische, schwer differenzierbare Komponentenverquickung von tradiertem Volksglauben und Metaphysik, von *superstition* und jenen überindividuellen Erfahrungsbereichen, die sich dem bloß rationalen Zugriff entziehen.

In diesem Kontext ist es denn auch adäquat, daß der bei aller Jovialität wesentlich intellektuellere Denis Skeritt paraphrasiert, was der Titel impliziert:

> *"Did you know," he said rising to pour himself a drink, "that originally, swearing in court was a way of cursing yourself? If you didn't tell the truth you were literally wishing badness on yourself."*
> *Clara shook her head.*
> *"I tell my clients that to frighten them. Well, no, not to frighten them, but to warn them that things have a habit of coming back at you."*
> *He sat down and loosened his tie.*
> *"Sooner or later, we all have to pay"* (Morrissy: 1993, S.219f.).[517]

Der Fluch, der sich hinter all dem abzeichnet, trifft darüberhinaus die Gesellschaft und die von ihr affirmierten *mind sets* und *role patterns*: im Bild der attraktiven, sozial avancierten, intellektuell eher

---

[516] Vgl. Morrissy..., S.208

[517] Ebd., S.219f.

unbedarften Frau der Fernsehwerbung und Spielfilme kristallisiert sich das Modell, das dem ansonsten orientierungslosen Teenager erstrebenswert erscheint, kristallisiert sich mithin einer jener Flüche, die das in zunehmendem Maße zur Erfolgs- und Konsumgesellschaft tendierende Irland der Gegenwart bedrohen.

Noch unreflektierter als in *Bookworm* reagiert Clara intuitiv zerstörerisch, indem sie eine ihr unzugängliche Utopie "verletzt". Befriedigung findet auch sie nur in der Destruktion.

5.4. *Stains* und soziale Katharsis

"Befleckt", "schmutzig", "sündhaft", ja mitunter kriminell sind die diversen weiblichen Reaktionen auf eine sich selbst gerne als makellos, als *stainless* stilisierende Gesellschaft, zu deren wichtigsten Ritualen die Katharsis, die "Reinwaschung" und somit die Ausgrenzung und Sanktionierung all dessen gehört, was diese harmonische (Schein-)Welt zu stören droht. Wie wenig intakt, wie artifiziell und erneuerungsbedürftig sie tatsächlich ist, zeigt die psychische Verfassung der porträtierten *scapegoats* und *outcasts*, die ja alle irisch sozialisiert und in der einen oder anderen Form gesellschaftlich integriert sind.

5.4.1. "Mutterglück"

Die Perzeption der Icherzählerin von *Rosa* illustriert stellvertretend die intuitiv oder reflektiert kritisch-distante Haltung der meisten Protagonistinnen von Morrissys Geschichten.

From his palace in Rome the Pope had ordered a holy year. Everyone in our small city was touched. Even Penbridges, the big department store where I work, had pushed Santa Claus to one side. Usually he holds the centre stage in the large foyer on the first floor, sitting beneath a great, needle-dropping tree, its branches laden down with silvered, snowy baubles. This year he was huddled in one corner while in the centre was a huge crib with life-size figures. The management had even considered having real animals, a donkey and an ox, nuzzling close to the child, but they couldn't risk the possibility of steaming turds on the carpet so they settled for plaster-cast models of the animals instead. But the piège-de-résistance was a baby, a black baby. It was a stroke of genius. We rarely see a dark face in these parts and so it seemed Penbridges had absolved all our prejudices with one bold gesture...
Oh, they had got everything right - the melting snow on the roof, the obsequious hunch of the shepherds, the stained wooden slats of the manger, even the acrid smell of the stable. But to me it reeked of artifice; all this elaborate effort to create an imitation (Morrissy: 1993, S.27 u.28).[518]

---

[518] Vgl. ebd., S.27 u.28

Ebenso "gemacht" wirkt die Beziehung zwischen Rosa und ihrem Liebhaber.

(Like) the crib, it was a fine imitation (Morrissy: 1993, S.29).[519]

Eine Imitation - wovon? Von Liebe, Zweisamkeit, Leidenschaft? Entpersönlicht wie die aus Torschlußpanik geborene Beziehung Grace Daveys in *Possibilities*, falsch wie die "Ibsenwelt" in *Playhouse*, in *Divided Attention* oder in *A Marriage of Convenience*. Konstellationen, die die Balance verloren haben wie die Schwangere in *Agony Aunt*, in denen Suizid und Kindsmord wahrscheinlicher sind als der Besuch einer englischen Abtreibungsklinik oder gar eine verbale Auseinandersetzung. Unproportioniert wirken die Norm- und Tabuverstöße in Relation zu den "vom Papst verhängten" und der Gesellschaft sanktionierten Dogmen und Restriktionen, übertrieben, krankhaft, pervertiert. Und doch wirken sie nur auf den ersten Blick so. Bei näherer Betrachtung sind sie durchaus adäquat, fügen sich ein ins Koordinatensystem illusorischer Idyllen und Pseudoharmonien, entpuppen sich als nachvollziehbare, ja immanent gesehen einzige *possibilities* innerhalb der eingeschränkten bzw. wahrgenommenen Möglichkeiten. Pervers ist das Verhalten dieser Figuren quasi nur von außen geurteilt - für sie selbst nämlich ist die gesellschaftliche und private Wirklichkeit, für sie ist die Alltagswelt verkehrt, verrückt, pervertiert. Was also wäre richtiger als ebenfalls "pervers" zu (re)agieren? Was normaler als nicht der Norm zu entsprechen und Erwartungen nicht zu erfüllen?

"But you'll love it when it comes, it'll be different then" (Morrissy: 1993, S.200).[520]

Üblicherweise mag diese Prophezeiung zutreffen, doch nicht auf Mavis oder Rosa. Mavis' Motivation, mit fünfunddreißig Mutter zu werden, war "eine Zeitfrage".

If Mother died tomorrow, she said, I'd be nobody's child (Morrissy: 1993, S.193).[521]

---

[519] Vgl. ebd., S.29

[520] Ebd., S.200

[521] Ebd., S.193

Die Schwangerschaft wird zur Krise.

> *"I want to be what I was: Alone, special. I can't ever be that again"*
> (Morrissy: 1993, S.199).[522]

Analog zu der von ihrer jüngeren Schwester imaginierten Vergewaltigungsszene, die sich bei der Zeugung abgespielt haben könnte, "vergewaltigt" Mavis ihren widerspenstigen Körper, um zu empfangen und wenige Zeit später, um das identitätsbedrohende, ins Übermächtige wachsende Wesen wieder loszuwerden. Agony Aunt, die ratsuchende Briefschreiberin und Erzählerin der gleichnamigen Geschichte artikuliert naiv-spontan jene Muttergefühle, die die weit ältere, vermutlich früh und nachhaltig sozialisationsgeschädigte und suizidgefährdete Schwester nicht empfinden kann.

In der Tat: *What good is family at a time like that?* (Morrissy: 1993, S.203)[523] - vor allem dann, wenn der Begriff Familie inhaltsleer geworden ist und die Kategorie von Macht und Gewalt nur noch variiert, nicht aber überwunden werden kann?

Einen Schritt weiter noch wagen sich Rosa und ihre Schwester vor. Indem sie das Jesuskind mit dem Neugeborenen vertauschen und dort in der Krippe bei Penbridges während der Weihnachtsfeiertage sterben lassen, kreieren sie gleichsam ein Beckett-Szenario und werten alles um, was mit diesem Fest der Liebe und des Friedens verbunden wird, entweihen blasphemisch das "heilige Jahr" 1975 und die Geburt Christi und "erlösen" stellvertretend sich selbst von der Bürde eines keineswegs der Liebe entsprungenen Kindes, das schließlich ebenso tot dort liegt wie das *black baby*, das die Nächstenliebe und Vorurteilsfreiheit einer fortschrittlich gesinnten irischen Gesellschaft inkarnieren sollte. Daß ihr unwissender Vater dann auch noch das Weihnachtsessen mit einem heute noch in manchem Pub intonierten traditionellen Volkslied beschließt, macht nicht nur den beiden "Mörderinnen" klar, daß "wir alle den Mord im Herzen tragen":

> *There was an old woman and she lived in the woods*
> *Weile, weile, wáile,*
> *There was an old woman and she lived in the woods*
> *Down by the river Sáile.*

---

[522] Ebd., S.199

[523] Ebd., S.203

She had a baby three months old
Weile, weile, wáile,
She had a baby three months old
Down by the river Sáile.

She had a penknife long and sharp
Weile, weile, wáile,
She had a penknife long and sharp
Down by the river Sáile.

She stuck the penknife in the baby's heart
Weile, weile, wáile,
She stuck the penknife in the baby's heart
Down by the river Sáile... (Morrissy: 1993, S.38).[524]

Wer hätte ihnen auch geholfen, *in a year when vigils were held at grottos and rosaries were broadcast in railway stations* (Morrissy: 1993, S.30)?[525]

Mithilfe der Requisiten einer Scheinwelt ist es ihnen gelungen, sich einer oktroyierten Heuchelei zu entledigen und eine äußerst makabre *imitation* zu schaffen, die sich freilich mühelos ins Bild falschen Friedens fügt.

---

[524] Ebd., S.38

[525] Vgl. ebd., S.30

5.4.2. Hermetische Welten

"Totgeburten" unterschiedlicher Art sind auch die zwischenmenschlichen Bezüge der anderen Geschichten.
So ist *pretence* das atmosphärisch bestimmende Moment in *The
Playhouse*, in dem Helen, die emanzipierte, aber unsichere
Icherzählerin ihrer Busenfreundin Sue - ehedem kraftvolle Athletin,
nunmehr *hausfrau* (Morrissy: 1993, S.76)[526] und mehrfache Mutter -
einen Besuch abstattet. Die Kulisse des Gartens, eines verwilderten
Paradieses, dient als ebenso signifikantes Verfallssymbol wie die
mitgebrachte teure Weinflasche, *empty .. like a patient hourglass
(standing) among the debris* (Morissy: 1993, S.79)[527], oder der er-
trunkene kleine Kevin, dessen Tod so unvermittelt und unerklärlich
bleibt. *Pretence* dominiert letztlich auch die immer müder werdende
Kommunikation der einst so engen Freundinnen, ohne daß die
wachsende Entfremdung eine endgültige Begründung fände.

> *There seemed huge impossibilities in their conversations now,
> areas that could not be ventured into safely. Helen could not remem-
> ber if it was marriage or the lost child that had created the gap*
> (Morrissy: 1993, S.81).[528]

The real world (Morrissy: 1993, S.82)[529], das steht selbst für Sue,
jene moderne Variante von Ibsens Nora, fest, bleibt draußen, existiert dort, wo sie nicht ist.

> *"I depend on you Helen, for news of the outside world, the real
> world."*
> *Helen looked out into the garden strewn with abandoned
> playthings - a keeled-over bicycle, an upturned buggy, a skipping
> rope, several dolls, one naked, another armless like the victims of
> some mindless massacre. They held for Helen a cruel, embracing
> logic.*
> *"But isn't this the real world for you?"* she asked gesturing to the
> darkening garden. *"Oh no,"* Sue said drawing the curtains swiftly as if

---

[526] Vgl. ebd., S.76

[527] Vgl. ebd., S.79

[528] Ebd., S.81

[529] Vgl. ebd., S.82

Helen had gazed too long at something intimate. "No, we're just palying. Playing house" (Morrissy: 1993, S.82).

Anders als Nora schlägt Sue jedoch keine Türe hinter sich zu, sondern verharrt auf der Bühne der halbechten Familienbindungen, während Helen, die Freie, eine ebensowenig überzeugende Alternative anbietet. Die sinnerfüllte Realität bleibt wiederum Schimäre.

Einem Labyrinth aus Täuschung, Klischee, Masochismus und Konstruktivismus gleicht die hermetische Welt der *Marriage of Covenience*, gleichen die *minds* von Judith und Pacheas, in die der Leser nacheinander Einblick erhält, um zu dem Resultat zu gelangen, daß sämtliche Bezüge unstimmig und lediglich bewußtseinsimmanent erklärbar sind.

Judith entflieht vorübergehend ihrem verheirateten Liebhaber Malcolm, als dessen Opfer sie sich definiert, dessen sexuelle Brutalität jedoch auch mit Bedürfnissen ihrerseits zu korrespondieren scheint.[530] In der von Armut und Krieg gezeichneten Exotik San Quistadors findet die zarte weißhäutige Touristin wenige Tage nach ihrer Ankunft im Kellner Pacheas ihren *Latin lover* und verbringt mit diesem leidenschaftliche Wochen. Das Klischee dieser Beziehung kulminiert im "Heiratsantrag" des armen, aber schönen jungen Mannes.

"I need a wife," he said quietly one night as they lay together, the damp sheets crumpled around their knees.
Judith sat up, startled.
"What do you mean, you <u>need</u> a wife?"
"To get out. To get out, I need a wife. They would allow me to leave if I married an alien."
...
"If I married you, at last I could be free. I could take up my studies again, get out of this hell."
An image of his native village, the dusty township he had talked of, rose before her - his grandmother, black-shawled, leading the animals to water, his tubercular mother ailing in the American mission

---

[530] Vgl. ebd., S.146, wo Pacheas' Perspektive wiedergegeben wird:

He rushes into the flat, flinging his coat on a chair, before reaching out and grasping her, smothering her in his hungry embrace. I have seen her flinch when he comes at her like that, baring teeth at his prey. Once he had her on the kitchen floor. He lay there, panting; their underclothes scattered on the tiles. How can she bear this indignity? Married men only lead to heartbreak, I've heard her say, but she continues to play his rough-and-tumble game.

hospital, his brother, the rebel priest. It had never occured to her that
it might not be all he would want.
"It could be a marriage of convenience," he said, "isn't that what
you call it?" (Morrissy: 1993, S.143 u.144)[531]

Pacheas' Kalkül funktioniert, aus seiner Perspektive erfährt man
von der Hochzeit in Santa Caterina und seiner Existenz als Fremdem
im europäischen Norden.
Und doch ist es alles andere als *a marriage of convenience.* Aus
Pacheas' Sicht bediente er sich der klischierten Lügen, um die von
ihm geliebte Frau heiraten zu können, erfüllte die Erwartungen der
nordisch kühlen Europäerin, um in seinen Gefühlen letztlich unent-
deckt zu bleiben.

That I dropped out of university; that I learned my English from
women like her at the Riopuerte; that my mother is hale and hearty
and running a brothel in Estanza; that I have no brother; that I could
have left Quistador any time I wanted. She would never have married
me had she known these things. Oh no! My fair Judith wanted a holi-
day romance. If I had declared my love she would have despised me
then, and I would have never captured her. No, I had to appear
selfish and grasping before I could do that. A strange way indeed to
win someone over... (Morrissy: 1993, S.147f.).[532]

Als nomineller Ehemann haust er, einem Untermieter ähnlicher als
dem assyrischen Belagerer Holofernes und von Malcolm bearg-
wöhnt, in Judiths Wohnung und fungiert als drittes Glied der seltsamen *ménage à trois.*

My mistress treats me badly and for no reason: I know, of course,
there is another man in her life who also calls her mistress. The word
makes her agitated. She sweeps her hand angrily through her lush
hair and there are bright tears in her eyes.
"That's all I'll ever be," she says to Malcolm, "your mistress."
It doesn't upset her that she is my mistress. But then, ours is a
very different relationship. I have no wife and family to go panting
back to. I am faithful, dependent and despised.
...

---

[531] Vgl. ebd., S.143 u.144

[532] Ebd., S.147f.

*Since we've reached these colder climes I have not been in her
bed. After such tenderness I have known only coldness* (Morrissy:
1993, S.145 u.147).[533]

Im System von Judiths Psyche repräsentiert er *Lovers' Revenge,
an exotic plant with tongues of red in its leaves* (Morrissy: 1993,
S.137)[534], jene Rachekomponente, die ihren demütigend-bequemen
mistress-Status gegenüber Malcolm zu stabilisieren vermag. Doch
die "flammenden Blätter" des *Latin lover* erhalten zu wenig Sonne,
verblassen in zu viel nördlichem Licht. Bevor Judith ihrem mythologischen Vorbild folgen und Pacheas "enthaupten" kann, hat auch er
sich gerächt:

> *In three months' time our marriage will be recognised here, but in
> the meantime I must lie low and not draw attention to myself in any
> way* (Morrissy: 1993, S.148).[535]

Das absurde Spektakel des *battle of sexes* kann weitergehen: jeder als Opfer des anderen, sinnend auf neue und listigere Varianten
von Flucht und Rache. *(The) war continues* (Morrissy: 1993,
S.94).[536]

---

[533] Vgl. ebd., S.145 u.147

[534] Vgl. ebd., S.137

[535] Ebd., S.148

[536] Vgl.ebd., S.94

Im Kontrast zu *A Marriage of Convenience* bleibt der Geschlechterkampf in der
oben zitierten Geschichte *In Times of War* der weiblichen Imagination verhaftet,
während das äußere Kriegsgeschehen die eheinternen Auseinandersetzungen
kompensiert. In der Schwebe bleibt zudem, ob die Eifersucht der Protagonistin
real begründet oder gar nur *make belief* ist und ihrer verunsicherten Psyche ent-
springt.

5.4.3. Schandflecken

Ein Schandfleck zeichnet die in *Plaque, Possibilities, Two China Dogs* und *A Lazy Eye*, der Titelgeschichte, Porträtierten aus. Als konkreter Fleck, als Schmutzfleck, Blutfleck, Mal tritt er in den beiden letzteren auf, als Gestank und Krankheit in den erstgenannten. Die solchermaßen "entwürdigten" Körper versinnbildlichen eine mitleider-regende Verletztheit bzw. einen verachtenswürdigen Normverstoß. Während empathische Reaktionen vornehmlich die Angelegenheit involvierter Rezipienten bleibt, verhalten sich die Repräsentanten des fiktiven sozialen Umfelds primär aversiv und repressiv, um sich selbst "rein" und "unbefleckt" zu halten. Dabei handelt es sich bei den *stains* der Betroffenen überwiegend um ganz Alltägliches: ein Muttermal am Hals, Menstruationsblut im Schlafwagen, Plaque an den Zähnen einer jungen Frau; lediglich in *Possibilities* geht es um eine Geschlechtskrankheit, wird die stets mitschwingende sexuelle Konnotation explizit. Einige schaffen es sogar, psychologischen Profit aus ihrer "Andersartigkeit" zu schlagen und stilisieren ihr Manko leicht märtyrerhaft - litten sie doch noch mehr unter ihrer Un-bedeutendheit und Anonymität. So etwa wird für Bella Carmichael das kranke Auge zur Auszeichnung gegenüber ihren Schulkamera-den, gegenüber den zahlreichen Geschwistern, inmitten derer sie unterzugehen droht, so gibt Della, die unauffällige Heldin in *Moment of Downfall* vor, gestohlen zu haben, scheint es doch die einzige Methode zu sein, irgendwie aufzufallen und individuelle Kontur zu erlangen. *Being outcast* kann mithin ambivalent empfunden werden - bestenfalls kann es in den Dienst eigener eskapistischer Sehnsüchte gestellt werden oder - zwar keine allzu überzeugende, aber dennoch - eine alternative Daseinsform jenseits starr reglementierter Rollen bzw. öder, blasser Austauschbarkeit darstellen. Ein Touch von ne-gativem Heldentum quasi.

> *By pity and contempt I have learned. Pity, mostly, in the moist eyes of women, in their tender touches. They seek out my mark and kiss it as passionately as if it were a relic - the chipped hip bone of a saint, the pickled tongue of a martyr ... You are my woman for to-night. Cradle me in your arms and I shall tell you all...*
> *...*
> *I have learned the power of imperfection. Others hide their flaws deep down and offer them as prizes for intimacy, while mine is here, right here, up front. Enter, at your peril. Like my mother's china dogs,*

I watch from inside a hollowed-out shell, quite cold and perfect
(Morrissy: 1993, S.151 u.159f.).[537]

Bernards Kainsmal, einst Grund unterschiedlichster Legitimationsversuche, verleiht dem jungen Mann inzwischen emotionale Immunität.

"It was an accident," she told me when I was still small, "a fight among the angels and the red dye got spilt, that's all."
Oh, it's an ugly thing. A liver-coloured stain covering the left side of my face, trickles of it right down as far as my collar-bone and a stray splash over my eyebrow. A rather grand aunt of mine .. called it the port wine stain (Morrissy: 1993, S.152).[538]

Die Welt der Kindheit ist eng begrenzt, die Mutter versteckt den häßlichen Knaben, entzieht ihn möglichst lange den despektierlichen Blicken Fremder. Das Kind zieht sich in sich selbst zurück, lernt als Verdrängter zu verdrängen. Lediglich der Jahrmarkt - Ort seiner Zeugung und Symbol zwischenmenschlicher Beziehungen per se - scheint vorübergehend Kontakte zu ermöglichen. Als Surrogat für Gefühle dienen Stoizismus, kühle Distanz, die *one-night stands* einer früh abgehärteten Psyche, die zum Spiegel fremder wird.

When I go back there to see my mother I walk into a mirror that has reversed. It is she who is huddled in a dark corner of the parlour now, rocking herself gently to sleep in the gloomy afternoons. She will not look me in the eye. For her - as for others - my face is a dark booth. Once inside, as in moving clouds, they choose pictures to haunt themselves with. For her, the stain of unshed menstrual blood, perhaps (Morrissy: 1993, S.159).[539]

Nicht minder peinlich ist das vergossene Menstruationsblut Bellas, nicht minder bedeutungsüberfrachtet.

Bella Carmichael woke in a pool of blood. Startled, she lay rigid, afraid to move in case she would exacerbate the wound. She was surprised she felt no pain but the shock was probably acting as an anaesthetic ... The room juddered suddenly; the first breaking of the

---

[537] Vgl. ebd., S.151 u.159f.

[538] Vgl. ebd., S.152

[539] Ebd., S.159

storm? Then it heaved again and she felt a rumbling beneath the floor: An earthquake. I have slept through the first upheavals, she thought: The heaviness in my limbs is because I am pinned under some vast piece of fallen masonry (Morrissy: 1993, S.41).[540]

De facto liegt sie in einem Schlafwagen *in one of the two Germanys, was it?* (Morrissy: 1993, S.42)[541], in den siebziger oder achtziger Jahren, unterwegs auf ihrer Reise durch Europa, die sie als jüngstes der elf Kinder vom väterlichen Erbe finanziert. Was Bella erlebt, ist die Farce dessen, was sie sich stets erträumte: *to be singled out.* Auf realistischer Ebene schwer nachvollziehbar, wird auch dieser Fleck zum Schandfleck, zur sichtbaren Manifestation von Unmoral, ja Perversion.

The attendant pointed to the sheets again and spat out another sentence.
"Animals. You are animals. What is going on here? Animals."
...
"What perversions have you indulged in?" ... "There has been evil-doing here." (Morrissy: 1993, S.52 u.53).[542]

Den Zug in Belgien verläßt sie unfreiwillig als *outcast.*

Periodontitis wird für die Patientin von Dr Grimes zum Symptom ihrer kaputten Ehe.

Her teeth must have been rotting quietly for months but she only discovered this the morning after Jimmy left (Morrissy: 1993, S.179).[543]

Mit feiner Ironie läßt die Erzählerin den Zahnarzt systemimmanent argumentieren.

"(That's) when the real damage is being done, when the fibre holding tooth and gum together is being loosened, until gradually the tooth loses contact with its neighbour."
He rose and went to a cabinet at the back of the room.

---

[540] Ebd., S.41

[541] Vgl. ebd., S.42

[542] Vgl. ebd., S. 52 u.53

[543] Ebd., S.179

> *"Curious, really, but the gums stop bleeding at that stage and look*
> *pink and healthy again. All that's left is an unpleasant taste in the*
> *mouth and a hint of bad breath"* (Morrissy: 1993, S.186).[544]

Diesmal wird der Schandfleck zur Chance. Die Aussicht auf ein neues, wenn auch falsches Gebiß versetzt die junge Frau in freudige Erregung. Mit dem potentiell gewalttätigen Ehemann läßt sie ihr häßliches Lächeln hinter sich, *a new smile* wird zum Analogon für *a new woman*[545] - für den Rezipienten freilich dominiert der Illusionscharakter einer geglückten Beziehung der Geschlechter.

Was sich im Kontext des gynäkologischen Jargons als dezenter und unaufdringlicher Rat ausnimmt, klingt im Rahmen der fiktiven Strukturbezüge von *Possibilities* beinahe zynisch:

> *Of course, there might be some side-effects, he went on, nothing*
> *dramatic, no facial hair or anything like that. But she might notice a*
> *certain dryness - in the vaginal area...*
> *"The main thing," he said, "is to cut down on the possibilities, to*
> *ensure that this sort of thing doesn't happen again..."*(Morrissy: 1993,
> S.23).[546]

Mit der Intention, "nicht auszutrocknen", war Grace Davey mit einundvierzig die auf rein Sexuelles konzentrierte oder reduzierte Beziehung mit der männlichen Zufallsbekanntschaft Lucas Spalding eingegangen, mit Genugtuung mußte sie nach kurzer Zeit konstatieren, daß sie "immer feuchter" wurde. Doch *the greenish discharge* gleicht nicht ganz dem "Saft, der den Pinienstämmen" entquillt, sein faulig-mooriger Geruch stempelt sie rasch zur Außenseiterin ab, macht die Sekretärin verdächtig in Weatherbys Büro, so daß sie sich in immer dichtere Parfumwolken hüllt.

> *"There's nothing like it," he would say, "pure sex."*
> *Grace was inclined to agree* (Morrissy: 1993, S.22).[547]

---

[544] Vgl. ebd., S.186

[545] Vgl. ebd., S.188

[546] Ebd., S.23

[547] Ebd., S.22

Der junge Phoptograph ist "eine der Möglichkeiten" (sich mit Ge-
schlechtskrankheiten zu infizieren), ja geradezu das Klischee des
gigolo -

> *He had the sort of looks that until a certain age seem handsome*
> *and then suddenly become malevolent - when a dark eye turns*
> *beady, an arched eyebrow becomes demonic and a strand of*
> *brilliantined hair or tufts escaping from the nostrils seem like small*
> *fragments of evil* (Morrissy: 1993, S.17)[548] -

die nächtliche Barke lediglich eine Variante von Bernard Halgins
one-night stands, bei denen alle Beteiligten ihre "Immunität" zu
erhalten suchen, weil die alternativen Rollenangebote noch un-
attraktiver erscheinen.

Bloßgelegt wird dabei das Syndrom der Beziehungslosigkeit bzw.
-unfähigkeit dieser pseudofreien Verhältnisse, darin nämlich besteht
die eigentliche Krankheit, der eigentliche Makel.

---

[548] Ebd., S.17

5.4.4. Mär von Leben und Tod

> *Without a mother, not only death, but birth, too, was a mystery*
> (Morrissy: 1993, S.61).[549]

Alttestamentarisch-christlich sind die "Erklärungsversuche" dieses Mysteriums auf der Oberfläche, wie Moses, so die Familienanekdote, wurde die Icherzählerin von *The Cantilever Principle* in einem Korb auf dem Kanal gefunden, und wenig später starb die Mutter durch die Hand eines Einbrechers.

Als ihr Vater einen Herzinfarkt erleidet und sie auf der Intensivstation um sein Leben bangt, taucht die alttestamentarische Allusion in ihrem Bewußtsein wieder auf, diesmal jedoch in Bezug auf einen gleichaltrigen verheirateten Patienten.

> *"And at last Pharaoh made a proclamation to the whole of his people: Whenever a male child is born, cast it into the river, keep only the girls alive. And now one of the descendants of Levi wooed and married a woman of his own clan, who conceived and bore him a son. So winning were the child's looks that for three months she kept him hidden away; then, unable to conceal him any longer, she took a little basket of reeds, which she smeared with clay and pitch, and in this put her baby son down among the bulrushes on the river bank ..."*
> ...
> *A breeze sighed softly at the open window. I thought of wind among rushes. It would be easy now to push him forth out into the calm waters of the night in this, the easeful hour. I laid my hand on his pillow. There would be no struggle. In his slumber he would barely notice the gentle rocking of the basket. He was the boy-child, the one who must be sacrificed. And, in return, my father would be saved. Take him, I urged the darkness, take him* (Morrissy: 1993, S.65f. u.68).[550]

Der Vater überlebt, der junge Mann verschwindet:

> *"Gone, my dear," a nurse said as she bustled past.*
> *I did not - could not - ask what she meant by gone* (Morrissy: 1993, S.69).[551]

---

[549] Ebd., S.61

[550] Vgl. ebd., S.65f. u.68

[551] Ebd., S.69

Sie "wußte", sie würde ihn nie wieder sehen.

Hinter der Figur des herrschsüchtigen Pharaohs wird gleichsam eine noch archaischere Ebene ihrer Lebensphilosophie sichtbar, die zweifelsohne mit Aberglauben durchwoben ist - die Konzeption einer heidnischen Gottheit, die ihr Opfer fordert, einer Instanz, die jedoch bestechlich zu sein scheint, mit der man quasi einen Handel treiben kann. Das solchermaßen "erklärte" Todesphänomen bleibt freilich reichlich ominös und düster, geht auf in der "Dunkelheit". Und hier greift denn auch der Titel: *The Cantilever Principle*, jenes Prinzip, das der Brückenbauer ihr einmal folgendermaßen definiert:

> *"The cantilever principle," my father said importantly. "See, the three spans." He pointed, one hand on my shoulder. "They each stand separately but when projected towards each other they form a bridge. Stress against stress"* (Morrissy: 1993, S.62).[552]

Den Brückenbogen zwischen den Pfeilern spannt nur ihre subjektive Perzeption, die Verknüpfung der isolierten Elemente leistet ausschließlich ihr philosophisches Konstrukt. Und nur in diesem irrationalen Koordinatensystem ist es schlüssig, daß der andere "verwünschte" Patient, der das Krankenhaus verläßt, sterben mußte - nur so kann ihr Vater überleben. Die Gottheit hat ihr Opfer, das Märchen seine Stimmigkeit.

Umso deutlicher jedoch fühlt sich der (moderne) Leser mit der Erklärungsbedürftigkeit des Todes konfrontiert.

Wie in beinahe allen Erzählungen Mary Morrissys fungieren die Männerfiguren auch hier primär als Folien, als Kulissen, von denen sich die Konturen der Protagonistinnen, denen das eigentliche Erzählinteresse gilt, abheben.

---

[552] Ebd., S.62

6. Anne Enrights *The Portable Virgin*

Manche von Anne Enrights Texten wirken skandiert, dann wieder staccatohaft, von einer fast kurzatmigen Rhythmik, die ästhetisierte Realitätsfragmente plötzlich und pointiert herausstellt, verbindet oder schlagartig destruiert. Die Ideologie, oft kaum fixierbar, doch jedem Kunstwerk innewohnend, trifft das Leserbewußtsein mitunter unvorbereitet und unmittelbar oder entzieht sich ins scheinbar Unbestimmbare, Diffuse.

Nicht zuletzt dies macht den Reiz von Enrights - meist frechen - dekonstruktivistischen Geschichten aus.

6.1. "Platonic approach"

Die "platonische" Lebensphilosophie des Protagonisten von *Juggling Oranges* impliziert einen Deutungsansatz, der sich auf die Textinterpretation selbst ausweiten läßt.

> *"I grow a very Platonic tomato. It is both the ideal tomato and the real rolled into one. The miracle is that you can eat it at all"* (Enright: 1992, S.32).[553]

Fakt oder Fiktion, Bühne oder Wirklichkeit, Leib oder Geist, Realität oder Ideenwelt? Billys Bewußtsein läßt die Grenzen zwischen diesen Sphären verschwinden, entlarvt die früh vermittelten Dichotomien als Schein, staunt über die willkürlich anmutende philosophisch-theoretische Differenzierung des Ineinandergreifenden, Zusammengehörigen, Ganzheitlichen, Gegenwärtigen.

Billys *mind* ist daher trefflich geeignet, den Rezipienten in das Verwirrspiel von Enrights fiktionaler Welt zu induzieren, das mithilfe von dessen "Platonic approach" an Transparenz gewinnt.

Die Schizophrenie der "objektiven" Wirklichkeit, die Schizophrenie der abendländischen *patterns of perception* , des *alles trennende(n) Verstand(es)* (Schiller: 1977, S.19)[554] wird im Spiel des Mimen aufgehoben, dort, wo Phantasie und Faktizität eins sind, die Idee zugleich Realitätscharakter hat. Mime ist Billy jedoch nicht nur *on stage*, seine ganze Existenz gleicht einer skurrilen Aufführung, ist

---

[553] Anne Enright, *The Portable Virgin*, 3.Aufl., London 1992, S.32

[554] Vgl. Friedrich Schiller, *Über die ästhetische Erziehung des Menschen. In einer Reihe von Briefen*, Stuttgart 1977, Sechster Brief, S.19

Theater pur und gerade deshalb unartifiziell, fast tolpatschig, selbst-
verständlich.

> *Just when he starts to get uncomfortable, he wins a place at a
> school of movement in Paris. He stays late in the studio and stares at
> himself in the mirror on the wall, lifting his leg as high as a girl.
> Slowly, his body separates out from himself and begins to do extra-
> ordinary things. His face starts to float. His teachers scream about his
> hands, which are absent-minded and start up conversations with the
> audience when the rest of him is elsewhere.*
> ...
> *Across the way he can see a sweatshop from his window, where
> twenty Vietnamese women work all the hours that he is awake. On
> hot days he practises juggling for them stripped to the waist, with five
> oranges in front of the window, where they can see ... One day he
> throws an orange over and a window breaks.*
> ..
> *When he is unemployed for long stretches, Billy starts a one-man
> show in his kitchen, using the wok and the cooker. By an amazing
> feat of virtuosity he both mimes cooking and does it at the same time
> ... (Enright: 1992, S.27 u.28).*[555]

Auf der Alltagsbühne spielen sich derweil alltägliche Tragödien ab:
die Mutter von Rose verläßt ihn, er und seine Tochter leben einige
Zeit in einer Art Symbiose, Rose entwickelt Bulimie, und Billy kom-
merzialisiert sein Talent, das in ebendem Maße, in dem seine Popularität wächst, verkümmert. Mit neunundvierzig verliebt er sich in eine
unbegabte junge Schauspielerin, sie repräsentiert *the failure of his
profession* (Enright: 1992, S.30)[556], sein *alter ego*. Die Aufführung
der Restaurationskomödie, in der er als sprachgewandter Geck eine
Orange im Spitzentaschentuch jongliert, während sie ihren Text vergißt und in Panik ausbricht, wird zum Desaster.
Im Spiegelmotiv kristallisiert sich seine (Alters-)Philosophie.

> *He looks in the mirror like a blackbird that fights with his reflection
> in the glass, until the sun goes under a cloud and he sees into the
> room beyond. The country behind the mirror, Billy used to say to
> Rose, is the Land Where Fish is King.*
> ...

---

[555] Vgl. ebd., S. 27 u.28
[556] Vgl. Enright..., S.30

In the mirror, everything looked the same, except it could not feel (Enright: 1992, S.30 u.31).[557]

Im (Hand-)Spiegel erscheint auch seine alte Narbe, Resultat seiner Radfahrt mit geschlossenen Augen.

Am Ende der offenen Geschichte bedarf es keines Spiegels mehr, er ist dort angelangt, wo er als spielender Knabe war: im Gespräch mit den Dingen, mit seinen Pflanzen. Die Anmut dieses reflexionsfreien Seins impliziert - darüber kann auch der humoristische Tenor nicht hinwegtäuschen - die Utopie eines seligen Zustands jenseits der Kategorie des "Verrückten", jenseits aller Funktionalisierung der menschlichen Existenz, jenseits aller Dichotomien.

Denn, um es endlich auf einmal herauszusagen, der Mensch spielt nur, wo er in voller Bedeutung des Worts Mensch ist, und er ist nur da ganz Mensch, wo er spielt (Schiller: 1977, S.63).[558]

---

[557] Vgl. ebd., S.30 u.31

[558] Vgl. Schiller..., Fünfzehnter Brief, S.63

6.2. Spiegel und Schatten

Zwischen Schatten von Schatten, der Erzählerin Mary, Mary, der Geliebten und *Virgin Mary*, zwischen fiktionaler Realität und realistischer Fiktionalisierung lavieren die Erzählebenen der Titelgeschichte *A Portable Virgin*, die sich unglaubwürdigerweise eingangs als *usual betrayal story* deklariert, wobei üblich und vertraut freilich nur der Handlungsrahmen, der rudimentäre *plot* ist: Ben betrügt seine Ehefrau Mary (1) mit einer gleichnamigen Geliebten, die Gattin vermeidet Szenen und Zusammenbrüche und entschließt sich, an einer populären TV-Serie geübt, zu sanfter Rache, indem sie sich gleichsam als Surrogatbefriedigung auch "etwas gönnt", sich beim teuersten Friseur "renovieren" läßt und einer imaginierten Mary intimste Accessoires raubt.

So weit die Oberfläche, die jedoch einen bloßen Schatten der Bewußtseinsvorgänge darstellt.

> *It is not a story about hand-jobs in toilets, at parties where everyone is in the van-rental business. It is not a story where Satan turns around like a lawyer in a swivel chair. There are no doves, no prostitutes, no railway stations, no marks on the skin* (Enright: 1992, S.82).[559]

Es handelt sich nicht um die stereotype Geschichte der betrogenen Ehefrau, um ein abgegriffenes Klischee - oder etwa doch? Schließlich lautet die erste Selbstdefinition: *This is the usual betrayal story, as you have already guessed ...* (Enright: 1992, S.81).[560]

Mary (1) bezeichnet sich als altes Sofa, bequem und ausladend, Mary (2) verfügt über komplementäre Eigenschaften, ist mager, zerbrechlich, unecht - oder ist sie dies nur in der Imagination der Erzählerin? Schrittweise nimmt diese nämlich auch zynisch ihre einführenden Deklarationen zurück.

> *My poor maimed husband is having sex in the back of our car with a poor maimed woman who has a law degree and a tendency to overdress. She works for a van-rental firm. You would think at least she could get them something with a bigger back seat* (Enright: 1992, S.83f.).[561]

---

[559] Enright..., S.82

[560] Vgl. ebd., S.81

[561] Ebd., S.83f.

Plötzlich ist die *story* im *van-rental business* gelandet, wen wundert es da, wenn sie weiter "degeneriert"? Analog zu Judi Dench, der Heldin der BBC-Serien, in der diese *the deserted furniture* (Enright: 1992, S.81)[562] repräsentiert, rächt sich auch Mary (1). Daß sie das nicht in Form einer eigenen Affäre tut, sondern dadurch daß sie sich ein neues Image gibt, den Schein über die Wirklichkeirt siegen läßt, das Ideal eines blondgesträhnten Bubikopfs über das Faktum von Haarausfall und *split hair*, impliziert mehr:

> *I follow her into his story* (Enright: 1992, S.88).[563]

Wieder spielt dabei der Spiegel eine signifikante Rolle.

> *My revenge looks back at me, out of the mirror. The new fake me looks twice as real as the old* (Enright: 1992, S.87).[564]

Ebenso wie sie an die Realität ihrer neu kreierten Identität glaubt, ist sie von der Tatsache überzeugt, daß die Frauen zu ihrer Linken und Rechten die Rivalin Mary verkörpern, und raubt der einen Adreßbuch und Handtasche. Dort findet sich unter anderen Utensilien *the portable virgin*, eine Plastikmadonna aus Lourdes, gefüllt mit Weihwasser, an dem Mary sich blasphemisch-genüßlich vergreift und trinkt.

> *Down by the water's edge I set her sailing on her back, off to Ben, who is sentimental that way. Then I follow her into his story, with its doves and prostitutes, railway stations and marks on the skin. I have nowhere else to go. I love that man* (Enright: 1992, S.88).[565]

Die tragbare Madonna fungiert nicht nur als (obsoletes) Gegenstück zum realen "Biest" Mary (2), nicht nur als *counterpart* zur rachsüchtigen sinnlichen Mary (1), diese flexible Heiligenfigur spiegelt zudem auch jene Mary, die betrogen wird und dennoch weiterliebt, so daß ihre Geschichte am Ende in seine mündet, die Erzählung gleichsam selbst "portable" wird, von einer Ebene in die andere

---

[562] Vgl. ebd., S.81

[563] Ebd., S.88

[564] Ebd., S.87

[565] Ebd., S.88

gleitet und Idee und Wirklichkeit schließlich synthetisiert. Zumindest für Mary (1) und *the eye of the beholder*. Die Klischeestory, die sich in der "Realität der Fiktion" tatsächlich zuträgt, sprengt den Rahmen des Stereotyps durch "platonische" Reflexion, die zugleich den interpretatorischen *approach* liefert.

Geradezu paradigmatisch ist *Eckardt's Dream*, ein wenige Zeilen umfassender Text. Er endet mit den Worten:

> And the moral of the dream is: Eckhardt lived with his girlfriend and his dog and sometimes he loved the dog more (Enright: 1992, S.128).[566]

Indem sie Eckhardts banal-frustrierte Existenz quasi aus dem Traum ableitet, führt die Erzählerin die Struktur der didaktischen Fabel ad absurdum; die Moral hat lediglich noch die Funktion, die Notwendigkeit imaginierter oder erahnter Gegenwelten zu konstatieren. Zentral bleibt der Traum selbst.

> Eckhardt dreamt of installing television sets in his room that had nothing to do with the common man ... In front of the curtain he would put a set that showed a picture of the curtain. Beside it, its neighbour and twin would show a picture of the curtain on fire (Enright: 1992, S.127).[567]

Der Reflexionsvorgang funktioniert nicht, Eckhardt destruiert seinen Traum vollends dadurch, daß er die eine Vorhanghälfte zu Boden reißt und die Röhre des gegenüberstehenden Fernsehapparats zerschlägt.

> It showed nothing at all, but behind it, the window showed something plötzlich, unbekannt (Enright: 1992, S.127).[568]

Die Wahl des Namens ist nicht zufällig, ebensowenig arbiträr die der deutschen Sprachfragmente. Meister Eckhart, der von 1260 bis circa 1328 lebte und zahlreiche honore Ämter begleitete, gilt als einer der berühmtesten deutschen Mystiker, der es verstand, mit innovatorischer Sprachgewalt seine visionären Glaubenserfahrungen und

---

[566] Ebd., S.128

[567] Ebd., S.127

[568] Ebd.

neuplatonischen Spekulationen zu verknüpfen. Das Universum ist für ihn die Emanation göttlichen Wesens und die menschliche Seele eine Manifestation göttlichen Lichts.

Enright transponiert die Figur auf ein modernes Durchschnittsniveau herab, "entmystifiziert" sie - nicht ohne Humor - durch moderne Requisiten und psychologische Hintergrundinformation und drückt gerade dadurch ein existentielles Bedürfnis aus: einmal "hinter den Vorhang" unseres durch Raum und Zeit begrenztes Dasein zu blicken, in der Erwartung, "plötzlich Unbekanntes" zu sehen. Adäquaterweise nennt Joyce diese quasi-mystischen Erlebnisse epiphanisch.

Der Moment des Dahinterschauens wird dem Bewußtsein zur Durchbruchserfahrung, relativiert das vordergründig Reale und läßt Ewigkeitlich-Vollkommenes erahnen.

Die Ewigkeitserfahrungen Anne Enrights sind dabei keineswegs konkret religiös konnotiert, dennoch stoßen sie vor in eine der an Raum-Zeit-Kategorien gebundenen Ratio nicht mehr faßbare Dimension, sind also durchaus metaphysischer Wesensart.

6.3. Große und kleine Geschichte

Daß die Individualgeschichte Teil der Weltgeschichte, eingebettet in diese ist, mag als beruhigend empfunden werden, daß sie wie im Falle der Schreiberin der *Historical Letters* vom Expartner usurpiert worden zu sein scheint, löst adäquaterweise starkes Unbehagen aus, initiiert aber simultan das Bedürfnis der individuellen, traditionellerweise in Brieform artikulierten "Relokalisierung".[569]

> *I was not washed up on the beach of your life like Venus on the tide* (Enright: 1992, S.123).[570]

Jener dominante Zeus, an dessen Lebensstrand sie sich geraume Zeit gespült fühlte, bevor er sie dort allein zurückließ, ist offenbar Historiker im usurpatorischen Sinn. Lehrerhaft, wenn auch nicht ganz so übermächtig-bedrohlich wie der Angeklagte in Kafkas *Brief an den Vater*, der die ganze Weltkarte mit seinem voluminösen Körperschatten für sich beansprucht, steckte der Geliebte die historische Landkarte für die (wie die Autorin) 1962 geborene, jüngere Freundin ab.[571]

---

[569] In seinem Roman *Was ist was* problematisiert Christian Enzensberger das Verhältnis zwischen der "kleinen" und der "großen" Geschichte, der eigenen und der der Menschheit. Er weiß um das Beruhigende oder Notwendige der Eingebundenheit der individuellen *vita* in überindividuelle Zusammenhänge. So heißt es dort im zweiten Absatz des ersten Teils, *Die Eroberung* (Vgl. ebd., Nördlingen 1987, S.7):

Seine Geschichte keine Geschichte, sondern eine Weiterwälzung ohne Gesetz und Gestalt. Und die große Geschichte, in der seine kleine steht, ebensowenig eine Geschichte, sondern ein Fortgang ohne Ziel und Notwendigkeit. Der Plan: die zwei Geschichten, die keine sind, ineinanderzufügen; zusehen, ob sie dann nicht eine werden. Nur: jede Geschichte braucht einen Anfang. Die seine hat einen, versunken, aber nicht unauffindbar. Hingegen das abgerissene Bruchstück von großer Geschichte, in das sie hineinpassen soll? Nein, zu wenig, zu kurz, da lag alles schon fest und war entschieden, darin gab es schon längst nichts mehr zu erkennen an Notwendigkeit oder Ziel, wenn sie je eins gehabt hat; zusammenzufügen sind die zwei nur von vorn und von innen her. Also muß er bei beiden ganz zurück; zum Anfang, wo es wehgetan hat. Sonst bleibt er ein rollender Stein verloren im Schutt zweier zielloser, gestaltloser Geschichten.

[570] Enright..., S.123

[571] Vgl. Franz Kafka, *Brief an den Vater*, 3.Aufl., Frankfurt a.M. 1975, S.67:

Manchmal stelle ich mir die Erdkarte ausgespannt und Dich quer über sie hin ausgestreckt vor. Und es ist mir dann, als kämen für mein Leben nur die Gegenden in Betracht, die Du entweder nicht bedeckst oder die nicht in Deiner Reichweite

I don't see the point of this landscape of yours, blank and full of frights with no clock in it (Enright: 1992, S.121).[572]

Sein Zeitempfinden ist derweil stehengeblieben, stagnierte wie seine Memoria, und mit dem Nichtmehrerinnernkönnen oder -wollen das Empfinden für Verantwortung.

You, on the other hand, do forget - easily and all the time ... Which means that I am burdened with all the years that you passed through and neglected (Enright: 1992, S.120).[573]

Die Historie der Beziehung, die eigene "kleine" Geschichte, muß sie selbst schreibend strukturieren. Ihm galt die "große", die Menschheits- oder Weltgeschichte als *scum on reality* (Enright: 1992, S.123)[574], das es durch Neudefinition wegzuwischen galt. Und diese Neudefinition, diese Umwertung war verquickt, ja identisch mit einer Inszenierung der Vergangenheit, bei der er selbst die Hauptrolle übernahm.

You talk like it was Before as well as After and you travel just to help you think - as if we were all still living in nineteen-hundred-and-sixty-five ... And you talk like it was nineteen-hundred-and-seventy-four...

So I am supposed to sit here with my finger in my gee until you come back - from Moscow in 1937 where you discover what music really is. From New Orleans in 1926 where you are eating the heart out of artichokes. From Dublin in 1914 where you are walking, pretentiously enough, on the beach. When I just got my credit cards, the sign of a woman who does not wait around (Enright: 1992, S.120 u.123).[575]

---

liegen. Und das sind entsprechend der Vorstellung, die ich von Deiner Größe habe, nicht viele und nicht sehr trostreiche Gegenden ...

[572] Enright ..., S.121

[573] Vgl. ebd., S.120

[574] Vgl. ebd., S.123

[575] Vgl. ebd., S.120 u.123

Diese Selbstinszenierung des Epigonen bzw. die darin partiell in-
tegrierte Inszenierung beider orientiert sich relativ wahllos an Jahreszahlen des zwanzigsten Jahrhunderts, ist ein Spiel mit Klischees -

> *You have infected me with the fifties, une femme d'un certain âge*
> *who knows how to dress but not how to speak. Sweetheart.*

> *All your pain strikes me as very nineteen-hundred-and sixty-seven.*
> *I come from the generation that never took drugs, the generation that*
> *grew up ...*(Enright: 1992, S.122 u.121)[576] -

sowie Daten, die zwar im kollektiven Geschichtsbewußtsein verhaftet sind - etwa (der Ausbruch des ersten Weltkriegs) 1914, die
Mondlandung (1969) -, auf der Bühne individueller Deutung aber als
irrelevant abgetan werden.

Der Versuch, beispielsweise hinter den Jahreszahlen 1965 und
1974 einen tieferen Sinn zu entdecken, ist durchaus reizvoll, bleibt
jedoch letztlich spekulativ. Zwar publizierte John McGahern zu dieser
Zeit seine Romane *The Dark* (1965), das wegen detaillierter Mastur-
bationsszenen der Zensur anheimfiel, und *The Leavetaking* (1974),
das ein Dubliner Lehrerschicksal mit McGaherns eigener Suspendie-
rung und dem anschließenden Aufbruch ins Exil verwebt, zwar be-
mühen sich irische Politiker um Friedensverhandlungen im Nord-
Süd-Konflikt und auf internationaler Ebene[577], während die Skriben-
tin in *Historical Letters* behauptet: *There is something about you that*
reminds me of the century (Enright: 1992, S.120)[578] und dem imaginierten Rezipienten - *leavetaking* - die Worte in den Mund legt:

> *"Live a quiet life, be true, try to be honest. Work, don't hurt*
> *people."* (Enright: 1992, S.120).[579],

---

[576] Vgl. ebd., S.122 u.121

[577] So etwa schreibt James M.Cahalan in seiner Chronologie unter dem Datum
1974 (Vgl. *Modern Irish Literature and Culture...*, S.298f):

Former minister for external affairs Seán MacBride - a leading human rights and
international peace activist, cofounder of Amnesty International, former United
States representative in Namibia - shared the Nobel Peace Prize with former
Japanese prime minister Eisaku Sato. MacBride was the first Irishman to win this
award.

[578] Enright ..., S.120

[579] Ebd.

doch bleiben die Analogien vage, bleibt ihr Interpretationspotential sophistisch. Denkbar, daß der Autorin - ähnlich wie Beckett - gerade an solch einem Spiel mit den Assoziationen und der Deutungsakrobatik der Leser lag.

Andere Strukturzusammenhänge sind luzider. So diejenigen zwischen Anfang und Ende der *story* oder die wachsende Diskrepanz zwischen der dargestellten Männerposition und der längst angelegten, erst jetzt ganz entdeckten eigenen, von männlichen Erwartungen und Zuschreibungen emanzipierten Haltung der schreibenden Frau.

> *So. I wouldn't wash the sheets after you left, like some tawdry El Paso love affair. No one is unhappy in El Paso.*
>
> *I will find out how to speak again and change the sheets, because it must change, I say, in order to give pleasure* (Enright: 1992, S.119 u.124).[580]

Die Angst, in die Imitationsrolle gedrängt zu werden, weicht der selbstbewußten Dezidiertheit und Zukunftsperspektive, die die Beziehung bereits hinter sich gelassen hat.

Seinem egozentrischen Epigonentum setzt sie - unintellektuell und unprätentiös - das unmittelbare Erleben, die Konzentration auf Gegenwärtiges und die fast symbolistische Hinwendung zu den Dingen entgegen.

> *All I want to say, before you disappear into that decade of yours, all I want to say is how things became relevant, how the sugar-bowl sits well on the table, how the wood seems to agree.*
> ...
> *I can move my hand from the bowl, over a fork, to my own blue cup, and the distance between them makes me content.*
> ...
> *When I was ten a white horse ran into the side of the school bus and died. I saw the blood bubble out of his nose.*[581]
> ...
> *I am wrong about remote-control televisions, denim, history in general. I can't tell where the party is. I do not have a democratic mind,*

---

[580] Ebd., S.119 u.124

[581] Diese Passage findet sich auf der folgenden Seite in identischer Form wieder (Vgl. ebd., S.122 u.123).

but if I watch the right movie, the horse dies every time. (Why is it al-
ways white?)

...

Never mind the horse (Enright: 1992, S.120, 121, 122, 123, 122
u.124).[582]

Hat sie ihrem Adressaten eben noch geraten, die gegenwärtigen
historischen Ereignisse im Berlin des Jahres 1989 zu verfolgen, ja
seine weltpolitisch relevante Partizipation vorgeschlagen und damit,
wenn auch nicht ohne Süffisanz, postum seine Erwartungen erfüllt,
so ist sie am Ende ihrer eigenen Bezugnahme und Hinwendung
überdrüssig geworden, im Wissen um das Unüberbrückbare zwischen beider Welt- und Selbstdefinition. Sie hat ästhetisierend be-
gonnen, ihre eigene Geschichte zu leben - jenseits all seiner bes-
serwisserischen Instruktionen.

It is a gift the way the bowl sits so well on the table, it is a gift how
it all, including you, was pushed out through a cleft in time. Pop!
(Enright: 1992, S.121).[583]

---

[582] Vgl. ebd.,S. 120, 121, 122, 123, 122 u.124

[583] Ebd., S.121

6.4. *Liking* und *Revenge*

Im Tenor eines Becketteinakters ist das wortspielerische Staccato des knappen, ausschließlich auf dem Dialog basierenden szenischen Texts *Liking* gehalten, dessen *setting* ein Pub ist. Das Gespräch zwischen Johnny, dem Wirt, und einem Stammgast kreist um die von einer Frau vor einer Stunde am Strand aufgefundenen drei Wochen alten Leiche O'Neills. Peu à peu entpuppt sich der Tote, der "einen Kopf, aber kein Gesicht mehr hat", als Opfer einer Gewalttat vonseiten seiner Lebensgefährtin, die wiederum als Reaktion auf seine Brutalität suggeriert wird.

> *"He was living where? He was living over on the head."*
> *"He had a woman sure in the house with him. She wasn't from the same family now, but he was living with her all the same. You know he was in the bed with her one night. You know that. You know he was in the bed with her, and she wasn't having any of that tomfoolery and you know he went into the kitchen and up with a knife and whipped off the whole shooting gallery there in front of her. You know that."*
> *"He did."*
> *"The whole shooting works. And that's what I saw."*
> *"You did."*
> *"How do you like that?"* (Enright: 1992, S.50f.).[584]

Das sprachliche Medium dieser einem analytischen Dramenfragment gleichenden Sozialstudie ist nicht hinlänglich erklärt durch Kategorien wie restringierter Code, Redundanz, Repetition oder Gedankensprung (zwischen dem viert- und drittletzten Satz des obigen Zitats). So geht der amüsant-makabre Effekt der Unterhaltung auch nicht auf in der Diskrepanz zwischen dem erschütternden Inhalt und der auf banal-schlichter Wortwahl insistierenden Sprache etwa der folgenden Passage:

> *"He went the twenty-one days ..."*
> *"He went the twenty-one."*
> *"He was all blown."*
> *"He was, of course."*
> *"I tell you. He had a head on him alright. But no face."*
> *"He did not."*
> *"He had his socks on ..."* (Enright: 1992, S.49f.).[585]

---

[584] Ebd., S.50f.

Der besondere Reiz beruht auf dem Spiel mit dem Titelwort - *lik-ing/like* -, das der Wirt anfangs dreimal als Adjektiv und von da an sechsmal als Verb benutzt.

> *"...it looked like an old dog or a sheep, like an old dog or a sheep."*
> *"He did."*
> *"Like an old dog or a sheep."*
>
> *"How would you like it, how would you like it, if you were standing talking to a man in a bar in London, as far away from me as you are now? How would you like it, if you said 'I'll see you tomorrow so,' and he said, 'I'll see you, Jim, good luck'? How would you like it if he walked out that door, and got the head taken off him with the clip of a truck?"*
> *"He did. And how would you like it if you saw O'Neill on the beach? Because I've told you something, but I haven't told you the whole truth."*
> *"Don't tell me now."*
> *"I won't so."*
>
> *"How do you like that?"* (Enright: 1992, S.49, 50 u.51).[586]

Der Erzähler verleiht durch seinen scheinbar monotonen Wortgebrauch seinem Entsetzen eine klanglich-verbale Emphase, die durch die häufige Wiederholung staccatohaft wirkt, stockend und nachhallend zugleich. Die Wahl des Registers, die langsame, gleichsam schleifenförmige Annäherung an sein eigentliches Sujet und die plastische Bildlichkeit animieren den Rezipienten zudem zum Schmunzeln.

Daß *Liking* auch die psychische Disposition Liebender beschreiben könnte, verstärkt den Effekt, daß es sich bei dieser *story* des gewalttätigen "Liebespaars" darüberhinaus um ein gelungenes Spiel mit dem Mythos von Liebe und Tod handelt.

> *"Did you ever see a man with a buck rake through his neck?"*
> (Enright: 1992, S.51).[587]

---

[585] Vgl. ebd., S.49f.

[586] Vgl. ebd., S.49, 50 u.51

[587] Ebd., S.51

Revenge birgt noch mehr mythischen Gehalt, schwingt da doch die Rache der Götter der Antike an den Menschen mit oder das Bild eines rächenden Volkes bzw. Geschlechts. *Revenge* demontiert Lesererwartungen noch stärker als die eben gedeutete Geschichte; denn die intendierte Selbstjustiz der betrogenen jungen Frau wird unversehens zur Justiz an ihr selbst. Die *story* ist so frech wie traurig.

Eingangs formuliert die Protagonistin eine an Billy erinnernde psychologisch interessante Theorie der persönlichen Balance.

> *Once the fiction between two people snaps then anything goes, or so they say. But it wasn't my marriage I wanted to save, it was myself. My head, you see, is a balloon on a string, my insides are elastic. I have to keep the tension between what is outside and what is in, if I am not to deflate, or explode.*
>
> *So it was more than a suburban solution that made me want to be unfaithful <u>with</u> my husband, rather than <u>against</u> him. It was more than a question of the mortgage. I had my needs too: a need to be held in, to be filled, a need for sensation. I wanted revenge and balance* (Enright: 1992, S.39).[588]

Konkret sieht ihr Rache-Balance-Plan so aus, daß sie eine Annonce für häuslichen Gruppensex aufgeben - so jedenfalls perzipiert die Erzählerin die Situation. Statt dessen wird sie nach einem von ihr akribisch bereiteten opulenten und stimulierenden Mahl von einem Alkoholiker mit teuflischem Blick, der anstatt sie zu küssen Haßtiraden über seine ausschließlich sexuell attraktive Gattin artikuliert, ins mickrige Gästezimmer abgeführt, wo sie anstelle von Lustgefühlen nur Fluchtgedanken frönt, während ihr Ehemann sich im Schlafzimmer nebenan lautstark seinen erotischen Vergnügungen hingibt.

Ihr eskapistisches Bewußtsein driftet derweil in jene Sphäre ab, die ihr von Kindheit an die vertrauteste ist, in die Welt der Dinge. Gibt es auch hier wieder die Hinwendung zu den Dingen, so ist sie in diesem Fall ein humoristisch skizzierter Balanceakt zwischen infantiler Hingabe, faszinierter Ersatzbefriedigung und potentieller Neurotik. Repräsentativ für die Dingwelt stehen Teppiche und Gummierzeugnisse. Die Protagonistin arbeitet als Qualitätsprüferin in einer Fabrik für Gummihandschuhe.

---

[588] Ebd., S.39

> *I work for a firm which manufactures rubber gloves ... They have in common a niceness. They all imply revulsion ... Rubber is a morally, as well as sexually, exciting material. It provides us all with an elastic amnesty, to piss the bed, to pick up dead things, to engage is (sic) sexual practices, to not touch whomsoever we please* (Enright: 1992, S.37).[589]

Als Kind pflegte sie ihr Faible für Teppiche:

> *There was a brown carpet in the dining room with specks of black, that was my parents' pride and joy. 'Watch the carpet!' they would say, and I did. I spent all my time sitting on it, joining up the warm, black dots* (Enright: 1992, S.38).[590]

So ist es durchaus stringent, dfaß sie vor dem ersten "großen Auftritt" die dezente Farbe des Bodenbelags in ihrem Schlafzimmer kontempliert und den Fremden sofort in die Geheimnisse ihres Gewerbes initiiert; dieser freilich weiß damit, situativ bedingt, offenbar nur die Herstellung und Funktionstüchtigkeit von Präservativen zu assoziieren. Stringent sind denn auch die Schlußszenen:

> *I rolled off the wet patch and lay down on the floor with my cheek on the carpet, which was warm and rough and friendly. I should go into floor-coverings.*
>
> *
>
> *I remember when I wet the bed as a child. First it is warm then it gets cold...*(Enright: 1992, S.45f.).[591]

Mit dem Bettnässen wird ein anderer, alter Tabuverstoß erwähnt, über den die Psychologie bekanntlich viel zu berichten weiß. Daß sie dieses sexuelle Nicht-Erlebnis damit assoziiert und sich kindlich auf ihrem geliebten wärmenden Teppich zusammenrollt, drückt bei allem Infantilismus eine tiefe Sehnsucht aus nach einer weniger kapputten, weniger dekadenten, "heilen" Welt. Ein beinahe sentimentales Ende.
Unbalancierter könnte die Ehe nun kaum sein. Sie ist zum Spiegel der *dislocated reality* (Enright: 1992, cover)[592] geworden, "amnestiebedürftiger" denn je.

---

[589] Vgl. ebd., S.37

[590] Ebd., S.38

[591] Ebd., S.45f.

[592] Vgl. ebd., *cover* :

Längst schon ist es keine Frage von Kleinbürgerlichkeit mehr, ob die Lösungsmethode Effizienz verspricht.

> *Do you really want to know our sexual grief?* (Enright: 1992, S39).[593]

The characters in this fierce and witty first collection stand at an oblique angle to society. Full of desire, but out of kilter, their response to a dislocated reality is mutinous, wild, unforgettable.

[593] Ebd., S.39

6.5. *Science and Nature*

Science and Nature suggeriert bereits im Titel eine dialektische Konzeption - vielleicht etwas prätentiös für diese kleine vierseitige Geschichte, in der ein Studentenpaar plaudernd durch den Zoo bummelt.

In den Kategorien des *Platonic approach* bzw. aus dem Blickwinkel der Icherzählerin betrachtet, ist das Prinzip der Natur jener Ganzheit und Vollkommenheit, die Einheit von Ideellem und Realem repräsentierenden Tomate Billys in *Juggling Oranges* verwandt. Die Natur gilt insbesondere dem jungen melancholischen Rousseauepigonen als Refugium seiner kulturkritischen Tagträume, als Ort stimmigen, sinn- oder wenigstens zweckerfüllten, einfachen Seins. Die Geheimnisse der Natur akzeptiert er als Gegebenheit, den Tod als Selbstverständlichkeit, als Teil derselben, in welche die Wissenschaft nur tastend und abstrahierend vorzudringen vermag. Geheimnisvoll bleiben ihm die Koinzidenzen wie die Ordnung der Natur, die er gelegentlich in Friedhöfen und Parks symbolisiert findet.

> *There is a feeling of connectedness in a graveyard, like a crossword puzzle that is all filled up ... Parks, on the other hand, are full of accidents and nostalgia...* (Enright: 1992, S.91).[594]

Ein Geheimnis bleibt der junge Mann überwiegend auch für seine neugierige Begleiterin, die erst gegen Ende ahnt, daß sie selbst eine Ingredienz seiner "Naturordnung" darstellt.

> *"Let's hide in the bushes and stay the night," he said. "Let's see what they do when all the people are gone ... A simple life. No one asking questions. No one looking on.*
> *...*
> *I was part of it. The Secret was me.*
> *...*
> *"I wonder where they bury the animals," he said* (Enright: 1992, S.94 u.95).[595]

Fragen beruhigt ihn mehr als (verfrühtes) Antworten und läßt den Leser quasi mit ihm den Blick zum Himmel wenden, wo er sehn-

---

[594] Vgl. ebd., S.91

[595] Vgl. ebd., S.94 u.95

süchtig-nostalgisch nach (den) bunten Drachen (seiner Kindheit, in der vermutlich *connectedness* herrschte) Ausschau hält.

Kann der Text die Relation von *science* und *nature* auch niemals erschöpfend darstellen, so kann er doch die Impression einer mittlerweile selten gewordenen, dem achtzehnten Jahrhundert seelen- und geistesverwandten Lebensauffassung festhalten.

6.6. Desintegration

Desintegration bezeichnet den Prozeß der Auflösung eines Ganzen in seine Teile. Wenn der Terminus im Zusammenhang mit den Erzählungen *(She Owns) Every Thing, Indifference, Luck be a Lady, Fatgirl Terrestrial,* und *What are Cicadas?* gebraucht wird, so gilt es, das jeweilige "Ganze", das diesem Zersetzungsvorgang anheimfällt, zu skizzieren. Es gilt darüberhinaus auch, das Gemeinsame dieser individuellen Entwicklungen zu beschreiben.[596]

Gemeinsam ist den Protagonist(inn)en der genannten Texte das hohe Maß an Subjektivität ihrer Vorstellung von der sogenannten objektiven Wirklichkeit, gemeinsam ist ihnen, um im "Jargon" früherer Kapitel zu sprechen, der Grad der "Erfindung" ihrer phasenweise jeweils als "rund" empfundenen Realität, ihres "Konstrukts".

Stimmig, rund und daher lebbar sind zunächst sämtliche Existenzformen der vier erstgenannten Geschichten. Entweder beherrscht das Gefühl eines ganz eigenen Talents die Charaktere oder eine noch naive, idealistische Perzeption verstellt den Blick für Risse und Brüche im eigenen Dasein und in dem der anderen.

Das Talent Cathys in *(She Owns) Every Thing* ist ihre verkaufspsychologische Intuition, ihr treffsicheres Gespür *(to guide) to the inevitable and surprising choice of a bag that was "them" (the female customers) but one step beyond who they thought they might be* (Enright: 1992, S.4),.[597] ungeachtet der Tatsache, daß ihr Ladentisch auf den ersten Blick anarchische Systemlosigkeit zu inkarnieren scheint.

> *She divided her women into two categories: those who could and those who could not.*
> *She had little affection for those who could, they had no need of her, and they were often mistaken.*
> ...
> *There were also the women who could not. A woman for example, who could NOT wear blue. A woman who could wear a print, but*

---

[596] Der Begriff Desintegration überschneidet sich partiell mit dem in 5.7. der vorliegenden Studie verwendeten der Dekonstruktion, der jedoch für die dort analysierten *stories* noch passender schien, wird da doch konkret und metaphorisch "(de)konstruiert".

[597] Vgl. Enright..., S.4

NOT beside her face. A woman who could wear beads but NOT ear-rings...(Enright: 1992, S.4f.).[598]

Die Stimmigkeit ihrer Kategorisierung spiegelt sich in der nahezu lyrisch-rhythmischen Wiedergabe ihrer Perzeptionsmuster. Diese bleiben über Jahre hinweg unrelativiert, auch dann noch, als sie einen freundlichen, harmlosen Lehrer aus Fairview heiratet. Erst die Begegnung mit der *loose, rangy woman* (Enright: 1992, S.6), einer unbelehrbaren Kundin, in die sich Cathy eines Tages "verliebt", tangiert ihr System.

Analoges läßt sich auch bei der leidenschaftlichen Bingospielerin Maeve Hanratty *in Luck be a Lady* beobachten. Ihre "Erkenntnistheorie" ist eher arithmetischer Natur, sie strukturiert die konfuse Wirklichkeit durch Zahlen und ästhetisiert sie durch einträgliche Glücksspiele.

> *She could have said "Do you know something - I have had sexual intercourse 1,332 times my life. Is that a lot? 65% of the occasions took place in the first 8 years of my marriage, and I was pregnant for 48 months out of those 96. Is that a lot? I have been married for 33 years and a bit, that's 12,140 days, which means an average of once every 9.09 days. I stopped at 1,332 for no reason except that I am scared beyond reason of the number 1,333. Perhaps this is sad." It was not, of course, the kind of thing she told anyone, not even her priest, although she felt a slight sin in all that counting. Mrs Hanratty knew how many seconds she had been alive. That was why she was lucky with numbers* (Enright: 1992, S.69).[599]

Zahlen haben - anders als für manch anderen - weder Farbe noch Geruch, sie fühlen sich an wie Menschen, *you sense them in a room* (Enright: 1992, S.70)[600], sie gleichen eher der Musik, verleihen Gleichmut und Gelassenheit.

Maeves System erleidet später noch als Cathys einen irreparablen Schaden, als die Fünfundfünfzigjährige, *a woman with 5 children and 1 husband*, sich in einen Bingospieler verliebt, *because he had three fingers and not 4* (Enright: 1992, S.74).[601]

Heißt es über Cathy:

---

[598] Vgl. ebd., S.4f.

[599] Ebd., S.69

[600] Vgl. ebd., S.70

[601] Vgl. ebd., S.74

> *(She) began to slip. She made mistakes. She sold the wrong bags
> to the wrong women and her patter died* (Enright: 1992, S.7)[602],

so liest man über Mrs Hanratty:

> *The numbers were letting her down. Her daily walk to the shops
> became a confusion of damaged registration plates, the digits swung
> sideways or strokes were lopped off. 6 became 0, 7 turned into 1.
> She added up what was left, 555, 666, 616, 107, 906, 888, the num-
> bers for parting, for grief, for the beginning of grief, forgetting, for ac-
> cidents and for the hate that comes from money* (Enright: 1992,
> S.75).[603]

Die *patterns of perception* desintegrieren, sinn- und bezugslos
werden sie angesichts einer unerwarteten Affinität, einer Verliebtheit,
die die Grenzen der Konvention, des habituellen Alltags sprengen.
Die subjektive emotionale Grenzüberschreitung verändert die *mind
sets* der Frauen solchermaßen, daß sie infolgedessen auch nach
außen hin plötzlich "anomal", ja anstößig (re)agieren - Cathy löst ihren Bausparvertrag auf und tauscht die Rollen. Sie kauft, als holte
sie die Konsumaskese von Jahren nach, ganze Abteilungen von
Hüten, Schuhen und Taschen auf. Am Ende behält sie nur die von
ihr gepriesene Standardtasche.

> *She abused it. She even used it to carry things* (Enright: 1992,
> S.8).[604]

Der letzte Satz versinnbildlicht die Klimax ihres Aus-dem-Gleis-
geratenseins:

> *She started to sleep around* (Enright: 1992, S.8).[605]

Moralische Implikationen werden bei Maeve bereits früher laut,
empfindet sie doch ein leichtes Unbehagen bei ihren Erfolgen, bezeichnet sie doch ihr "Genie" als Krankheit, ihre Lust am Spiel als
Sünde. Wieder endet die *story* mit dem wenigstens vorübergehen-

---

[602] Vgl. ebd., S.7

[603] Ebd., S.75

[604] Ebd., S.8

[605] Ebd.

den Ausbruch aus der konventionellen, institutionalisierten ehelichen Bindung:

> *He smiled and the numbers of his face scattered and disappeared.*
> *His laughter multiplied out around her like a net.*
> *"So what are you going to win tonight then?"*
> *"Nothing. You."*
> *"0"* (Enright: 1992, S.77).[606]

Desintegration, Auflösung und Entdeckung neuer Wege liegen nahe beieinander.

Wird hier - höchst aktuell - die Notwendigkeit von "erfundenen Wirklichkeiten", "erfundenen Welten" problematisiert, so zugleich auch der Reiz des Tabubruchs, der stärker zu sein scheint als das Bedürfnis nach vertrauten, habituellen Wahrnehmungsrastern. Auf dem Hintergrund der tradierten irischen Gesellschaftsstruktur, auf der Folie der repressiven Ehemoral ist dieses Verhaltensparadigma psychologisch noch leichter nachvollziehbar.

Infragegestellt wird allerdings auch die "neue Moral"; so beipielsweise in *Indifference, Fatgirl Terrestrial* oder - wenn auch in versteckterer Form - in *What are Cicadas?*

In *Indifernce* verliert ein Bäckerlehrling nicht nur seinen Job, sondern auch seine Unschuld an eine zunächst grob konturierte, abgebrühte junge Kanadierin, die ihn initiiert in die Sphäre der Sexualität und zugleich integriert in ihre "Geschichte" - die Begegnung wird zum Sujet eines Briefes an eine Freundin in Toronto.

> *It is a story about A Bit of Rough. It includes furious sex in red-brick alleyways. It has poignant moments to do with class distinction and different breeds of selfishness. Unfortunately the man in question is not wearing leather, nor is he smelling like Marlon Brando. He is too thin. His accent is all wrong. He is covered, not with oil and sweat, but with sweat and flour.*
> *The furious sex took him by surprise. She looked at a man sliding down the wall on to his hunkers with his hands over his face. He had lost his paper hat. There was flour down her front congealing in the rain. "I've never done that before," he said.*
> *"Well, neither have I."*
> *"I've never done any of that before."*
> *"Oh boy"* (Enright: 1992, S.14).[607]

---

[606] Ebd., S.77

Er verliert bei diesem "*two-nights stand*" nicht nur *innocence* im physischen Sinn, sondern - dem Mythos gleich - auch auf psychisch-mentaler und moralischer Ebene. Aus dem naiven Idealisten wird ein Mann, der ebenso selbstbezogen und brutal agieren kann wie seine Partnerin. Am Ende wendet er sich von ihr ab und hinterläßt symbol-trächtig den Schatten seiner selbst, den seiner früheren Identität.

> *He had broken her like a match.*
> *"You're all talk."*
> ...
> *She felt herself drifting off the bed through the black space where the door should have been. It seemed to grow in the dark and swallow the room.*
> ...
> *After he left, she saw the shadow of flour on the carpet, where his clothes had lain, like the outline of a corpse, when the clues are still fresh* (Enright: 1992, S.19).[608]

Daß die Erzählerin die weibliche Figur nicht unmotiviert auf die Dimension unmittelbarer Sinnlichkeit und schlecht kaschierter Egozentrik fixiert, zeigen die eingeflochtenen Reminiszenzen, die partiell in traumatische Regionen verweisen. Überall schwingt das unverarbeitete Todesphänomen mit, egal, ob es sich um die (wahre oder fiktive) Geschichte von der bei ihrer eigenen Beerdigung wieder auferstehenden Tante Moragh handelt oder um den Steinmetz im Friedhof, bei dem alles von Marmorstaub bedeckt war - so wie jetzt der Fußboden ihres Zimmers. Als prägend werden zudem in den Reflexionen der Protagonistin die grenzenlos weite kanadische Landschaft sowie die Eintönigkeit und Monotonie ihrer Kindheit de-klariert. Da hätte man gar keine andere Wahl als *bland* und *bewildered* zu werden - *(that's) the only proper way to be* (Enright: 1992, S.12).[609]

Der Brief gibt die andere Seite ihres Wesens, gibt ihr Image wie-der. Dort will sie cool und gänzlich "frei" wirken und entwirft zum Bei-spiel folgendes Gespräch zwischen sich und dem offenbar erfahre-neren Freund des Bäckers:

---

[607] Ebd., S.14

[608] Vgl. ebd., S.19

[609] Vgl. ebd., S.12

"Did you have a good time then?" and I said that "Kevin was the best fuck this side of the Atlantic." DUMB! I KNOW THAT! and Kevin laughed and so that was ... fine ... "That's what they are all saying down Leeson Street," which is their kind of Fuck Alley. And I laughed and said "Hardly," I said, "seeing as he's never done it before..." (Enright: 1992, S.18).[610]

Im *shadow of flour*, im Staubsymbol wird auch ihre "Desintegration" sichtbar. Das von ihr praktizierte Programm von *indifference* als "Welthaltung" weicht am Ende - einen Moment lang zumindest - dem Bewußtsein oder Empfinden, dem Phänomen von Abschied und Tod nicht länger völlig gleichgültig begegnen zu können.

Die Konzeption Bridgets in *Fatgirl Terrestrial* ist von vornherein auf "Auflösung", auf Desintegration angelegt. In Bridget, der etwas seltsamen Dicken, die im Beruf affirmiert wird und im Bett "viktorianische" Gelüste zu befriedigen weiß, jedoch keinen *public man* an Land zu ziehen vermag, versteckt sich *a thin woman trying to get out* (Enright: 1992, S.131)[611], hinter der Fassade selbstzufriedener Autarkie verbirgt sich *the commonplace sickness of a woman who wanted a serious man* (Enright: 1992, S.132).

So entpuppt sich die Metamorphose des bewußt erdverbundenen, irdischen *fatgirl* in die schlanke Braut des esoterischen *travel agent* zum einen als eine Entwicklung im Sinn des Bildungsromans, die Reise ins Innere ihres Wesens enthüllt dort bereits Angelegtes und manifestiert sich schließlich sichtbar, zum anderen freilich wird dies *happy ending*, das selbst das Klischee mütterlicher Erwartungen erfüllt[612], schon dadurch stark ironisiert, daß sie nun anstatt an den *exciting, ordinary man* an *a witch* (Enright: 1992, S.137)[613] geraten ist.

---

[610] Vgl. ebd., S.18

[611] Vgl. ebd., S.131

[612] Dieses Klischee parodiert sich quasi selbst durch die betont überzogene Dargestellung (Vgl. ebd., S.134 u.135):

Once a week she visited her elderly mother who had a medical pragmatism about sex. If Bridget did not find a husband soon then her insides would wither away and have to be removed ... Bridget's mother believed in the marriage bed ... Bridget was doing her best. She made a conscientious search for the lonely and sensible man ...

[613] Vgl. ebd., S.137

> *The travel agent was a witch ... He believed in everything that was going, and a little bit more: astrology, herbs, zombie voodoo, Nietzsche, shamans, omens, some Buddhism and the fact that Bridget had been a water-buffalo and a Creole Madame in previous lives.*
> *...*
> *The travel agent spent late nights grinding out his philosophies, trying to make her afraid of the dark. He started at hawk shadows on the walls and said that her body was a landscape of mist with a creature in it he could not meet...*
> *...*
> *In point of fact, Bridget did feel herself to be under a spell. He flipped her body on the bed like a cake in a pan, he sang messages onto her answering machine. At inappropriate moments she would see him smile at the door, and when she looked, he wasn't there* (Enright: 1992, S.137 u.138).[614]

Joe, typisiert und namenlos bis kurz vor dem Ende, löst das Paradigma ihres habituellen Männerkonsums ab, lockt aus Bridgets *mind* das Unorganisiert-Irrationale hervor und legt die ungeschminkte, unkultivierte Seite bloß. In der lapidaren Metaphorik der Erzählung liest sich das so, daß sie aufhört, sich zu duschen, starke Ausdünstungen verbreitet und ihre Pflanzen verdorren läßt - kurzum Verhaltensmuster entwickelt, die den früheren diametral entgegengesetzt sind.

Als Bridget schlank und rank vor den christlichen Traualtar tritt, hat sie bereits die meisten der Denkschemata des Esoterikers Joe übernommen, hört nachts die Wölfe heulen und sieht Raubvogelschatten an der Wand.

> *Bridget got married in an ivory satin dress with a bouquet of freeslas and the wedding march thundering down the aisle...*
> *...*
> *Bridget trembled violently as she entered the church...*
> *...*
> *The priest was a malaria victim back from the missions who got her name wrong twice ... His sermon drifted back to the savannah as he lifted his eyes to the ceiling and talked to the simple black souls he saw there...*
> *...*

---

[614] Vgl. ebd., S.137 u.138

"Jesus Christ, this is it," said Bridget as she ripped off her veil and pinned it to the car aerial...(Enright: 1992, S.141, 142 u.144).[615]

Is it? - oder hat *Fatgirl Terrestrial* sich aufgelöst und ist der konventionellen angepaßten Braut gewichen, die jeder beliebigen Illustrierten entsprungen sein könnte? Womöglich wirkt dieser Triumph des Klischees deshalb so zynisch und erheiternd zugleich, weil er so alltäglich, so gar nicht erfunden zu sein scheint.

Einem Sforzando gleich meldet sich plötzlich im - wie stets in Kurzabschnitte segmentierten - Erzählfluß von *What are Cicadas?* die Stimme des reminiszierend (sich selbst) erklärenden Protagonisten.

Sie schlägt die Brücke zwischen der schlaglichthaften Inszenierung von Kindheit, Adoleszenz und Mannesalter und dem rudimentären *plot*, der Initiationsgeschichte des jungen Mannes im Hause der Gormans, wie auch zwischen typisierter Geschlechterphilosophie und konktretisierter Aktualisierung derselben, der Begegnung zwischen Monica und ihrem kurzzeitigen Liebhaber. Sie ist es auch, die am Ende das fatalistische Fazit zieht:

"When I lost my virginity, everything was the same, and everything was changed. I stopped reading poetry, for one thing. It wasn't that it was telling lies - it just seemed to talk to someone else.

"Now I can't stop screwing around. What can I say? I hate it, but it still doesn't seem to matter. I keep my life in order. My dry-cleaning bill is huge. I have money.

"My father knew one woman all his life. He dressed like a tramp. Seriously. What could he know? He knew about dignity and the weather and words. It was all so easy. I hate him for landing me in it like this - with no proper question and six answers to something else" (Enright: 1992, S.156).[616]

"Proper questions" waren in seiner Kindheit geradezu seine Spezialität, konzise Antworten bekam er von seinem Vater jedoch nie.[617]

---

[615] Vgl. ebd., S.141, 142 u.144

[616] Ebd., S.156

[617] Vgl. ebd., S.148f.:

What are cicadas? Are they the noise that happens in the dark, with a fan turning and murder in the shadows on the wall? Or do they bloom? Do people walk through forests and pledge themselves, while the "cicadas" trumpet their purple and reds all around?

"Obszön", um Bodenheimers Terminus zu adaptieren, war hier das (ironisch bedeutsame) (Nicht-)Antworten, nicht das erkenntniswollende, orientierungshungrige Fragen. Die Unnatürlichkeit dieser Kommunikationssituation, der unterdrückte Forscherdrang des Knaben führt ihn in monologische Betätigungsbereiche, in den Rückzug in die Welten der Phantasie und Poesie, denen er sich hingibt und ausliefert.

Die lapidare sentenzhafte Charakterisierung - *He is a sensitive young man* (Enright: 1992, S.148)[618] - steht als Ein-Satz-Abschnitt vor den Kindheitsszenen, zwischen diesen und den gelegentlich an Regieanweisungen des epischen Theaters erinnernden Eingangspassagen. Der Leser muß die Verbindung zwischen den Bruchstükken, den Texttorsi herstellen.

Die vornehmlich von Vaterseite ignorierte, früh verletzte Sensibilität und die eskapistische Neigung zur *imagination* oder *fancy* gehören zusammen, bilden den Bezugsrahmen für die Initiation, die "Desintegration oder Dekonstruktion zweiten Grades".

Genüßlich spielt die Autorin/Erzählerin hier mit Stereotypen und sich quasi selbst parodierenden *foreshadowings*, wenn sie in dieser dramatisierten Narrativik das bühnenhafte *setting* entwirft.

> *Cold women who drive cars like the clutch was a whisper and the gear stick a game. They roll into the petrol stations, dangle their keys out the windows and say "Fill her up" to the attendant, who smells of American Dreams. They live in haciendas with the reek of battery chickens out the back, and their husbands are old. They go to Crete on their holidays, get drunk and nosedive into the waiter's white shirt saying "I love you Stavros!" even though his name is Paul. They drive off into the countryside with more hedges than fields and are frightened by the vigour of their dreams.*
>
> *But let us stay, as the car slides past, with the pump attendant; with the weeping snout of his gun, that drips a silent humiliation on the cement; with the smell of clean sharp skies, of petrol and of dung.*

It is a question that he asks his father, whose voice smells of dying, the way that his mother's smells of worry and of bread.

They look up the dictionary. "'Cicatrise,'" says his father, who always answers the wrong question - "'to heal; to mark with scars' - I always thought that there was only one word which encompassed opposites, namely...? To cleave; to cleave apart as with a sword, or to cleave one on to the other, as in a loyal friend. If you were older we might discuss 'cleavage' and whether the glass was half empty or half full. Or maybe we can have our cake and eat it after all."

[618] Ebd., S.148

The garage behind him is connected in tight, spinning triangles as his
eyes check one corner and then the next. There is an old exhaust
lying on a shelf in the wall, there is a baseball hat stiff with cobwebs,
hanging in the black space over the door. There is a grave dug in the
floor... (Enright: 1992, S.147).[619]

Evoziert das klischierte Puzzle von *femme fatale/vamp, sensitive*
young man und *American Dream(s)* bereits Hollywoodvisionen, so
konstituieren die sexuellen Anspielungen, die schließlich im ebenfalls
tradierten Todes- bzw. Grabmotiv kulminieren, endgültig einen
(ästhetischen) *overkill*. Die Balance hält die *story* zunächst durch ihre
zu vermutende ironische Brechung, im folgenden jedoch primär
durch das dekonstruktivistische "Staccatopattern", das bar jeglicher
Kausalitätssuggestion zu sein vorgibt. Wenn es wenige Abschnitte
später über sein Elternhaus heißt:

The place was full of secrets. You wouldn't believe the secrets, the
lack of shame people had ... It wasn't that they didn't care, filth was
only filth after all ... There was no modesty behind a closed door, no
difference, no meaning (Enright: 1992, S.150f.)[620],

so ist es wieder der Rezipient, der Verknüpfungen kreiert. Er sieht
den Bezug zum Schmutz im Haus der Gormans, wo - laut Bericht
des Vaters - die alte Frau, einem Wesen einer *gothic novel* nicht unähnlich, in monatealten Laken und Exkrementen verendet, während
ihre Tochter sich jungen Liebhabern hingibt, er zieht die Verbindung
zum Grabesmotiv des Anfangs, zum psychisch-moralischen Abster-
ben des Protagonisten am Ende.
Wird Kausalität einerseits formal (durch die mangelnden Begrün-
dungszusammenhänge) dezidiert negiert, so drängt sie sich durch
Hyberbolik und das Spiel mit Versatzstücken andererseits direkt auf,
um sich schließlich im oben zitierten Fazit der zentralen Figur expressis verbis niederzuschlagen.
Desintegration manifestiert sich in dieser Form äußerst anschau-
lich.

---

[619] Ebd., S.147

[620] Vgl. ebd., S.150f.

6.7. Konstruktion und De(kon)struktion

Konstruktion und De(kon)struktion referieren in *The House of the Architect's Love Story* von Anfang an auf dreierlei Bereiche: den real-faktischen, äußeren, architektonischen, sodann auf den des Bewußtseins, der *mind*-Sphäre, den psychisch-mentalen und schließlich auf den ästhetischen im selbstreferentiellen Sinn.

Die Analogie formuliert die Icherzählerin, involviert und (erzählend) distanziert zugleich, vor allem zu Beginn und Schluß der Geschichte:

> *Of all the different love stories, I chose an architect's love story, with strong columns and calculated lines of stress, a witty doorway and curious steps. In the house of an architect's love story the light is always moving, the air is thick with light ... It is familiar to us all. At least, it was familiar to me, the first time I walked in, because all my dreams were there, and there were plenty of cracks in the wall.*
>
> *...*
> *The house, the child, would have saved our marriage, if it needed saving. "Let it come down," I say, but the house is inside my head, as well as around it, and so are the cracks in the wall* (Enright: 1992, S.56f. u.63).[621]

Dazwischen entsteht das neue Haus, gebaut von Paul, dem Familienfreund, und die *love story* von (Aidan,) Sylvia und dem Architekten, dazwischen ensteht auch Sylvias zweites Kind, gezeugt von ihr und Paul.

Das Leitmotiv *cracks* konterkariert die Idee vom Bau eines Eigenheims, eines Familiennests zum einen in Form von Sylvias humoristisch überzogenen Muttergefühlen, denen Possessivität und Perversion innezuwohnen scheinen - ein möglicher Verweis auf die ungelöste Identitätsproblematik.

> *I am glad he has given me a child, so I can drown it ...*
>
> *...*
> *It would be a mistake to say that I loved her. I <u>am</u> that child. When she looks at me I feel vicious, the need between us is so complete, and I feel vicious for the world, because it threatens the head that I love* (Enright: 1992, S.55 u.57).[622]

---

[621] Vgl. ebd., S. 56f. u.63

[622] Vgl. ebd., S.55 u.57

Darüberhinaus ist es ihre außereheliche Eskapade, mit der sie Paul für seine Dienste oder ihre Schulden "zahlen" läßt - auch dies eine nicht logisch auflösbare Relation.

All he owed me was a fuck and whatever that implied, which in this case is a child (Enright: 1992, S.62).[623]

Cracks sind Ingredienz von Sylvias Existenz, Sylvias Psyche, ihrer Ehe. Unerfülltheit oder Unzufriedenheit mögen die nichtgenannten Topoi sein, auf die hier angespielt wird. Auf der Oberfläche "funktioniert" die Ehe, besser noch, seitdem sie Alternativen "andenkt".

I was immensely aware of how valuable he was as a human being, the presence he held in a room, the goodness with which he had given me his life, his salary and his company car. I was grateful for the fact that he still kissed for hours, as though the cycle of our sex lives was not complete (Enright: 1992, S.59).[624]

Schuldgefühle und Nervenkitzel, Lust und Reflexion wechseln sich in Sylvias *mind* (und *body*) ab, während sie die nicht wahrgenommenen Gelegenheiten, mit Paul zu schlafen, akribisch zählt.

I had not slept with the architect seventeen times, incidentally (Enright: 1992, S.60).[625]

Als sie damit schließlich den frisch fertiggestellten Klippenpalazzo einweihen, hätte das Haus über ihnen zusammenfallen müssen, *but it stayed where it was* (Enright: 1992, S.62).[626] Die Zeit des Mythos ist vorbei. Und doch: der Fötus gleicht einem gotischen Meisterwerk, Sylvias Uterus einer Katherinenkathedrale (ist St.Catherine doch zuständig für Ehe- und Kinderwünsche), Abtreibung ergäbe gar keinen Sinn innerhalb dieses Gedanken- und Existenzgebäudes.

---

[623] Vgl. ebd., S.62

[624] Vgl. ebd., S.59

[625] Vgl. ebd., S.60

[626] Vgl. ebd., S.62

Die Architekturmetapher wird hier nicht im Proustschen Sinne ge-braucht[627], vielmehr liegt der Akzent auf der Spannung zwischen Aufbau und Zerstörung, zwischen schönem Schein und faktischer Brüchigkeit, liegt gleichermaßen auf den *cracks* wie der *cathedral*. Die Risse und Brüche, den Gebilden menschlicher Existenz inhärent, dienen als Motivation zur Konstruktion der Geschichte, werden äs-thetisiert und durch locker-flapsige Deklarationen mit Sinn über-schrieben.

Sylvias "Bauwerk" umschließt am Ende fast narzißtisch die jüng-sten *cracks*, die von demjenigen, den sie am meisten tangieren, nicht einmal wahrgenommen werden. So wähnt Aidan sich doch als werdender Vater und Hausbesitzer. Risse - nicht nur in institutionali-sierten konventionellen Beziehungen, nicht nur in der Ideologie oder Selbstdefinition der Protagonistin, die sich auf ihre Weise um Inte-gration bemüht, sondern auch in der menschlichen Perzeption, im Erkenntnisvermögen selbst.

Die "objektive Realität" hat in *Mr Snip Snip Snip* nur einen kurzen Auftritt in Form von Franks Frau Moira, die den Protagonisten "versehentlich" betrügt, sowie seiner banalen Frage nach dem Na-men des anderen Mannes. Dann macht er auch hieraus (s)einen Film:

> *She opens her mouth to speak. He cuts away to the hand that holds the cigarette and before he can stitch it up, falls headlong into the thin, deep hole that he has made* (Enright: 1992, S.181).[628]

Filmmaterial zu schneiden ist nicht bloß der Job des *cutters*, es ist auch Franks habituelle Perzeption alles "Außerfilmischen". Erst sol-chermaßen konstruiert, destruiert bzw. rekonstruiert scheint ihm der Alltag, scheint ihm seine Biographie erträglich, sie zurechtzu-schneiden ist zwanghaft und subjektiv notwendig in einem. Dieser Perzeption verdankt er das *pattern* seines Wach- und Traumzu-stands.

> *It got worse. Frank dreamt of the slice of time between shots, so thin, it couldn't be said to exist at all. He edits and re-edits the film of*

---

[627] Marcel Proust verwendet das Bild der Kathedrale ähnlich wie Thomas Mann das der Symphonie als ein Analogon zum modernen Romanwerk, dessen Glaubwür-digkeit und Existenzbeerechtigung zugleich thematisiert werden.

[628] Vgl. Enright..., S. 181

his father in his sleep. The story of his father is a loose montage that also involves clay and calloused hands, a boot on the side of a spade, a figure moving over the brow of a hill. Sometimes the music is sentimental, sometimes unsettling. Most often he uses the sound of a distant wireless where a quiz show is being played out, and the sound gets closer when his father walks into the room.
...
Frank twitches in his sleep. He is running along a mile of tape where his family are caught like ants in amber. Sometimes he feels as though he will fall into the picture, as though the dinner table is under a stretch of water, or glass. Every few seconds he leaps over the gap between one shot and the next, and the gaps become wider.
...
His father is talking. Frank cuts out the word "slut" and, before he can stitch it up, falls headlong into the thin, deep hole that he has made. "You were dreaming." Moira wakes him with a smile (Enright: 1992, S.177f.).[629]

Ein gänzlich entmystifizierter Subjektivismus, ein absoluter Konstruktivismus ist Thema dieser postmodernen *story*, die zugleich einen desillusionierten Blick auf die medien- und computergesteuerte Gegenwart freilegt.

Daß der gottgleiche *master of time*, der *magic of television* (Enright: 1992, S.174)[630], vor dem Sekunden zu Äonen werden und Schauspieler zu manipulierbaren Schachfiguren, die Gefahr des totalen Abdriftens in die künstliche Sphäre einer Maschinenwelt ahnt, wird in seinem latenten Kinderwunsch mainfest.

It would be nice to say that no matter how ... much the world was cut up into shots and the producer at his back paced the room, there was something of his that had his own slow time (Enright: 1992, S,178).[631]

Die als Entität empfundene Natur, die Langsamkeit und das Schweigen bilden den komplementären Gegenpol zur *frantic reality* des *cutters*, der mit zunehmender Hektik nicht nur im Sinne der Idealisten "Bilder von den Bildern" produziert, sondern diese Abbilder immer wieder destruiert, manipuliert, aufs erträgliche Maß reduziert. Aus den Abfallprodukten könnte eine eigene Welt entstehen, *a uni-*

---

[629] Vgl. ebd., S.177f.

[630] Vgl. ebd., S.174

[631] Vgl. ebd., S.178

verse made up of all the different silences that are nipped (Enright: 1992, S.175)[632], ein Woolfsches oder Beckettsches Universum etwa, das seine eigene "spiegelverkehrte" Struktur hätte, ein Gegenentwurf zur lauten, geglätteten Medienstimmigkeit.

Immer ununterscheidbarer werden die beiden Bereiche von "primärer" und abgebildeter Realität, immer stärker wird der Zugriff einer konstruktivistischen Sehweise, immer zentraler die daraus resultierende Realitätsfiktion.

The mills of the gods grind slowly, but they grind exceedingly small (Enright: 1992, S.176)[633], steht über Franks Monitor - und seiner Existenz. Gottes Mühlen, Franks Mühlen haben mählich, aber trefflich zermahlen, was als Potential zur Entgrenzung des sich gleichsam verdichtenden Bewußtseins des *cutters* hätte dienen können; als Moira ihre Untreue gesteht, reagiert es, wie es - gesetzmäßig - reagieren muß. Die kindlich-archaische Frage der jungen Frau: *What is the difference ... between doing something and not doing something?* (Enright: 1992, S.180)[634], die keineswegs provokant gestellt wurde, bleibt für sie offen, während er sie gar nicht mehr zu stellen vermöchte.

Das Konstrukt des in der klassischen Moderne mystifizierten, ja teils mythisierten subjektiven Bewußtseins als letzter gültiger Instanz wird in scheinbar so unauffälligen Texten wie diesem total entmystifiziert - eine der späten postmodernen Antworten auf die Hybris mancher Modernekonzeptionen.

Der Protagonist illustriert die krasseste Variante ästhetischen Denkens in einer medial vermittelten Wirklichkeit.

> *Meine These lautet, daß ästhetisches Denken gegenwärtig das einzig realistische ist. Denn es allein vermag einer Wirklichkeit, die - wie die unsrige - wesentlich ästhetisch konstituiert ist, noch beizukommen. Begriffliches Denken reicht hier nicht aus, eigentlich kompetent ist ästhetisches Denken. Ausschlaggebend für diese Veränderung im Denktypus ist die Veränderung der Wirklichkeit selbst. Heutige Wirklichkeit ist schon wesentlich über Wahrnehmungsprozesse, vor allem über Prozesse medialer Vermittlung konstituiert* (Welsch: 1989, S.149).[635]

---

[632] Vgl. ebd., S.175

[633] Vgl. ebd., S.176

[634] Vgl. ebd., S.180

[635] Vgl. Wolfgang Welsch, "Zur Aktualität ästhetischen Denkens", in: *Kunstforum 100* (1989), S.149

6.8. Maske

Die junge Rundfunksprecherin und Schauspielerin in *Fruit Bait* eskapiert hinter den Schutzschild ihrer sich allmählich zur Ganzkör-
permaske ausdehnenden Tätowierung. Dergestalt verhüllt, kann sie
sich umso exhibitionistischer entblößen, dergestalt abgeschirmt
umso gezielter agieren und attackieren. Ähnlich wie in *Juggling
Oranges* wird der Beruf zum Lebensstil, wird das (Schau-)Spielen
wesensbestimmend. Verleiht ihr die neue Haut zum einen ein neues
Image, so fungiert sie simultan als sichtbare Manifestation ihrer bzw.
der Imagination des *tattooist*. Trotz seines surrealen Effekts weist
dieses Imaginationsprodukt konkrete Motive etwa aus dem Tierreich
oder der Himmelssphäre auf - da sitzen singende Vögel auf den ge-
gabelten Ästen ihrer Rückenpartien, ein Kormoran taucht in ihre
Kehle und zwei Cherube zieren ihre Brüste. Fast scheint hier - unter
Schmerzen - *paradise lost* wiederzuentstehen, dekoriert inmitten einer *trompe l'oeil rococo façade* und einem *armchair with a chintz
design* (Enright: 1992, S.114 u.115).[636] Einem allegorischen Gemälde des Manieristen Arcimboldi nicht unähnlich und ausgestattet
mit (paradiesischen) Früchten, macht sich diese zeitgenössische Eva
auf, ihren psychischen und sexuellen Wunschträumen Wirklichkeit
zu verleihen. Im Schlaf erscheint ihr eine blinde Frau, in Begleitung
eines ihr hörigen dienstbaren Knaben; im Tagtraum dominiert das
Motiv der Ruhmsucht.

Ihr *fruit bait* dient zunächst dazu, Aufmerksamkeit zu heischen.
Der vom "Fatum" (ihrer Defizite) durch ein Muttermal
(aus)gezeichnete Angestellte, auf den ihre Wahl in Merrion Square
trifft, wird - nicht eben subtil - durch fallengelassene Früchte ange-
lockt, die von Tag zu Tag "wachsen": am ersten Tag eine Nektarine,
am zweiten eine Orange, an *Pineapple Day* schließlich eine große
Ananas.

Analog dazu wächst ihre zweite Haut, analog dazu verschwindet
der "realistische" Wirklichkeitsbezug hinter dem imaginativen,
surrealen, hinter der Fassade der Allegorie, bis sie schließlich ein-
geht in die Sphäre des auf ihrer Haut Dargestellten und selbst zum
paradiesisch-verführerischen Köder wird - ausgeworfen zur Saturie-
rung unerfüllter Lust und Machtinstinkte.

---

[636] Vgl. ebd., S.114 u.115

The people passing by wore peacock hats and leopard-skin claws dangling at the throat when the man with the tear-shaped mole let himself out through the door. He kept his suit on, but the briefcase in his hand started to sprout as he walked past her down the steps. He turned in the street and faced her as she let the pineapple fall. It bounced from one step to the next and rolled to his feet (Enright:1992, S.115f.).[637]

In *The Brat* fällt die Maske der Selbstinszenierung endgültig in sich zusammen - oder erreicht sie mit dem faktischen oder imaginierten Mord an der männlichen Zufallsbekanntschaft erst ihre Klimax? Ist die fünfzehnjährige Clare, *the brat*, Mörderin oder *victim* einer zerbrochenen Ehe und eines trunksüchtigen Vaters, der den *Dubliners* entstiegen zu sein scheint und sich durch rezitierte Lyrik in eine andere Welt hineindichtet? Opfer etwa einer selbstsüchtigen Mutter, die den inzwischen Arbeitslosen mit zwei Kindern allein zurücklät, von der es heißt, *She (was) walking down the street "and Dressed to Kill"* (Enright: 1992, S.165)[638], mit der die häßlichere Tochter auf erotisch-ästhetischem Gebiet niemals wird wetteifern können, um - so suggeriert es der Textzusammenhang - "statt dessen" tatsächlich zu töten?

Kill what?
...
It was on the third occasion that the alleged murder took place. I will not offend the court with details save that there were several breaks for cigarettes, which were smoked in a car, the windows of which, much to the amusement of the accused, became steamed up, in the manner of comic sketches which can be seen from time to time on the television set. I have the assurance of the victim that no reproductive processes were engaged...
The appalling psychological damage suffered by the victim even before the fatal blow was struck, can only be imagined... (Enright: 1992, S.165f.).[639]

Ist dieser Akt schlichte Selbstverteidigung während einer Beinahevergewaltigung oder ist er eine Manifestation von Verdrängung,

---

[637] Ebd., S.115f.

[638] Vgl. ebd., S.165

[639] Vgl. ebd., S.165f.

Eskapismus und Geltungdrang, ein falscher Heroismus geboren aus einer überspannten Phantasie? Handelt es sich gar um ein reines Phantasieprodukt, um Bewußtseinsinhalte, um das Produkt einer unbefriedigten Imagination, einen Wunsch des Wachbewußtseins? Die Frage bleibt offen. Auch der *Platonic approach* führt nur zu vagen Resultaten, zur Palette der skizzierten Möglichkeiten.

> *Clare came into the kitchen at four o'clock in the morning and found her father sitting at the kitchen table. There was a smell of drink in the room ...*
> *"Your mother never left, you know. You have her guilty look to perfection.*[640]
> *She left her father where he was and went into her room where she .. started to write on the walls. She wrote all the poems from the school curriculum so that she would be able to .. know them off by heart.*
>
> ...
> *"I wonder, by my troth, what thou and I*
> *Did, til we loved?"*
> *No more dancing ... Then she lay on her bed and promised herself that she would not sleep for three days and three nights before she closed her eyes and cried* (Enright: 1992, S.169).[641]

Eine Katharsis ohne Läuterungseffekt, der Rezipient ist zurück-geworfen auf Kausalzusammenhänge, die der zynisch-feministische Grundtenor des Texts wiederum infragestellt, bricht. Der (postmoderne) Leser fühlt die Deutungsbedürftigkeit der Erzählung - wie die jener Wirklichkeit, die Modell gestanden haben mag. Dane-ben liefern die *Dubliners* geradezu konventionelle Interpretationsan-

---

[640] Vgl. ebd., S.164:

"Your mother never left, you know ..." (her father's) *voice trailed after her as she left the room,* "you have her accusatory tone to perfection."

Die Textstellen lassen sich als Projektionen O'Donells deuten, der, von seiner Frau verlassen und frustriert, die Eigenschaften der Mutter auf die Tochter überträgt, könnten jedoch ebensogut im Vergleich einen Hinweis auf Clares Schuld(gefühle) implizieren, da aus "accusatory tone" in der Phase ihrer zuneh-menden Distanzierung von "Zuhause" am Ende - nach der "Tat" - "guilty look" wird. Freilich kann es sich auch hier um die Widerspiegelung von Schuldgefühlen handeln, die zunächst subjektiver Natur sind.

Der Textstellenvergleich zeigt in nuce, wie groß der Interpretationsspielraum ist, der dem Leser angeboten wird.

[641] Vgl. ebd., S.169

sätze und befriedigen die *quest* der Strukurzusammenhänge er-
heischenden Exegeten. Dies Bewußtsein von Offenheit, dies Rätseln
darf als intendierte, reflektierte Rezipientensteuerung gelten. Letzte-
rem Antworten zu geben, die man selbst nicht hat, würde das
schöne Spiel mit dem Schein freilich wesentlich verlogener machen.
Reduziert wäre diese schillernde *story* auch, wollte man sie festlegen
auf feministische oder naturalistische Deutungen, mag sie auch für
beide genügend Material anbieten. Hinter der Maske dieser ironischen postmodernen Erzählerin verbirgt sich mehr - nicht zuletzt das
reizvolle Spiel mit vielfach gebrochenen immanenten Erklärungsver-
suchen, mit denen der involvierte wie analytische Leser zu spielen
beginnt, um solchermaßen zum Spielzeug des Erzählers zu werden.[642]

*In äußerster Vereinfachung kann man sagen: "Postmoderne" be-
deutet, daß man den großen Erzählungen keinen Glauben mehr
schenkt* (Lyotard: 1986, S.14).[643]

---

[642] Gespielt wird auch auf lexikalischer Ebene mit dem Erklärungsbedürfnis des
Rezipienten - auch dort fühlt er sich zum langwierigen Analysieren provoziert; dabei vergißt er leicht, daß der Witz des Textes u.a. auf der spontanen Lesart beruht und er sich selbst - das "Gerichtsszenario" legt den Schluß noch näher - in
eine kafkaeske Position begibt (Vgl. z.B. ebd., S.166):

*I have the assurance of the victim that no reproductive processes were engaged,
although they were vigorously and callously primed by the frotteur.*

*(Objection your honour! The term "frottage" implies guilt, I will not have my client
tried by lexiphanicism, at the hands of a coprolalomaniac!)*

(Objection sustained.) ...

[643] Vgl. Jean-François Lyotard, *Das postmoderne Wissen*, Graz/Wien 1986, S.14

7. Mac Lavertys *Walking the Dog*

7.1. Selbstreferentielle *interludes*

Die neun *stories* von *Walking the Dog* sind eingebettet in kursiv gedruckte, wenige Zeilen oder Passagen umfassende Texte ironisch selbstreferentieller Natur. Daß die Kunst bzw. Praxis des Kurzgeschichtenschreibens reflektiert wird, signalisiert bereits der erste Titel: *On the Art of the Short Story.* Daß der reflektierende Schreiber jedoch keineswegs geneigt ist, sich in die Tradition der Dichtungstheoretiker einzureihen und eine ernsthafte Theorie über das Verfassen von Kurzgeschichten anzubieten, signalisiert der Inhalt des knappen Textsegments.

> *"This is a story with a trick beginning."*
> *Your man put down his pen and considered the possibility that if he left this as the only sentence then his story would also have a trick ending* (Mac Laverty: 1994, 1).[644]

Neugierig, den "Trick" von Mac Lavertys 1994 veröffentlichter Erzählsammlung näher kennenzulernen, mag mancher Interpret auf die Idee verfallen, das kursiv gedruckte Textcorpus zunächst separat zu studieren, um es dann in Relation zu den integrierten Geschichten zu setzen. Oder sind vielmehr diese Passagen in die *stories* integriert?

Fokus und Akteur dieser *interludes* ist "your man" in seinen Alltagsbezügen, als Beobachter, Reisender, Kranker, Zuhörer und - Schriftsteller. Er ist unterwegs auf Stoffsammlung und wird simultan selbst zum Sujet, schreibt und wird beschrieben, imaginiert und wird imaginiert.

Daß er sich über sein Gewerbe mockiert bzw. dem Literaturmarkt kräftige Seitenhiebe zu versetzen gedenkt, zeigen auch die Beckettanspielungen in *St.Mungo's Mansion.* Um besagtes Herrenhaus vor seinem Abbruch zu retten, werden berühmte Persönlichkeiten aufgefordert, für eine Spendenaktion an einer Rezept- und Anekdotensammlung mitzuarbeiten. "Your man" gibt sich als Samuel Beckett aus, bietet als Rezept *two boiled eggs in a cup* mit elaborierter Beschreibung des methodischen Vorgehens an und als *anecdote* die

---

[644] Bernard Mac Laverty, *Walking the Dog*, London 1994, S.1

Überschrift *A THREE-LEGGED HORSE CALLED CLIPPITY* (Mac Laverty: 1994, 167f.).[645] Der Autorenname sichert den Erfolg der *contribution*, deren Aussage banaler nicht sein könnte. Dieses Spiel mit den Marktmechanismen und Rezipientenerwartungen amüsiert den Künstler, der sein eigenes "Rezept" angewandt hat, spätestens durch diesen Auftrag zur *celebrity* avanciert und teilhat am Gesellschaftsspiel (der Vermarktung) der schönen Künste. Der "Trick" funktioniert.

Im achten Zwischenstück *O'Donnell v. Your Man* ist das Publikum, ist die Rezipientenschaft Zielscheibe der Kritik. Der Künstler steht vor Gericht, die Klägerin, Mrs.O'Donnell

> *averred that a friend purchased a transistor radio for her and that she sat down to listen to it in Michella's cafe in Paisley when the BBC was broadcasting a story written by your man ...* (Mac Laverty: 1994, 149).[646]

Weiterhin behauptet sie, ihr(e) Freund(in) habe ihr eine Flasche Bier bestellt, sie habe der Geschichte arglos gelauscht,

> *that she heard the word fuck; that when her friend refilled her glass from the bottle there floated out the decomposed remains of a snail; that she suffered from shock and severe gastro-enteritis as a result of the nauseating sight and of the fearful word she had just heard; that, having heard the word fuck, she could not unthink the word fuck; that; contrary to her normal vocabulary, it occassioned her to think of different parts of speech appertaining to the word: fuck-able, fuck-wit, fucker, fucking, fuck-bollock; that in the same way she was unable to forget the impurities she had already consumed* (Mac Laverty: 1994, 149).[647]

Die solchermaßen zweifach vergiftete Klägerin appelliert daraufhin an die Pflicht des Schriftstellers,

> *to provide a system in his compositions which would prevent fucks entering his stories* (Mac Laverty: 1994, 150)[648]

---

[645] Vgl. ebd., S.167f.

[646] Ebd., S.149

[647] Ebd.

[648] Vgl. ebd., S.150

und, so steigert sie ihre Argumentation -

> an efficient system of inspection of stories prior to their broadcast
> (Mac Laverty: 1994, 150).[649]

Fazit: Der Rezipient einer literarischen Hörfunksendung erwarte keineswegs

> that the story be free from such fucks as the author's care could
> keep out, but that, like dead snails in ginger beer bottles, it be free
> from fucks absolutely (Mac Laverty: 1994, 150).[650]

Es ist kaum anzunehmen, daß hier der Gebrauch von *four-letter words* angeprangert wird oder das postmoderne Motto *anything goes*. Hier tritt fast allegorisch die Zensur auf die Bühne und fordert vor dem Tribunal der Kunstrichter moralischen Purismus und Affirmation der eigenen unverdorbenen, unvergifteten Gutbürgerlichkeit. Eine psychoästhetische Farce gerade auch deshalb, weil die Moralistin selbst ein offensichtlich der Hysterie und Verdrängung entsprungenes Imaginationsprodukt liefert, in dem sie ihr Schlangen - mit dem Hörerlebnis verquickt, um dem Stau spießbürgerlicher Prüderie und Aggression freien Lauf zu lassen.

Auf der routinierten Suche nach Alltagssujets blickt der Skribent während des abendlichen Joggens in fremde Fenster oder untertags aus seinem eigenen nach draußen. *The Voyeur, Looking Out the Window I* und *Looking Out the Window II* sind denn auch die Titel des zweiten, vierten und zehnten *interludes*. Die kleinen Dramen, die sich auf den privaten Bühnen der Wohnzimmer abspielen, kreisen erneut um die Thematik des Lesens und Schreibens, des Rezipierens und Produzierens. So erscheint dem Beobachter das Gestört- und Unterbrochenwerden in diesen Beschäftigungen als besonders irritierend. Identifikatorisch skizziert er die Emotionslage der geistig Tätigen, Überarbeiteten:

> *The person who has been disturbed sighs with irritation at the
> loved one. Must you interrupt me, they seem to say ... They know
> they should stop- they have overdone it for one day. Too much
> bloody work, they seem to say* (Mac Laverty: 1994, 13f.).[651]

---

[649] Ebd.

[650] Ebd.

[651] Vgl. ebd., S.13f.

Immer wieder werden die Schreibnot und -notwendigkeit, wird das Zwanghafte des Schriftsteller(beruf)s artikuliert, sei es in der Erleichterung, wegen eines kaputten Füllfederhalters vierzehn Tage nichts Ernsthaftes zu Papier bringen zu müssen, sei es in der Angst, wegen einer erkältungsbedingten geschwollenen und ausgetrockneten Zunge die Konzentrations- oder gar Ausdrucksfähigkeit einzubüßen und die Aufmerksamkeit neurotisch auf dieses lädierte Organ zu fokussieren -

> *It was being conscious of it that worried him - its every movement, touching his teeth, rubbing against the edges of a molar, tracing the ridges on the roof of his mouth* (Mac Laverty: 1994, 61f.)[652] -

oder sei es in der Fixierung auf potentielle "Müllsünder" vor dem Haus, derenthalben er Schilder beschriftet, die letztendlich nur einen Zweck haben, nämlich das eigene Wortkonstrukt zu hinterfragen bzw. wirken zu lassen, und damit den Topos künstlerischer Realitätsferne und Selbstüberschätzung humorvoll zu affirmieren.

> *He knows the pile will increase day by day. Bags marked Safeways, Boots, Top Shop. Then dogs will come and inspect them. Then piss on them.*
> *Enough is enough. Your man creates a poster on white waterproof card with Indian ink which says*
>
> $$THIS\ IS\ NOT\ A\ DUMP;$$
> $$RUBBISH\ WILL\ BRING$$
> $$ABOUT\ VERMIN$$
> (Mac Laverty: 1994, 197).[653]

Die erwünschte volksbelehrende Funktion bleibt aus.

> *Suddenly your man realises "To bring about" is a very specific verb. To cause to happen. Rubbish would not cause rats to happen. What he meant was that rats would be lured to this area. Covered in shame he dashes out and looks this way and that. Seeing no-one he takes his poster back into the house. He selcts another blank card and writes*

---

[652] Ebd., S.61f.

[653] Ebd., S.197

THIS IS NOT A DUMP
RUBBISH WILL BRING
VERMIN ABOUT!

He is unsure about the exclamation mark. To be on the safe side
he removes it with white correcting fluid (Mac Laverty: 1994,
197f.).[654]

In fiebernder Erwartung eines durchschlagenden Effekts seines
innovatorischen Warnschilds leidet er in der darauffolgenden Nacht
an Schlafstörungen.

Looking out the Window II ist eine ebenso amüsante Variation auf
des Künstlers infantil anmutenden Autismus und seine abgehobene
Lebensuntüchtigkeit wie *A Visit to Norway*, der rund fünfzig Worte
umfassende Miniaturtext, der den Akzent ins Erotische verlagert.
"Your man", mir einer Reproduktion von Edvard Munchs Kupferstich
Kuß bewaffnet, ist einer jungen Sicherheitsbeamtin in Heathrow
ausgeliefert, die mit dem Satz: *I much prefer his mezzotints* (Mac
Laverty: 1994, 123)[655] auf den Lippen seinen Korpus von Kopf bis
Fuß abtastet. Daß dieses *interlude* sich mit Andeutungen begnügt,
verstärkt seinen humorvoll-ironischen Effekt.

By Train, ein postmodernes Artefakt par excellence, läßt den
Protagonisten in seiner Doppelfunktion als Element der Erzählung
und Zuhörer des daraus entspringenden *train of associations* neuer
Geschichtsfragmente mit stets paralleler Grundstruktur erscheinen.
Die Textgenese ist potentiell endlos, fließend, die Syntax offen,
markiert durch vierfache Schlußzeichen in der letzten Zeile.

> *"...your man was travelling from Glasgow to Aberdeen by train. In*
> *the opposite corner of the carriage sat a man pretending to be*
> *absorbed in his copy of the Scotsman. He did not speak until after*
> *they had pulled out of Dundee and then he had a strange, almost un-*
> *believable tale to tell.*
> *"'Recently,' he said, 'I was travelling from Perth to Lancaster and*
> *my only carriage companion was a young woman. Even though she*
> *wore a veil of some kind I could see that her features were of great*
> *beauty. But what fascinated me most was her hands ... 'I hope, sir, I*
> *do not offend you but behind these broken hands is a story which*
> *some people find hard to believe. Recently I was travelling by train*
> *between Lancaster and Wolverhampton and the compartment was*

---

[654] Ebd., S.197f.

[655] Ebd., S.123

occupied by just one other person ... He did not speak to me,' she said, 'but shortly after pulling out of Crewe he burst into tears ... 'Up until Tuesday last I was married to a girl of unsurpassable beauty twenty years my junior. (he said). On our honeymoon we were travelling by train from Berlin to Venice. In our carriage were two German farmers, each with a muzzled goose on his knee ...'""" (Mac Laverty: 1994, 109f.).[656]

Die Kette von Erzähltorsi ist rein assoziativer Art, keine der Folgegeschichten erklärt, erläutert, begründet die angedeutete Problematik der vorhergehenden, die Aussage ist schimärisch, Lösungen undenkbar. Lediglich das Erzählen, Mitteilen, die Kommunikation des Fahrenden, von denen wenigstens die beiden letzten mit psychischen und physischen Narben ausgestattet sind, läßt eine Botschaft erahnen: das Bedürfnis, die Notwendigkeit des Zurgeschichtemachens, Ästhetisierens und Strukturierens unbegreiflicher Erlebnisse, inbesondere solcher verletzender Natur. Nicht ohne Augenzwinkern stellt der Erzähler diese existentielle *message* - vielleicht ein Rudiment der *oral tradition* - in den Kontext selbstläufiger, anonymer und austauschbarer oder gar projizierter Gesprächssituationen bzw. - partner und weckt dadurch zugleich die Skepsis des Interpreten gegenüber jedweder Konstruktion eines klar definierbaren Aussagegehalts - außer dem, daß dieses ästhetische Spiel (auf Produzenten- wie Rezipientenseite) Vergnügen bereitet.

Im Gegensatz zu diesem metasprachlich reflektierten Segment verleiht das fünfte *interlude, This Fella I Knew*, unmittelbaren Zugang zur irischen *oral tradition* und läßt einen unbenannten schlichten *narrator* mit dialektalem Einschlag direkt zu Wort kommen. Der Leser mag als *setting* ein Pub oder eine Wegkreuzung auf dem Lande assoziieren. Dennoch versteckt sich auch hinter dieser einfachen Geschichte aus dem Blickwinkel des einheimischen kleinen Mannes ein raffiniertes, Elemente des mittelalterlichen Epos und Märchens integrierendes Sturkturspiel. Der junge Bursche; der "Held" der Erzählung, der nach seinem Studium in Belfast, ausgerüstet mit *a degree in all kinds of things - engineering and physics and mathymatics and God knows what* (Mac Laverty: 1994, 135)[657], nach England emigriert, um bei Marks and Spencer's Hemden zu falten, durchläuft drei Stufen von *aventûren*, bis er endlich den Status des erfolgreichen irischen Farmers erreicht. Dreimal versucht er sein

---

[656] Vgl. ebd., S.109f.

[657] Vgl. ebd., S.135

Glück bei den Briten, um mit dem erworbenen Schatz Vieh zu züchten und in der Heimat Fuß zu fassen. Doch seine Tiere werden von Plagen weggerafft, und er muß sich erneut aufmachen und sein Talent im nachbarlichen Feindesland beweisen. Erst beim dritten Mal hat er sich bewährt, und sein Traum darf Wirklichkeit werden.

> *(This) time the boyo succeeds. And he starts making money hand over fist.*
>
> *And buying that pink newspaper - and carrying a rolled umbrella from the house to the byre, if you don't mind, and wearing glasses even though he didn't need them - divil the bit - he could tell a full stop from a comma at the far end of the room. And having a mirror fitted to his bicycle instead of looking round like everybody else.*
>
> *The difference between him and everybody else round here was packaging "the product" - he wrapped it in cellophane and called it "Bacon like it was before the war".*
>
> *And he sold everything but the grunt. The bacon itself, the pig's ears, the trotters, the curly tails - some said he sold the arseholes to school masters for elastic bands round the bundle of class pencils. Wasn't he the cute one too?* (Mac Laverty: 1994, 137f.).[658]

Er hat den Reifegrad erreicht, um von Leuten wie dem Erzähler zum echten Iren "geschlagen" zu werden.

Ideologisch betrachtet liefert dieser Text eine originelle Mischung aus Xenophobie, Standes- und Nationalbewußtsein und bereichert mit seinem urigen Tenor die ohnehin facettenreiche irische Emigrationsliteratur.

Auf nichts, was das Schreiben betreffe, gebe es eine Lebensgarantie lautet die resümierende Botschaft von *The Fountain- Shop Woman*, bei der sich "your man" außer Lebensweisheiten sein repariertes Lieblingsschreibgerät abholt. Weniger noch als eine literaische Karriere ist ein gelungenes Künstlertum lebenslang garantiert.

---

[658] Vgl. ebd., S.137f.

7.2. *Stories*

7.2.1. Kafkaesque Parabel

Mac Laverty scheint sich Virginia Woolfs Postulat zueigen gemacht zu haben:

> *Examine for a moment an ordinary mind on an ordinary day ... Let*
> *us not take for granted that life exists more fully in what is commonly*
> *thought big in what is commonly thought small* (Woolf: 1964,
> 393f.).[659]

Eine Geschichte fällt eindeutig aus diesem Paradigma heraus: *A
Foreign Dignitary.* Handelt es sich bei diesem leicht surrealen, kaf-
kaesquen, an *Die Strafkolonie* oder *Das Urteil* erinnernden Szenario
um eine Parabel, eine gleichnishafte Erzählung von den
(nord)irischen *troubles?* Der Titelheld, ein Regierungsbeamter eines
unbenannten europäischen Landes, befindet sich auf einem offiziellen Besuch eines ebenso namenlosen fernöstlichen Hochlandes, in
dem er sich mit der erstaunlich niedrigen Kriminalitätsrate und dem
einheimischen Strafrecht auseinanderzusetzen hat. Im Mittelpunkt
stehen die Visite des dortigen Gefängnisses und sein Austausch mit
dessen Direktor. Kurzatmig - aufgrund der ungewohnten Höhenlage
ebenso wie wie des Gesprächsinhalts - läßt er sich über die Philosophie der Inahftierung aufklären und vergleicht diese notgedrungen
mit den tatsächlichen Gegebenheiten.

> *"The philosophy of imprisonment is one that interests me," said*
> *the Director. "You can either punish, reform or protect. These are the*
> *options There is no real need for the first one - punishment is very*
> *old-fashioned ... And on the matter of reform, Councillors of the court*
> *can dissuade most people from committing another crime ... We have*
> *the ultimate threat of imprisonment. It is a great deterrent."*
> *I was becoming a little breathless ...*
> *"The one class of offender we have found who is NOT open to*
> *reform is the political animal - the revolutionary. He is a zealot who*
> *is..." again he seemed to be searching for a word, "incorrigible,*
> *whose sole aim is the overthrow of the whole system and, quite*

---

[659] Vgl. Virginia Woolf, "Modern Fiction", in: Phyllis M.Jones (Hrsg.), *English Critical
Essays. Twentieth Century*, 10.Aufl., London 1964, S.393f.

logically, the system needs to protect itself against him more than any other" (Mac Laverty: 1994, 143f.).[660]

Die erste Impression des Gefängnisses ist die eines klosterähnlichen Ambientes, in dem sich weder hohe Mauern noch verriegelbare Tore befinden und das von nur vier Wärtern, die zudem als Gärtner fungieren, bewacht wird.

> *"The cost," said the Director, "is what interests your Government most."*
> *"Indeed."* ...
> *"...the prisoners are here."* ... *I looked and it was only then that I noticed the uprights which I had, up until that point, taken to be part of the structure of the cloister. They were shaped like tall broom cupboards ...*
> *"Iron," said the Director ...*
> *"Soldered shut," said the Director, "and bolted to the stone ..."*
> (Mac Laverty: 1994, 145f.).[661]

Auf die Frage, wie diese Gefangenen versorgt würden, verweist der Direktor stolz auf zwei kleine Löcher in den besenschrankähnlichen Eisenkonstruktionen - eines für die Nahrung, eines für den Abfall. Menschliche Exkremente zieren denn auch die Innenhöfe der Anlage.

Der Gesandte nutzt jede Gelegenheit, mit den *political animals* in Kontakt zu kommen, so reduziert diese auch sein mögen.

> *Something moved in the darkness inside. A face stared out at me. Whether it was the face of a horse or a human I could not tell. All I was conscious of was the whiteness of an eye ...*
> *"This is a girl," said the Director. He pointed to a mark on the metal ...*
> *"When women commit political crimes," said the Director, "they are va hundred times more virulent than the men"* (Mac Laverty: 1994, S.146f.).[662]

Als intendiere die Inhaftierte eine Affirmation dieser Behauptung, wendet sie sich dem neugierigen Besucher zu, der gerade dabei ist,

---

[660] Vgl. Mac Laverty..., S.143f.

[661] Vgl. ebd., S.145f.

[662] Vgl. ebd., S.146f.

die Maße ihrer Zelle zu nehmen, und bespuckt sein Revers. Die dafür vorgesehene Strafe übertrifft seine sämtlichen bisherigen Eindrücke: einer der Wärter trommelt mit einem riesigen Schlaghammer gleichmäßig und unaufhörlich gegen die Metalltür und erzeugt dabei selbst für Draußenstehende einen ohrenbetäubenden Lärm.

> *There was a thunderous noise, as from the biggest untempered bell I have ever heard. It was deafening for those of us in the confines of the colonnade. What it was like for the creature inside I cannot imagine.*
> *"Proceed," said the Director and we turned and walked away ...*
> *After lunch at the inn I excused myself ...*
> *In the quiet of my bedroom I could still hear faintly the continual gong of the sledge-hammer. It occured to me that the man swinging it must have reached the point of exhaustion and wondered if someone had relieved him* (Mac Laverty: 1994, 148).[663]

Der Abschreckungseffekt dieser Art von Gefangenschaft ist für den Reisenden evident.Weniger einleuchtend ist ihm offenkundig der Vorbildcharakter derselben, hat doch die Minimierung der Kosten und der Zahl der Wärter zur Folge, daß die Inhaftierten de facto inhumaner behandelt werden als es das pejorative Vokabular des Direktors bereits impliziert: als Tiere, die in winzigen Käfigen vegetieren, kleine harte Reisbällchen als Nahrung zugeschoben bekommen und, körperlich vollständig verwahrlost, ihren Müll im Gegenzug zurückschieben - ein Sinnbild der erniedrigendsten Form zwischenmenschlichen Austauschs. Der Rechtsphilosoph entpuppt sich als rigoroser Fanatiker, Sexist und Misanthrop, der den einmal auf die schiefe Bahn geratenen *animals* keinerlei Chance der Rehabilitierung zubilligt und sich bedingungslos und lustvoll dem puren Funktionieren des Verwaltungsapparates widmet.

Analogien zum Weltbild einiger Repräsentanten beider politischer Lager in Nordirland drängen sich ebenso auf wie solche zur Ideologie jener "Rechtsvertreter", die die Termini Terrosrismus und Anarchie jederzeit parat haben, egal, ob die Sachlage dies legitimiert oder nicht, und mit Freude jeden, der systemkritisch denkt oder agiert, mit Stumpf und Stiel ausmerzten.

> *"If a tree is to be attacked by disease where would you afford the most protection? The branches, the bark or at its roots?"*

---

[663] Vgl. ebd., S.148

"The roots, of course."
"Exactly. Then we are of like mind" (MacLaverty: 1994, 145).[664]

Ein Dissens vonseiten des Staatsgasts wird nur angedeutet: die ihn verfolgenden Geräusche der Hammerschläge, die daraus resultierende Ruhelosigkeit sowie das Bedürfnis, seine Eindrücke sogleich in einem Brief an seine Frau zu artikulieren, können als Niederschlag des Betroffenseins und des Unwillens, die Gesetze des fremden Landes gutzuheißen oder gar für sie zu plädieren, gewertet werden und bilden ein Analogon zu seinem Verhalten am Vorabend, als er das Angebot, eine pubertierende Tänzerin als Bettgenossin zu nehmen, ablehnt.

"She is yours for the night, if you wish it."
"No, really. It is kind of you to offer but I am a married man. And as you know, that is forbidden in our culture."
The Director raised his eyebrow and shrugged as if he didn't believe me.
"If it is a disease which worries you I can assure you she is a virgin."
"No, really. Thank you" (Mac Laverty: 1994, 142).[665]

Auf die Distanz des Zuhörers zum Redenden verweist außerdem die vom Erzähler monoton wiederholte Formel *said the Director*, die beinahe so komisch anmutet wie in Lessings Aufklärungsstück *Nathan der Weise* die scheinbar redundante Floskelhaftigkeit des Klosterbruders, der sich im fünften Auftritt des ersten Aufzugs mit der Phrase *sagt der Patriarch* von der Bürde seiner Order zu befreien sucht.

Doch besteht auch hinsichtlich der Gastgeber eine Analogie zwischen der oben zitierten Episode und jener im Gefängnis: Menschen werden entweder zur Ware oder zum Vieh degradiert, beidemale herrschen wenige willkürlich über viele, in beiden Fällen reproduziert sich ein tradiertes System durch sein scheinbares Funktionieren. Nur von außen kann es relativiert werden, nur von außen geändert. Damit dieser Kasus nicht eintritt, entwirft der Apparat ausgeklügelte Schutzmechanismen zur inneren Stabilisierung. Einer dieser Mechanismen nennt sich Feindbild. Und wieder liegt die Assoziation zu

---

[664] Ebd., S.145

[665] Ebd., S.142

den *troubles* nahe. Soll der Blick auf die surreal-fremde Kultur den auf die ganz reale eigene schärfen?

Die anderen acht Geschichten sind konkret eingebettet in den irischen Alltag, kreisen oft um scheinbar allzu Alltägliches, widmen sich dem anscheinend Belanglosen.

> *These funny and compassionate stories focus on telling details, but hint always at the big events, separation and death, that lie just beneath the surface* (Mac Laverty: 1994, *cover*).[666]

---

[666] Ebd., *cover*

7.2.2. Troubles

In Walking the Dog he proves his talents as a miniaturist once more, schreibt der Rezensent des Independent. A Belfast man out walking his dog is kidnapped, resümiert der Kritiker des Observer den plot - oder besser: die "Fakten", denn eigentlich geht es um wesentlich mehr als Kidnapping (Mac Laverty: 1994, cover).[667]
Der Protagonist, der abends kurz vor neun Uhr das Haus verläßt, um seinen Hund auszuführen, und kaum eine Viertelstunde später wieder auf dem Heimweg ist, durchlebt in diesen wenigen Minuten eine Existenz- und Identitätskrise. Dem Raffinement des Erzählers ist es zu verdanken, daß die politische und religiöse Gesinnung des Mannes aus Belfast letztlich schwebend und fraglich bleibt, sich jeder klischierten Kategorisierung verweigert und beunruhigt. Als seine Entführer, die beiden Provos, Angehörige der provisional IRA also, die sich 1969 von der official IRA abgespalten hat, ihn mit der Pistole im Nacken zu einem Credo zwingen wollen, weicht er in ambivalenter Form aus:

"I'll ask you again. Are you a Protestant or a Roman Catholic?'
"I'm ... I don't believe in any of that crap. I suppose I'm nothing."
"You're a fuckin wanker - if you ask me" (Mac Laverty: 1994, 7).[668]

Analog verhält er sich, als er, im Wissen um die Aussprachedifferenzen zwischen Katholiken und Protestanten das Alphabet aufsagen soll:

"Keep going."
"Gee ..." John dropped his voice, "... aitch, haitch ... aye jay kay."
"We have a real smart Alec here," said the gunman (Mac Laverty: 1994, 8).[669]

Erst nachdem er sich der Unentschlossenheit seiner Entführer gewiß ist -

"I think he's okay."

---

[667] Ebd.

[668] Ebd., S.7

[669] Ebd., S.8

> *"Sure,"* said the gunman. *"But he still hasn't told us what he thinks of us"* (Mac Laverty: 1994, 9)[670]

beantwortet er dezidiert ihre zentrale Frage: *"What do you think of the IRA? The Provos?"* (Mac Laverty: 1994, 9)[671]:

> *"I hate the Provos. I hate everything you stand for."* There was a pause. *"And I hate you for doing this to me."*
> *"Spoken like a man."*
> The driver said,
> *"He's no more a Fenian than I am"* (Mac Laverty: 1994, 10).[672]

Die Schlußfolgerung der Kidnapper, daß er ein Gesinnungsgenosse sei, ist freilich unwahrscheinlich und naiv. Nach seiner Freilassung wankt er mit seinem Hund nach Hause. Das einzige Geräusch, das die Stille der Nacht durchbricht, ist das Klappern von dessen *identity disk*. Die Identität ist denn auch das eigentliche Thema des kleinen Textes. Ob die eben noch proklamierte Positionslosigkeit des *I'm nothing* weiterhin aufrechterhalten werden kann oder soll, ist ebenso fraglich wie ein implizites Plädoyer für Rache und Gewalt. Angesichts der nach wie vor von Terrorakten geprägten *troubles* in Nordirland wirkt dieses *statement* zwar wie eine resignative Bestandsaufnahme des seine Machtlosigkeit reflektierenden Individuums, doch konstituiert sich das Bewußtsein dieses individuell Eigenen in der konkreten Konfrontation mit den - wenn auch nicht eben standfesten - Repräsentanten der Gewalt partiell neu, ohne daß die am Ende mit der "Identitätsplakette" spielende *story* festlegte, wie dieser Prozeß enden könnte. Auch Wut, Haß und Ohnmacht behalten somit nicht notgedrungen das letzte Wort, vielmehr die Notwendigkeit der bewußten Auseinandersetzung. Die Wertung, die den Provos zukommt, ist eine eindeutig negative: sie stellen eine Synthese aus Fanatismus, unreflektierter Gewaltbereitschaft und dummer Dreistigkeit dar.

Zweierlei sprachliche Register, zweierlei Sozialisationen, zweierlei Welthaltungen treffen in *A Silent Retreat* aufeinander, wenn der sechzehnjährige Internatsschüler Declan MacEntaggart das tabui-

---

[670] Ebd., 9

[671] Ebd.

[672] Ebd., S.10

sierte angrenzende Gefängnisgelände und damit britisches Territo-
rium im engeren Sinn betritt und mit dem B-Special *on duty* kommuniziert, dessen Namen- und damit quasi Identitätslosigkeit kein Zufall
ist. Der Erzähler sympathisiert mit dessen gebildetem und sensiblem
Antipoden, der durch die Preisgabe seiner Absicht, Priester zu werden, Einblick in die wenig individuelle, vornehmlich von Stereotypen
und Vorurteilen geprägte "Irlandrezeption" des jungen Briten erhält.

Das Hauptinteresse des Constable gilt zunächst dem Sexualleben
der Priester, die er global als Lügner und Heuchler diskreditiert. Unter dieselbe Kategorie subsumiert er auch die Schüler der katholischen Lehranstalt, deren homoerotische Aktivitäten - in seinem ple-
bejischen Jargon *rummaging in each other's trousers* (Mac Laverty:
1994, 52)[673] - beobachtet haben will, und rät dem angehenden
Geistlichen *to get (his) hole before (he) become(s) a priest* (Mac
Laverty: 1994, 51).[674] *No Jesuit's okay* (Mac Laverty: 1994, 55)[675],
urteilt er über Declans Lehrer, obgleich dieser in mehrerlei Hinsicht
protestiert:

> *"They're not Jesuits."*
> *"They're all fuckin Jesuits as far as I'm concerned."*
> *"You don't listen"* (Mac Laverty: 1994, 55).[676]

Der "Diskurs" über die Existenz Gottes, religiöse Praktiken wie *a
silent retreat* und die politische Situation Irlands geben Aufschluß
über die kaum überbrückbaren ideologischen Diskrepanzen zwischen den Gesprächspartnern.

> *"You don't really believe in God, do you?"*
> *Declan lit his cigarette and breathed out the smoke. "I do. Very
> much so." He looked after the priests on the track ... He cleared his
> throat and said, "The world is a very complex place. Right? ... Well,
> something as complex as the world just couldn't happen. There must
> be a supreme intelligence behind it. Right?" The B-Special nodded in
> an exaggerated fashion, mocking Declan's seriousness. Declan
> ignored him* (Mac Laverty: 1994, 55).[677]

---

[673] Vgl. ebd., S.52

[674] Vgl. ebd., S.51

[675] Vgl. ebd., S.55

[676] Ebd.

[677] Vgl. ebd.

Als er den von Banvilles Kepler bereits vertrauten Topos von Gott als Uhrmacher und der Welt als Uhrwerk im Tenor von Canon Sheehans *Apologetics* anzubringen versucht, kontert der Belehrte im Koordinatensystem seiner Bezüge durchaus nachvollziehbar:

> *"That is SO FUCKIN STUPID I can hardly believe you said it, Declan. The most complicated thing I know is my fuckin milk round. Who made that up? God? It just happened. People who drink milk live in different places. It's as simple as that."*
> *"I think you're being purposefully stupid."*
> ...
> *"The world is not complex. It's dead fuckin simple. A stone is a stone ..."* (Mac Laverty: 1994, 56).[678]

Da er sein gebildetes Gegenüber nicht überzeugen kann, rekurriert der B-Special wieder auf sein Lieblingsthema -

> *"Why should anyone want to be a Roman Catholic priest? It's SO totally fuckin perverse - God gave you a dick TO USE"* (Mac Laverty: 1994, 56)[679] -

und heimst sich damit das Verdikt des Minderwertigkeitsgefühls ein, das dem Rezipienten vorher bereits implizit vermittelt wurde, etwa in folgender Passage:

> *"...I better be going."*
> *"Getting on your high horse, eh? Grammar School boy tells one of Her Majesty's Special Constables to get stuffed."*
> *"It's not like that. I don't like filth."*
> ...
> *"It's the world, son ... You better know what happens beneath the blankets - every fuckin push and pull of it - before you go telling people what they're not allowed to do."*
> *"Shakespeare didn't have to murder somebody before he wrote 'Macbeth'."*
> *"You're trying to blind me with science now."* Declan looked down at his feet, trying not to laugh (Mac Laverty: 1994, 51f.).[680]

---

[678] Vgl. ebd., S.56

[679] Ebd., S.57

[680] Vgl. ebd., S.51f.

Die eigentliche Klimax erreicht die Konfrontation gegen Ende der *story*, als der Constable, eines paritätischen verbalen Schlagabtauschs unfähig, zur Waffe greift und Declan mit halb spielerischen, halb ernsten Drohgebärden in Schach zu halten sucht.

> *"Stay where you are and finish your cigarette." The boy hesitated.*
> *"Stop pointing that thing at me."*
> *"I'm giving the orders. Say your prayers. Yes - yes what a good idea. Say after me - Our father WHICH art in heaven ..."*
> *Declan backed down the slope staring at the gun ...*
> *Declan didn't look over his shoulder but he felt the gun pointing at the middle of his back and the sensation burned there ...* (Mac Laverty: 1994, 58).[681]

Der junge Ire ist glaubwürdiger und souveräner gezeichnet als sein aggressiv-ungehobelter Antagonist. Dennoch reduziert sich die Darstellung nicht auf bloße Scharz-Weiß-Klischees. Auch Declan weist Züge auf, die problematisch sind. So etwa wirkt seine Replik gelegentlich überheblich und pfäffisch, sein Ton spitz und seine Rhetorik schulmeisterlich und im situativen Kontext inadäquat.

> *"God gave us appetites. By abstaining - by denying ourselves things we become stronger people. Going off sweets in Lent ... Discipline. It doesn't mean to say there's anything wrong with sweets."*
> *"Why don't you abstain from learning then, from studying. Why don't you stay stupid - like me? That'd be a great sacrifice ... What age did you tell me you were, son?"*
> *"Seventeen next month."*
> *"Well, stop fuckin patting me on the head. You have that Papish tone in your voice"* (Mac Laverty: 1994, 57).[682]

Der britische Constable zieht unbewußt das ideologische Fazit aus ihrer Begegnung, wenn er Declans Utopie eines vereinten Irland mit den Worten disqualifiziert: *"How could you have a United Ireland with you and me in it?"* (Mac Laverty: 1994, 53).[683] Und in der Tat: ist auf dem Hintergrund der real existierenden Differenzen zwischen der britischen und irischen Bevölkerung die Kluft überwindbar, die projektierte Lösung tragfähig?

---

[681] Vgl. ebd., S.58

[682] Vgl. ebd., S.57

[683] Ebd., S.53

7.2.3. Privatsphäre

Die auf private Beziehungen fokussierten Kurzgeschichten *The Grandmaster* und *At the Beach* weisen strukturelle Analogien auf. Beide kreisen um disharmonische, von *ennui* bzw. jahrelanger Dissonanz geprägte Konstellationen zwischen Mutter und Tochter bzw. Ehepartnern, beide erreichen während eines gemeinsamen Urlaubs im Süden eine Art Antiklimax, beide enden konziliant. Dabei scheint der Tenor der zwei Erzählungen enorm zu differieren: das Paar affirmiert fast zwanghaft seine "Harmonie" - *(they) awkwardly appraise the state of their marriage* (Mac Laverty: 1995, *cover*)[684] -, während der Konversationsstil Isobels und Gillians von Aggression und Zynismus dominiert wird. Hinter dem Ton beider *stories* jedoch verbirgt sich ein Gemisch aus Zuneigung, Frustration und Fluchtbedürfnis. *The Grandmaster* verleiht darüberhinaus einen Einblick in die seit fünf Jahren getrennte Ehe der Eltern Gillians, die primär die Rolle des Opfers und Sündenbocks innehat und vornehmlich der alleinerziehenden Isobel als Projektionsort dient. *"You were okay the day you were born but it's been downhill ever since"* (Mac Laverty: 1995, 35)[685], ist einer ihrer Standardsätze, die androgyne Dreizehnjährige kontert auf derartige Degradierungen mit ebenfalls floskelhaften Vulgarismen. Die Beziehung scheint zu stagnieren. Die Mutter sieht den nur noch in Kategorien der Aversion wahrgenommenen Vater in Gillian, Gillian schwankt zwischen beiden Elternteilen und dem Bedürfnis nach Ablösung, das kommunikative (Versteck-)Spiel gerät zu dem, was das *chess game* in diesem Text repräsentiert: *a formalised battle* (Mac Laverty: 1995, 26).[686] Dieser Kampfschauplatz ist es denn auch, der Gillian nachts wesentlich stärker anzieht als die Diskothek , in der ihre Mutter sie vermutet, dort verbringt sie grüblerisch hingebungsvolle Stunden und wendet die Fähigkeiten an, die der Vater ihr an den gemeinsamen Nachmittagen vermittelt hat: sie spielt Schach, beteiligt sich an Wettkämpfen gegen andere Jugendliche und besiegt schließlich beinahe den *grandmaster* selbst. Dergestalt auf die Bühne des Schachbretts transponiert, verändern sich die Positionen der weiblichen Figuren - die Mutter wird, nach einer neuerlichen Auseinandersetzung über das geistige Erbe des Vaters,

---

[684] Vgl. ebd., *cover*

[685] Ebd., S.35

[686] Vgl. ebd., S.26

gezwungen, eine neue Perzeption zu adaptieren, die Tochter, geübt in Eskapismen, flieht diesmal nur so weit, daß sie leicht erreichbar bleibt. Im Strandcafé am frühen Morgen gewinnen beide Protagonistinnen Abstand zum *pattern* gegenseitiger Haßliebe und öffnen sich gegnüber der individuellen Andersartigkeit des anderen.

> *"But I don't* <u>*want*</u> *you to like me. I hate myself - how can anybody else like me." Her chin began to flex and the girl cried again. "The whole thing is so fucking stupid. Five years of fucking stupidness."*
> *Isobel put her arm around her shoulder expecting her to flinch away but she did not. She felt the shakes of her crying and patted her shoulder.*
> *...They both sat for a long time not saying anything - the night filled with the sound of crickets* (Mac Laverty: 1995, 37).[687]

Das *couple* in *At the Beach* kaschiert nicht wie zu Anfang Isobel und Gillian Affinität mit Aggressivität, sondern Langeweile und Enttäuschung mit verbaler und sexueller Zuwendung. Beidemale ist die Kommunikation partiell formalisiert, unecht, brüchig, verschleiernd. Unter der Oberfläche lauern Fluchtpläne. Jimmy kann sich an der knackigen jungen Deutschen am Strand kaum sattsehen, Maureen flieht in die Einsamkeit klösterlicher Innenhöfe, um die abgenutzte, schal gewordene Alltagsrealität auszublenden. Jimmy penetriert seine Frau mit Eifersüchteleien, die auf die Zeit von vor fünfundzwanzig Jahren referieren, Maureen versucht seinen Alkoholkonsum in zivilisierten Grenzen zu halten und eigenen Gedanken nachzuhängen. Die Krise scheint ebenso unmerklich wie unausweichlich zu sein. Im Bild der Ameisenkolonie im Ferienapartment spiegeln sich ihre Merkmale.

> *"They do no harm to anybody."*
> *He decided to watch one - it seemed sure of itself heading away from the table with news of food. It came face to face with others and seemed to kiss, swerve, carry on. Away from the main line there were outsiders exploring - wandering aimlessly while in the main line the ants moved like blood cells in a vein.*
> *"There's no point in killing one or two. The whole thing is the organism. It would be like trying to murder somebody cell by cell."*
> *"Just let them be"* (Mac Laverty: 1995, 74f.).[688]

---

[687] Vgl. ebd., S.37

[688] Ebd., S.74f.

Sind die ersten Symptome nur lästig, so wird die unterschwellig längst fühlbare Situation bedrohlich, womöglich destruktiv, und verleitet ab und an zu Gedanken des "Beziehungsmords". Die weibliche Stimme beschwichtigt, gleicht aus, beschönigt.

In der letzten Nacht kulminiert die latente Krise zu einer Antiklimax. Jimmy verbringt diese im Rausch, seine Faru allein in der Stadt und dem Apartment. Vor ihrem Abflug beobachten sie ein anderes, diesmal altes Paar, am Starnd.

> *The old man was taking the woman by the elbow and speaking loudly to her in Spanish, scolding her almost. But maybe she was deaf or could not hear, her ears being covered by the puce conical cap. She was shaking her head, her features cross ... The old man reached out from where he stood and cupped his hand under her chin. She began to make the breast-stroke motions with her arms, this time in the water. The old man shouted encouragement to her ...*
>
> *"Jesus - he's teaching her to swim." Jimmy turned and looked up at his wife. Maureen was somewhere between laughing and crying.*
>
> *"That's magic," she said. "What a bloody magic thing to do"* (Mac Laverty: 1995, 106f.).[689]

Eine Utopie der Konzilianz klingt auch in *The Wake House* an, wo der junge Dermot zweierlei Formen von Entfremdung ansatzweise überwindet, wenn er, den Wunsch seiner Mutter realisierend, dem Nachbarhaus einen zweiten Kondolenzbesuch abstattet und Bobby, dem alten Trunkenbold, die letzte Ehre erweist: die konkrete zwischenmenschliche wie auch jene, die als wachsende Distanz zu Tradition und Konvention begriffen werden kann. Mit dieser *story* plädiert der *narrator* nicht für die Rücknahme modernerer, anonymerer sozialer Strukturen, sondern zeigt eine Möglichkeit auf, inmitten derselben konstruktiv und sinnvoll zu agieren.

> *"Maybe I'd better say hello to Mrs Blair. Let her see I've been up. Seeing Bobby."*
>
> *...*
>
> *"I was just up seeing Mr Blair."*
>
> *"Very good, son. That was nice of you."Then her face crumpled and she began to cry ... It was young Cecil who showed Dermot out.*
>
> *"Thanks for coming," he said. "Again"* (Mac Laverty: 1995, 121f.).[690]

---

[689] Vgl. ebd., S.106f.

Sind die *troubles* auch in privaten Dimensionen das Alltägliche, so verweisen diese Geschichten auf das Potential, habituelle *patterns* bewußt zu durchbrechen.

---

[690] Vgl. ebd., S.121f.

7.2.4. Vergänglichkeit

Krankheit, Vergänglichkeit und Tod werden in *Just Visiting* und *In Bed* nicht verharmlost, verlieren aber ein wenig an Schrecken. Grund dafür ist primär der humane Umgang mit den Leidenden, Grund ist der Verzicht auf Tabuisierung und Flucht vor der eigenen Vergänglichkeit. Solchermaßen vermitteln Ben, der junge Lehrer, der seinen krebskranken ehemaligen Nachbarn in Tynagh besucht, oder die Mutter des vermutlich unheilbaren Mädchens echte Empathie.

Im Bild des Flohs fängt der Erzähler von *In Bed* zweierlei Aspekte auf: den "Schmutz" und den daraus resultierenden Ekel vor der nicht näher definierten Krankheit der pflegebedürftigen Einundzwanzigjährigen sowie deren kreatürlichen, quasi unbesiegbaren Lebenswillen.

> *The girl was crouched on the bed, her face turned towards the door in panic.*
> *"Mum, another one," she said and pointed to her hand pressed down hard on the pillow.*
> *...*
> *"Oh, I hate them, I really hate them." The girl's voice was on the edge of tears. She was shuddering. "They make me feel so ... dirty"* (Mac Laverty: 1995, 125f.).[691]

Das ritualisierte Fangen und "Töten" des Blutsaugers zeitigt ebensowenig Erfolg wie die Hoffnung auf Genesung, die die Mutter verbal zu beschwören sucht. Der Parasit (Krankheit) besudelt lediglich die *Get Well card* und überlebt. Doch überlebt auch - und das markiert die andere Konnotationsebene der Metapher - die junge Frau, die seelisch und mental vitaler ist als physisch, notgedrungen getragen von der engen Bindung an die Familie, primär die Mutter, der Mitstreiterin gegen den womöglich nahenden Tod.

Just Visiting ist ein ambivalenter Titel. Nicht nur Ben besucht hier seinen ehemaligen Nachbarn, den krebskranken obdachlosen Alkoholiker Paddy, Ben ist zugleich Ziel oder Objekt einer Visite, nämlich der des Todes, der auf dem (Proustschen) Weg über die Sinnesorgane in sein Bewußtsein dringt.

---

[691] Vgl. ebd., S.125f.

Then he saw the source of the perfume .. two bowls of hyacinths. Big bulbs sitting proud of the compost, flowering pink and blue and pervading the wards and corridor with their scent. It was a smell he hated because he associated it with childhood, with the death of his own father. A hospital in winter brightening itself with bowls of blue and pink hyacinths - a kind of hypocrisy, the stink of them everywhere. His mother crying, telling them all to be brave (Mac Laverty: 1995, 176f.).[692]

Ein Hauch von Heuchelei mag auch in Bens Verhalten stecken, wenn er dem Patienten bei jedem Besuch Whiskeyflaschen ins Krankenzimmer schmuggelt oder die leeren Behältnisse - nicht ohne Ironie als *dead men* bezeichnet - "entsorgt"; ein wenig Heuchelei liegt in dem Versteckspiel, in das er selbst involviert ist, nämlich der bewußten Ignoranz gegenüber dem Phänomen des *problem drinking*, das er gerne auf andere projiziert. Als der Sterbende schließlich nicht mehr richtig schlucken kann, sieht es fast so aus, als löse der Jüngere dessen Alkoholikerposition ab - und dies nicht nur, weil er am Morgen seiner Beerdigung im Bücherschrank seines Klassenzimmers einige Wodkas auf ihn trinkt, sondern vielmehr, weil er allabendlich ein wenig mehr konsumiert.

"Problem drinking," (Paddy) said, "is a thing that builds up gradually."
...Paddy laughed out loud. "Drinking's the solution, for fucksake" (Mac Laverty: 1995, 185).[693]

Trinken und Rauchen stellen zwar auch für den Alten keine Lösung dar, fungieren aber als seine Form von Eskapismus. Floh er dergestalt früher vor der Armut, der Arbeitslosigkeit oder der Pennerexistenz, so entflieht er jetzt dem Siechtum, den "Hyazinthen" Bens; und Ben - zumindest an jenem besagten Morgen - der Konformität, in die ihn sein Lehrerdasein preßt. Wurde ihm - wieder in einem hyazinthenduftgeschwängerten Raum - die Beurlaubung für Paddys Begräbnis im zweihundert Meilen entfernten Tynagh verweigert, so weiß er sich den bürokratischen Direktiven auf seine Weise zu verweigern.

---

[692] Vgl. ebd., S.176f.

[693] Vgl. ebd., S.185

> *Although he preferred whiskey he had filled his hip flask with*
> *vodka - he knew it couldn't be detected on the breath - and he drank*
> *a toast to Paddy. Then another one. It was the first drink he had ever*
> *had during working hours and it made him feel good that he was, in*
> *some small way, giving them the fingers* (Mac Laverty: 1995, 196).[694]

Kurz vor seinem Tod hört Paddy eine Radiosendung über Wittgenstein. Seine letzten Worte seien "*Tell them it was wonderful*" gewesen; "*I think he was probably talking about the rice pudding*" (Mac Laverty: 1995, 192).[695] Paddy, der hier vermutlich auf des Philosophen notorisches Breigericht anspielt, hat nicht viel Wunderbares erlebt. Zu dem wenigen dürften die unerwarteten Besuche des jungen Lehrers zählen, der jedesmal stundenlange Fahrten auf sich nimmt, um ihn zu sehen und zu begleiten. Zudem manifestiert sich darin der Mut, der eigenen Vergänglichkeit zu begegnen. Mit einer bewußten - existentialistischen oder christlichen - Integration des Todesphänomens ins eigene Dasein muß dies freilich noch lange nicht einhergehen. Der Schluß ist - ganz im Stil Mac Lavertys - offen.

Die Hoffnung auf übernatürliche Eingriffe, auf eine Heilung durch Gebet oder Gelübde etwa, fällt in *Compensations* ironischer Kritik anheim. Aus der Perspektive des kleinen Ben erfährt der Leser nur Fragmente jener Hintergründe, die der erste Reise seiner Eltern nach Frankreich Plausibilität verleihen. Offenbar ist ein Elternteil schwer krank, so daß eine Pilgerfahrt nach Lourdes unternommen wurde, um Genesung zu erflehen, während die Knaben in Obhut der Großeltern zurückbleiben. Wird bereits die ritualisierte Religiosität der Großmutter in leicht humoristischem Tenor skizziert, so wirkt die abergläubische Nurse Foley geradezu bigott. Untermauert wird die religionskritische Grundtendenz durch Bens abwegige Gedanken während des Abendgebets. Die Szenerie erinnert an Joyce.

> *Ben made sure he was at the chair with the paper on the seat. He*
> *read an advertisement for Burberry raincoats while they repeated the*
> *Hail Marys over and over again. There was a drawing of a woman*
> *wearing a raincoat and striding through rain which was just black*
> *stokes all going the same way ... Ben thought of washing a dead girl*
> *... A soapy flannel able to move anywhere. He tried to be good and*
> *put the thoughts out of his mind. He was getting a hard-on ... In the*

---

[694] Ebd., S.196

[695] Vgl. ebd., S.192

middle of the rosary - it would be double the sin (Mac Laverty: 1995, 158f.).[696]

Für den Kleinen mögen diese verbotenen imaginierten Freuden ebenso wie die von Nurse Foley zugesteckte *half crown* als Kompensation der momentanen Verwaisung dienen, für die Eltern, so erwähnen die beiden Frauen gesprächsweise, wären fünfundsiebzigtausend Pfund (für eine geeignete Therapie?) "eine kleine Kompensation". Das eigentliche Kompensationsproblem liegt jedoch im Verhalten der weiblichen Figuren, die ihre eigene Angst in Aberglauben und verkitschter "Metaphysik" ertränken, die die Furcht vor der - eigenen? - Vergänglichkeit durch Riten und Gelübde von sich und den ihren fernzuhalten versuchen. Dieser Umgang mit den sogenannten letzten Fragen mag zwar soziale Bande stärken, eine glaubwürdige und ernsthafte Antwort freilich impliziert er nicht.

---

[696] Vgl. ebd., S.158f.

7.3. Erzählung und Reflexion

Es handelt sich bei den Kurzgeschichten weder um prätentiöse Produkte erzähltechnischer Akrobatik noch um *trick stories* einer minimalistischen Kunst, vielmehr um epische Kompositionen, die den Blick freigeben auf die kleinen Dramen *behind the window*: auf das Krankenbett, die Krebsstation, die Ehe in der *midlife crisis*, die lädierte Mutter-Tochter-Beziehung oder die Kontakt- und Kommunikationsschwierigkeiten von Nordiren und Briten - kurzum, das "reale" Leben der Durchschnittsbevölkerung.

Der Erzähler wird - um den Terminus seiner Metatexte zu gebrauchen -, zum Voyeur der irischen Privatsphäre; sein Sujet sind *fellas he knew* oder solche, die er so imaginiert, als habe er sie gekannt. Sämtliche *stories* leben von (dem Schein) der Authentizität, Aktualität und Echtheit; sämtliche Geschichten sind gelungene Prosastücke. Mit "your man" teilt er nicht nur seinen künstlerischen Voyeurismus, sondern auch das Bestreben, den "Mrs.O'Donnells" ein anhaltendes Ärgernis zu sein, denn weder seine thematische Palette noch seine sprachlichen Register sind "zensiert", indem sie sich mutmaßlichen zeitgenössischen Rezipientenerwartungen unterwerfen, in leicht verdauliche Belletristikschemata fügen oder jenem gelegentlich bereits klischiert anmutenden Postmodernismus frönen, der sich im Reproduzieren und Imitieren einst innovativer *patterns* und *approaches* erschöpft. Auch scheut der *narrator* nicht zurück, ideologisch Position zu ergreifen, etwa dann, wenn es gilt, den Niederschlag der politischen Unruhen im alltäglichen Kontext festzuhalten oder Konventionen auf ambivalente Weise zu reflektieren.

So, als habe er diese Aufgabe an die selbstreflexiven *interludes* delegiert, wird denn auch die Kunst selbst, wird sein Schreiben über die erlebte oder erlebbare irische Gegenwart nicht mehr thematisiert. Die Relation der Zwischenstücke zu den eigentlich erzählenden Texten ist offensichtlich diesbezüglich komplementär, wobei sich die erwähnten korrelierenden (Leit-)Motive durch beide Sequenzen ziehen und solchermaßen epische Integration bewirken.

8. David Parks *Oranges from Spain*

8.1. *Fostered by beauty and by fear...*

Das Motto aus William Wordsworths *Prelude* markiert das Spannungsverhältnis, in dem die jugendlichen Protagonisten von David Parks *Oranges from Spain* aufwachsen.

> *Fair seed-time had my soul, and I grew up*
> *Fostered alike by beauty and by fear.*

Wordsworths lyrisches Ich beschreibt in *Book I* die Kindheit im Lake District in der Diktion des *spontaneous overflow of powerful feelings* (Wordsworth: 1975, 30).[697] Natur und Ich, Reflexion und Emotion sind harmonisch aufeinander bezogen, bilden ein romantisches Universum, in dem scheinbare Dissonanzen geortet und letztlich aufgehoben werden.

> *Dust as we are, the immortal spirit grows*
> *Like harmony in music; there is a dark*
> *Inscrutable workmanship that reconciles*
> *Discordant elements, makes them cling together*
> *In one society. How strange that all*
> *The terrors, pains, and early miseries,*
> *Regrets, vexations, lassitudes interfused*
> *Within my mind, should e'er have borne a part,*
> *And that a needful part, in making up*
> *The calm existence that is mine when I*
> *Am worthy of myself! Praise to the end!*
> *Thanks to the means which Nature deigned to employ;*
> *Whether her fearless visitings, or those*
> *That came with soft alarm, like hurtless light*
> *Opening the peaceful clouds; or she may use*
> *Severer interventions, ministry*
> *More palpable, as best might suit her aim.*
> *...*
> *Wisdom and Spirit of the universe!*
> *Thou Soul that art the eternity of thought,*

---

[697] Vgl. William Wordsworth, *Preface to "Lyrical Ballads"*, in: Rüdiger Ahrens, *Englische literaturtheoretische Essays 2. 19. und 20.Jahrhundert*, Heidelberg 1975

And everlasting motion, not in vain
By day or starlight thus from my first dawn
Of childhood didst thou intertwine for me
The passions that build up our human soul;
Not with the mean and vulgar works of man,
But with high objects, with enduring things -
With life and nature - purifying thus
The elements of feeling and of thought,
And sanctifying, by such discipline,
Both pain and fear, until we recognize
A grandeur in the beating of the heart
(Wordsworth, *Prelude, Book I*, II.340-356, 401-414).[698]

Das Belfast der Gegenwart hat wenig romantische Züge, ist bar jener sinnstiftenden mystisch anmutenden Naturkraft, die aus scheinbar Unvereinbarem Synthesen zu schaffen vermag, gezeichnet von jahrzehntelangen politischen Unruhen. Und dennoch:

(His) stories are gentle, vivid, life-affirming ... (They) are full of vigour and hope (Park: 1993, cover).[699]

Lassen sich David Parks Kurzgeschichten so rezipieren?

---

[698] William Wordsworth, *The Prelude, Book I*, in: A.W.Allison/H.Barrows/C.R.Blake et al. (Hrsg.), *The Norton Anthology of Poetry*, 3.Aufl., New York/London 1983

Das Motto (Verse 301 und 302) sowie das ausführliche Zitat sind der Fassung von 1798-1800 entnommen.

[699] Vgl. David Park, *Oranges from Spain*, 2.Aufl., London 1993, *cover*

8.2. Projektion und "eigenes Leben"

An Enrights "Platonic *approach*" erinnert *Louise*, jene Kurzge-schichte, die wie *Juggling Oranges* mit Identitäten spielt, mit den schillernden Relationen von Schein und Wirklichkeit, der Realität im und vor dem Spiegel, mit und ohne Maske, in und jenseits der Zir-kuswelt.

Louise, kurz vor und an ihrem dreizehnten Geburtstag, relativiert ihren unbezähmbaren Rotschopf, die grau-grünen Augen und zahl-reichen Sommersprossen wie manche der weiblichen Protagonistin-nen Morrissys oder Enrights an den Werbe- und Konsumgesell-schaftsvisagen der Modemagazine, um zu einem nicht pubertätsun-typischen Ergebnis zu kommen:

> *In her heart she believed truly that the face the mirror showed her every day was not her own. It could not be. The spirit that fountained and dolphined inside her could not be matched with such a face. Someone, perhaps, had taken hers by mistake, and left this one in its place. She wondered what her real face looked like* (Park: 1993, 137).[700]

Frustriert gedenkt sie ihrer letzten Geburtstagsparty, auf der es ihr weder gelang, Mittelpunkt zu sein noch jene integrative Kraft auszu-strahlen, die aus heterogenen Elementen ein harmonisches Fest kreiert. Diesmal soll es anders werden, diesmal ist ein Zirkusbesuch geplant, für den sie sich schön macht. Was mit dem Schminken vor Mutters Frisierspiegel begann, kulminiert in dieser Welt des gefährli-chen Spiels, der gekonnten Täuschung: der Rollen- und Identitäts-wechsel.

> *Surely it could not be a question of pure luck - if it was, then life was cruel and unfair to reward some and reject others ... (She) did desire, more than anything else in the world, to possess the face that was truly hers* (Park: 1993, 140).[701]

Gleichsam epiphanisch erlebt sie, wie sie im Gesicht der schönen fremden Akrobatin aufgeht:

---

[700] Vgl. ebd., S.137

[701] Vgl. ebd., S.140

> *Then, suddenly, in an inexplicable moment of knowledge, Louise knew that she had seen her face. She was sure, and she was sure that, having found it, she would somehow, somewhere, share in its beauty. Her soul rode wild and free on the pure white horses and happiness broke inside her like a wave ... It seemed as if on this, her thirteenth birthday, fate had brought her to this moment and this truth ... Everything else faded into oblivion at the matchless richness of this birthday gift* (Park: 1993, 143).[702]

Die Reiterin verschwindet wieder und mit ihr der Rausch der Offenbarung, der Enthusiasmus der "Selbsterkenntnis" im Fremden, im Anderen. Nach einigen langweiligen *slapsticks* flieht Louise und sucht ihr "wahres Gesicht" hinter der Bühne bei den Zirkuswagen, wo die Akteure Bier trinken oder sich abschminken. Auf die Euphorie folgen Desillusionierung und Entzauberung. Die Schöne streitet mit dem Löwenbändiger.

> *She was close enough to see the face she was seeking ... The no longer young face was ravaged by a bitter spasm of hate as her eyes slit into black knives that burned to lacerate the man in front of her.*
> *"You said that slut meant nothing to you!" she screamed, her voice wild and piercing. "You said you'd done with her."*
> *"I've told you a thousand times, it's all over. Why can't you believe it? Just once in your miserable drunken life, why can't you believe the truth when you hear it?"*
> *There was a second of silence and then, like some wounded beast, the woman hurled herself against her tormentor with a howl of rage and pain* (Park: 1993, 145).[703]

Der *battle of sexes* nimmt zunehmend brutalere Züge an -

> *"Say another word and I'll cut the throat of one of your precious animals. Say one more word and I'll slash it from ear to ear!"*
> *And as he spoke, he brandished the jagged bottle in the air* (Park: 1993, 145)[704] -

und Louise, von dieser überraschenden Initiation erschüttert und atemlos, flüchtet zurück in die bekanntere, gesichertere Sphäre ihrer Familie, dorthin, wo Akzeptanz herrscht, wo sich allmählich zwischen

---

[702] Vgl. ebd., S.143

[703] Vgl. ebd., S.145

[704] Ebd.

Spiegeln und Bühnen, Masken und Rollen eine eigene
(postmoderne) Persönlichkeit, eine "eigenes Leben" konstituieren
wird.

8.3. Initiationen in die urbane Wirklichkeit Belfasts[705]

Aus der Perspektive des naiven adoleszenten Icherzählers erlebt der Leser in *The Silver Saloon* die desillusionierende Initiation in die Großstadtatmosphäre und urbane Erwachsenenwelt Belfasts. Während sein Onkel eigenen Geschäften nachgeht - *I think he had a woman to see* (Park: 1993, 157)[706] -, driftet der Junge in den *Silver Saloon*, den Kristallisationspunkt modern-anonymen Konsums, in dem die Gesetze der *amusement arcades* seiner Kindheit ihre Gültigkeit verlieren und nur der Mammon herrscht und durchlebt in Kürze drei Phasen der "Einweihung".

Everything wanted to take your money without giving anything back ... It was just like the real races, only you didn't lose or win so much money, and you won or lost it exactly twenty seconds ...
The machines were addictive, filling the head with unfulfilled promises, urging seductively that you have just one more go and whispering that your luck has changed ... They could not be beaten .. they .. had no feelings of greed or loss... (Park: 1993, 158ff.).[707]

Der Fremde, der wie er sein Glück versucht, der die Spielhalle mit seinen "echten" Reisen assoziiert und dessen "ruheloser Geist" sich am "*Penny Waterfall*" delektiert, weckt selbst bei dem unschuldigen Buben vom Lande Verdacht, als er sich ihm durch Komplimente und physischen Kontakt aufzudrängen beginnt.

Neben der Konsumgesellschaft und der pädophilen Homosexualität ist es am Ende, in der dritten Phase, die Sphäre der Armut, Kriminalität und politischen Gewalt, in die der *narrator* initiiert wird, als er vier kleinen Straßendieben in die Hände fällt und den kindlichen Routiniers seine wenigen *pennies* überläßt.

One of the others grabbed my lapel and asked me if I was a Prod.
I sensed .. that they were not, and so I said I was a Catholic.
"Say your rosary!" they demanded.
When they found out my lie, the four pummelled me to the ground, each taking a kick before they ran off. I picked myself up and dusted

---

[705] Vgl. dazu auch die Besprechung der Titelgeschichte im ersten Teil dieser Studie

[706] Vgl. ebd., S.157

[707] Vgl. ebd., S.158ff.

my clothes, feeling only the hot surge of anger and shame (Park: 1993, 163).[708]

Aus der Warte eines katholischen Schülers, der beim Nachsitzen gerade einen Aufsatz zum Thema *Cruelty to Animals* verfaßt hat und dessen Hauptinteresse dem abendlichen Fernsehprogramm gilt, wird in dem knappen Text *Killing the Brit* die längst alltägliche Gewalt zwischen Angehörigen beider Konfessionen wiedergegeben. Weniger Teil des Alltagsbewußtseins ist jedoch der subtil und dennoch nachdrücklich skizzierte Kausalzusammenhang zwischen Medienkonsum, psychischer Abstumpfung und Aggressionsbereitschaft, den der reflexionsarme und sensationslüsterne Junge repräsentiert.

> *As he turned the corner he almost tripped over a figure crouching in at the hedge of one of the gardens. It was a Brit. They stared into each other's faces, but nothing passed between them except the distancing of caution ... Some of them had tried to be friendly and would speak, but too many things had happened since then...*
> *There was a rifle shot...*
> *"They've got a Brit! They've got a Brit!" (one of his classmates) shouted breathlessly...*
> *There was a soldier lying on the pavement outside the butcher's shop ... The expression on the face of the soldier who was crouched over the wounded man told that he was dying...*
> *Then, deepening his voice .. he shouted..,*
> *"Go on, die, ya bastard!"*
> *His voice blended with the others and then he turned away ... Besides, it was Monday, his favourite television night* (Park: 1993, 20ff.).[709]

Auf dem Heimweg hat er die Terrorszene wenige Minuten später bereits verdrängt. Dieser selbstverständlichen Verdrängung realer Gewalt Einhalt zu gebieten, ist das implizite Plädoyer, ist der ideologische Appell der kleinen Geschichte.

The apprentice in der gleichnamigen *story* ist ein Lehrling im Dealen, der in die Welt des Rauschgifthandels eingeführt wird. Der Rezipient, der die nervöse Spannung des zu früh Gekommenen

---

[708] Vgl. ebd., S.163

[709] Vgl. ebd., S.22f.

fehlinterpretiert und ein Rendezvous vermutet, ist von der unspekta-
kulären (Anti-)Klimax zunächst überrascht.

> *Perhaps no one would come ... Suddenly .. a man was running
> along the path... So this was it ... He had stopped running but was
> still breathing heavily as he took it out of his pocket and dropped it
> into the boy's bag. Then he was gone .. another face in the crowd*
> (Park: 1993, 51).[710]

Erneut ist es eben dieser Tenor des Gewöhnlich-Alltäglichen, des
Selbstverständlich-Routinemäßigen, der erschüttert. Erneut ist es die
gefährliche Mischung aus Indifferenz und Stolz, die die Hoffnung auf
Veränderung zur Schimäre werden läßt.

> *Then he too was gone, newly articled and proud, stepping out with
> the pride a young man feels on the first day of his new job* (Park:
> 1993, 51).[711]

Scheinbar auf der Sonnenseite der *troubles* ist *The Catch* lokali-
siert, die Geschichte der offiziellen Einweihung in die Juliprozession
der Orangemen, die Erzählung des jungen protestantischen Patrioten, der den politischen Initiationsritus triumphal überlebt.
    Doch die *story* lebt von ihren Unter- und Zwischentönen. Nur auf
der Oberfläche konzentriert sie sich auf die freudig-furchtsame Erwartung der Feierlichkeiten, nur oberflächlich affirmiert sie das be-
schränkte Wach- und Traumbewußtsein des Knaben.

> *Tomorrow the whole world would be watching as he led "The Sons
> of the East" flute band, and with the eye of the universe fixed
> exclusively on him, he would throw the mace into the air and catch it
> as it fell* (Park: 1993, 54).[712]

Hinter dessen historisierendem Traum von *his King William* wird
eine (Selbst-)Stilisierung sichtbar, die ebenso Ingredienz der *troubles*
ist wie der Aspekt der offenen Gewalt.

---

[710] Vgl. ebd., S.51

[711] Ebd.

[712] Ebd., S.54

Then in his dream the procession moved on and he found himself suddenly embroiled in the very heart of the battle itself. Things were going for King William. His soldiers couldn't get across the river and King James's men were inflicting heavy casualities. It was the crisis point of the battle. Suddenly, King William turned to him and told him to go forward and throw his mace ... He closed his ears to the tumult and thought only of catching the mace for his King (Park: 1993, 56f.).[713]

Hinter der Reflexion über seine Zukunftspläne und die bevorstehende Schließung der Werft läßt der Erzähler eine konservative Welthaltung aufleuchten, die wenig Raum läßt für Gedanken an eine gesamtgesellschaftliche Veränderungsbedürftigkeit.

Somehow his imagination was unable to grasp the possibility of there being no shipyard. It had always been there, surely it always would (Park: 1993, 58).[714]

Und hinter der perspektivischen Schilderung der *Orange Parade* verbirgt sich ungebrochener Patriotismus, nicht selten Teil jener Basis, auf die sich politischer Fanatismus gründet.

When he saw scenes of Protestants being burned or tied to stakes on the shore and left to drown, his soul burned with righteous anger. He would do his best that day, not for himself, but for the people that looked down at him from these banners. Then he saw the colour party. In it were the Grand Master and Orange dignitaries .. He knew that such men would never let their people down.
...
It had been a perfect catch. When he opened his eyes again, the first thing he saw was King William on a banner that had been drawn tight by the breeze. He was on his great white horse, regal and majestic, his drawn sword pointing the way ahead. As if he was calling to him, and beckoning him forward, beckoning him across the river. Across to victory (Park: 1993, 59f. u.62).[715]

---

[713] Vgl. ebd., S.56f.

[714] Ebd., S.58

[715] Vgl. ebd., S.59f. u.62

Die Geschichten ergänzen sich zum Panoptikum der urbanen Belfaster Alltagswelt. Trotz des Humors, trotz der Subtilität hinterlassen die Impressionen das dumpfe Empfinden von Beängstigung.

8.4. Imaginierte Wirklichkeiten

Wieder alludiert der Autor/Erzähler auf die Romantik, wenn er eine seiner Geschichten *The Pleasure Dome* nennt und Joe, einen der beiden Charaktere, Coleridges visionäres Gedicht "Kubla Khan" zitieren läßt.

> *In "Kubla Khan" one of the most recurrent themes seems to be this process of "thingifying", a word which Coleridge used to indicate the close relationship between thought and thing (and correlatively process and product, mind and nature, self and other). The main interest in the preface is the process of making the dream or vision into a thing; in the epilogue the visionary wants to make the music into a more permanent "dome in air" by reviving within him the Abyssianian maid's song; the damsel gives expression to her feelings about Mount Abora in "symphony and song"; in the first half of the poem, Kubla Khan has a pleasure dome built according to his idea...* (Wheeler: 1995, 133).[716]

"Welcome to the Pleasure Dome" dröhnt es aus den Lautsprechern der "geliehenen" Luxuskarosse, mit der Joe und sein watsonhaft naiver, vielfach vorbestrafter Mitfahrer Roon die nächtlichen Straßen Belfasts unsicher machen und mit der sie zugleich eine Facette ihrer Vision zu "materialisieren" suchen. Coleridges *pleasure dome* wird transponiert in eine gewalt- und konsumgesteuerte nordirische Gegenwart, die vorübergehend einem Hollywoodklischee gleicht.

> *"What's a pleasure dome anyway, Joe?"*
> *Joe thought before he answered.*
> *"It's a kind of special city this ruler ordered to be built with special things in it. It's difficult to describe it and anyway, it wasn't real - it was just made up."*
> *"Was it a bit like Disneyland?"*
> *"Yeah, a bit like that," laughed Joe* (Park: 1993, 169).[717]

Als Joe durch seinen anarchistischen Fahrstil seinen Verfolgern - wieder einmal - entkommt, konstatiert Roon "systemimmanent" ganz

---

[716] Vgl. Kathleen M.Wheeler, *"Kubla Khan" and the Art of Thingifying (1981)*, in: Duncan Wu (Hrsg.), *Romanticism. A Critical Reader*, Oxford/Cambridge (Mass.) 1995

[717] Park..., S.169

adäquat: *"It was like something out of a film. You were magic, Joe"* (Park:1993, 175).[718] Überraschenderweise endet der Ausflug in den *pleasure dome* denn doch in den Fängen der Staatsgewalt. Coleridges Vision wird mehrfach entzaubert, wird verlagert ins zeitgenössische Irland, "thingified" im banalsten und profansten Sinn und - zu raschem Scheitern verurteilt - ironisiert.

In *Searching the Shadows* bricht für Eilish, die katholische Witwe in ärmlichen Verhältnissen, eine imaginierte Welt zusammen, zerbricht das Bild, das sie von Anthony, ihrem Sohn krampfhaft aufrechtzuhalten suchte. Die Erzählperspektive ist zunächst auf ihre Perzeption reduziert und weitet sich - mit dem ersehnten Besuch des Priesters - erst am Ende zu seiner aus. Im Symbol des Milchkrugs, das den Bewußtseinsprozeß des geschilderten Abends begleitet, spiegelt sich ihr Inneres wider. War er seit Jahrzehnten das letzte gehütete Stück des Hochzeitsservices, reserviert für besondere Anlässe, so wird er in den abschließenden Passagen - gleichsam mit dem Image des Sohnes - absichtlich im Spülbecken zerschlagen.

Die Reflexion der einfach strukturierten Frau durchläuft drei Phasen. Ist sie eingangs in fast freudig erregter Erwartungshaltung, den Priester, den sie ihrem Sohn nachgeschickt hat, mit Anthony zum Tee zu empfangen, so gerät sie peu à peu in Panik, überschreitet nervös das Pensum ihres täglichen Zigarettenkonsums und läßt vorsichtig Zweifel an dem Charakter des Jungen zu. Um dieser Herr zu werden, wendet sie sich an Gott, beichtet ihm stellvertretend die Vergehen ihres Sohnes und beruhigt sich allmählich wieder, um im Gespräch mit dem Priester, der allein kommt und sie über den Grund des Verbleibs des Jungen bei "diesen Leuten" informiert, in ihre habituelle Perzeptionsweise zurückzufallen und Anthony reinzuwaschen. Zwar hat sie sich bereits eingestanden, daß er nicht nur ihre Zigaretten nimmt, sondern auch Geld aus ihrer Börse oder einen Fußball in der Schule, zwar weiß sie um seine Lügen, sein respektloses Auftreten und seine Kommunikationsverweigerung, doch übertreffen die Delikte, derentwegen er jetzt angeklagt wird, ihre Befürchtungen bei weitem.

> *"They're talking to Anthony about what they call 'anti-social activities' - break-ins and stealings, things like that."*
> *"Break-ins and stealings? My son hasn't been involved in anything like that .. ,Father..."*

---

[718] Ebd., S.175

...
*"It's no use, Eilish, the boy's admitted it. He's confessed
everything. All the pensioners' bungalows - he did them all. And a lot
more besides..."* (Park: 1993, 91).[719]

Die Pointe der Entrüstung löst jedoch das Verdikt aus, daß ihr
Sohn binnen achtundvierzig Stunden die Stadt zu verlassen habe
und in die Republik abgeschoben werden solle. Der Priester, Freund,
Psychiater und Arzt in Personalunion, weiß um die Funktion ihres
Destruktionsakts und läßt sie gewähren, als sie ihr Lieblingsgeschirr
zerschmettert.

Nach Schatten der Vergangenheit sucht auch die zunehmend der
Apathie verfallende Mutter des Protagonisten in *Reading in the Dark*.
Vereinsamt und nahezu ausschließlich auf die "Restfamilie" fokussiert, gleicht Eilishs *mind* dem *shattered jug*, den zu ersetzen einen
enormen (psychischen) Aufwand erfordern dürfte. Die Vision des
pleasure dome dieser Witwe, so profanisiert sie gewirkt haben mag,
ist in eine albtraumhafte Wirklichkeit verkehrt. Eine bewußte Akzeptanz dieser Realität würde den Rahmen dieser Perzeption und mithin
den der Geschichte sprengen. Sie bleibt Utopie.

---

[719] Vgl. ebd., S.91

8.5. Furcht und Liebe

Liebe und Furcht sind eng verwoben. Die Liebe existiert nicht ohne die Furcht vor ihrer Flüchtigkeit, ihrer Vergänglichkeit, die Furcht vor ihrer (Selbst-)Annullierung.
Von dem kleinen Protagonisten in *The Red Kite* heißt es gleich zu Beginn:

> *(He) was old enough to know that happiness was elusive and could not be pre-arranged. He saw, too, that the signs were not good* (Park: 1993, 95).[720]

Als er den roten Drachen endlich triumphierend am September-himmel aufsteigen sieht, ist er jedoch ganz Kind, und kindlich sind denn auch seine Wünsche und Gedanken.

> *Then, silently crouching down in the sand, he thought of his mother and father sitting in the car, and wished they would look up, if only people would look up at this red kite, everyone would be cured and everything would be well* (Park: 1993, 99).[721]

Aus seiner Warte müßten sich die Probleme analog den zunächst verworrenen Leinen des Spielgeräts lösen lassen, müßte die Mühe geduldiger Entwirrungsversuche belohnt werden.
Noch zu klein, um dem Zwist der Eltern auf die Spur zu kommen, atmet er nur die vergiftete Atmosphäre ihrer Beziehung.

> *There had been something wrong in the house for a week, but he did not know what it was, and he was not old enough to ask ... He knew it was something to do with his father by the way he tried so hard to please ... It was as if the whole house was shrouded in some nameless and indefinable misery that seeped stealthily into every corner* (Park: 1993, 95).[722]

Womöglich, so ahnt selbst er, organisierte sein Vater den Samstagsausflug gar nicht primär um seinetwillen.

---

[720] Vgl. ebd., S.95

[721] Ebd., S.99

[722] Vgl. ebd., S.95

He wondered for whose benefit the trip had been arranged (Park: 1993, 95).[723]

Womöglich ist es eine Art Versöhnungsversuch, eine Angelegenheit der Erwachsenen?

Während er sich dem Drachensteigen der Knaben am Strand widmet, vergißt er vorübergehend die familiäre Konfusion und geht auf im Spiel der anderen. Erst als deren gemeinsames Unternehmen glückt, erst als er mit ihnen jubelt, kehrt sein Bewußtsein zum Verwirrspiel der Ehe seiner Eltern zurück und artikuliert die kindlich schöne (Erlösungs-)Utopie des Texts.

The boy felt a thrill of excitement shoot through him. Then, silently crouching down in the sand, he thought of his mother and father sitting in the car, and wished they would look up... (Park: 1993, 99).[724]

Glaubhaft ist diese eben nur in seinem Koordinatensystem.

Der *midlife*-lädierte erfolgreiche Immobilienmakler in *Angel* tendiert durch Frustration und Alkoholismus dazu, die Liebe (zu) seiner Tochter Paula, seinem Engel, zu untergraben, fürchtet die Lockerung der emotionalen Bindung und fördert diese simultan. Die Liebe zu Claire, seiner Gattin, gehört offenbar ohnehin einer schöneren Vergangenheit an ist inzwischen zur Institution degradiert. Im Zuge hektischer Weihnachtsvorbereitungen schärft sich sein Bewußtsein der eigenen Leere in eben dem Maße, wie seine eskapistische Neigung zu Alkohol und illusorischen Stimmigkeiten zunimmt. Wut und Selbstverhinderung paaren sich und blockieren seine Aktivitäten dergestalt, daß er selbst den einzigen Termin jenes geschilderten Tages, den er dezidiert wahrnehmen will, halb versäumt: Paulas Auftritt als singender *angel* vor dem Rathaus. Der Teufelskreis von Desillusion, Flucht und Rausch erinnert an Healys *Goat's Song*.

(He) searched for some interest or enthusiasm to spark the hours that lay ahead. But he found nothing, only a dreary list of petty duties and formalities that froze the day ahead with a deadening predictability and left him scrambling for some escape from its icy clutches ... A bloody white Christmas - that was the last thing he needed; all right

---

[723] Ebd.

[724] Vgl. ebd., S.99

for the front of Christmas cards, but misery for everyone else (Park: 1993, 65 u.68).[725]

Im Gedränge der Einkaufsstraßen denkt er an die Notwendigkeit, seiner Frau ein Geschenk zu kaufen. Auch dieser Ort dient seinen Fluchtgedanken - diesmal erotischer Art:

> *The shop was not as crowded as he had expected, and in a few moments a girl came to serve him ... She smiled at him and he smiled back, his eyes drinking her youthful freshness, and everything about her gratified his senses ... He wondered what she would be like. He looked at her, slowly savouring each part of her as he had savoured that frist drink ... He wondered if he could still cut it* (Park: 1993, 73).[726]

Die Illusion nährend, wenigstens in seiner Vaterposition zu über-zeugen, gibt ihm vorübergehend Halt und kanalisiert seine durch-gängige Tendenz zu Selbstmitleid und Sentimentalität. Der Leser rezipiert jedoch lediglich die Brüchigkeit seiner labilen Konstruktio-nen.

Die *story The Martyr's Memorial* fokussiert das Liebesmotiv in humorvoll-ironischer Manier, indem sie das "Martyrium" einer eroti-schen Initiation skizziert, die zugleich religiöse Überschreibungen freilegt und Vorurteile preisgibt.
Den kindlichen Abenteuern am Ferienort längst entwachsen, langweilt sich Martin in der stickig-bigotten evangelikalen Atmo-sphäre der Pension in Portstewart und eskapiert, Mac Lavertys Pro-tagonisten in *Compensation* vergleichbar, in zweifacher Hinsicht: in die latent erotisierenden Märtyrergeschichten von Foxes *Book of Martyrs* und die konkretere der erotischen "Verführung" durch die neue Ferienaushilfe Rosemary. Den Fluchtgedanken ironisch poin-tierend, läßt der *narrator* Martins Augen nicht nur sehnsuchtsvoll den Yachten folgen, sondern platziert das *couple* auch noch in einen Kinofilm mit dem Titel *The Swiss Family Robinson*.

> *(His) eyes fixed on a far-off yacht. He was thinking that he wished they could both get on it and sail away...*

---

[725] Vgl. ebd., S.65 u.68

[726] Vgl. ebd., S.73

As well as never having been out with a girl, he had never been inside a cinema. They didn't even have a black-and-white television set at home. Going to the pictures was considered by his parents to be something vaguely sinful, and certainly not conductive to godliness (Park: 1993, 33 u.35).[727]

Markiert der Kinobesuch, währenddessen er wagt, die Hand seiner Begleiterin zu ergreifen, gleichsam das Präludium seiner Initiation, so das Flanieren am Strand Klimax und Antiklimax zugleich.

"I go to the convent school," she said...
"You mean - you're a..." he stammered.
"I'm a Catholic," she said, smiling at him...
...
He had been duped. His gullibility had led him there like a lamb to the slaughter. Guilt, too, seeped into his soul ... Some martyrs he'd make - they wouldn't even need to show him the rack. How was he to make his escape? (Park: 1993, 39f.).[728]

Panik, Furcht und Verlangen vermischen sich in seiner physischen und psychischen Erregung.

And then her small, compelling mouth found his ... His heart vibrated more loudly than Mrs McComb's dinner gong - he had never known anything .. so agonising and so wonderful...(Park: 1993, 41).[729]

Mit der memorierten Phrase seiner Märtyrerlektüre versucht er seiner Konfusion begrifflich Herr zu werden: *"Exquisite and prolonged agony"* (Park: 1993, 42).[730] Exquisit ironisch ist denn auch der Ausgang der Erzählung, in dem - subjektiv - internalisierte Normen, Begierde und Individuationsträume in eins gehen:

"We must love them individually, even though we hate their religion"...

---

[727] Vgl. ebd., S.33 u.35

[728] Vgl. ebd., S.39f.

[729] Vgl. ebd., S.41

[730] Vgl. ebd., S.42

He lay back on the bed and smiled. It was the end of a memorable day. He had seen his first film, he had kissed his first girl, he had kept the faith (Park: 1993, 43f.).[731]

---

[731] Vgl. ebd., S.43f.

8.6. Vater und Sohn

Die Vater-Sohn-Beziehungen in *The Fishing Trip* und *The Trap* entwickeln sich beinahe gegenläufig. Bewegen sich der Siebzehn- jährige und sein Vater beim Angeln inmitten einer *crew* von Arbeits- kollegen überraschenderweise aufeinander zu, so gelingt es dem Sohn des patriarchalischen Bauern gerade noch, der "Falle" des Familienoberhaupts zu entwischen und "eigene Spuren" zu hinter- lassen.

Der Grundtenor von *The Trap* ist äußerst ambivalent, obwohl der um Individuation und Unabhängigkeit kämpfende Sohn - sich ver- weigernd - "siegt", obwohl er sich, so wenig wie den Fuchs, "tötet", fügt und die Farm des unflexiblen Alten übernimmt, sondern seiner akademischen Ausbildung und Neigung entsprechend zu existieren gedenkt. Trotz dieser zukunftsweisenden Aussage, die den soziolo- gischen Wandel positiv konnotiert, dominiert die Impression des "Nichtmehr", des Anachronistisch-Obsoleten jener patriarchalisch konzipierten Vater-Sohn-Beziehung, des Nichtfunktionierens über- lebter *patterns*, aus denen auszubrechen nur um den Preis der gänzlichen Entfremdung vom Vater, der Enttäuschung der opferbe- reiten Mutter gelingen will. Unterwerfung unter den väterlichen Willen hätte mehr bedeutet als die nur partiell analoge Selbstverstüm- melung des Fuchses, sie hätte einer völligen "Kastration" geglichen.

> *In his dream, he knew that somewhere sitting waiting was the cruel trap, its perfect teeth glinting in the moonlight. While he dreamed, snow continued to fall. It dropped steadily, filling up the laneways and silently layering the roof above his head.*
> *In the morning his father rustled with impatience to inspect the trap...*
> *The trap was closed - he could see it in the distance. He felt an in- explicable surge of relief...*
> *"God in heaven, he's eaten through his own paw to escape. He's gnawed his own paw right off ... We've got him now."*
> *...*
> *"I'll get no gun. I'll take no part in this," he said, his voice cutting high and clear through the cold air. "I'll have no hand in its killing."*
> *His father stood up, his eyes red and raw, his fists clenched by his sides as if he was going to strike him ... Suddenly, he turned and, without speaking, headed back ... For a second he watched his father's heavy trudge across the snow as black shadows of crows circled overhead ... He looked at the trap again. Then he turned and*

followed his father, leaving his own prints in the snow (Park: 1993, 15f.).[732]

Die Individuation gelingt, während die Vater-Sohn-Beziehung letztlich scheitert.

Anders der Prozeß in *The Fishing Trip*. Dort wird die Kommunikation zwischen den Generationen plötzlich möglich, wird quasi neu entdeckt, trägt jenseits der in der Adoleszenz gewachsenen Distanz und schafft Nähe. Doch diese Nähe ist von kurzer Dauer. Nicht immanente Zwänge und internalisierte Normen sind es, die sie zerstören, vielmehr die Gesetzmäßigkeit der politischen Gewalt, die Oszillation zwischen Terror, Rache und erneutem Terror. Das parenthetisch eingefügte *foreshadowing* kurz vor dem Ende der *story* verifiziert die unterschwellige Bedrohung der *disruption*, die die ganze Biographie des Polizistensohnes geprägt hat und spiegelt die ruhelose See auf der Ebene des *plots* wider.

> *There was silence again. He was vaguely conscious of never having talked with his father in this way before. A gull swooped low and parallel with the boat. Then he felt a soft wordless pat on his back...*
> *He let out his own line and watched it spin endlessly into the dark waters.*
> *The room felt artificially empty and silent ... This was the second time he had sat in the headmaster's office...*
> *The few minutes stretched on. The whispering grew louder. The couple of words he was able to catch were enough to confirm what he already knew. They were debating whose responsibility it was to tell him ... His memory tortured him with raw images of ripped-apart wreckage of cars ... He hoped it had not been like that. His thoughts turned to his mother and he knew he must go to her...*
> *The large fish, silver-wet and smooth, thrashed at his feet, gasping for the sweetness of life. He watched it wordlessly, then turned his head away, as the cold and bitter hook tore remorselessly at the soft chambers of his heart* (Park: 1993, 150ff.).[733]

Die geglückte Beziehung endet jäh, epiphanisch und ephemer wirkt aus der Perspektive der vorweggenommenen, im Fischfang noch einmal reflektierten Ermordung des Polizisten diese kurze, einmalige "Begegnung".

---

[732] Vgl. ebd., S.15f.

[733] Vgl. ebd., S.150, 153f. u.155

8.7. *On the Shore*

Die beste und längste von Parks vierzehn Geschichten ist stringent komponiert, poetisch, schön - und möglicherweise autobiographisch.

Der *Vice-principal in a city primary school* Andrews wird an den
"Strand seiner Einsamkeit" gespült und relativiert seinen Existenz-
entwurf, ohne zu einem modellhaft-konstruktiven "Gegenentwurf"
vorzudringen.

Die Rahmenhandlung schildert seine Alltags- und Bewußtseins-
lage im Klassenzimmer. Während der Stillarbeit der Schüler folgen
seine Augen dem schlecht platzierten Federmäppchen der etwas
tolpatschigen Mary Blair und seine Gedanken driften zu der eingangs noch unbenannten Lysandra Lawrenson und deren provokant
expressivem Bild an der Wand gegenüber. Am Ende fällt Marys
Mäppchen lärmend zu Boden und seine Assoziationen schweifen
von Lysandras fast schmerzhaft penetrierenden Blumen zurück an
den Strand seines Kindheitsferienortes und allmählich wird er -
kraftlos und passiv hingegeben - von den Wellen überschwemmt.

Die Haupthandlung ist ein *flashback*, der bis an die Gegenwart der
Rahmenepisode heranreicht. Darin schildert der *narrator* durch-
gehend perspektivisch Lysandras erstes Auftreten, Andrews Karriere, seine familiäre Situation bis hin zum Tod des Vaters sowie jene
von den Schlußpassagen wieder aufgegriffenen Reminiszenen. Immer dichter verwebt er die leitmotivischen Strukturfäden seiner Ly-
sandra- und Strandimaginationen, bis diese schließlich in den letzten
Zeilen in eins gehen.

Der Charakter des sich inzwischen in den mittleren Jahren befin-
denden Junggesellen Andrews ist autoritär, ambitioniert und einzel-
gängerisch. Zwar hätte er um seiner Karriere willen niemals irgendeine Form intellektueller oder emotionaler "Prostitution" auf sich genommen, doch ist er zeilstrebig und ehrgeizig genug, um mit seiner
Laufbahn nicht recht zufrieden zu sein und betont seinem Vorgesetz-
ten Elliott gegenüber laufend seine geistige Unabhängigkeit und
Überlegenheit. Auf seine Schüler wirkt er intelligent, unnachgiebig
und aufbrausend; mit Genugtuung registriert er seine einschüch-
ternde Wirkung.

*(He) broke every class into one animal, one living unit over which
his will dominated and exercised control* (Park: 1993, 117).[734]

---

[734] Vgl. ebd., S.117

Das Verhältnis zu seinem Vater ist aufgrund der wachsenden Schwäche des Alten entschärft, bleibt jedoch bis zum Ende unterkühlt und distant, da das vermittelnde mütterliche Bindeglied seit vielen Jahren fehlt. Der Sohn opfert einen Großteil seiner Freizeit, erfüllt seine Pflicht und begnügt sich bis auf ein letztes, bezeichnenderweise bereits monologisches "Gespräch" am Bett des sterbenden Vaters mit einer rein funktionalen Alltagskommunikation.

Lysandra ist es, die als Katalysator seiner Bewußtseinsentwicklung fungiert. Die hübsche, geistreiche und musische Dozententochter sprengt nicht nur beim Malen seine *patterns*, indem sie dem Sujet des *half-drop repeat* angemessen, die Maße ihrer Blumen selbst bestimmt. Sie ist die erste Schülerin, die sich von seinem polterndbrüsken Auftreten nicht einschüchtern läßt, da ihre Intelligenz ihrer Sensibilität das Wasser reichen kann. Sie ist die einzige, die "echte" Fragen stellt.

> *She did too, what no other child had ever done, and asked him questions, questions that were relevant and perceptive and required answers. They were asked politely and genuinely, out of a spirit of enquiry and not a desire to draw attention to herself* (Park: 1993, 121).[735]

Zudem weicht sie seinen Blicken nicht aus, vielmehr ist sie es, die ihn mit einer erwachsen anmutenden, zunächst undefinierbaren Emotionalität anschaut, die ihm fremd, ja beinahe unheimlich ist und die ihn bannt. Erst gegen Ende realisiert er die Ingredienz des Mitleids in diesem Blick. Als Lysandra, ganz unexhibitionistisch, ihre Leichtfüßigkeit und ihr Talent beim Klavierspiel zeigt, taucht das Bild des Knaben am Strand zum ersten Mal in seinem Bewußtsein auf.

> *He stood and listened as the music washed over him, and for a second he closed eyes against it. In the darkness of his memory, he saw a boy alone on a beach, skimming stones against the white-curled waves, watching the flat stone wing its way through the srried blackness. He felt again the cold smoothness of the stone in his hand and heard the mocking calls of the watching gulls winging above his head. Then there was silence ... She had finished...* (Park: 1993, 123f.). [736]

---

[735] Ebd., S.121

[736] Vgl. ebd., S.123f.

Als er einen Schüler physisch züchtigt, widersetzt sie sich unaufgefordert seinen Disziplinierungsmethoden und reizt seine Wut dadurch noch mehr. Doch nicht er, der Überlegene, geht als Sieger aus dieser Situation hervor, sondern sie, die den Mut zur Kritik hatte und sich ihm, ganz gegen seine Gewohnheit, widersetzte. Er ist es, der - zunehmend sensibilisiert für seine psychische Abhängigkeit von diesem dezidiert individualistischen weiblichen Wesen - bangt, sie könne ihn nun ebenso wie alle anderen verabscheuen.

> *He told himself it made no difference; he told himself it was for the best, but he had a vague feeling of loss, of some undefined door being slowly closed* (Park: 1993, 127).[737]

Im musealen Wohnzimmer begegnet er bei der Betrachtung einer alten Photographie wieder dem Bild des Knaben am Strand. Diesmal schwenkt sein Blick aufs verstaubte Klavier und er denkt wehmütig hingegeben an ihr Spiel. Die Wellen, die sich jetzt in seinem Inneren brechen, *broke upon the shore of his loneliness* (Park: 1993, 130).[738] Damit ist die Konnotation benannt, jene Konnotation, die dann in seiner *soliloquy* am Krankenbett intensiviert wird.

> *It's that first holiday- do you remember it, dad? I was eight years old and you'd rented that old ramshackled house that backed on to the beach ... I must have lived on it for the whole two weeks ... Frightened by the sea, by ist depth and size, frightened by the waves breaking and breaking and never ceasing. Frightened that it might snatch me off the shore and drown me in its deepest, darkest depths. I feel frightened now, dad...* (Park: 1993, 131).[739]

Im Anschluß daran erzählt er seinem geistig abwesenden Vater von Lysandra und ihrer beeindruckenden Furchtlosigkeit, erzählt ihr von dem Mädchen, von dem der Leser ahnt, daß sie die potentielle, die nie gehabte Partnerin repräsentiert, eine Herausforderung, der er nicht mehr oder noch nicht gewachsen ist, die mit ihrer intuitiv erkennenden Art seine habituelle Perzeption sprengt und Kopf und Herz zugleich tangiert. Vielleicht erzählt er ihm von seiner ersten "Liebe".

---

[737] Ebd., S.127

[738] Vgl. ebd., S.130

[739] Vgl. ebd., S.131

Am Grab des Vaters stehen auch sechs seiner Schüler.

Only one face met his. He looked into her eyes and saw again the emotion that he had come to recognise, but could put no name to. She stared at him and in that moment he knew that what he saw, and had always seen, was pity (Park: 1993, 133).[740]

Gänzlich verwirrt verläßt er den Friedhof, geschwächt betritt er sein Klassenzimmer, ausgesetzt den Wellen von Einsamkeit, Vergangenheit, Versäumnis. Stimmig verbinden sich die Fragmente seines *patterns* im Empfinden lange verdrängter und doch vertrauter existentieller Ausgesetztheit, im Gefühl der Todesnähe.

The laughing sea darkened and deepened, and each wave that broke called gently to him, whispering his name, calling him home. Somewhere far off, he could hear a bell slowly ringing ... He sat on, motionless and silent, oblivious to everything, feeling only the waves washing slowly and relentlessly over him (Park: 1993, 135).[741]

Vielleicht implizieren diese Zeilen eine existentialistische Todesakzeptanz, vielleicht Todessehnsucht. Sie bilden in jedem Fall die Klimax einer schmerzhaft-schönen Bewußtseinsentwicklung, die unterschiedliche Interpretationen zuläßt.

---

[740] Ebd., S.133

[741] Vgl. ebd., S.135

8.8. *Fear* - eine nach- und unromantische Botschaft

Full of vigour and hope, gentle, vivid, life-affirming sind die Attribute, mit denen die Rezensionen *Oranges from Spain* zu kategorisieren, zu werten versuchen. Sie alle treffen mehr oder minder zu, fassen zumindest Facetten des Kurzgeschichtenbandes. Der Aspekt der im Motto anklingenden Dialektik jedoch kommt damit etwas zu kurz. *Fear* ist eine ebenso bedeutende Komponente dieser Texte wie *hope* und *life* - gerade dort, wo Synthesen nicht mehr glücken wollen. Insofern mag die adäquateste Kritik diejenige Christopher Hopes sein: *This is a brave book* (Park: 1993, cover).[742]

---

[742] Vgl. ebd., *cover*

C Zusammenfassung

1. Resümee

Schon im Jahr 1925 konstatiert Virginia Woolf in ihrem berühmten Essay *Modern Fiction*:

> *In making any survey, even the freest and loosest, of modern fiction, it is difficult not to take it for granted that the modern practice of the art is somehow an improvement upon the old ... It is doubtful whether in the course of the centuries .. we have learnt anything about making literature. We do not come to write better; all that we can be said to do is to keep moving, now a little in this direction, now in that, but with a circular tendency should the whole course of the track be viewed from a sufficiently lofty pinnacle ... On the flat, in the crowd, half blind with dust, we look back with envy to those happier warriors, whose battle is won and whose achievements wear so serene an air of accomplishment that we can scarcely refrain from whispering that the fight was not so fierce for them as for us. It is for the historian of literature to decide; for him to say if we are now beginning or ending or standing in the middle of a great period of prose fiction, for down in the plain little is visible. We only know that certain gratitudes and hostilities inspire us; that certain paths seem to lead to fertile land, others to the dust and the desert; and for this perhaps it may be worth while to attempt some account* (Woolf: 1964, 388f.).[743]

Einige der "Pfade" der irischen Gegenwartsprosa zu verfolgen und - wo möglich - zu erfassen, ist die Intention, die dieser Studie zugrundeliegt. Daß der Blick des Schreibenden noch staubumwölkter ist als zu Virginia Woolfs Zeiten, liegt an der Vielfalt der beschrittenen Wege im inhaltlichen wie methodischen Sinn. Einige der relevantesten seien im folgenden noch einmal kurz skizziert.

Im ersten Teil ergab die exemplarische Betrachtung der Emigrationsliteratur eine allmähliche Verlagerung der Beweggründe der Auswanderung vom primär politisch-ökonomischen Sektor zum individuell-privaten. Weiten sich die Sujets in den *stories* Jordans oder Mac Lavertys in den Siebzigern ins Existentielle, so fällt diese Dimension in der weitgehend entpolitisierten Prosa der Folgezeit meist weg. Diese Tendenz darf jedoch nicht ausschließlich als eska-

---

[743] Vgl. Woolf..., S.388f.

pistisch diskreditiert werden, ist sie doch von einer ganzen Anzahl außerliterarischer Faktoren beeinflußt - nicht zuletzt der zunehmenden "Internationalisierung" Irlands bzw. seiner jüngeren Autorenschaft, die u.a. im Zuge der Integration des Landes in die Europäische Gemeinschaft prinzipiell stärker "außenorientiert" lebt.[744]

Die politischen Unruhen (Nord-)Irlands werden meist eindringlich und erschütternd aus der Perspektive des leidenden und von Ohnmachtsempfinden dominierten, zur Passivität oder Gewalt verurteilten Subjekts geschildert. Unabhängig davon, welcher Altersgruppe der Protagonist angehört, unabhängig davon, wie groß sein bisheriges politisches Engagement war - sie alle artikulieren Kritik an Terror und Fanatismus und plädieren für gewaltfreie "Lösungen" des Konflikts.

Die Geschlechterphilosophie ist zwar vorwiegend Thema der Frauenliteratur, dringt jedoch auch in die Prosa der jüngeren männlichen Autorenschaft ein - als Repräsentant mag Tóibín genannt sein. Im Zentrum der adäquaterweise auch erzähltechnisch innovativen Texte steht die Diskussion tradierter Geschlechterrollen, das Erproben neuer Beziehungsmöglichkeiten sowie die Offenheit für nonkonformes Verhalten - sei es im Bereich der Homosexualität bei Mulkerns oder Dorcey oder der praktizierten Unangepaßtheit der modernen Enright-Figuren.

Die Existenzproblematik wird in engem Zusammenhang mit der (impliziten) Konstruktivismusdebatte dargestellt, wobei die jeweiligen Konstrukte oder Konzeptionen auf ihre Tragfähigkeit und Glaubwürdigkeit hin überprüft werden. Stoßen die *minds* - wie etwa bei B.Moore oder Lavin - an die Grenzen ihrer Systeme, bedeutet dies keineswegs, daß sie glaubhaftere finden. Facettenreich und pluralistisch sind zudem die Persönlichkeitsmodelle, die (bei Madden oder Banville) vertraute Raster hinter sich lassen und in eine noch relativ unwägbare Offenheit vordringen, in der konventionelle Zuordnungen und Wertungen wie die der ("prämodernen") Psychopathologie nicht mehr greifen.

Deklarierten Becketts Figuren ihre eigenen ästhetischen Bedingtheiten bis hin zur Sprachlosigkeit, so zeichnet sich in den neueren selbstreferentiellen Werken eine Tendenz zur Überwindung dieser (wenn auch reizvollen) Stagnation ab.

---

[744] Vgl. dazu Cahalan, *Modern Irish Literature and Culture...*, S.270, 292f. u.296

Im zweiten Teil stehen Romane von Banville, Madden und Tóibín, Healy, Deane und McCourt sowie Kurzgeschichtensequenzen von Morrissy, Enright, Mac Laverty und Park im Mittelpunkt der Analyse. *Dr.Copernicus* stellt die *quest* eines *haunted genius*, eines von Selbst-, Erkenntnis- und Glaubenszweifeln ebenso wie vom Miß-trauen, Neid und Spott seiner ambitionierten Umgebung geplagten Universalgenies der Renaissance ins Zentrum. Mario Bretones Amalgambegriff ließe sich an diesem, Vergangenheit und Gegenwart zur Gesamtkomposition verbindenden Werk verifizieren. Copernicus, schroff, einsam und sensibel, fungiert jenseits seiner wissenschaftli-chen Bedeutung als ein nach ewigen Wahrheiten und Erlösung Strebender, der an seiner Skepsis wächst, der umso komplexer und überzeugender wird, je mehr er an der Bedingtheit seiner (Forschungs-)Ergebnisse zu verzweifeln droht, je näher seine Exi-stenz dem Tod kommt.

Als *a perfected work of art* präsentiert sich *Kepler*, der sich minu-tiös an der Biographie des Naturwissenschaftlers orientiert und des-sen Struktur jene von Keplers Oeuvre und Weltsystem widerspiegelt. Das Motto aus den *Duineser Elegien* Rilkes, des Dichters der Dich-ter, gibt den selbstreferentiellen Tenor des Romans an, der solcher-maßen auf sich selbst, sein Sujet, seine Genese, seine ästhetischen Gesetzmäßigkeiten verweist. Die Ordnungssysteme und Harmonie-konzeptionen, die sich Keplers religiös geprägtem Forscherblick ent-hüllen, sind stimmig wie gelungene Symphonien und fügen sich ebenso stringent in die Romanharmonie. Schlüssig fügen sich auch die scheinbar disparaten Partikel seiner *vita* in dieses Gesamtbild, dienen als Folie, Motivation, mitunter als zu kompensierendes Defi-zit, das sein Streben nur vorantreibt. *Kepler*, stilistisch ebenso diffe-renziert und schön wie strukturell stimmig und thematisch imposant, gehört Bretones Kategorie der Nostalgie an, verklärt, ohne zu über-zeichnen, schafft historisch Bedingtes und läßt darin metahistorische Bedürfnisse und *quests* aufleuchten.

Bretones Vergangenheitsverhältnis der Identifikation (des Prota-gonisten mit seinem wissenschaftlichen Sujet "Newton") und des Vergleichs, der erkenntnisfördernden Distanz, treffen - sukzessive - auf *The Newton Letter* - am besten zu. Kein Keplersches Harmonie-prinzip, vielmehr Kontingenz liegt, *Mefisto* nicht unähnlich, dem novellenhaften Roman zugrunde. Der Verlust von Sinn- und Ganz-heitserfahrung, die Sprach- und Schaffenskrise des Geschichtsdo-zenten impliziert jedoch auch einen konstruktiven Aspekt, nämlich die *quest* nach neuen *patterns*. Zunächst scheint es, als verfalle er mit seinem Bedürfnis nach "Normalität" einer theatralisch-farcehaften und provinziellen Existenzform, doch entpuppt sich diese nur als subjektiv notwendige Phase, die vorübergehend in einem Gefühl von Entpersönlichung und Zeitlosigkeit gipfelt. Am Ende erst findet er - analog zu seinem wissenschaftlichen Protagonisten - inmitten wachsender Relativität und Verunsicherung eine neue Perspektive, eine neue Optik.

Aisling, nach dem *dream poem* des achtzehnten Jahrhunderts benannt, macht in Maddens *Remembering Light and Stone* in ihrer melancholisch-reflektierenden Art wahr, was manchen Emigrations- und Irlandromanen abgeht, sie realisiert Robert Welchs Idee von *Irishness* durch ihr kritisch-flexibles Integrationsvermögen. Zudem repräsentiert sie die postmoderne multiple Perönlichkeitsstruktur, die es ihren Partnern erschwert, eindeutige Beziehungsmuster zu kreieren, sie selbst jedoch als äußerst komplex, zart, offen und suchend präsentiert. In der Auseinandersetzung mit der Kultur und Geschichte Irlands und jenen der anderen europäischen Länder und Amerikas sowie der bewußten Konfrontation mit dem Tod, tastet sich Aisling schließlich zu einer Synthese vor, die neue Potentiale birgt.

"Geborgtes Leben" ist Katherines Aufenthalt in *the south* in Tóibíns gleichnamigem Roman. Geborgt, Teil jener Geschichte, in die sie sich wie Aisling am Ende bewußt integriert, ephemer und doch bedeutend, weil es ihre Existenzmöglichkeit darstellt, während die irische, konventionell einschnürende, nicht mehr lebbar schien. Zentraler noch als in Maddens Text fungiert die Kunst, die Malerei als Refugium und Ausdrucksmittel, kennzeichnet sie die unterschiedlichen psychischen und ideologischen Haltungen der Protagonistin und jener Männer, zwischen denen sie laviert, bis sich der Kreis - analog zu *Remembering Light and Stone* - mit ihrer Heimkehr nach Irland schließt. Ein Zuhause freilich findet die Alternde dort weniger als eine neue Lebensform als etablierte Künstlerin und Geliebte jenes alten Freundes, der - wie sie - Irland entfloh, um (anders) wiederzukommen.

Seiner Imaginationskraft wieder habhaft zu werden, ist die Hauptantriebskraft des Stückeschreibers Jack Ferris, der in Healys Opus seine von Liebesverlust und Alkoholismus lädierte *vita* zu dramatisieren und solchermaßen mühevoll zu strukturieren versucht. Erinnerte Wirklichkeit und erlebte Gegenwart gehen fließend über in Erzähltes, Imaginiertes, Tragödien- und Gleichnishaftes, in den Mythos der *goat songs*, einen postmodernen irischen Mythos, der sich als adäquates Medium für die mythischen Traditionen verpflichtete Geschichte der Protestantin Catherine und des Katholiken Jack, wie auch Jonathan Adams', entpuppt. Dem *logos* der Kunst kommt dabei quasi-erlösende Funktion zu. Die dualistisch-dialektische Grundstruktur erschöpft sich nicht im Bild der "getrennten" Geschlechter, die imaginierte Synthese nicht in deren harmonischer Vereinigung. Sie impliziert die verfeindeten politischen und religiösen Lager Irlands ebenso wie die Spannungsverhältnisse von Vergangenheit und Gegenwart, Bewußtem und Vorbewußtem, Ratio und Irrationalität, Körper und Geist. Am Ende seiner Suche nach der verlorengegangenen Imagination ist Jack - Prousts Protagonisten der *Recherche* gleich - fähig, den eben geschriebenen Roman zu verfassen: *The journey was the quest.* Eine neue Transformation des Bewußtseins steht bevor.

Mit *Reading in the Dark* und *Angela's Ashes* haben die Autoren Deane und McCourt zeitgleich zwei kontrastive Werke mit nah verwandten Sujets vorgelegt, zwei Porträts aus der irischen Jugendzeit vor bzw. nach dem zweiten Weltkrieg. Die Romane könnten stilistisch kaum unterschiedlicher sein: subtil, poetisch, dicht und beinahe obsessiv Deanes Saga von Fehde und Verfemung; grell, naturalistisch, humorvoll, redundant und drastisch vulgär das Szenario des sozialen Elends, der Zerrüttung und Stereotypik McCourts. Der Vergleich akzentuiert die Konturen der individuellen Texte, die, angelehnt an den klassischen Bildungs- und Entwicklungsroman, zwar beide die Phasen der frühen Kindheit, Schulzeit, Pubertät durchlaufen, den Bezug zum irischen Katholizismus, die Initiation in die Sexualität und die Ablösung von der Familie skizzieren, deren Aussage jedoch stark differiert. Gilt das Hauptinteresse von Deanes Protagonisten dem Erfassen und Niederschreiben der zunächst diffusen Familiengeschichte, die als Kristallisationspunkt der irischen fungiert, so konzentriert sich Franks Energie auf das schiere Überleben inmitten einer sozialen Misere, die ebensogut zu Defaitismus wie zu Eskapismus verleiten könnte.

Nicht-Lösungen bietet *A Lazy Eye* von Morrissy dem Leser an, der mit einer Palette zeitgenössischer *paralysis*- Phänomene konfrontiert wird. Un-Möglichkeiten stellen die immanent logischen Reaktionsweisen der jungen Frauen dar, die, der geheuchelten Harmonien und anachronistischen Tabuisierungen überdrüssig, in ihren eigenen Perversionen von Destruktivität, Kriminalität und Rachgier eine pervertierte erneuerungsbedürftige gesellschaftliche Wirklichkeit reflektieren. Monokausale Erklärungsmodelle überwindend, erhellen die Geschichten stets andere Facetten einer scheinbar stimmigen, oberflächlich geordneten sozialen und privaten Realität, die sich als engstirnig, hermetisch und verlogen erweist und deren *mind sets* lähmen oder zu asozialen Verhaltensmustern provozieren, die zwar

keine, nicht einmal eine private Lösung versprechen, wohl aber psychische Entlastung.

Enrights Frauengestalten in *A Portable Virgin* bewegen sich auf
der Bühne eines Verwirrspiels, auf der Phantasie zur Realität und
"objektive" Wirklichkeit zur Fiktion geraät und die zum Schauplatz
"postplatonischer" Weltdeutungen wird. Die Darstellungsmodi, den
solchermaßen perzipierenden *minds* angemessen, führen und verführen den Leser, der, Bilanz ziehend, feststellt, daß er bestenfalls
vorläufige Schlüsse gezogen hat. Rezepte liefert Enright gerade dort
nicht, wo sie, wie in der Titelgeschichte, solche thematisiert, vielmehr
schildert sie einen beunruhigenden staus quo der *dislocated reality*,
dem es spielerisch zu entfliehen, den es reflektierend zu überwinden
gilt. Was danach ist, bleibt gänzlich offen - relevant ist der Mut zur
De(kon)struktion obsoleter *patterns* der gegenwärtigen zwischenmenschlichen Beziehungen, die eine neue, zu erprobende Bewußtseinsebene impliziert. Darüberhinaus geht es um die systematische
Demontage der Rezipientenerwartung.

Das männliche Personal fungiert bei Enright wie Morrissy, von
wenigen Ausnahmen abgesehen, als Folie für weibliche Existenzformen und -entwürfe.

Der Titel *Walking the Dog* suggeriert die Sphäre, denen Mac
Lavertys Geschichten entstammen. Er schreibt über Alltägliches,
über Terror, Krankheit, Tod, im präzis-nüchternen, um detailgetreuen
Realismus bemühten Duktus. Die Aussagen sind so unprätentiös wie
der Stil - gelegentlich nur leuchtet in Andeutungen Utopisches auf.
Daß die Diskussion der literarischen Postmoderne an Mac Laverty
nicht einfach vorüberging, davon zeugen die experimentellen *interludes*, die das Phänomen der Selbstreflexivität thematisieren, problematisieren und partiell ad absurdum führen. Auf der Folie dieser
Reflexionen lesen sich die *stories* im engeren Sinn als bewußt
schlicht gehaltene kritische Antworten auf die Postmoderne. Genährt
und geprägt von Schrecken und Schönheit, steht der Kampf von
Parks Jugendlichen um eine eigene Identität im stark polarisierten,
freilich längst nachromantischen Spannungsverhältnis von Imagination und Realität. Synthesen, momenthaft erahnt, entziehen sich
dem Zugriff, sind angesichts der herrschenden Verhältnisse meist
illusorisch und ephemer. Dies ist denn auch der kardinale Unterschied zum romantischen Tenor, den Allusionen wie jene auf
Wordsworth und Coleridge suggerieren. Die Initiation der Protagonisten gleicht einem Gewahrwerden der - partiell zumindest - zu er-
tragenden Dissonanzen, gleicht der Einweihung in die bewußte
Auseinandersetzung mit sozialen, politischen und psychischen Wirk-

lichkeiten, die selten nur ein schönes *pattern* von Stimmigkeit ergeben.

2. Postmoderne und irische Gegenwartsliteratur[745]

2.1. Wolfgang Welschs "Wege aus der Moderne"

2.1.1. Begriffsproblematik und-geschichte

Ende der achtziger Jahre entwirft Wolfgang Welsch in *Wege aus der Moderne:Schlüsseltexte zur Postmoderne-Diskussion* die folgende Klärung des Terminus Postmoderne.

> *"Postmoderne" ist ein Reizwort ... "Postmoderne" ist ein Ausdruck,*
> *der nicht mehr nur auf Literatur, Architektur und andere Sparten der*

---

[745]   Vgl. zur terminologischen Differenzierung folgende Beiträge aus Coyle/Garside..., S.131-147, 736-749 u.777-790:

Robert B.Ray, "Postmodernism"; Steven Connor, "Structuralism and Post-Structuralism" und Nigel Mapp, "Deconstruction"

Derridas Kritik am Strukturalismus (eines Roman Jakobson und Claude Lévi-Strauss) kristallisiert sich bereits Ende der 70er Jahre (vgl. "Structure, Sign and Play in the Discourse of the Human Sciences",1978) in der Kritik am Konzeptualismus. Das Phänomen der Struktur geht nicht auf in der Relation der Teile zum Ganzen, diese Teile formieren sich um ein Zentrum, das, wenn auch unbenannt, die gesamte Struktur steuert. Zunächst geht es also um das Entdecken dieser Zentren. Während Michael Riffaterre (u.a. in "The Semiotics of Poetry", 1978) dieses Postulat in Gedichtanalysen konkretisiert, liegt Derridas Akzent zunehmend auf der - nietzscheanisch anmutenden - Hinterfragung von Konzepten wie Ursprung, Transzendenz, Wesen, *telos*. Auf analoge Weise attackieren Jacques Lacan und Michel Foucault die Konzeptionen einer einheitlich strukturierten Persönlichkeit bzw. stringenten Menschheitsgeschichte, um sie gleichsam als Mythen zu entlarven. Auch der Dekonstruktivismus entdeckt konzeptuelles Denken und Interpretieren. Auf philosophischer Ebene bedeutet dies die bereits vertraute Kritik an metaphysischen Entwürfen, auf interpretatorischer Ebene das Bestreben um eine entideologisierte Deutung, die von sämtlichen von außen an den Text herangetragenen Bezügen abstrahiert. Wenn Paul de Man vom Verstehen als epistemologischem und empirischem Ereignis spricht, impliziert er zudem - betont undogmatisch - rezeptionsästhetische Ansätze. Die Differenz zwischen Dekonstruktivismus und Poststrukturalismus formuliert Steven Connor folgendermaßen (vgl. ebd., S.745):

We can say that, where post-structuralism hedonistically attempts to proclaim absolute centrelessness against the repressive creed of the centre, deconstruction attempts to think its way through and perhaps out of the very structure of centre and margin.

Offen bleibt bei diesem Transzendierungsversuch jedoch, inwieweit das Marginale wiederum eine zentrale Position erobern kann, wie dies mitunter in der feministischen Literaturkritik nachweisbar ist, insofern sie das (zunächst zentrale) patriarchalische durch ein (zunächst marginales) feministisches Konzept ersetzt.

> *Kunst angewandt wird, sondern soziologisch so gut eingeführt ist wie philosophisch, ökonomisch so sehr wie theologisch, und er hat in Historie und Anthropologie, Jurisprudenz und Psychiatrie, Kulturtheorie und Pädagogik Eingang gefunden ... "Postmoderne" scheint zum Fokus unseres Selbstverständnisses geworden, zur Grundvokabel der Gegenwart aufgerückt zu sein* (Welsch: 1988, 1).[746]

Eine Folge davon ist die mangelnde Präzision des Wortgebrauchs.

> *Seit die Auseinandersetzung um die Postmoderne in die Feuilletons eingedrungen ist, sank der Klärungseffizient, und noch immer lösen diffuse Stellungnahmen einander ab, die kaum mehr als Wortnebel produzieren* (Welsch: 1988, 5).[747]

Nicht grundsätzlich anders stellt sich das Phänomen der Moderne dar. Zunächst versucht Welsch, die Vieldeutigkeit von "Moderne" aufzuzeigen, um sodann deren Relation zur Postmoderne anzureißen.

> *Das Verhältnis von Postmoderne und Moderne ist verwickelter, als man oft angenommen hat ... (Meine) Auffassung .. (daß) die Postmoderne die exotischere Einlösungsform der einst esoterischen Moderne dieses Jahrhunderts sei - diese Sicht wird nicht jedermann teilen wollen. Aber eines ist unbestreitbar: daß man im Begriff der Moderne selbst schon differenzieren und entsprechend jeweils fragen muß, nach welcher Moderne ein bestimmter Postmodernismus sich denn wähnt* (Welsch: 1988, 2).[748]

So ist die französische Bezeichnung "temps modernes" ein Synonym für das deutsche "Neuzeit", während unsere "Moderne" differierende Konnotationsbereiche umspannt: angefangen vom Aufklärungsprojekt des 18. über die Fortschrittsgläubigkeit bzw. Industrialisierungsprozesse des 19.Jahrhunderts bis hin zu den künstlerischen Avantgarden und Wissenschaftskrisen des frühen 20. oder den totalitären Strukturen der folgenden Dekaden.

---

[746] Vgl. Wolfgang Welsch (Hrsg.), Jean Baudrillard (Mitverf.), *Wege aus der Moderne: Schlüsseltexte der Postmoderne-Diskussion* , Weinheim 1988, S.1

[747] Ebd., S.5

[748] Vgl. ebd., S.2

Die groben Klischees - angeblicher Epochenanspruch, Irrationalismus, Defaitismus der Postmoderne - sind zwar noch nicht verschwunden, aber sie haben an Glaubwürdigkeit eingebüßt und spielen im relevanten Teil der Debatte kaum noch eine Rolle (Welsch: 1988, 3).[749]

Die Geschichte des Terminus "Postmoderne" umfaßt mehr als ein Jahrhundert. Fälschlicherweise wird bis heute behauptet, er entstamme der Architekturdebatte der siebziger Jahre, während er de facto bereits in der Literaturdiskussion der fünfziger in den USA eine Rolle spielte. Erwähnt wird der Begriff jedoch schon wesentlich früher. So taucht bereits 1870 das Adjektiv "postmodern" bei dem Salonmaler Chapman auf, der sich und seine Künstlerfreunde von den Impressionisten distanzieren wollte. Im Jahr 1917 spricht Rudolf Pannwitz in *Die Krisis der europäischen Kultur* vom "postmodernen Menschen", der letztlich auf Nietzsches Übermenschkonzeption rekurriert. Wenn Federico de Oníz 1934 die spanische und hispanoamerikanische Literatur in "modernismo", "postmodernismo" und "ultramodernismo" kategorisiert, so will er damit ein Steigerungsprinzip ausdrücken, was jedoch in der Literaturwissenschaft ohne Nachwirkung blieb. Signifikanter für den gegenwärtigen Sprachgebrauch ist jener seit Ende der vierziger Jahre. In Arnold Toynbees *A Study of History* wird der Beginn der Postmoderne auf 1875 datiert und mit der Entwicklung der Politik von nationalstaatlichem zu globalem Denken und Interagieren gleichgesetzt.

Die postmoderne Literaturdebatte beginnt 1959 und 1960 mit Irving Howe und Harry Levin, die konstatieren, daß die Literatur ihrer Gegenwart im Unterschied zur großen Literatur der Moderne - der Literatur der Yeats, Eliot, Pound und Joyce - durch Erschlaffung, durch ein Nachlassen der innovatorischen Potenz und Durchschlagskraft gekennzeichnet ist ...
Literaturkritiker wie Leslie Fiedler und Susan Sontag gaben die Orientierung am Maßstab der kalssischen Moderne auf, wurden damit die kulturpessimistischen Töne los und entdeckten und verteidigten die genuinen Qualitäten der neuen Literatur. Sie sahen die entscheidende Leistung von Autoren wie Boris Vian, John Barth, Leonard Cohen und Norman Mailer in der neuen Verbindung von Elite- und Massenkultur ... Postmoderne Literatur berücksichtigt - zumindest idealiter - alle Sphären der Wirklichkeit und spricht alle sozialen Schichten an. So verbindet sie beispielsweise Realismus

---

[749] Vgl. ebd., S.3

und Phantastik, Bürgerlichkeit und Outsidertum, Technik und Mythos. Nicht Uniformierung, sondern Mehrsprachigkeit ist ihr Königsweg. Semantisch ist sie durch derartige Verbindungen, soziologisch durch die Koppelung von elitärem und populärem Geschmack gekenn-zeichnet (Welsch: 1988, 9f.).[750]

Postmodernismus wurde seit Ende der sechziger Jahre als Grundformel auf diejenigen Werke angewandt, die sich durch einen Pluralismus von Sprachen, Modellen oder Methoden auszeichneten.

Am bekanntesten wurde die Vokabel im Kontext der Architektur, wobei sie bald in andere Sektoren eindrang - vornehmlich den der Soziologie und Philosophie. Amitai Etzioni zufolge kennzeichnet die postmoderne Gesellschaft *eine Steigerung der Kommunikations-, Wissens- und Energietechnologien* (Welsch: 1988, 11).[751] Daniel Bells Formel von der "postindustriellen Gesellschaft" dürfte an Etzionis Bezeichnung anknüpfen.

In der Philosophie schließlich taucht der Ausdruck "Postmoderne" erst spät auf: 1979, als Jean-François Lyotard seine Schrift La Con-dition postmoderne *(dt.* Das postmoderne Wissen) *publiziert, die mittlerweile zum wohl bekanntesten Buch der Postmoderne gewor-den ist. "Postmoderne" wird dort vor allem durch das "Ende der Meta-Erzählungen" definiert. Die Moderne war Lyotard zufolge durch die Herrschaft von Meta-Erzählungen charakterisiert, die jeweils eine Leitidee vorgaben, die alle Wissenschaftsanstrengungen und Lebenspraktiken einer Zeit bündelte und auf ein Ziel hin versam-melte: Emanzipation der Menschheit in der Aufklärung, Teleologie des Geistes im Idealismus, Hermeneutik des Sinns im Historismus, Beglückung aller Menschen durch Reichtum im Kapitalismus, Befrei-ung der Menschheit zur Autonomie im Marxismus etc. Doch solche Meta-Erzählungen sind mittlerweile infolge schmerzlicher Erfahrun-gen mit ihnen unglaubwürdig geworden. Auf diesen Verlust reagiert man heute jedoch nicht mehr mit Trauer und Melancholie, denn man ist der Kehrseite solcher Ganzheiten gewahr geworden und hat er-kannt, daß dieser "Verlust" eher ein Gewinn ist. Denn die Kehrseite von Ganzheit lautet Zwang und Terror, ihr "Verlust" hingegen ist mit einem Gewinn an Autonomie und einer Befreiung des Vielen verbun-den. Diese Umstellung ist entscheidend. Schätzung des Differenten und Heterogenen bestimmen die neue Orientierung. Erst wenn man eine solch positive Vision der Vielfalt unterschiedlicher Sprachspiele,*

---

[750] Vgl. ebd., S.9f.

[751] Vgl. ebd., S.11

Handlungsformen, Lebensweisen, Wissenschaftskonzepte etc. teilt,
bewegt man sich in der Postmoderne. Für diese ist - das kann man
Lyotard als Quintessenz entnehmen - die Irreduzibilität des Differen-
ten essentiell ... (Welsch: 1988, 12).[752]

Diese Konnotation sprengt die Kategorien der Epochen, der
Chronologie, des Fortschritts und unterscheidet sich eben dadurch
von der Grundhaltung der Moderne.

2.1.2. Pluralität als Paradigma

Pluralität ist nicht nur der Kampfruf, sondern auch das Herzwort
der Postmoderne. Das läßt sich gerade an Sektoren studieren, die
nicht Paradebeispiele von Postmoderne sind ... So arbeitet man
heute in der psychopathologischen Diagnostik nicht mehr mit festen
Krankheitsbildern (Paranoia, Schizophrenie usw.), sondern mit einer
breiten Skala von Merkmalen, denen man gerade dort noch Aussa-
gekraft und praktische Relevanz attestiert, wo sie sich nicht zu einem
Gesamtbild fügen. Man diagnostiziert nicht mehr generell und uni-
form, sondern spezifisch und plural ... Pluralität ist das gegenwärtige
Paradigma (Welsch: 1988, 13).[753]

Die Ablehnung von Einheit, Ganzheit und jedweder holistischer
Konzeption ist, laut Welsch, historisch begründet: *die Einsicht in das*
irreduzible Eigenrecht und die Unüberschreitbarkeit des Vielen ha-
ben eine neue Gesamtkonzeption nötig gemacht (Welsch: 1988, 16).
Zudem sind Ganzheitsvisionen unglaubwürdiger geworden, wenngleich es ein Mißverständnis wäre, anzunehmen, *die postmoderne*
Option für Vielheit gebe Einheit und Ganzheit einfach preis. Genauer
besehen verhält es sich vielmehr so, daß sie Einheit in gewissem
Sinn wahrt - allerdings in einer Form, die paradox formuliert, nicht die
der Einlösung, sondern der Offenheit ist. Solchermaßen bleibt offene
Ganzheit einzig und allein durch plurales Denken gewahrt (Welsch
1988, 16f.).[754]

---

[752] Vgl. ebd., S.12

[753] Vgl. ebd.

[754] Vgl. ebd., S.16f.

Im Kontext der Literaturdiskussion sind Hassan, Fiedler und Eco besonders relevante Figuren. Ihab Hassan, *einer der Protagonisten der Debatte*, nennt elf Charakteristika der Postmoderne:

> *Unbestimmtheit, Fragmentarisierung, Auflösung des Kanons, Verlust von "Ich" und "Tiefe", Nicht-Zeigbares und Nicht-Darstellbares, Ironie, Hybridisierung, Karnevalisierung, Performanz und Teilnahme, Konstruktcharakter, Immanenz. Am Ende steht nicht die Bündelung in einer Definition, sondern die Vielfältigkeit (zu der auch Überschneidungen der diversen Merkmale gehören), die einen Raum von "Indetermanenzen" beschreibt. Der Theoretiker der Postmoderne operiert hier offensichtlich selber postmodern* (Welsch: 1988, 21).[755]

Die Rezeption Leslie Fiedlers ist oft undifferenziert, sein programmatischer Ansatz wird häufig auf eine Befürwortung der Popkultur reduziert. Dabei zielte Fiedler keineswegs auf eine neue Einseitigkeit, sondern vielmehr auf Integration und prägte dafür die Formel vom postmodernen Künstler als Doppelagenten, der Elitäres und Populäres, Professionelles und Amateurhaftes, Wirklichkeit und Mythos in Einklang bringt.

> *Ein postmodernes Werk enthält eine Vielfalt von Sprachen und Kodes. Integrativ ist es nicht nur durch Setzung, sondern auf dem Weg solcher Pluralität und Mehrdimensionalität* (Welsch: 1988, 22).[756]

Ebenso epocheschaffend sind die in der vorliegenden Studie bereits im Zusammenhang mit John Banville referierten Äußerungen Umberto Ecos in der *Nachschrift* zu seinem Roman *Der Name der Rose*.

> *Postmoderne ist Eco zufolge als metahistorische Kategorie zu verstehen. Sie drückt die stets neue Notwendigkeit aus, sich von einer Vergangenheit, die zur Last geworden ist, zu distanzieren. Jede der Avantgarden der Moderne hat dies auf ihre Weise getan, hat Vergangenheit destruiert. Schließlich mündeten diese Avantgarden aber in der Sackgasse ihres eigenen Verstummens. Daraus führt die Postmoderne heraus: Sie vermag wieder zu sprechen - tut es jedoch durch die Maske vergangener Gestalten; und sie kann die Vergangenheit wieder thematisieren - jedoch nur im Modus der Ironie. Am*

---

[755] Ebd., S.21

[756] Ebd., S.22

Ende kommt Eco auf Fiedler zu sprechen: Eigentlich sei es diesem darum gegangen, die moderne Schranke zwischen Kunst und Vergnügen aufzuheben - was natürlich gerade Eco glöänzend gelungen ist. Andererseits deutet sich in seiner These vom ironischen Vergangenheitsverhältnis schon ein Problem der Postmoderne insgesamt .. an: Kann sie zu anderem als einem - erst ironischen dann demonstrativen, schließlich vielleicht bloß noch konsum-orientierten - Eklektizismus führen? (Welsch: 1988, 22f.).[757]

2.1.3. Individualität und Kunstrezeption

"Person" und "Individuum" konstituieren sich in der Postmoderne teilweise neu. Als Leitlinie kann gelten,

> *daß Individuen in Zukunft verstärkt nicht mehr bloß <u>eine</u> Existenzform verfolgen, sondern <u>mehrere</u> erproben werden ... Der Mensch der Postmoderne ist kein uomo universale, kein verschwindendes Antlitz im Sand des Einerlei, keine Monade. Er ist vielmehr eine Figur des Übergangs und der Verknüpfung verschiedener Möglichkeiten* (Welsch: 1988, 40).[758]

---

[757] Vgl. ebd., S.22f.

[758] Vgl. ebd., S.40

Vgl. dazu Ulrich Becks Ausführungen in *Eigenes Leben. Ausflüge in die unbekannte Gesellschaft, in der wir leben*, München 1997, S.12ff.:

Die <u>Normal</u>biographie wird zur <u>Wahl</u>biographie, zur "<u>Bastel</u>biographie" (Hitzler), zur <u>Risiko</u>biographie, zur <u>Bruch</u>- oder <u>Zusammenbruchs</u>biographie ... Faßt man Globalisierung, Enttraditionalisierung und Individualisierung zusammen, dann wird klar ..: Das eigene Leben ist ein <u>experimentelles</u> Leben. Überlieferte Lebensrezepturen und Rollenstereotypen versagen. Zukunft kann nicht aus Herkunft abgeleitet werden. Die Lebensführung wird historisch vorbildlos ... Das eigene Leben ist .. eine spätmoderne (ich werde in Präzisierung der Rede von der "Postmoderne" sagen: "reflexiv moderne") Lebensform. welche .. <u>hoch bewertet</u> wird ... Erst die Enttraditionalisierung, die Öffnung der Gesellschaft, die Vervielfältigung und das Widersprüchlichwerden ihrer Funktionslogiken gibt der Empathie des Individuums gesellschaftlichen Raum und Sinn ... Eigenes Leben ist .. das <u>radikal nichtidentische</u> Leben ... Insoweit das eigene Leben sich gerade dem Zugriff des verallgemeinernden Denkens und Forschens entzieht, wird notwendig, was in diesem Buch versucht wird: Wissenschaft <u>und</u> Kunst .., biographische (Re)Konstruktion <u>und</u> soziologische Analyse zu verbinden .. mit dem Ziel, aus allen Himmelsrichtungen Licht auf das Rätsel des eigenen Lebens zu werfen.

Derrida zufolge ist das eigentlich postmoderne Denken ein ästhetisches, nicht ein begriffliches.

> *Seitdem Bilder und Imaginationen leitend geworden sind, stößt begriffliches Denken an eine Grenze und wird umgekehrt ästhetisches Denken kompetent ... Ein solches Denken geht von Wahrnehmungen aus* (Welsch: 1988, 41).[759]

Nun ist es die Sphäre der Ästhetik bzw. Kunst, die vornehmlich mit Wahrnehmungen zu tun hat. Denken in ästhetischen Kategorien und Kunsterfahrung sind wesenhaft mit der Struktur der Pluralität vertraut.

> *Chronos frißt seine Kinder, die Töchter der Kunst aber bleiben am Leben ... Die Kunst ist diachron schon ein Medium der Pluralität.*
> *Und zumal die postmoderne Kunst wurde dann geradezu zu einer Schule der Pluralität, des Nebeneinanders hochgradig differenter Gestaltungen. Denn diese Kunst sucht unterschiedliche Ansätze und Möglichkeiten in ihrer je eigenen Logik zu entfalten sowie hochgradig differente Werkformen und Anschauungsweisen zu generieren. Daher wird demjenigen, der für diese Kunst ein Sensorium hat, an ihr exemplarisch dreierlei klar ...: daß es jeweils auf den spezifischen Ansatz zu achten gilt; daß man dessen eigentümliche Gestaltungslogik und besonderen Regeln beachten muß; und daß man von daher gegen banausische und beckmesserische Übergriffe allergisch zu sein hat, also gegen die Bemessung des einen am Maß des anderen ...*
> *Von daher bietet Kunsterfahrung eine musterhafte Einübung in Pluralität. Sie begründet postmoderne Kompetenz* (Welsch: 1988, 41f.).[760]

---

[759] Vgl. ebd., S.41

[760] Vgl. ebd., S.41f.

2.2. Peter V.Zimas *Moderne/Postmoderne*

Paradigmenwechsel: Moderne - Modernismus - Postmoderne

Peter V.Zima setzt in seinem 1997 erschienen Werk *Moderne/Postmoderne. Gesellschaft, Philosophie, Literatur* einige für unseren Kontext relevante neue Akzente. In seiner Diskussion der Begriffe Moderne, Modernismus, Postmoderne aus soziologischer, philosophischer und literaturwissenschaftlicher Perspektive ordnet er denselben Paradigmata zu, die sich in den Merkmalen der Ambiguität, Ambivalenz sowie Indifferenz, Pluralisierung und Partikularisierung kristallisieren. Moderne wird hier verstanden als Neuzeit und bezieht sich auf das 18. und 19. Jahrhundert, für deren literarische und philosophische Konzeptionen die Ambiguität charakteristisch sei, die im Medium der Epistemologie, Psychologie und dem Erzählerkommentar aufgelöst werden könne. Solchermaßen werde der *Gegensatz zwischen Sein und Schein, Wahr und Falsch, Gut und Böse usw. wiederhergestellt* (Zima 1997, 24).[761] In der Literatur ist dies v.a. bei Schriftstellern wie Jane Austen, Balzac, G.Keller nachvollziehbar. In Hegels Begriff der Synthese höherer Erkenntnis wird die Ambiguität in der Einheit der Gegensätze überwunden. Nietzsche wird Hegel als Denker der Ambivalenz entgegengesetzt, in dessen Oeuvre ebenso wie in den zahlreichen von ihm beeinflußten Erzählwerken (etwa Gides, Prousts, D.H.Lawrences, Musils oder Hesses) der Abschied von der metaphysischen Sinn- und Wesenssuche thematisiert und die unüberbrückbare Zweideutigkeit der modernen Welt diagnostiziert wird. Ambivalenz steigert sich im postmodernen Zeitalter zur Indifferenz, zur Ununterscheidbarkeit und Austauschbarkeit der Werte, deren Absolutheitsanspruch Nietzsche bereits hinterfragt hat. Folgerichtig gelten in der spät- und postmodernen vom Tauschwert bestimmten Gesellschaft auch Individuen, Beziehungen und Ideologien als austauschbar. Schließlich verweist Zima auf den Nexus von Indifferenz, Pluralisierung, Partikularisierung und ideologischer Reaktion. *Wo moralische, ästhetische und politische Werte, ja ganze Ideologien (z.B. die faschistische und die kommunistische) als austauschbar erscheinen,* werde ihr *Anspruch auf Allgemeingültigkeit und Verallgemeinerungsfähigkeit radikal in*

---

[761] Vgl. Peter V.Zima, *Moderne/Postmoderne. Gesellschaft, Philosophie, Literatur*, Tübingen/Basel 1997, S.24

Frage gestellt: Es gibt keine christliche, liberale, sozialistische oder nationale Wertsetzung mehr, die unumstritten und konsensfähig wäre (Zima 1997, 26)[762]

Dem *Tod des göttlichen Subjekts* in Nietzsches Philosophie folgt *bei den meisten postmodernen Denkern* der *Tod des menschlichen Subjekts*, an die Stelle eines Wahrheitsbegriffs tritt die Kontingenz von konkurrierenden Wahrheiten, die literarische Figur wird zum Konglomerat disparater Facetten, die ihres *telos* verlustig ging (Zima 1997, 117ff.u.330).[763] In der Sphäre der Erkenntnistheorie handelt es sich um den Zerfall der großen Metaerzählungen.

> *Es erscheint nicht mehr möglich, Kernbegriffe der Philosophie wie Vernunft und Wahrheit im Rahmen einer rationalistischen, hegelianischen oder marxistischen Metaerzählung zu definieren... Alle Erkenntnisformen, alle Vernunft- und Wahrheitsbegriffe werden gleichsam* von außen betrachtet*... Dadurch kommt es zu einer drastischen* Pluralisierung *und* Partikularisierung *dieser Begriffe... Das menschliche Subjekt erscheint nicht länger als autonome Instanz .., sondern als* von Machtapparaten konstituiertes sub-iectum *(Unterworfenes)... Werden Vernunft und Wahrheit als plurale und partikulare Erkenntnisformen erkannt und in Frage gestellt, bleibt keine andere Lösung, als aus der Not eine Tugend zu machen, und die Pluralität und Partikularität aller unserer Erkenntnisformen zu verkünden* (Zima 1997, 147).[764]

Auf erzählerischer Ebene manifestiert sich dieser Paradigmenwechsel in den Werken eines Th.Bernhard, Th.Pynchon, Robbe-Grillet oder Eco im *Glasperlenspiel*, in der *Lust am Text*, in der sprachlichen und ethischen Indifferenz und der sich selbst reflektierenden Artistik (Zima 1997, 332f.).[765]

> *Intertextualität als Vielstimmigkeit ist möglicherweise - neben dem radikalen Konstruktivismus - das wichtigste Merkmal der literarischen Postmoderne* (Zima 1997, 339f.).[766]

---

[762] Vgl. ebd., S.26

[763] Vgl. ebd., S.117ff. u.330

[764] Vgl. ebd., S.147

[765] Vgl. ebd., S.332f.

[766] Vgl. ebd., S.339f.

Als theoretisches *Pendant oder Analogon des postmodernen Textes* sieht Zima die Rezeptionsästhetik, da diese zwei zentrale Anliegen miteinander verknüpft: Foucaults These vom Autor als totem Subjekt, der mithin nicht länger als sinnstiftende Instanz fungieren kann, und die Fokussierung der Rezeption anstelle der Produktion oder des Produzenten. Von Interesse ist nun *die Beschreibung der spielerischen Wechselseitigkeit von Text und Leser* und nicht länger *das Fahnden nach Wahrheitsgehalt, Kritik und Subjektivität* (Zima 1997, 343f.).[767]

---

[767] Vgl. ebd., S.343f.

2.3. Kritischer Beitrag zur Postmodernerezeption

2.3.1. Methode: Balance von Text- und Leserintention

Im Licht dieser Ausführungen soll die vorliegende Arbeit als kritischer Beitrag zur Postmodernerezeption betrachtet werden. Bereits eingangs wurde konstatiert, daß die interpretatorische Methode sich unterschiedlicher *approaches* bedienen wolle, sich im Sinne Welschs als Einübung in Pluralität begreife, um den individuellen Werken in ihrer Eigenwilligkeit auf analytischer Ebene gerecht zu werden.

Dementsprechend akzentuiert die Interpretation von Banvilles "historischen" Romanen primär wissenschaftsgeschichtliche Zusammenhänge und deren zeitgenössische Ästhetisierung, die von Healys programmatischem *A Goat's Song* das mythische Element und seine Aktualisierung, so betont die Deutung von Tóibíns und Maddens Werken psychosoziale Komponenten und neuere Persönlichkeitskonzeptionen im Kontext der Emigrationsthematik, während die Existenzentwürfe der jungen Protagonisten bei Deane und McCourt in ihrem je eigenen Irlandbezug erörtert oder die Rollenkritik und Exzentrik von Enrights Frauenfiguren an tradierten sowie real existierenden Beziehungsmustern relativiert werden.

Was für die Literaturinterpretation per se gilt, trifft auf die postmoderner Werke insbesondere zu:

Lesen (ist) stets ein schwieriger Balanceakt zwischen der Kompetenz des Lesers .. und jener Kompetenz, die ein gegebener Text im Sinne der ökonomischen Lektüre erfordert (Eco: 1994, 75f.). [768]

So pluralistisch die Werkaussagen selbst und deren Deutungsversuche ausfallen mögen, so schwer eruierbar ihre Genese sein mag -

(zwischen) der mysteriösen Entstehungsgeschichte eines Textes und dem unkontrollierbaren Driften künftiger Lesarten hat die bloße Präsenz des Textes etwas tröstlich Verläßliches als ein Anhaltspunkt, auf den wir stets zurückgreifen können (Eco: 1994, 97). [769]

---

[768] Umberto Eco, "Zwischen Autor und Text", in: Umberto Eco, *Zwischen Autor und Text. Interpretation und Überinterpretation*, München/Wien 1994, S.75f.

[769] Vgl. ebd., S.97

Dabei grenzt die Eigenart, die Individualität der Texte selbst, laut Eco, das Spektrum zufälliger Auslegungen ein. In seinem abschliessenden Kommentar zur Kontroverse um "Interpretation und Überinterpretation" konstatiert er diese Idee noch einmal in dem ihm eigenen ironisch-bildhaften Duktus:

> Obwohl es .. eindeutig unterschiedliche Grade der Gewißheit und Ungewißheit gibt, ist jedes Weltbild (sei es ein Naturgesetz oder ein Roman) als Buch eigenständig und für weitere Interpretationen offen. Doch gewisse Interpretationen sind unfruchtbar wie Maulesel, fördern weder neue Interpretationen, noch lassen sie sich mit den bisherigen Traditionen konfrontieren. Die Stärke der Kopernikanischen Wende liegt nur darin, daß sie bestimmte astronomische Phänomene besser erklärt als das alte ptolemäische Weltbild, sie begründet auch noch, auf welcher Basis Ptolemäus' Interpretation gerechtfertigt war - wenngleich er als elender Lügner geschmäht wird.
> Entsprechend sollten wir mit literarischen und philosophischen Texten umgehen, wobei es Fälle gibt, in denen man eine bestimmte Interpretation anzweifeln darf. Warum sollte ich mich sonst mit den Meinungen von Richard Rorty, Jonathan Culler oder Christine Brooke-Rose auseinandersetzen? Wo alle recht haben, hat jeder unrecht, so daß ich die Standpunkte anderer einfach übergehen könnte. Zum Glück denke ich nicht so ... (Eco: 1994, 167).[770]

Bei aller Vorliebe für pluralistische, von den individuellen Werken initiierte *approaches* bezieht die Verfasserin jedoch bewußt Stellung und wagt eigene Wertungen, um zum einen dem Nebel indifferenter Urteilslosigkeit zu entkommen und zugleich die dialektische Beziehung von Leser- und Textintention zu wahren, die verabsolutierende rezeptionsästhetische Schemata ebenso hinter sich läßt wie etwa jene der Werkimmanenz oder Literatursoziologie. Die literaturwissenschaftliche Methodenvarianz erweist sich gerade in Hinblick auf Texte der Postmoderne als adäquatestes und fruchtbarstes Instrumentarium der Interpretation.

---

[770] Vgl. Umberto Eco, "Erwiderung", in: Umberto Eco, *Zwischen Autor und Text ...*, S.167

2.3.2. Werke als Produkte der Post-Moderne-Ära

Doch nicht nur das methodische Vorgehen, auch die Sujets, Erzähltechniken und Aussagen der Primärliteratur sind gekennzeichnet von der bereits erwähnten Irreduzibilität des Differenten. Die Phänomene Offenheit und Nicht-Lösung charakterisieren beinahe sämtliche hier vorgestellten Werke. Das Prinzip Zufall verbindet sich mit der Ahnung von nicht greifbaren, "unbeschreiblichen" Zusammenhängen in Banvilles *Mefisto*, sämtliche Lebensentwürfe, Gedankengebäude und Systeme seiner historischen Figuren fallen einer Relativierung anheim, die nur scheinbar im geschichtlichen Abstand verankert ist, dienen sie doch alle zugleich als Maske, hinter der sich Aiussagen über die generelle und somit auch gegenwärtige Bedingtheit von Wahrnehmung und Erkenntnis verbergen. Offenheit kennzeichnet auch die meisten Texte mit politischen Sujets, vornehmlich den *troubles*. Analog zu dem oszillierenden *pattern* von Gewalt und Rache bzw. der offenen Struktur der gegenwärtigen Friedensverhandlungen legen sich die jeweiligen Autoren wie Park, Deane oder Mac Laverty nie ideologisch undifferenziert und einseitig fest, sondern spiegeln die Prozeßhaftigkeit der Auseinandersetzungen auf ästhetischer Ebene.

Desintegration, Ich-Verlust und Dekonstruktion artikulieren sich in den Konzeptionen der Romanfiguren Maddens ebenso wie jenen Healys oder Tóibíns, die sich gelegentlich fast aufzulösen, zu verflüchtigen scheinen und jenseits ihrer Selbst- und Weltzweifel kaum gültige Antworten finden, sondern in stetig neuem Hinterfragen, Dekonstuieren, ja nicht selten in Depression oder Sucht enden. Auf ihrer *quest* machen die Charaktere bei vorläufigen Stationen halt, reflektieren diesen Status und brechen erneut auf - zu Ufern, die keine Lösung, sondern - idealiter - eine Möglichkeit darstellen, deren Tragfähigkeit es erneut zu erproben gilt. Sie alle sind damit Produkte einer äußerst komplex und vieldeutig gewordenen (Roman-) Wirklichkeit.

Das Nebeneinander von Mythos und dessen Reflexion, ja partiellen Destruktion macht u.a. den Reiz von *A Goat's Song* aus, einem Opus, das im Ersehnen einer inzwischen unglaubwürdigen Harmonie mündet und damit an jenemPunkt, von welchem es ausging. Mögen die *portraits* von Deane und McCourt scheinbar in apostolischer Nachfolge Joyce' stehen, so sprengen doch bereits ihre spezifischen Sujets und die Eigenwilligkeit ihrer Darstellungsmodi die Kategorien epigonaler Kunst. Auf ähnlich innovative Weise wird bei Morrissy das *paralysis*-Motiv aufgegriffen, das seine Konnotationen infolge der veränderten historischen und gesellschaftlichen Verhältnisse neu konstituiert.

Ironie und Dekonstruktion greifen in Enrights fragmentarisierten Texten ineinander: die großen Erzählungen werden hier formal und inhaltlich annulliert, die angebotenen Nicht-Lösungen sind eine klare Absage an sämtliche ästhetischen und ideologischen Ganzheitsvisionen; keck und selbstbewußt setzen sie Komplemente der irischen Realität, epistemologische Metaphern aus postmodern feministischer Perspektive gegen eine einst schlüssigere, primär männlich dominierte gesellschaftliche und literarische Wirklichkeit. Der Rezipient bleibt bezüglich verbindlicher Konzepte ebenso fragend (bzw. skeptisch) wie bei Dorcey, deren ambivalente Texte pluralistische Interpretationsweisen geradezu provozieren.

Selbstreferentialität und Konstruktivismus als ästhetische und philosophische Kategorien prägen schließlich alle größeren Texte der Studie. Eine ganz zentrale Funktion übernehmen sie bei Banville, Healy, Deane und Tóibín, durchziehen jedoch auch die Kurzgeschichtensequenzen Mac Lavertys, B.Moores oder Morrissys. Selbstreferentialität führt nicht ins Verstummen, mündet nicht in der Sackgasse einer stagnierenden Bespiegelung, sondern überwindet die Beckettsche Stasis, den Zustand von Deklaration, Negation, Zersetzung, Lähmung und Selbstannullierung. Am überzeugendsten ist sie dort, wo sie die Möglichkeiten und Grenzen ihrer neu erprobten Wege erforscht, (mit Meaney) zu sprechen wagt, wo Sprachlosigkeit herrschte oder (mit Deane, Banville, Madden u.a.) das überzeitliche Kunstbedürfnis in einer glaubhaften Aktualisierung thematisiert und im Werkganzen funktionalisiert. Die existentielle Problematik und die konstruktivistische sind in der vorgestellten zeitgenössischen Prosa untrennbar geworden. Ob es sich um historische Masken oder Protagonisten der Gegenwart handelt, um Glücks-, Erkenntnis-, Wissenschafts- oder Kunstkonzeptionen, allen gemeinsam ist die Akzentuierung der Begrenztheit ihrer subjektiven oder gar intersubjektiven Gültigkeit, die Notwendigkeit der Überprüfung ihrer Tragfähigkeit, der Verweis auf ihre Position als mögliche Entwürfe neben anderen, vielen.

Die Meta-Erzählungen mögen hinterfragt, relativiert, thematisiert werden, in keinem der interpretierten Texte konstituieren sie die ideologische Aussage oder gar Botschaft, keines der analysierten Werke geht konform mit einer präzisierbaren verbindlichen (Leit-) Idee.

> *Im Keim jeden Romans liegt ein Stück Nonkonformismus, wird ein Wunsch laut,*

zitiert Jorge Semprun Mario Vargas Llosa in seiner Laudatio anläßlich der Verleihung des Friedenspreises des deutschen Buchhandels (Süddeutsche Zeitung, 7.10.1996)[771] und verweist damit im besonderen auf die Grundkonstellation des "offenen" Romans der Gegenwart.

---

[771] Vgl. *Süddeutsche Zeitung, 7.Oktober 1996*

2.3.3. *Changing states*

When I saw Brian Friel's <u>Dancing at Lughnasa</u> in the Phoenix Theatre in London in the summer of 1990, I came out during the interval to the bar almost unable to control my feelings. Tears were in my eyes. Something magnificent was taking place, had taken place, in the flour dance of the women in the first Act. These women, 'these five brave Glenties women' of the dedication had, in spite of all their trouble, disgrace, impending doom, danced, wildly, to music coming from the wireless set. They dance with intensity, but also convey 'a sense of ordinary order being consciously subverted'; shouting and singing, bootlaces flying, the women are 'caricaturing themselves' within the release of the dance. All of a sudden the wireless goes dead; but the moment of ceremony has occured. The dramatic impact of this dance was (is) extremely powerful. In spite of all difficulties .. the women dance. They are not, all the time, victims of their culture. Something exists whereby people can get outside their history, their given, fated narratives.

Towards the end of the play there is a formal set piece, whereby the crossing over of cultural boundaries .. is explored. Jack, the returned missionary, comes in wearing the crumpled white tropical uniform of the British army chaplain which he had been in the First World War. He has agreed to swap hats with Gerry, the Welsh father of Michael, the narrator, by Chris, one of the women. Gerry is joining the Popular Front in the Spanish Civil War. There is a crossing of boundaries on all fronts. Jack tells Gerry to put his hat on the ground:

anywhere - just at your feet. Now take three steps away from it - yes? distancing of yourself from what you once possessed. Good. Now turn round once - like this - yes, a complete circle - and that's the formal rejection of what you once had - you no longer lay claim to it. Now I cross over to where you stand - right? And, you come over to this position I have left. So. Excellent. The exchange is now formally and irrevocably complete. This is my straw hat. And that is your tricorn hat. Put it on. Splendid! And it suits you. Doesn't it suit him.

They have changed states (Welch: 1993, 288f.).[772]

Daß dies keine Schimäre, keine ästhetische Utopie bleibt, daß Irland der Flexibilität und Komplexität eines zeitgenössischen Odysseus ein adäquates geistiges, psychisches und politisches Zu-

---

[772] Vgl. Welch..., S.288f.

hause sein kann, scheint der Wunsch zu sein, der sich in den *changing states* von Tóibíns, Maddens und Healys Werk artikuliert.

Die Prognose, die Cheryl Herr aus kulturhistorischer Perspektive in ihrem unorthodox-spritzigen Essay "A State o' Chassis: Mobile Capital, Ireland, and the Question of Postmodernity" gibt, klingt ambivalent:

> *The very unstuckness in time that postmodernism presupposes does more than enable radically confusing narratives; it also chortles over the utopian aspirations of politicians and economists* (Herr 1994, 223f.).[773]

---

[773] Vgl. Cheryl Herr, "A State o' Chassis: Mobile Capital, Ireland, and the Question of Postmodernity", in: John S.Rickard (Hrsg.), *Irishness and (Post)Modernism*, Lewisburg 1994, S.223f.

Der Band, der eine Sondernummer der *Bucknell Review* darstellt, erweist sich trotz seines vielversprechenden Titels für unseren Untersuchungszeitraum und -gegenstand als nicht allzu ergiebig.

Der zitierte Aufsatz reflektiert den Zusammenhang von irischer Kulturentwicklung und Postmoderne. Er übernimmt die von David Harvey und Alex Callinicos entwickelte Begrifflichkeit des *Fordism* und *post-Fordism* und untersucht in witzig(-postmoderner) Manier die Rolle Fords im zeitgenössischen Irland, um die Frage, ob dieses Land die drei von Herr genannten Paradigamata der Postmoderne (*depthlessness, flexibility/decentralized capitalism, sense of the end of linear time/future*) aufweise, zu beantworten. Sie gelangt dabei zu einem gemischten Ergebnis:

> *...Ireland does not map a seamless, post-Fordist postmodernism or a depthless political economy. Rather, we can propose a model for Irish culture .. that emphasizes quite pronounced forms of uneven development, of slippage between modernism .. and decentralized capitalism* (Vgl. ebd., S.221).

Was Irlands Zukunftsperspektive angeht, bleibt Herrs Antwort letztlich kryptisch: Irland - und nicht nur seine Autoindustrie - ist zukunftsorientiert. Zugleich jedoch hinterfragt die Autorin das angeblich postmoderne Phänomen der "postapokalyptischen Zukunftslosigkeit" und relativiert damit ihren Konnotationsbereich von "postmodern".

Anhang

Kurzbiographien von einigen Autoren der Primärliteratur[774]

John Banville

geb. 1945 in Wexford; bekannteste Werke *Doctor Copernicus, Kepler, The Newton Letter, Mephisto, The Book of Evidence* (GPA Award) und *Ghosts*; neuerdings auch Kriminalwerke; seit 1989 Literaturredakteur der *Irish Times*;

Mary Beckett

geb. 1926 in Ardoyne, Belfast; seit 1956 Dublin; zwei Jahrzehnte keine schriftstellerische Tätigkeit; seit 1980 zwei Erzählsammlungen (*A Belfast Woman, A Literary Woman*) und ein Roman (*Give Them Stones*);

Samuel Beckett

geb. 1906 in Dublin, 1989 in Paris gest.; einer der bekanntesten Autoren des zwanzigsten Jahrhunderts; Nobelpreis für Literatur (1969); Romane umfassen Trilogie *Molloy, Malone Dies, The Unnamable*; berühmteste Dramen *Waiting for Godot, Endgame, Krapp's Last Tape, Happy Days*;

Dermot Bolger

geb. 1959 in Dublin; Lyriker, Redakteur, Herausgeber; Romane umfassen *The Journey Home, The Woman's Daughter, Emily's Shoes, A Second Life,* Dramen u.a. *The Lament for Arthur Cleary, One Last White Horse*;

---

[774] Vgl. ergänzend v.a. zu den älteren Autoren Fußnote 1

Seamus Deane

geb. 1940 in Derry; Lyriker, Literaturkritiker, Dozent; Herausgeber der *Field Day Anthology of Irish Writing*; Romandebut *Reading in the Dark*;

Mary Dorcey

geb. 1950 in Dublin; in verschiedenen Ländern gelebt; jetzt wieder in Irland; Gedichtbände umfassen *Not Everybody Sees This Night*, *Moving Into the Space Cleared by Our Mothers*; zwei Erzählbände, darunter *A Noise in The Woodshed*; Rooney Prize;

Roddy Doyle

geb. 1958 in Dublin; Lehrertätigkeit; beliebteste Trilogie *The Commitments*, *The Snapper*, *The Van* (*The Barrystown Trilogy*, teilweise verfilmt); Booker Prize für *Paddy Clarke Ha Ha Ha*; Stücke u.a. *Brown Bread*;

Anne Enright

geb. 1962 in Dublin; als Schauspielerin und im Medienbereich aktiv; Erzählsammlung *The Portable Virgin*; Rooney Prize;

Dermot Healy

geb. 1947 in Co.Westmeath; in Cavan innovative Zeitschrift *Drumlin* veröffentlicht; jetzt in Co.Sligo Herausgeber des Magazins *Force 10*; neben Gedichten, Übersetzungen, Drehbüchern und Theaterstücken eine Erzählsammlung *(Banished Misfortune)* und zwei Romane *(Fighting with Shadows*; *A Goat's Song)*;

Neil Jordan

geb. 1951 in Sligo; aufgewachsen in Dublin; Mitbegründer des Irish Writers Co-op; Erzählsammlung *Night in Tunisia*; zwei Romane *The Past, The Dream of a Beast*; bekannt v.a. für Filme wie *Company of Wolves, Mona Lisa, The Crying Game* (Oscar);

Benedict Kiely

geb. 1919 in Tyrone; in fünfziger und sechziger Jahren Journalist; seit 1947 Romancier, u.a. *The Cards of the Gambler, Dogs Enjoy the Morning, Proxopera, Nothing Happens in Carmincross*; Erzählbände u.a. *A Journey to the Seven Streams*; im irischen Hörfunk und Fernsehen häufig präsent;

Mary Lavin

geb. 1912 in Massachusetts; drei Erzählsammlungen, u.a. *Happiness and Other Stories, In the Middle of the Fields*, und mehrere Romane; zahlreiche Auszeichnungen, etwa zwei Guggenheim Fellowships und Katherine Mansfield Prize; lebt im Altenheim in Dublin;

Bernard Mac Laverty

geb. 1942 in Belfast; jahrelang in Schottland gelebt; Romane *Lamb* und *Cal* verfilmt; Erzählbände umfassen *A Time to Dance* und *The Great Profundo*; Fernsehfilm über Beirutgeiseln umstritten;

Deirdre Madden

geb. 1960 in Toomebridge, Co.Antrim; verheiratet mit irischem Dichter Harry Clifton; lebte zeitweise in Italien und London; drei Romane (*Hidden Sypmtoms, The Birds of the Innocent Wood* und *Remembering Light and Stone*); Rooney Prize und Somerset Maugham Award;

Frank McCourt

geb. 1930 in New York; Kindheit in Limerick; 1949 Emigration nach Amerika; pensionierter New Yorker Lehrer; Romandebut *Angela's Ashes* (Pulitzer Prize);

Gerardine Meaney

geb. 1962 in Waterford; Autorin von *Sex and Nation: Women in Irish Culture and Politics* sowie *Unlike Subjects: Women, Theory and Fiction*; *stories* in Anthologien publiziert;

Brian Moore

geb. 1921 in Belfast; Reporter in Europa; Auswanderung nach Kanada; erster Roman (*The Lonely Passion of Judith Hearne*) erfolgreich, inzwischen sechzehn weitere, darunter *Black Robe*; Verfilmungen etlicher Werke; lebt in Amerika;

Mary Morrissy

geb. 1957 in Dublin; zahlreiche Publikationen in Zeitschriften und Anthologien; erster Erzählband *A Lazy Eye*;

Val Mulkerns

geb. 1925 in Dublin; frühe Romane in fünfziger Jahren; Mitherausgeberin der Dubliner Zeitschrift *The Bell*; Wiederaufnahme der Schreibtätigkeit 1978; Romantitel u.a. *The Summerhouse, Very Like a Whale*; Erzählsammlungen etwa *Antiquities, A Friend of Don Juan*;

Edna O'Brien

geb. 1932 in Clare; berühmt-berüchtigter Erstlingsroman *The Country Girls* 1960; eine der erfolgreichsten Autorinnen Irlands; zahlreiche Romane und Kurzgeschichten, darunter *Girls in Their Married Bliss, Night, The Love Object, A Fanatic Heart* und *Time and Tide*;

Joseph O'Connor

geb. 1963 in Dublin; in New York und London gelebt; Romane und Erzählbände umfassen *Cowboys and Indians, Desperados, True Believers*; Interesse an irischer Exilliteratur der Gegenwart;

David Park

geb. 1952 in Belfast; lebt als Lehrer in Co.Down; Erzählsammlung *Oranges from Spain*; Roman *The Healing*;

Colm Tóibín

geb. 1955 in Wexford; facettenreiche journalisitische Tätigkeit; Romane *The South* und *The Heather Blazing* (Encore Prize); Reisetagebücher *Walking Along the Border* und *Homage to Barcelona*;

William Trevor

geb. 1928 in Co.Cork; seit Jahren in Devon ansässig; zahlreiche Romane, darunter *Fools of Fortune* und *Reading Turgenev;* gesammelte Erzählungen; Whitbread Prize; häufige Präsenz in Radio und Fernsehen;

Robert McLiam Wilson

geb. 1964 in Belfast; Londoner Erlebnisse Basis für Romane *Ripley Bogle* und *Manfred's Pain*; Mitautor der Studie *The Dispossessed;* lebt in Belfast;

Bibliographie

Autoren der irischen (Gegenwarts)Literatur

John Banville, *Birchwood*, London 1993
John Banville, *Dr.Copernicus*, London 1995
John Banville, *Ghosts*, London 1993
John Banville, *Kepler*, 8.Aufl., London 1990
John Banville, *Mefisto*, 3.Aufl., London 1993
John Banville, *The Book of Evidence*, London 1989
John Banville, *The Newton Letter*, 4.Aufl., London 1995
Samuel Beckett, *Endgame*, 7.Aufl., London 1979
Samuel Beckett, *Molloy.Malone Dies. The Unnamable*, 4.Aufl., London 1976
Dermot Bolger, *The Journey Home*, 2.Aufl., London 1992
Dermot Bolger, *Father's Music*, London 1997
Dermot Bolger (Hrsg.), *Picador Book of Contemporary Irish Fiction*, London 1993
Dermot Bolger (Hrsg.), *Finbar's Hotel*, London/Basingstoke 1997
Seamus Deane, *Reading in the Dark*, London 1996
Anne Enright, *The Portable Virgin*, 3.Aufl., London 1992
Dermot Healy, *A Goat's Song*, 9.Aufl., London 1995
Seamus Heaney, *Die Hagebuttenlaterne.The Haw Lantern.Gedichte*, München 1995
James Joyce, *A Portrait of the Artist as a Young Man*, 3.Aufl., St Albans 1977
James Joyce, *Die Toten.The Dead*, Frankfurt a.M. 1976
James Joyce, *Dubliners*, 2.Aufl., St Albans 1977
James Joyce, *Ulysses*, 12.Aufl., Harmondsworth 1979
Bernard Mac Laverty, *Walking the Dog*, London 1994
Bernard Mac Laverty, *Grace Notes*, London 1997
Deirdre Madden, *Nothing is Black*, 2.Aufl., London 1995
Deirdre Madden, *Remembering Light and Stone*, London 1992
Frank McCourt, *Angela's Ashes*, London 1996
Mary Morrissy, *A Lazy Eye*, London 1993
Edna O'Brien, *Girls in Their Married Bliss*, 2.Aufl., London 1967
Edna O'Brien, *Lantern Slides*, 2.Aufl., London 1991
Joseph O'Connor, *The Secret World of the Irish Male*, London 1995
Sean O'Faolain, *Midsummer Night Madness and Other Stories*, 5.Aufl., 1982
Michael O'Mara (Hrsg.), *Tales of Old Ireland*, London 1994
David Park, *Oranges from Spain*, 2.Aufl., London 1993
Colm Tóibín, *The Heather Blazing*, 2.Aufl., London/Basingstoke 1992
Colm Tóibín, *The South*, 2.Aufl., London 1992

Colm Tóibín, *The Story of the Night*, London/Basingstoke 1996
William Trevor, *Ireland: Selected Stories*, London 1993
W.B.Yeats, *Collected Poems*, London 1990

Autoren der Primär- und Sekundärliteratur allgemein

Rüdiger Ahrens (Hrsg.), *Englische literaturtheoretische Essays 2. 19. und 20.Jahrhundert*, Heidelberg 1975
Martin Albrow, *Abschied von der heimat.Gesellschaft in der globalen Ära*, Frankfurt a.M. 1998
A.W.Allison/H.Barrows/C.R.Blake et al. (Hrsg.), *The Norton Anthology of Poetry*, 3.Aufl., New York/London 1983
Deirdre Bair, *Samuel Beckett. Eine Biographie*, Hamburg 1991
K.Barck/P.Gente/H.Paris/S.Richter (Hrsg.), *Aisthesis.Wahrnehmung heute oder Perspektiven einer anderen Ästhetik.Essais*, 4.Aufl., Leipzig 1992
Roland Barthes, *Das semiologische Abenteuer*, Frankfurt a.M. 1988
Andrea Beck, *Konstitution von ästhetischen Sinnsystemen in sieben Hauptwerken Virginia Woolfs*, Frankfurt a.M./Bern... 1988
Andrea Beck, "Selbstreferentialität und Schweigen in S.Becketts Endgame und The Unnamable", in: *Anglia. Zeitschrift für englische Philologie*, Band 112 Heft (1994)
Ulrich Beck (Hrsg.), *Perspektiven der Weltgesellschaft*, Frankfurt a.M. 1997
Ulrich Beck, (Hrsg.), *Politik der Globalisierung*, Frankfurt a.M. 1997
Ulrich Beck, *Risikogesellschaft. Auf dem Weg in eine andere Moderne*, Frankfurt a.M. 1986
Ulrich Beck, *Was ist Globalisierung?*, Frankfurt a.M. 1997
U.Beck/U.Erdmann Ziegler, *Eigenes Leben. Ausflüge in die unbekannte Gesellschaft, in der wir leben*, München 1997
J.C.Beckett, *A Short History of Ireland*, London 1952
Daniel Bell, *The Coming of Post-Industrial Society. A Venture in Social Forecasting*, New York 1973
Daniel Bell, *The Cultural Contradictions of Capitalism*, New York 1976
F.Bettex, *Zweifel*, Stuttgart 1909
Harold Bloom, *Deconstruction and Criticism*, New York 1979
Aron Ronald Bodenheimer, *Warum? Von der Obszönität des Fragens*, 2.Aufl., Stuttgart 1985
Birgit Brambäck/Martin Croghan (Hrsg.), *Anglo-Irish and Irish Literature. Aspects of Language and Culture.Proceedings of the Ninth International Congress of the International Association for the Study of Anglo-Irish Literature Held at Uppsala University, 4-7 August, 1986*, Uppsala 1986
Mario Bretone, *Zehn Arten mit der Vergangenheit zu leben*, Frankfurt a.M. 1995
Max Brod, *Tycho Brahes Weg zu Gott*, Leipzig 1915
James Cahalan, *The Irish Novel. A Critical History*, Boston 1988
James Cahalan, *Modern Literature and Culture. A Chronology*, New York 1993
Alex Callinicos, *Against Postmodernism: A Marxist Critique*, New York 1990

A.Carpenter (Hrsg.), *Place, Personality and the Irish Writer*, Gerrad's Cross/New York 1977

Max Caspar, *Johannes Kepler*, Stuttgart 1948

Bell Gale Chevigny (Hrsg.), *Theodor Adorno, Towards an Understanding of "Endgame". Twentieth Century Interpretations of "Endgame". A Collection of Critical Essays*, Englewood Cliffs 1969

P.Connolly (Hrsg.), *Literature and the Changing Ireland*, London/New Jersey 1982

M.Coyle/P.Garside/M.Kelsall/J.Peck (Hrsg.), *Encyclopedia of Literature and Criticism*, London 1990

Seamus Deane, *A Short History of Irish Literature*, London 1984

Seamus Deane, *Celtic Revivals: Essays in Modern Irish Literature,1880-1980*, London 1985

Seamus Deane, *Strange Country. Modernity and Nationhood in Irish Writing since 1790*, New York 1997

Gilles Deleuze, *Francis Bacon: Logique de la sensation*, Paris 1981

Frank Deppe, *Fin de Siècle - Am Übergang ins 21.Jahrhundert*, Köln 1997

Jacques Derrida, *Die Tode von Roland Barthes*, München 1987

Jacques Derrida, *Psyche*, Paris 1988

Jacques Derrida, *Memoires for Paul de Man*, New York 1986

Éamon de Valera, *Ireland's Stand, Being a Selection of the Speeches of Éamon de Valera during the War (1939-1945)*, Dublin 1946

Umberto Eco, *Das offene Kunstwerk*, Frankfurt a.M. 1977

Umberto Eco, *Nachschrift zum "Namen der Rose"*, München/Wien 1984

Umberto Eco, *Zwischen Autor und Text. Interpretation und Überinterpretation*, München/Wien 1994

Christian Enzensberger, *Größerer Versuch über den Schmutz*, Frankfurt a.M./Berlin... 1980

Christian Enzensberger, *Literatur und Interesse. Eine politische Ästhetik mit zwei Beispielen aus der englischen Literatur*, Frankfurt a.M. 1981

Mike Featherstone, *Undoing Culture*, London 1996

M.Featherstone/S.Lash/R.Robertson(Hrsg.), *Global Modernities*, London 1995

Ludwig Finckh, *Sterne und Schicksal. Johann Keplers Lebensroman*, Stuttgart 1931

Frankfurter Allgemeine Zeitung, 30.Oktober 1997

Hans Christain Freiesleben, *Kepler als Forscher*, Darmstadt 1970

Arnold Gehlen, *Einblicke*, Frankfurt a.M. 1975

W.Gerlach/M.List, *Johannes Kepler. Dokumente zu Lebenszeit und Lebenswerk*. München 1971

Bettina Gessner-Utsch, *"Subjektiver Roman". Studien zum Verhältnis von fiktionalen Subjektivitäts- und Wirklichkeitskonzeptionen in England vom 18.Jahrhundert bis zum Modernismus*, Frankfurt a.M./Bern... 1994

Paul Geyer, *Die Entdeckung des modernen Subjekts. Anthropologie von Descartes bis Rousseau*, Tübingen 1997

Ralph Giordano, *Mein irisches Tagebuch*, 2.Aufl., Köln 1993

F.Giroud/B.-H.Henrilévy, *Die Männer und die Frauen*, Frankfurt a.m. 1984

Alexander G.Gonzalez (Hrsg.), *Modern Irish Writers.A Bio-Critical Sourcebook*, London 1997

Jürgen Habermas, *Die Einbeziehung des Anderen*, Frankfurt a.m. 1996

Michael Haerdter, *Über die Proben für die Berliner Aufführung 1967. Samuel Beckett inszeniert das "Endgame"*, Frankfurt a.m. 1969

Peter Härtling, *Hölderlin. Ein Roman*, 3.Aufl., München 1993

S.Hall/D.Held/T.McGrew (Hrsg.), *Modernity and its Futures*, Cambridge 1992

M.Harmon/P.Rafroidi (Hrsg.), *The Irish Novel in Our Time*, Lille 1976

M.Harmon, *Select Bibliography for the study of Anglo-Irish Literature and its backgrounds*, Dublin 1977

David Harvey, *The Condition of Postmodernity: An Enquiry into the Origins of Cultural Change*, Oxford 1989

Ihab Hassan, *The Postmodern Turn. Essays in Postmodern Theory and Culture*, Columbus (Ohio) 1987

Georg Hermanowski, *Nikolaus Kopernikus*, München 1976

Paul Hindemith, *Die Harmonie der Welt. Oper in 5 Aufzügen*, Textbuch, Mainz 1957

J.Hoppe, *Johannes Kepler*, Leipzig 1987

Linda Hutcheon, *A Poetics of Postmodernism*, London 1988

Linda Hutcheon, *The Politics of Postmodernism*, London 1989

Heinz Ickstadt, *Der amerikanische Roman im 20.Jahrhundert. Transformation des Miimetischen*, Darmstadt 1998

Rüdiger Imhof, *John Banville. A Critical Introduction*, Dublin 1989

Edmund D.Jones (Hrsg.), *English Critical Essays.Sixteenth, Seventeenth and Eighteenth Centuries*, 16.Aufl., London/New York... 1975

Phyllis M.Jones, *English Critical Essays. Twentieth Century.First Series*, 10.Aufl., London 1964

Franz Kafka, *Brief an den Vater*, 3.Aufl., Frankfurt a.M. 1975

D.Kamper/W v Reijen (Hrsg.), *Die unvollendete Vernunft: Moderne versus Postmoderne*, Frankfurt a.M. 1987

Ulrich Karthaus (Hrsg.), *Die deutsche Literatur in Text und Darstellung. Impressionismus, Symbolismus und Jugendstil*, Stuttgart 1977

Declan Kiberd, *Inventing Ireland: The Literature of the Modern Nation*, Cambridge (Mass.) 1996

J.Kornelius/E.Otto/G.Stratmann, *Einführung in die zeitgenössische irische Literatur*, Heidelberg 1980

Alexandre Koyré, *Von der geschlossenen Welt zum unendlichen Universum*, Frankfurt a.M. 1980

Fritz Krafft, "Die Stellung des Menschen im Universum. Ein Kapitel aus der Geschichte der abendländischen Kosmologie", in: Manfred Büttner (Hrsg.), *Zur Entwicklung der Geographie vom Mittelalter bis zu Carl Ritter*, Paderborn 1982

Fritz Krafft, "Die Tat des Copernicus.Voraussetzungen und Auswirkungen.(Zum 500.Geburtstag des großen abendländischen Astronomen)", in: *Humanismus und Technik*, Band 17 (1973)

Niklas Luhmann, *Soziale Systeme. Grundriß einer allgemeinen Theorie*, Frankfurt a.m. 1987

Jean-François Lyotard, *Das postmoderne Wissen*, Graz/Wien 1986

P. MacCana, *Celtic Mythology*, London 1970

Deborah Madson, *Postmodernism. A Bibliography, 1926-1994*, Amsterdam 1995

Thomas Mann, *Leiden und Größe der Meister*, Frankfurt a.M./Hamburg 1957

Joseph McMinn, *John Banville. A Critical Study*, Dublin 1991

Joseph McMinn (Hrsg.), *The Internationalism of Irish Literature and Drama*, Gerrards Cross 1992

E.H.Mikhail, *A Bibliography of Modern Irish Drama 1899-1970*, London 1970

T.W.Moody/F.X.Martin (Hrsg.), *The Course of Irish History*, Cork 1967

Newsweek August 19, 1996

Friedrich Nietzsche, *Werke in zwei Bänden*, 5.Aufl., München/Wien 1981

Brian Ó Cuív (Hrsg.), *A View of the Irish Language*, Dublin 1969

Leonhard Orr (Hrsg.), *De-Structing the Novel: Essays in Applied Postmodern Hermeneutics*, Troy (N.Y.) 1982

Robert C.Owen, *Modern Gaelic-English Dictionary. Am Faclair Ur Gaidhlig-Beurla*, Glasgow 1993

Marcel Proust, *Auf der Suche nach der verlorenen Zeit*, Frankfurt a.M. 1977

Rainer Maria Rilke, *Duineser Elegien. Die Sonette an Orpheus*, 3.Aufl., Ulm 1977

John S.Rickard (Hrsg.), *Irishness and (Postmodernism)*, Lewisburg 1994

Ferdinand Rosenberger, *Isaac Newton und seine Physikalischen Principien. Ein Hauptwerk aus der Entwickelungsgeschichte der modernen Physik*, Darmstadt 1987

Charles Russell, *Poets, Prophets, and Revolutionaries. The Literary Avant-Garde from Rimbaud through Postmodernism*, New York/Oxford 1985

Edward Said, *The World, the Text and the Critic*, Cambridge 1983

Helga Schier, *Going Beyond: The Crisis of Identity and Identity Models in Contemporary American, English and German Fiction*, Tübingen 1993

Friedrich Schiller, *Über die ästhetische Erziehung des Menschen.In einer Reihe von Briefen*, Stuttgart 1977

Walter Schulz, *Metaphysik des Schwebens. Untersuchungen zur Geschichte der Ästhetik*, Pfullingen 1985

Ailbhe Smyth (Hrsg.), *Wildish Things: An Anthology of New Irish Women's Writings*, Dublin 1989

T.F.Staley/B.Benstock (Hrsg.), *Approaches to Joyce's "Portrait": Ten Essays*, Pittsburgh 1976

Herbert Steiner (Hrsg.), *Hugo von Hofmannsthal. Gesammelte Werke in Einzelausgaben*, Frankfurt a.M. 1951

Stuttgarter Jubiläumsbibel. Mit erklärenden Anmerkungen u. Biblischem Nachschlagewerk, Stuttgart 1934

Süddeutsche Zeitung, 20.November 1995, 1.Dezember 1995, 2./3.Dezember 1995, 7.Oktober 1996

The European Magazine March 13-19, 1997

The Living Bible. Paraphrased by Kenneth Taylor, 6.Aufl., London 1973

Loreto Todd, *The Language of Irish Literature*, New York 1989

Colm Tóibín, *Bad Blood. A Walk along the Irish Border*, 2.Aufl., London 1994

Colm Tóibín, *The Sign of the Cross.Travels in Catholic Europe*, London 1995

Johannes Tralow, *Kepler und der Kaiser*, Berlin 1964

Paul Watzlawick (Hrsg.), *Die erfundene Wirklichkeit. Wie wissen wir, was wir zu wissen glauben? Beiträge zum Konstruktivismus*, 7.Aufl., München 1991

P.Watzlawick/J.H.Beavin/D.D.Jackson, *Menschliche Kommunikation. Formen, Störungen, Paradoxien*, 5.Aufl, Bern/Stuttgart... 1980

Webster's New Encyclopedic Dictionary, 3.Aufl., New York 1994

Robert Welch, *Changing States. Transformations in Modern Irish Writing*, London/New York 1993

Wolfgang Welsch, *Unsere postmoderne Moderne*, 3.Aufl., Weinheim 1991

Wolfgang Welsch (Hrsg.), Jean Baudrillard (Mitverf.), *Wege aus der Moderne. Schlüsseltexte zur Postmoderne-Diskussion*, Weinheim 1988

Wolfgang Welsch, "Zur Aktualität ästhetischen Denkens", in: *Kunstforum 100* (1989)

Gero von Wilpert, *Sachwörterbuch der Literatur*, 5.Aufl., Stuttgart 1969

John Wilson Foster, *Fictions of the Irish Literary Revival: A Changeling Art*, Syracuse 1987

Duncan Wu, *Romanticism. A Critical Reader*, Oxford/Cambridge (Mass.) 1995

Peter V.Zima, *Die Dekonstruktion. Einführung und Kritik*, Tübingen/Basel 1994

Peter V.Zima, *Moderne/Postmoderne. Gesellschaft, Philosophie, Literatur*, Tübingen/Basel 1997

ASPEKTE DER ENGLISCHEN GEISTES- UND KULTURGESCHICHTE

Herausgegeben von Jürgen Klein
Ernst-Moritz-Arndt-Universität Greifswald

Band 22 Monika Sassin: Stabreim und Bedeutungsgewichtung im *Beowulf*-Epos. 1991.

Band 23 Karl J. Häußler: Das Drama der Schule. Die Spiegelung der Schulwirklichkeit im britischen Drama von 1945 bis 1985. 1991.

Band 24 Armin Geraths/Peter Zenzinger (Hrsg.): Text und Kontext in der modernen englischsprachigen Literatur. 1991.

Band 25 Lucia Mirbach: Strukturen substantivischer Wortfolge im elisabethanischen Prosastil von Wilson, Ascham, Mulcaster und Puttenham. 1993.

Band 26 Bettina Gessner-Utsch: 'Subjektiver Roman'. Studien zum Verhältnis von fiktionalen Subjektivitäts- und Wirklichkeitskonzeptionen in England vom 18. Jahrhundert bis zum Modernismus. 1994.

Band 27 Andreas Bohlen: Die sanfte Offensive. Untersuchungen zur Verwendung politischer Euphemismen in britischen und amerikanischen Printmedien bei der Berichterstattung über den Golfkrieg im Spannungsfeld zwischen Verwendung und Mißbrauch der Sprache. 1994.

Band 28 Dieter Schulz/Thomas Kullmann (Hrsg.): Erziehungsideale in englischsprachigen Literaturen. Heidelberger Symposion zum 70. Geburtstag von Kurt Otten. 1997.

Band 29 Ralf Zimmermann: Das Verschwinden der Wirklichkeit. Über Möglichkeiten und Grenzen der Kreativität in Flann O'Briens *At Swim-Two-Birds* und *The Third Policeman*. 1999.

Band 30 Manfred Schumacher: Barabas' Enkel. Juden-Bilder in der englischen Literatur bis zur Moderne. 2000.

Band 31 Andrea Beck: Kaleidoskop der Postmoderne: Irische Erzählliteratur von den 70er zu den 90er Jahren. "I write, therefore I am...". 2001.

Das Buch stellt ein Kaleidoskop der unterschiedlichen Strömungen der nord- und südirischen Erzählliteratur in den letzten Dekaden des 20. Jahrhunderts dar. Die Vielfalt der Interpretationsmethoden spiegelt das Spektrum der Sujets und narrativen Verfahrensweisen wider. Im Zentrum der Analyse steht dabei die Korrelation von *Irishness* und Postmoderne.

Andrea Beck, Studium der Anglistik, Germanistik und Amerikanistik, Promotion 1987 in München, Habilitation 2000 in Greifswald. Dissertation über Virginia Woolf (*Konstitution von ästhetischen Sinnsystemen in sieben Hauptwerken Virginia Woolfs*), Buchbesprechungen und Aufsätze über anglistische Themen.